中国上市公司
盈余管理研究报告
2016

中国上市公司盈余管理研究编写组　著

国家自然科学基金项目（711721336）
中央高校基本科研业务经费人文社科科研专题（DUT15RW506）　资助
辽宁省社科规划基金重点项目（L15AGL018）
辽宁省百千万人才工程资助项目

科学出版社

北　京

内 容 简 介

党的十八大以来，随着全面深化改革和全面依法治国战略的不断推进，资本市场的发展态势良好，上市公司的盈余信息质量为更多人所关注。本书扩展《中国上市公司盈余管理 20 年（1992~2012）》的研究内容，更注重盈余管理相关的监管环境分析。首先，对上市公司盈余信息披露监管现状进行全面评述，重点评价 2013~2015 年上市公司盈余管理水平并整合盈余管理的最新研究进展。其次，进一步考察地区和行业因素对上市公司盈余管理水平的分布影响，并结合典型盈余管理案例进行深入剖析。最后，从外部治理环境角度和管理者行为两个重要视角，分别探讨二者对上市公司盈余管理的影响。

本书可以作为研究学者和投资人士长期跟踪我国上市公司盈余信息披露质量的参考用书。

图书在版编目（CIP）数据

中国上市公司盈余管理研究报告 2016 / 中国上市公司盈余管理研究编写组著. —北京：科学出版社，2018.1

　ISBN 978-7-03-056094-0

　Ⅰ．①中⋯　Ⅱ．①中⋯　Ⅲ．①上市公司–企业利润–研究报告–中国–2016　Ⅳ．①F279.246

中国版本图书馆 CIP 数据核字（2017）第 316924 号

责任编辑：李　莉 / 责任校对：樊雅琼
责任印制：吴兆东 / 封面设计：无极书装

科 学 出 版 社 出版
北京东黄城根北街 16 号
邮政编码：100717
http://www.sciencep.com

北京京华虎彩印刷有限公司 印刷
科学出版社发行　各地新华书店经销

*

2018 年 1 月第 一 版　开本：787×1092　1/16
2018 年 1 月第一次印刷　印张：16 1/4
字数：386 000

定价：109.00 元
（如有印装质量问题，我社负责调换）

作 者 简 介

李延喜，男，现任大连理工大学教授、博士生导师，主要从事盈余管理、公司治理、公司财务等领域的教学科研工作。

姚宏，女，现任大连理工大学副教授、硕士生导师，主要从事盈余管理、投资者保护等领域的教学科研工作。

张悦玫，女，现任大连理工大学副教授、硕士生导师，主要从事财务管理、投融资管理等领域的教学科研工作。

南晓莉，女，现任大连理工大学副教授、硕士生导师，主要从事公司金融领域的教学科研工作。

刘艳萍，女，现任大连理工大学副教授、硕士生导师，主要从事财务管理、资产负债组合优化、机构投资者行为等领域的科学研究工作。

董美霞，女，现任大连交通大学副教授、硕士生导师，主要从事公司财务管理、管理会计等领域的教学科研工作。

陈克兢，男，现任东北财经大学会计学院讲师、硕士生导师，主要从事公司治理、公司财务等领域的教学科研工作。

刘斌，男，现任海南大学经济与管理学院副教授、硕士生导师，主要从事公司财务、管理者行为等领域的教学科研工作。

马壮，男，现任杭州电子科技大学讲师、硕士生导师，主要从事公司治理、会计电算化等领域的教学科研工作。

钟若菡，女，现就读于大连理工大学会计学专业，主要研究方向是盈余管理、公司治理。

中国上市公司盈余管理研究编写组

首席专家：李延喜

主要成员：姚　宏　　张悦玫　　南晓莉　　刘艳萍　　董美霞

陈克兢　　刘　斌　　马　壮　　钟若菡

前　言

中国资本市场经历 20 多年的发展，已然从最早仅有"老八股"的计划经济主导转变为 2016 年 A 股上市公司数量首次突破 3 000 家的市场经济主导。资本市场快速发展受益于改革释放的红利，同时更离不开制度的保证。

2017 年 4 月 24 日，第十二届全国人民代表大会常务委员会第二十七次会议在北京人民大会堂开幕，其中一项议题是关于《中华人民共和国证券法》（以下简称《证券法》）修订草案的修改。此次修改对证券交易规则做了进一步完善，旨在"强化信息披露要求，加强证券市场监管，加大对证券违法行为的处罚力度，突出对投资者权益的保护"。此项议题的深入推进，表明国家对资本市场信息监管的决心。对上市公司而言，会计盈余是衡量其经营业绩的重要指标，属于会计信息披露范畴，受到公司利益相关者和政府等有关部门的关注，影响着公司的长期发展质量。高质量的盈余有利于对上市公司进行估值，可以为衡量公司业绩提供有效信息。在非有效的资本市场中，盈余信息披露有助于缓解上市公司与投资者之间的信息不对称程度，进而帮助上市公司缓解融资约束等问题，有利于公司健康发展。同时，对投资者而言，更多的信息可以降低投资风险，有助于实现其利益最大化。会计盈余信息及其监管的重要性不言而喻。

本书从以上实际问题和理论基础出发，基于中国上市公司盈余管理研究课题组《中国上市公司盈余管理 20 年（1992~2012）》的研究成果，从上市公司的监管环境出发，以便更好地理解上市公司盈余管理行为。同时，考虑到上市公司近几年的迅猛发展，整合近年来盈余管理研究的成果，运用理论分析、案例分析、实证检验等方法系统描绘上市盈余管理的现状，重点剖析 2013~2015 年上市公司盈余管理行为的变化，以便寻找提升会计盈余信息质量的途径，为中国上市公司盈余管理研究提供支持。

本书包括 8 章内容。第 1 章从监管制度背景出发，重点区分 1992~2012 年与 2013~2015 年上市公司所处监管环境的变化，通过实际违规数据预测未来监管的趋势。第 2 章在定义和度量盈余管理的基础上，对中国上市公司盈余管理现状做整体描绘。第 3 章梳理已有盈余管理理论研究的思路，汇总盈余管理研究框架，重点分析 2013~2015 年盈余管理研究中的前沿问题。第 4 章和第 5 章着重考虑中国幅员辽阔的特点，分别探究不同地区和不同行业间的盈余管理行为分布情况。第 6 章主要结合中国证券监督管理委员会（以下简称证监会）等监管部门的披露，选取典型的上市公司，深度剖析和规范违规上市公司的盈余管理行为的特征和手段。第 7 章和第 8 章在案例分析的基础上，运用实证分析，从公司外部的治理环境和内部的管理者行为两大视角，具体从市场环境、政府干预、法治水平、管理者风险偏好、管理者过度自信和管理者过度乐观等方面，考量各类因素对上市公司盈余管理行为的影响。

上市公司是中国资本市场和经济发展的重要组成部分，其盈余管理特征和手段不断发生变化，会损害资本市场发展和投资者权益。本书重点关注中国上市公司盈余管理行为各类分布特征及影响因素，为找寻提升上市公司盈余信息质量的途径提供支持。本书仅代表编写组成员的观点，可能存在局限性，如有纰漏，望各位读者不吝指正。

目　　录

第1章 上市公司盈余信息披露监管综述

在一项对 169 家上市公司的财务总监的调查研究中发现,超过 20%的公司盈余没有真实地反映公司业绩,其中 10%的公司盈余存在人为操纵现象[1]。Schipper 认为盈余管理在不违反法律法规条件下,可以存在于会计报表形成的任何环节,操纵的方式也十分广泛,如方法的选择、估计的变更,甚至披露的方式及频率等。会计盈余的高低将影响公司多方利益集团的利益,因此管理层可以利用拥有的内部消息,在不违反法律法规和会计准则的情况下,对公司会计盈余进行隐蔽的管理,以达到公司某类利益集团的目的。虽然盈余管理是一种合规行为,但它降低了公司会计盈余信息的可信性,并且其动机往往不符合股东价值最大化的目标。总的来看,低质量的会计盈余信息,不仅不利于公司自身的健康长远发展,还会损害利益相关者的权益,妨碍证券市场的资源配置功能。因此,为提升上市公司会计盈余信息质量,尽量避免盈余管理及类似行为的发生,监管当局设计了一整套公司治理制度、披露制度及相关的法律法规等。

本章在课题组已有研究的基础上,将研究分为 1992~2012 年和 2013~2015 年两个时段,结合已有法律规章和上市公司实际盈余相关行为,将监管环境做前后对比,全面阐述上市公司盈余信息披露监管现状,进行已有会计盈余信息披露的监管情况分析。

1.1 1992~2012 年盈余信息披露监管情况

1990 年 12 月,经国务院授权,由中国人民银行批准建立的上海证券交易所(以下简称上交所)正式成立,标志着中国资本市场正式出现。1992 年 5 月 21 日上海股票交易股价全部放开,由此中国资本市场走上快速发展的道路。伴随着资本市场的蓬勃发展,与之相对应的法律等监管制度环境也日臻完善,形成了具有中国特色的监管制度环境。会计盈余信息是上市公司向资本市场传递的最重要的信号,为确保市场信号的有效传递,中国资本市场经过多年发展,现已形成一套相对完善的监管制度体系。

1.1.1 会计盈余信息披露相关的制度环境

信息披露制度,又称为信息公开制度,是指证券发行者将公司财务经营等信息完整及时地予以公开,供市场理性地判断证券投资价值,以维护股东或债权人的合法权益的法律制度。根据公布主体，信息披露制度环境一般划分为四个层次，具体包括最高立法机关制定的基本法律，如《中华人民共和国公司法》（以下简称《公司法》）、《证券法》、《中华人民共和国会计法》（以下简称《会计法》）；政府制定的有关上市公司的法规，如财政部制定的《企业会计制度》；监管部门制定的各类规章，如证监会规定的《公开发行证券的公司信息披露内容与格式准则》；证券交易所有关证券交易的实施细则，如上交所出台的公告《上海证券交易所行业信息披露指引》。以上四个层次自上而下形成上市公司所处的信息披露制度环境，具体框架如图 1-1 所示。信息披露制度涉及的内容十分广泛，涵盖了上市公司经营的各个环节，本章主要涉及会计盈余相关的信息披露制度规定。

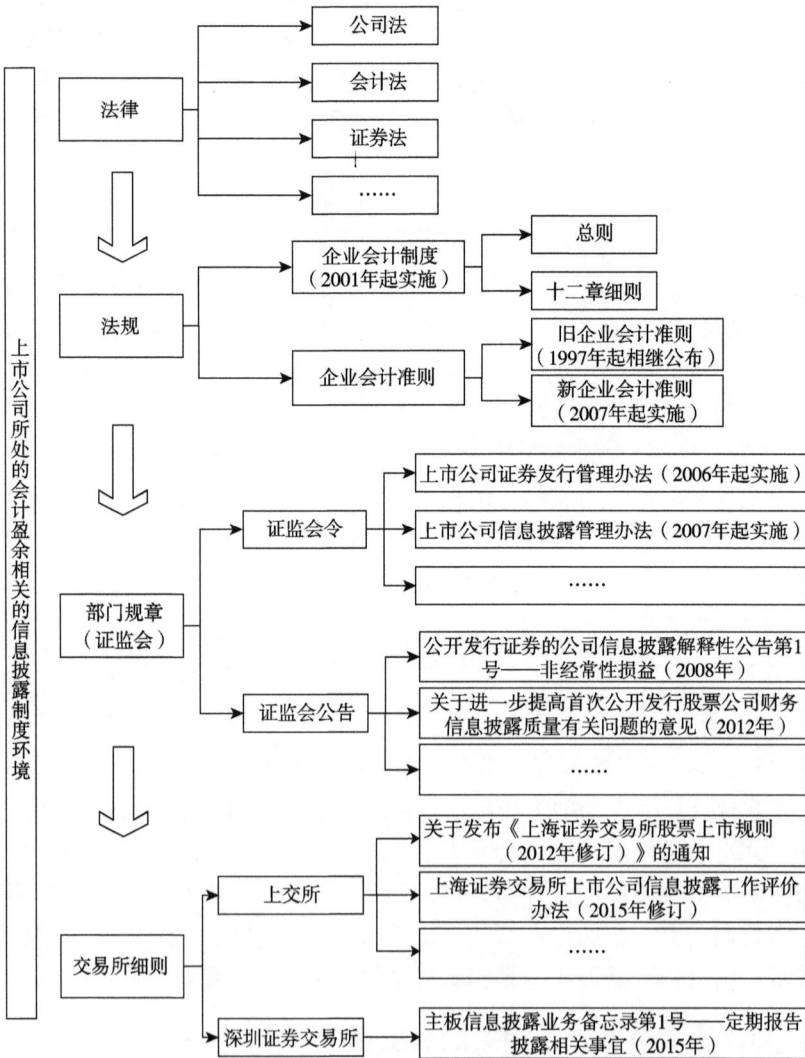

图 1-1　上市公司所处的信息披露制度环境

深圳证券交易所，以下简称深交所

1. 会计盈余信息披露相关法律

上市公司盈余信息披露监管的基本法律制度环境主要由《公司法》、《会计法》和《证券法》构成。《公司法》由第八届全国人民代表大会常务委员会第五次会议于 1993 年 12 月 29 日通过，自 1994 年 7 月 1 日起施行，经 1999 年、2004 年、2005 年和 2013 年多次修订。《公司法》重点鼓励投资创业，完善公司治理机制，加强对债权人和中小股东利益的保护，强化公司社会责任、加大职工保护力度。《会计法》由第九届全国人民代表大会常务委员会第十二次会议于 1999 年 10 月 31 日修订，自 2000 年 7 月 1 日起施行。其旨在规范会计行为，保证会计资料真实、完整，加强经济管理和财务管理，提高经济效益，维护社会主义市场经济秩序。《证券法》由第九届全国人民代表大会常务委员会第六次会议于 1998 年 12 月 29 日修订通过，自 1999 年 7 月 1 日起施行，经 1998 年、2004 年、2005 年和 2013 年多次修订，为规范证券发行和交易行为，保护投资者的合法权益，维护社会经济秩序和社会公共利益，促进社会主义市场经济的发展而制定。

这三部基本法律旨在保障会计盈余信息披露的真实性和完整性（详见《会计法》总则第一条和第四条、《证券法》第二章证券发行的第二十条和第三章证券交易的第三节持续信息公开的第六十三条、《公司法》第八章公司财务会计中的第一百七十条），从不同方面对盈余信息披露进行规范，以减少公司盈余相关操纵行为。但是，三部法律对盈余信息披露相关的监管规定各有侧重。

《会计法》更多地从会计核算方面对盈余信息披露违规行为进行规范。第一章总则的第五条中要求："会计机构、会计人员依照本法规定进行会计核算，实行会计监督。"第二章会计核算的第十八条要求"各单位采用的会计处理方法，前后各期应当一致，不得随意变更；确有必要变更的，应当按照国家统一的会计制度的规定变更，并将变更的原因、情况及影响在财务会计报告中说明"。第三章公司、企业会计核算的特别规定要求"公司、企业必须根据实际发生的经济业务事项，按照国家统一的会计制度的规定确认、计量和记录资产、负债、所有者权益、收入、费用、成本和利润"（详见第二十五条），"公司、企业进行会计核算不得随意改变资产、负债、所有者权益的确认标准或者计量方法，虚列、多列、不列或者少列资产、负债、所有者权益；不得虚列或者隐瞒收入，推迟或者提前确认收入；不得随意改变费用、成本的确认标准或者计量方法，虚列、多列、不列或者少列费用、成本；不得随意调整利润的计算、分配方法，编造虚假利润或者隐瞒利润；不得违反国家统一的会计制度规定的其他行为"（详见第二十六条）。正是因为管理层可以利用自身的信息优势，在合法合规的范围内通过改变会计核算的方式进行隐蔽的盈余操纵，所以《会计法》才对会计核算进行详细的规定，以规范上市公司高管利用会计核算等相关方式影响会计盈余信息披露的行为。

不同于《会计法》，《证券法》和《公司法》更多涉及上市公司内部人员有关盈余信息披露的权责规定。《证券法》的第六十八条规定"上市公司董事、监事、高级管理人员应当保证上市公司所披露的信息真实、准确、完整"，提出公司董事、监事、高级管理人员对盈余信息披露的总体责任。《公司法》则是更为细致地阐述了上市公司盈余信息披露的具体权责，其在第二章有限责任公司的设立和组织机构中的第三十七条中列述了股东与盈余相关的职权:"审议批准公司的年度财务预算方案、决算方案;审议批准公司的利润分配方案和弥补亏损方案;对公司增加或者减少注册资本作出决议。"第四十六条规定董事会对股东会负责,行使与会计盈余相关的职权:"决定公司的经营计划和投资方案;制订公司的年度财务预算方案、决算方案;制订公司的利润分配方案和弥补亏损方案;制订公司增加或者减少注册资本以及发行公司债券的方案。"《公司法》赋予股东和董事会成员相应的权利,他们是公司盈余政策的制定者或参与者,同时也是公司内部对管理者进行盈余管理的有效监管者 [2],因此可以基于规范上市公司利益相关者的职权,寻找提升上市公司盈余信息质量,加强盈余信息披露违规行为监管的路径。

2. 会计盈余信息披露相关法规

《企业会计制度》和新、旧《企业会计准则》均由财政部制定并公布。《企业会计制度》自 2001 年 1 月 1 日起施行,旧《企业会计准则》的 16 项具体准则在 1997~2002 年相继出台,而新《企业会计准则》自 2007 年 1 月 1 日起施行。这三部法规都是行政法规性的规范性文件,均对会计要素的确认、计量、披露或报告等做出规定,同属于国家统一的会计核算制度的组成部分,均能在一定程度上抑制上市公司盈余信息披露违规行为。这三部法规均是以《会计法》为基准,以规范企业会计核算、保证会计信息质量为基本前提而制定的,如《企业会计制度》第一章总则第一条写道"为了规范企业的会计核算,真实、完整地提供会计信息,根据《会计法》及国家其他有关法律和法规,制定本制度",新《企业会计准则》的基本准则总则第一条中提到"为适应我国社会主义市场经济发展的需要,统一会计核算标准,保证会计信息质量,根据《中华人民共和国会计法》,制定本准则"。此外,在盈余监管方面这三部法规也同《会计法》重视的内容一致,强调企业会计核算的基本原则,详见《企业会计制度》第十一条、新《企业会计准则》基本准则的第十条和旧《企业会计准则》每项具体准则的开篇。

具体来看,《企业会计制度》侧重于对会计要素的记录和报告进行操作性规定,重点规范会计的行为与结果。新、旧《企业会计准则》在会计要素的确认、计量、披露或报告方面做了原则性的规范,侧重于确认和计量,重点规范会计决策过程。其中,新《企业会计准则》在一定程度上压缩了会计估计和会计政策项目的选择,更强调会计要素的确认、计量、披露等,限定了公司调控盈余的空间范围[3]。

以上的会计盈余相关的法律法规构成上市公司盈余信息披露的基本制度环境,其中包括了对上市公司会计盈余信息质量的要求及相应的监管总则。证监会和上交所、深交所则是在贯彻已有法律法规的基础上对上市公司进行监管的单位,因此也负责上市公司相关的盈余信息披露监管。1.1.2 小节将介绍监管部门对会计盈余信息披露的相应监管。

1.1.2　1992~2012 年上市公司盈余信息披露监管规则概述

1992~2012 年证监会共出台三项与盈余信息披露监管相关的证监会令,分别为《上市公司重大资产重组管理办法》、《上市公司收购管理办法》和《上市公司信息披露管理办法》;公布两项与盈余信息披露监管相关的证监会公告,分别为《公开发行证券的公司信息披露解释性公告第 1 号——非经常性损益》和《关于进一步提高首次公开发行股票公司财务信息披露质量有关问题的意见》，详见表 1-1。2012 年之前，上交所出台的与盈余信息披露相关的业务规则仅有《关于发布〈上海证券交易所股票上市规则（2012 年修订）〉的通知》一项。深交所在 2012 年之前，鲜有对主板上市公司会计盈余信息披露行为的监管业务规则。根据上市公司日常活动流程对 1992~2012 年与盈余信息披露相关的监管文件进行分类叙述，具体分为证券发行与上市和日常信息披露两类，本章对与盈余信息披露相关的监管内容进行阐述，规定性的盈余计算规定不再赘述。

表 1-1　1992~2012 年与上市公司盈余信息披露相关的监管文件

公布年份	文件	文件性质
2006	〔第 32 号令〕首次公开发行股票并上市管理办法	证监会令
2006	〔第 30 号令〕上市公司证券发行管理办法	证监会令
2007	〔第 40 号令〕上市公司信息披露管理办法	证监会令
2008	公开发行证券的公司信息披露解释性公告第 1 号——非经常性损益	证监会公告
2012	关于进一步提高首次公开发行股票公司财务信息披露质量有关问题的意见	证监会公告
2012	关于发布《上海证券交易所股票上市规则（2012 年修订）》的通知	上交所业务规则

1. 证券发行与上市

会计盈余是上市公司重要的会计信息，公司管理者为了达到股票发行上市或者债券发行目的 [4]，会通过盈余操纵等进行会计信息粉饰以获得资本市场中较为稀有的融资渠道。为了降低资本市场融资中可能存在的盈余信息披露相关违规行为，证监会第 32 号令《首次公开发行股票并上市管理办法》第三十一条和证监会第 30 号令《上市公司证券发行管理办法》第八条要求发行人编制财务报表应严格遵循国家有关企业会计准则的规定，以实际发生的交易或者事项为依据；在进行会计确认、计量和报告时应当保持应有的谨慎；对相同或者相似的经济业务，应选用一致的会计政策，不得随意变更。证券发行与上市中的此类规定，降低了上市公司高管进行盈余干预的空间，以提升会计盈余信息披露质量。

2. 日常信息披露

2013 年之前与会计盈余相关的信息披露监管主要强调对会计核算等会计政策变更的监管、监管责任落实和非经常损益信息披露。证监会第 40 号令《上市公司信息披露管理办法》的第三十七条规定上市公司应当制定信息披露事务管理制度，其中就要求建立财务管理和会计核算的内部控制及监督机制，具体地在第三十条中规定上市公司应披露可能对上市公司证券及其衍生品种交易价格产生较大影响的会计政策或会计估计的变更。控制上市公司会计政策的随意变更，可以在一定程度上降低操控盈余的空间。证监会第 40 号令《上市公司信息披露管理办法》第五十八条规定上市公司董事、监事、高级管理人员应当对公司信息披露的真实性、准确性、完整性、及时性、公平性负责，其中上市公司董事长、经理、董事会秘书，应当承担主要责任。从公司内部明确会计信息披露的责任方，加强上市公司内部监管机制。证监会《关于进一步提高首次公开发行股票公司财务信息披露质量有关问题的意见》中要求会计师事务所、保荐机构应关注发行人是否利用会计政策和会计估计变更影响利润，如降低坏账计提比例、改变存货计价方式、改变收入确认方式等。证监会在《公开发行证券的公司信息披露解释性公告第 1 号——非经常性损益（2008）》文件中，同样要求第三方加强对影响盈余信息相关科目的具体监管：在注册会计师为公司招股说明书、定期报告、申请发行证券材料中的财务报告出具审计报告或审核报告时，应对非经常性损益项目、金额和附注说明予以充分关注，并对公司披露的非经常性损益及其说明的真实性、准确性、完整性及合理性进行核实。此类公告从第三方的角度加强对公司会计操作的监管，以减少盈余信息披露相关违规行为。

1.1.3　1992~2012 年上市公司盈余信息披露相关违规查处

本小节借助国泰安数据库中的"中国上市公司违规处理研究数据库"数据，对 1992~2012 年上市公司会计盈余信息披露相关违规事件的查处数据进行统计分析。首先，对原始数据的内容分析，通过文本筛选，将数据库"违规行为"项中包含"虚增""虚减""权责发生制""计提""预提"类词语或是数据库中"违规类型"属于"虚构利润"类的与盈余信息披露相关的词语的违规事件挑出，定义为盈余信息披露相关违规事件，并将其汇总列示于本章最后，以供查阅，具体情况详见本章附表。

1. 会计盈余信息披露相关违规分析

为更好地描绘监管部门对上市公司盈余信息披露相关违规行为的监管，根据相关监管单位对违规事件的公告日期，将 1992~2012 年上市公司会计盈余信息披露违规事件按年度进行汇总，统计结果如表 1-2 和图 1-2 所示。

表 1-2　1998~2012 年上市公司盈余信息披露相关违规查处情况（单位：次）

公告年份	上市公司盈余信息披露相关违规次数
1998	2
1999	4
2000	5
2001	10
2002	15
2003	17
2004	19
2005	16
2006	9
2007	14
2008	13
2009	16
2010	20
2011	22
2012	50
合计	232
平均	15

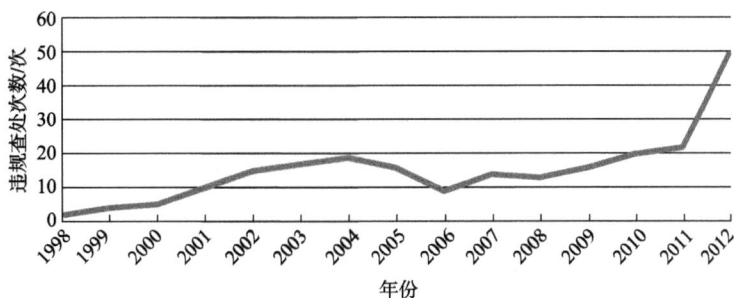

图 1-2　1998~2012 年上市公司盈余信息披露相关违规查处情况

在分析之前，首先需要说明对应的统计年限。统计结果中，与上市公司盈余信息披露相关的违规事件从 1998 年才开始有数据，可能是因为中国上市公司制度刚建立不久，上市公司数量相对较少，且监管单位对盈余信息披露相关的监管还在摸索中。其次，分析这15 年内盈余信息披露相关的违规查处情况可知：在 2000 年之前上市公司盈余管理相关的违规查处情况较少，平均每年不到 4 次；2001~2009 年上市公司盈余相关的违规事件呈现出较为平稳的态势；而从 2010 年开始相关的违规查处次数急剧增多，尤其是 2012 年一年就有违规事件 50 次，这是 1998 年违规情况的 25 倍。总体看来，从有盈余相关违规事件开始到 2012 年，上市公司盈余信息披露相关的违规查处事件共 232 次，平均每年发生 15次，并且在 2010 年开始呈现出快速上涨的趋势。当然，这些数据只是被查处的情况，上市公司实际的会计盈余信息披露相关的违规情况可能更多，但是这些统计数字的变化趋势却说明了上市公司会计盈余披露相关的违规行为的增加趋势，同时也说明监管部门对会计盈余质量的监管越来越重视。

2. 上市公司违规年数的统计情况

对部分上市公司来说，盈余信息披露相关的违规行为不只发生一次。根据国泰安数据库中"中国上市公司违规处理研究数据库"中"违规年度"提供的数据，提炼出上市公司在不同年份违规次数的统计结果，具体情况如表 1-3 所示。其中，2012 年之前，山东渤海集团股份有限公司和远东股份两家上市公司会计盈余信息披露相关违规年数累计最多达8 年，违规年份分别为 1994~2001 年和 2000~2007 年。同时，在有数据的 231 家会计盈余相关违规的上市公司中，仅有 70 家上市公司存在一年违规的情况，占比为 30.30%。综合统计结果可知，大多数有盈余信息披露的相关违规操作的上市公司倾向于进行多年的会计盈余相关违规操作，而不仅仅是进行一年的盈余披露相关的违规行为。

表 1-3　1992~2012 年上市公司盈余信息披露违规年数的统计情况（单位：家）

上市公司违规年数	上市公司数目
上市公司共违规 1 年	70
上市公司共违规 2 年	53
上市公司共违规 3 年	46
上市公司共违规 4 年	25

续表

上市公司违规年数	上市公司数目
上市公司共违规 5 年	15
上市公司共违规 6 年	15
上市公司共违规 7 年	5
上市公司共违规 8 年	2

注：根据提供的违规年度数据，计算出违规年数；少部分上市公司没有"违规年度"数据

此外，为了进一步探究上市公司盈余信息披露相关违规年数的时间变化趋势，将上述数据按照披露年份进行统计，结果在表 1-4 中呈现。

表 1-4　1992~2012 年上市公司盈余信息披露违规年数的分年度统计情况（单位：次）

上市公司违规披露年份	上市公司共违规 1 年	上市公司共违规 2 年	上市公司共违规 3 年	上市公司共违规 4 年	上市公司共违规 5 年	上市公司共违规 6 年	上市公司共违规 7 年	上市公司共违规 8 年
1998	1	1	0	0	0	0	0	0
1999	2	0	2	0	0	0	0	0
2000	3	0	2	0	0	0	0	0
2001	1	1	4	0	1	1	1	1
2002	12	0	1	1	0	1	0	0
2003	9	3	1	2	0	0	0	0
2004	4	5	7	1	1	1	0	0
2005	4	6	2	0	1	2	1	0
2006	1	0	1	2	1	3	1	0
2007	3	6	3	1	0	1	0	0
2008	4	4	2	1	2	0	0	0
2009	5	4	2	2	2	0	0	0
2010	1	5	3	6	2	2	0	1
2011	4	5	6	4	0	2	0	0
2012	16	13	10	5	5	1	0	0

由表 1-4 可以清楚地发现，在 2000 年之前查处的上市公司盈余披露相关违规中，违规年数最多不超过 3 次，且年数均较少。但是从 2001 年开始，随着上市公司总体盈余相关违规情况的上升，每年查处公布的上市公司盈余信息披露违规年数也呈现出上涨的趋势，上市公司进行 4 次盈余信息违规的现象已经较为常见。这种上升趋势表明，随着上市公司的发展，上市公司会计盈余信息披露相关的违规行为也随之增多，不仅表现在总体上市公司违规数目的增加，还反映在同一家上市公司进行多年的会计盈余信息披露相关违规的情况也越来越普遍。

1.2　2013~2015 年盈余信息披露监管情况

1.2.1　会计盈余信息披露相关的监管新规

党的十八大顺利召开，奠定了证券监管的政策基础和思想基础，中国资本市场监管制度不断完善，监管方式更加规范。2013~2015 年，相关监管单位出台与会计盈余信息披露相关的监管文件总计 19 项，其中，证监会令 4 项，证监会公告 10 项，上交所业务规则 4 项，深交所业务规则 1 项，详见表 1-5，这远远多于 1992~2012 年公布的总量（6 项）。分析相关监管文件内容不难发现，监管部门对于盈余信息披露的监管，不仅表现在监管文件数量增加，还表现在监管范围的大幅扩展，这表明近几年有关监管单位对盈余信息披露相关监管力度显著加强。根据上市公司日常活动流程对 2013~2015 年与盈余信息披露相关的监管文件进行分类，得到首次公开发行与上市、重大资产重组、日常信息披露、合并与丧失控制权处理和重新上市五类，对其盈余信息披露监管的不同侧重点进行分析，规定性的盈余计算规定不再赘述。

表 1-5　2013~2015 年与上市公司盈余信息披露相关的监管文件

公布年份	文件	文件性质
2013	公开发行证券的公司信息披露解释性公告第 4 号——财务报表附注中分步实现企业合并相关信息的披露	证监会公告
	公开发行证券的公司信息披露解释性公告第 5 号——财务报表附注中分步处置对子公司投资丧失控制权相关信息的披露	证监会公告
	关于首次公开发行股票并上市公司招股说明书中与盈利能力相关的信息披露指引	证监会公告
	公开发行证券的公司信息披露解释性公告第 2 号——财务报表附注中政府补助相关信息的披露	证监会公告
	公开发行证券的公司信息披露解释性公告第 3 号——财务报表附注中可供出售金融资产减值的披露	证监会公告
	公开发行证券的公司信息披露内容与格式准则第 31 号——创业板上市公司半年度报告的内容与格式（2013 年修订）	证监会公告
2014	〔第 109 号令〕上市公司重大资产重组管理办法	证监会令
	〔第 100 号令〕创业板上市公司证券发行管理暂行办法	证监会令
	中国证券监督管理委员会公告〔2014〕54 号——公开发行证券的公司信息披露编报规则第 15 号——财务报告的一般规定（2014 年修订）	证监会公告
	中国证券监督管理委员会公告〔2014〕53 号——公开发行证券的公司信息披露内容与格式准则第 26 号——上市公司重大资产重组（2014 年修订）	证监会公告
2015	〔第 123 号令〕关于修改《首次公开发行股票并在创业板上市管理办法》的决定	证监会令
	〔第 113 号令〕公司债券发行与交易管理办法	证监会令
	中国证券监督管理委员会公告〔2015〕32 号——公开发行证券的公司信息披露内容与格式准则第 1 号——招股说明书（2015 年修订）	证监会公告
	中国证券监督管理委员会公告〔2015〕24 号——公开发行证券的公司信息披露内容与格式准则第 2 号——年度报告的内容与格式（2015 年修订）	证监会公告

续表

公布年份	文件	文件性质
2015	关于发布上海证券交易所第八号至第十三号行业信息披露指引的通知	上交所业务规则
	关于发布上海证券交易所行业信息披露指引第一号至第七号的通知	上交所业务规则
	上海证券交易所上市公司信息披露工作评价办法（2015 年修订）	上交所业务规则
	上海证券交易所退市公司重新上市实施办法	上交所业务规则
	主板信息披露业务备忘录第 1 号——定期报告披露相关事宜	深交所业务规则

1. 首次公开发行与上市

证监会在《关于首次公开发行股票并上市公司招股说明书中与盈利能力相关的信息披露指引》中规定了发行人、保荐机构和会计师事务所在招股说明书中与盈余信息披露质量的相关责任。发行人应提到发行人采用的销售模式及销售政策，需按业务类别披露发行人所采用的收入确认的具体标准、收入确认时点，结合自身业务特点、操作流程等因素详细说明其收入确认标准的合理性；具体披露各项会计估计和销售费用、研发费用、贷款利息计提、利息资本化、政府补助等各项会计处理的合理性。保荐机构和会计师事务所应核查发行人收入的真实性和准确性，其中需核查发行人收入确认标准是否符合会计准则的规定，是否与行业惯例存在显著差异及原因；发行人合同收入确认时点的恰当性，是否存在提前或延迟确认收入的情况。此外，《中国证券监督管理委员会公告〔2015〕32 号——公开发行证券的公司信息披露内容与格式准则第 1 号——招股说明书（2015 年修订）》第七十四条对发行人披露报告期内采用的主要会计政策和会计估计做了充分详细的规定，包括收入确认和计量的具体方法、金融资产和金融负债、存货、长期股权投资、投资性房地产、固定资产减值、无形资产等科目具体的确认与计量。综上，这些监管文件对首次公开发行与上市公司的盈余信息质量的披露要求较为全面，同时兼顾公司内部和外部信息披露与监管责任人，从多角度减少上市公司干预盈余信息披露质量的途径。

2. 重大资产重组

证监会第 109 号令《上市公司重大资产重组管理办法》第十一条和《中国证券监督管理委员会公告〔2014〕53 号——公开发行证券的公司信息披露内容与格式准则第 26 号——上市公司重大资产重组（2014 年修订）》第二十三条中规定公司资产交易涉及重大资产购买的，应当披露拟购买资产报告期的会计政策及相关会计处理：①收入成本的确认原则和计量方法。比较分析会计政策和会计估计与同行业或同类资产之间的差异及对拟购买资产利润的影响；报告期存在资产转移剥离调整的，还应披露资产转移剥离调整的原则、方法和具体剥离情况及对拟购买资产利润产生的影响；拟购买资产的重大会计政策或会计估计与上市公司存在较大差异的，报告期发生变更的或者按规定将要进行变更的，应当分析重大会计政策或会计估计的差异、变更对拟购买资产利润产生的影响。②行业特殊的会计处理政策。两项文件规范了公司重大资产重组过程中涉及的各项会计政策与会计处理，减少了重大资产管理中可能存在的盈余信息披露违规行为。

3. 日常信息披露

在公司日常信息披露监管方面，《中国证券监督管理委员会公告〔2014〕54 号——公开发行证券的公司信息披露编报规则第 15 号——财务报告的一般规定（2014 年修订）》第五条和《上海证券交易所上市公司信息披露工作评价办法（2015 年修订）》第七条对上市公司盈余信息披露提出了总体原则性要求。对具体会计盈余信息披露的监管要求，更多体现在财务报表附注的要求中。其中，《中国证券监督管理委员会公告〔2015〕24 号——公开发行证券的公司信息披露内容与格式准则第 2 号——年度报告的内容与格式（2015 年修订）》第二十二条、《中国证券监督管理委员会公告〔2014〕54 号——公开发行证券的公司信息披露编报规则第 15 号——财务报告的一般规定（2014 年修订）》第十六条和深交所《主板信息披露业务备忘录第 1 号——定期报告披露相关事宜》第二节定期报告披露的第十八项中，从整体会计政策、会计估计和具体各项会计科目确认计量方法的合理性角度对会计盈余信息披露进行了全方位的规定。同时，证监会在《公开发行证券的公司信息披露解释性公告第 2 号——财务报表附注中政府补助相关信息的披露》和《公开发行证券的公司信息披露解释性公告第 3 号——财务报表附注中可供出售金融资产减值的披露》中，对财务报表附注中两项会影响盈余信息披露质量的会计科目进行了详细规定。以上的各项监管文件，对信息披露中可能存在盈余信息披露违规行为的内容自上而下地进行规范与监管，通过标准的日常信息披露流程减少公司可能的降低盈余信息披露质量的行为。

4. 合并与丧失控制权处理

证监会 2013 年发布的《公开发行证券的公司信息披露解释性公告第 4 号——财务报表附注中分步实现企业合并相关信息的披露》中规定公司应在财务报表附注的会计政策部分，区分非同一控制下企业合并和同一控制下企业合并，分别披露在母公司财务报表和合并财务报表中的会计处理方法。尤其是，对分步实现的非同一控制下的企业合并，公司应当披露前期和本期取得股权的取得时点、取得成本、取得比例和取得方式；取得控制权的时点及判断依据；购买日之前原持有股权在购买日的账面价值、公允价值，以及按照公允价值重新计量所产生的利得或损失的金额；购买日之前原持有股权在购买日的公允价值的确定方法及主要假设；购买日之前与原持有股权相关的其他综合收益转入投资收益的金额。这是因为非同一控制下的企业合并有潜在干预会计盈余信息质量的动机，可利用账面价值与公允价值的差额计入当期损益的规则进行盈余干预，因此在该项公告中进行了详细的规定，以减少可操纵盈余的操作途径。

证监会 2013 年出台的《公开发行证券的公司信息披露解释性公告第 5 号——财务报表附注中分步处置对子公司投资丧失控制权相关信息的披露》中规定公司应在财务报表附注的会计政策部分，披露与分步处置股权至丧失控制权相关的具体会计政策：判断分步处置股权至丧失控制权过程中的各项交易是否属于"一揽子交易"的原则。对于属于"一揽子交易"和不属于"一揽子交易"的，在母公司财务报表和合并财务报表中的会计处理方法中做出了详细的规定，包括控制权丧失相关事项的确认、相应公允价值计算等。公告中分门别类详细规定，从源头减少盈余信息披露违规行为的可操作空间。

5. 重新上市

《上海证券交易所退市公司重新上市实施办法》第二十一条中要求核查公司的收入及成本、费用的确认是否符合会计准则的规定，资产减值准备计提是否充分。同时，在其附录 3 尽职调查工作底稿必备内容中的第七节财务与会计调查中要求公司财务报告及相关财务资料真实，会计政策和会计估计合规与合理，资产、负债、收入、成本、费用真实，纳税情况、非经常性损益确认合规。对于申请重新上市的公司，盈余信息披露的相关监管规定更加详细，以减少此类公司潜在的盈余干预行为，提升重新上市公司的会计盈余信息质量。

1.2.2   行业监管制度分析

各行各业有其自身的特质，只有在信息披露及相应监管时做到具体问题具体分析，才能有效促进各行业的健康发展。上交所 2015 年发布了《关于发布上海证券交易所行业信息披露指引第一号至第七号的通知》和《关于发布上海证券交易所第八号至第十三号行业信息披露指引的通知》两项关于行业信息披露的公告。这是有关监管部门首次明确地对行业信息披露行为进行区分，其中涉及抑制盈余信息披露违规行为的相关规定。正如《上市公司行业信息披露指引第一号——一般规定》中第八条规定的：上市公司"分析指标的假定条件、计算方法、选取依据及其变化原因和趋势"，强调上市公司会计信息应该遵循确认条件，以减少上市公司盈余信息披露违规行为。此外，在第九条中"上市公司可以在企业会计准则规定范围外，披露息税前利润、自由现金流等反映公司价值的判断指标"，鼓励上市公司进行额外的会计盈余信息披露，降低盈余违规行为的可操作范围。

具体看来，上交所两项公告中不同行业的会计盈余信息披露要求各有侧重。《上市公司行业信息披露指引第二号——房地产》是关于房地产行业信息披露的指引。首先，其第七条和第八条中规定，房地产行业的上市公司需要对投资性房地产的公允价值进行更多的信息披露，从公允价值角度抑制上市公司盈余管理行为。其次，在第九条中规定，对房地产行业的上市公司除了披露与行业特征相关的盈余数据外，还需"披露报告期内重大减值计提项目情况及原因"，从减值计提项目降低房地产行业上市公司盈余管理可操纵的空间。最后，在第十二条中，要求上市公司披露与行业相关的具体会计政策，尤其应该"细化年度报告财务报表附注中存货、维修基金、质量保证金、借款费用、资产减值准备、各经营业态销售收入等会计政策，并披露确认条件、确认时点、计量依据等会计政策标准"，减少房地产行业上市公司利用相关费用干预会计盈余信息质量的操作。总体看来，房地产行业的上市公司盈余管理监管主要集中于行业相关会计政策、投资性房地产公允价值计量和财务报表附注费用等的确认方面，这些信息披露要求有助于提高房地产上市公司的盈余信息披露质量水平。

《上市公司行业信息披露指引第三号——煤炭》规定煤炭行业的上市公司应披露与行业相关的具体会计政策，其中"与行业直接相关费用的提取标准、年度提取金额、使用情况、会计政策"（详见第十三条）明确从费用的确认角度抑制可能存在的盈余信息披露违规行为。在临时报告中要求，上市公司应当披露重大停产、整改、恢复生产情况，同时根据整改验收进展，及时披露恢复生产情况（详见第十九条），减少上市公司通过真实业务进行盈余信息干预的行为。此外，上市公司还应及时披露对营业成本、费用等产生重大影响的行业经营政策（第二十条），从成本费用的确认等方面减少干预盈余信息行为的发生。综上，对煤炭行业上市公司的盈余信息披露监管主要集中于行业相关成本费用的确认和真实业务的披露两方面。

《上市公司行业信息披露指引第四号——电力》对电力行业的上市公司会计盈余相关的信息披露要求较低，只要求在年度报告中按电源种类披露营业收入、营业成本等经营模式运行情况和披露外购电量及其收入、成本情况（详见第三条），未涉及盈余具体指标披露要求。总体看来，电力行业的上市公司的盈余信息披露的监管要求较低。

零售行业的盈余信息披露相关监管主要集中于上市公司对行业具体的会计政策的披露方面。在《上市公司行业信息披露指引第五号——零售》中，要求零售行业所属的上市公司对财务报表附注中销售收入或其他收入、账款结算、资产减值准备等会计政策进行细化，并披露行业特殊的收入确认条件、确认时点、计量依据等（详见第十三条）。黄金珠宝零售类上市公司应当在财务报表附注中披露应用套期保值工具管理存货的情况、套期保值损益及其对当期损益的影响（详见第十四条）。因此，对于零售行业，监管单位较多从收入确认和套期保值相应的会计政策上约束上市公司盈余信息披露的干预行为。

《上市公司行业信息披露指引第六号——汽车制造》对汽车制造行业的上市公司的盈余信息披露相关监管具有较为显著的行业特征。整车销售采用订单销售模式的，应当披露报告期末已经签订但尚未履行完毕的主要订单情况，包括订单金额、尚未确认收入金额、仍需交付的车型类别和数量（详见第七条）。对可能产生重大影响的产品召回，上市公司应披露相关收入、成本、预计负债等具体会计政策（详见第十三条）。由此可以看出，汽车制造行业主要从收入和成本的确认角度对会计盈余信息披露进行监管。

医药制造行业需要进行大量研发投入，因此《上市公司行业信息披露指引第七号——医药制造》中要求上市公司披露研究阶段和开发阶段的划分标准，开发阶段有关支出资本化的具体条件，以及与研发相关的无形资产确认、计量的具体会计政策（详见第十一条），减少应计项目相关的操纵盈余。在临时报告中，还要求上市公司就有重大影响的拟收购医药制造业资产进行最近一年又一期的销量、营业收入和毛利率等情况（详见第十六条）的披露，从上市公司实际业务角度降低盈余信息披露违规行为。

《上市公司行业信息披露指引第八号——石油和天然气开采》中规定石油和天然气开采行业所属上市公司应披露行业相关的具体会计政策：勘探开发支出、资源税、安全生产费、资产弃置义务及其他类似费用的提取标准、年度提取金额、使用情况和油气资产资本化条件、时点及资产减值的计提标准等会计政策（详见第十四条），减少上市公司利用应计费用或减值计提等应计项目进行会计盈余信息干预的现象。

钢铁行业要求上市公司披露钢材制造和销售的盈余相关数据（详见第五条），《上市公司行业信息披露指引第九号——钢铁》中还提出三项与盈余信息披露相关的行业要求。

第一，上市公司应当披露库存情况，涉及减值准备，应结合报告期末原材料或产成品价格情况披露的库存减值情况并分析其合理性（详见第十一条）。第二，上市公司应当披露行业相关的重大费用及其重大变化情况，如固定资产折旧、运输仓储支出、利息支出等（详见第十二条）。第三，上市公司应当披露与行业相关的具体会计政策，在财务报表附注中披露营业收入、应收账款或票据、资产减值准备、在建工程转固、固定资产折旧等具体会计政策（详见第十五条）。综上可知，钢铁行业的会计盈余信息披露相关监管主要集中于应计项目的监管，涉及科目较为详细，要求也更为严格。

建筑行业的信息披露要求则更为具体。《上市公司行业信息披露指引第十号——建筑》中规定建筑行业所属的上市公司应当汇总披露存货中已完工未结算的情况，包括累计已发生成本、累计已确认毛利、预计损失、已办理结算的金额、已完工未结算的余额（详见第十五条）。另外，建筑类上市公司还应在财务报表附注中对收入确认方法、账款结算等会计政策进行细化，并披露行业特殊的收入确认条件、确认时点、计量依据等（详见第十六条）。这两项要求从存货计量和收入确认两方面减小了上市公司干预会计盈余信息披露的空间。

《上市公司行业信息披露指引第十一号——光伏》的第九条规定上市公司从事光伏电站运行维护业务的，应当披露报告期内确认的服务收入。第十条要求上市公司从事光伏电站的工程承包、开发、运营、运维业务的，应当在企业会计准则原则性规定的基础上，针对公司自身经营模式和行业特点，细化披露相关业务的会计政策，包括资产的分类依据、收入的确认原则以及相关的计量方法等。虽然光伏行业所属上市公司从事的具体业务不同，但指引中均对其收入确认提出了相关信息的披露要求，有利于提高该行业所属上市公司披露的会计盈余信息质量。

服装行业易拥有较多存货，且收入确认时点往往不同于收入实收时点，因此对服装行业上市公司盈余信息披露的监管多集中于这两个方面。具体地，《上市公司行业信息披露指引第十二号——服装》的第十二条规定上市公司应当在企业会计准则原则性规定的基础上，披露行业具体会计政策和财务信息。首先，服装行业的上市公司可依据公司自身经营特点，在财务报表附注中细化披露不同销售模式下的收入结算方式、确认时点和确认方法等会计政策，从收入确认角度提高应计项目相关的盈余信息质量。其次，公司需按库龄结构披露产成品及库存商品的期初余额、当期发生额、期末余额和各库龄跌价准备的计提情况，根据实际经营情况和经验，在财务报表附注中披露主要存货项目的库龄分布结构，以及各库龄区间的跌价准备计提比例、制定的计提政策等，并保持会计政策的一致性，从存货确认方面规范该行业上市公司盈余信息披露质量。

新闻出版是上交所两项公告中涉及的最后一个行业。《上市公司行业信息披露指引第十三号——新闻出版》中对上市公司会计盈余相关的信息披露要求主要集中于收入确认方面。第五条中要求上市公司从事教材教辅发行业务的，应当披露教材教辅发行的结算政策以及收入确认时点。第六条中规定上市公司从事一般图书出版业务的，应当披露不同销售模式下的经营情况，包括经销包退以及包销等销售模式下的营业收入及占比、平均退货比例、货款结算期限、收入确认政策等。

以上是上交所对行业信息披露指引中涉及盈余信息披露行为监管的相关指引。不同行业因其行业特征不同，会计盈余信息披露相关监管程度亦有不同。电力行业基本未涉及盈余披露的相关监管，而房地产、煤炭和钢铁等行业涉及会计盈余披露要求较多，盈余质量相关的监管程度较为深入。

1.2.3　2013~2015 年上市公司盈余信息披露违规情况

1. 会计盈余信息披露相关违规情况分析

根据国泰安数据库中的"中国上市公司违规处理研究数据库"的数据，统计分析2013~2015 年的上市公司盈余信息披露违规数据[①]，并同 1992~2012 年数据进行对比分析。表 1-6 展示了 2013~2015 年上市公司盈余信息披露相关违规查处情况。其中，2013 年是近几年盈余信息披露违规最多的一年，但是 2013~2015 年上市公司会计盈余信息披露相关违规行为总体呈现出相对平稳的态势，但维持较高的违规水平。

表 1-6　2013~2015 年上市公司盈余信息披露相关违规查处情况（单位：次）

公告时间	盈余信息披露相关违规次数
2013 年	65
2014 年	47
2015 年	50
2013~2015 年合计	162
2013~2015 年平均	54
1998~2012 年合计	232
1998~2012 年平均	15
1998~2015 年总计	394
1998~2015 年总平均	22

与之前年份的数据相比，如图 1-3 所示，可以清楚地发现中国上市公司会计盈余信息披露相关违规行为呈现出稳中上升的趋势。尤其是自 2012 年开始，上市公司盈余相关违规查处数量呈现出急剧增长的态势，较之前增长了 2 倍多。具体来看，2013~2015 年共 162 次盈余信息披露相关违规事件，平均每年查处约 54 次，而 1998~2012 年共发生相关违规事件 232 次，平均每年查处约 15 次。从上市公司的角度，说明上市公司盈余信息披露相关的违规操作现象有明显增长的趋势。从监管单位的视角可以发现，自从2012 年开始，监管部门开始重视盈余信息质量的相关监管，上市公司盈余信息披露相关查处力度开始加强。

---

① 经过对原始数据的内容分析，将数据库"违规行为"项中包含"虚增""虚减""权责发生制""计提""预提"类词语或是数据库中"违规类型"属于"虚构利润"类的与盈余信息披露相关词语的违规事件挑出，定义为盈余信息披露相关违规事件。

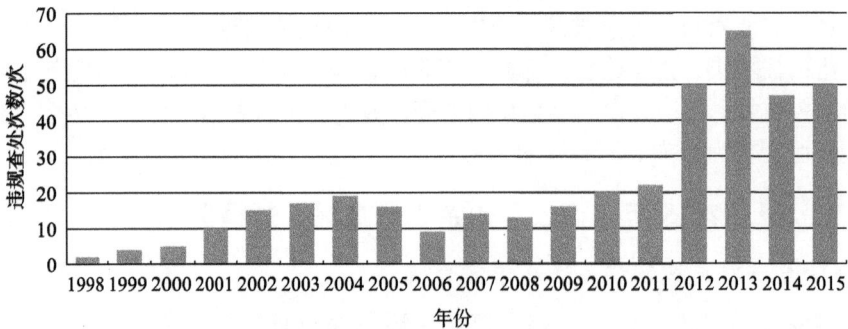

图 1-3　1998~2015 年上市公司盈余信息披露相关违规情况

2. 上市公司违规年数的统计情况

表 1-7 提供了每家上市公司盈余信息披露相关违规年数的累计情况[①]。与 2012 年之前情况相比，2013 年之后上市公司仅存在一年违规的情况基本保持不变，但是每家上市公司盈余信息披露相关违规年数显著增加，上市公司盈余信息披露相关违规年数的最大值从 8 家上升至 11 家。其中，西藏矿业和山东金泰集团股份有限公司分别在 1998~2008 年和 2003~2013 年内存在盈余信息披露相关违规行为。此外，违规年数统计结果清楚表明，大多数存在盈余信息披露违规的上市公司越来越倾向于进行多年的盈余操纵，而不仅仅是进行一年的盈余操纵。这表明盈余信息披露行为通常具有持续性，有关监管部门可以利用这一特征对盈余信息披露相关违规行为进行识别与监管。

表 1-7　2013~2015 年上市公司盈余信息披露违规年数的统计情况（单位：家）

上市公司违规年数统计	上市公司数目
上市公司共违规 1 年	57
上市公司共违规 2 年	32
上市公司共违规 3 年	22
上市公司共违规 4 年	17
上市公司共违规 5 年	11
上市公司共违规 6 年	9
上市公司共违规 7 年	2
上市公司共违规 8 年	4
上市公司共违规 9 年	0
上市公司共违规 10 年	0
上市公司共违规 11 年	2

此外，深入研究上市公司盈余信息披露相关违规行为的趋势变化，并将上述数据分年度统计，结果如表 1-8 所示。

---

① 根据提供的违规年度数据，计算出违规年数。少部分上市公司没有“违规年度”数据。

表 1-8　2013~2015 年上市公司盈余信息披露违规年数的统计情况（单位：次）

上市公司违规年数统计	2013 年	2014 年	2015 年
上市公司共违规 1 年	25	11	21
上市公司共违规 2 年	12	10	10
上市公司共违规 3 年	10	7	5
上市公司共违规 4 年	7	7	3
上市公司共违规 5 年	4	3	4
上市公司共违规 6 年	2	3	4
上市公司共违规 7 年	0	1	1
上市公司共违规 8 年	0	4	0
上市公司共违规 9 年	0	0	0
上市公司共违规 10 年	0	0	0
上市公司共违规 11 年	1	0	1

将表 1-8 与表 1-4 对比可知，2013 年之后，虽然较高年数的违规情况较少，但同一家上市公司盈余信息披露相关违规年数有所提升，较为常见的违规年数上限由 4 次提升至 6 次。尽管这里统计年限较短，但统计对象是每年披露违规情况，所以这里可以排除统计时间长短对违规次数的影响。由此可知，同家上市公司在近年来有增加盈余信息披露相关违规行为的趋势，同时，监管部门对盈余信息的监管力度有所增强。

1.3　未来监管趋势分析

本节利用国泰安数据库中的"中国上市公司违规处理研究数据库"中"违规处罚"数据进行整理分析①，用以描述监管单位对上市公司盈余信息披露相关违规行为的处罚力度，分析监管方式的变化趋势。表 1-9 的左半部分展示了 1998~2012 年上市公司盈余信息披露相关违规行为受到的处罚情况。其中，罚款是最常用的处罚方法，批评方式使用得最少。批评、谴责和警告的使用次数在同一水平。由此可知，监管单位在 2012 年以前，对上市公司盈余信息披露相关违规行为的查处力度较大。

表 1-9　上市公司被处罚情况（单位：次）

1998~2012 年上市公司被处罚情况		2013~2015 年上市公司被处罚情况	
内容	次数	内容	次数
罚款次数	55	罚款次数	1
警告次数	27	警告次数	31
批评次数	21	批评次数	9
谴责次数	31	谴责次数	7
其他 1)	98	其他 1)	114

1）仅有一项处罚涉及"没收非法所得"，故将其合并到"其他"处罚方式中，不作详细分析

① 如有多种处罚，则按照最严厉处罚进行统计。

表 1-9 的右半部分统计了 2013~2015 年上市公司盈余相关违规行为所受到的处罚情况。对比表 1-9 左右数据可以发现有明显的不同。首先，2013~2015 年只有 1 次使用罚款，在 2013 年之前罚款方式则是使用最多的。其次，批评次数和谴责次数的水平相差仍不多。最后，警告次数三年间达 31 次，这比 1998~2012 年所有的警告次数（27 次）高出 14.8%。综上分析，现阶段对盈余相关监管处罚多采用警告方式，较少使用批评和谴责，基本不使用罚款方式。这说明，2013~2015 年上市公司盈余信息披露相关违规行为虽然查处次数有所上升，但相应的监管力度有所下降。为了进一步考察违规处罚的变化趋势，对以上数据进行分年度统计，结果如表 1-10 所示。

表 1-10　上市公司被处罚分年度统计情况（单位：次）

年份	罚款次数	警告次数	批评次数	谴责次数	其他
1998	2	0	0	0	0
1999	1	3	0	0	0
2000	0	4	0	0	1
2001	0	5	0	4	1
2002	4	1	4	4	2
2003	4	0	9	4	0
2004	13	0	3	2	1
2005	5	0	2	9	0
2006	4	0	1	2	2
2007	9	0	0	3	2
2008	8	1	1	1	2
2009	1	3	0	0	12
2010	3	4	0	0	13
2011	1	4	0	0	17
2012	0	2	1	2	45
2013	1	3	2	2	57
2014	0	14	2	2	29
2015	0	14	5	3	28

不难发现，自 1998 年有盈余信息披露相关违规行为的查处事件开始，监管单位对盈余信息披露相关的违规上市公司便有了相应的违规处罚。罚款的处罚方式在 2011 年之前较常使用，但是自 2011 年开始较少使用。警告的处罚方式在 2007 年之后较多使用，使用频率逐年提高。在 2001~2008 年和 2012~2015 年较多使用批评和谴责处罚方式，说明 2012 年之后实际惩罚力度又开始加强。这样的结果表明，监管单位越来越重视盈余信息披露相关的监管，加强了相关监管力度。

虽然上市公司盈余信息披露相关的违规行为愈发多变，但是盈余信息披露的相关监管体制正在逐渐完善。希望通过本章对上市公司所处的监管环境和上市公司实际盈余违规行为的分析，可以帮助有关监管单位对上市公司盈余信息披露相关的违规行为进行有效的监管，以提高中国上市公司会计盈余信息质量，帮助上市公司改变现有"短视寻租"行为，以求更健康长远发展，提升资源配置效率，促进资本市场更加有效运行。

参 考 文 献

[1] Dichev I D, Graham J R, Harvey C R, et al. Earnings quality: evidence from the field[J]. Journal of Accounting and Economics, 2013, 56（2）: 1-33.

[2] 罗婷, 薛健, 张海燕. 解析新会计准则对会计信息价值相关性的影响[J]. 中国会计评论, 2008, 6（2）: 129-140.

[3] 李蓓蓓. 中国上市公司盈余管理的识别与控制研究[D]. 财政部财政科学研究所博士学位论文, 2013.

[4] 李延喜, 包世泽, 高锐, 等. 薪酬激励、董事会监管与上市公司盈余管理[J]. 南开管理评论, 2007, 10（6）: 55-61.

本 章 附 表

1998~2015 年上市公司会计盈余信息披露的违规查处情况

公告时间	公告文件名称	监管单位	违规类型
1998-11-20	红光实业股份有限公司重大事项公告	证监会	虚构利润,虚假记载(误导性陈述),重大遗漏,欺诈上市,违规买卖股票
1998-11-14	上海国嘉实业股份有限公司重大事项公告	证监会	虚构利润
1999-08-18	衡阳市飞龙实业股份有限公司公告	证监会	虚构利润,虚假记载(误导性陈述)
1999-10-27	沈阳蓝田股份有限公司公告	证监会	虚列资产,虚假记载(误导性陈述),重大遗漏
1999-05-20	中国证监会关于中国高科集团股份有限公司违反证券法规行为的处罚	证监会	虚构利润,虚假记载(误导性陈述),重大遗漏
1999-10-13	东方锅炉(集团)股份有限公司董事会公告	证监会	虚构利润,虚假记载(误导性陈述),欺诈上市,其他
2000-09-02	上海嘉宝实业(集团)股份有限公司董事会公告	证监会	虚构利润,虚假记载(误导性陈述),推迟披露,违规买卖股票
2000-05-31	关于上海粤海企业发展股份有限公司违反证券规行为的处罚决定	证监会	虚构利润,虚假记载(误导性陈述)
2000-12-20	沙市活力二八股份有限公司公告	证监会	虚构利润,虚假记载(误导性陈述),重大遗漏,擅自改变资金用途
2000-02-23	江苏综艺股份有限公司公告	证监会	虚构利润,虚列资产,欺诈上市,其他
2000-03-31	关于大庆联谊石化股份有限公司违反证券法规行为的处罚决定	证监会	虚构利润,虚假记载(误导性陈述),欺诈上市
2001-11-09	关于四川金路集团股份有限公司及有关人员违反证券法规行为的处罚决定	证监会	虚构利润,重大遗漏
2001-12-20	关于对北满特钢股份有限公司及公司董事长进行公开谴责的公告	上交所	虚构利润,虚假记载(误导性陈述),推迟披露,重大遗漏,其他
2001-09-27	关于郑州百文股份有限公司(集团)及有关人员违反证券法规行为的处罚决定	证监会	虚构利润,虚假记载(误导性陈述),重大遗漏,出资违规
2001-12-13	关于对沈阳特种环保设备制造股份有限公司及董事、监事予以公开谴责的决定	深交所	虚构利润,推迟披露,虚假记载(误导性陈述)
2001-11-05	关于对山东渤海集团股份有限公司违反证券法规行为的处罚决定	证监会	虚假记载(误导性陈述),重大遗漏
2001-03-03	关于对湖北幸福实业股份有限公司公开谴责的公告	上交所	虚假记载(误导性陈述),推迟披露,出资违规,占用公司资产,其他
2001-05-26	关于对沈阳黎明服装股份有限公司公开谴责的公告	上交所	虚构利润,虚列资产,虚假记载(误导性陈述),推迟披露
2001-10-26	关于福建九州集团股份有限公司及赵裕昌、池金明、吴健俩、周小华、于志海、吴素丹、蔡绿水、孙谦、江化开、杨幼义、熊越、周晶、董彬等13人违反证券法规行为的处罚决定	证监会	虚构利润,虚假记载(误导性陈述),重大遗漏

续表

公告时间	公告文件名称	监管单位	违规类型
2001-08-03	关于湖南省张家界旅游开发股份有限公司及肖碧文等人违反证券法规行为的处罚决定	证监会	虚构利润
2001-03-06	关于海南大东海旅游中心股份有限公司违反证券法规行为的处罚决定	证监会	虚构利润, 推迟披露, 擅自改变资金用途, 违规买卖股票
2002-07-24	关于对中水集团远洋股份有限公司等十一家上市公司予以内部通报批评的决定	深交所	推迟披露
2002-05-24	关于对金杯汽车股份有限公司等 5 家公司及其全体董事予以公开谴责的公告	上交所	推迟披露
2002-04-24	哈尔滨高科技（集团）股份有限公司第三届十二次董事会决议公告	上交所	虚假记载（误导性陈述）, 推迟披露
2002-05-24	关于对金杯汽车股份有限公司、北满特殊钢股份有限公司、厦门厦新电子股份有限公司、黑龙江省科利华网络股份有限公司、内蒙古宁城老窖生物科技股份有限公司 5 家公司及其全体董事予以公开谴责的决定	上交所	推迟披露, 其他
2002-07-06	关于对通化金马药业集团股份有限公司等六家公司予以公开谴责的决定	深交所	推迟披露, 其他
2002-06-04	关于对金杯汽车股份有限公司等 5 家公司及其全体董事予以公开谴责的公告	上交所	虚假记载（误导性陈述）
2002-04-12	关于对锦化工集团氯碱股份有限公司等四家上市公司予以内部通报批评的决定	深交所	推迟披露
2002-04-08	中国证券监督管理委员会行政处罚决定书（桂林集琦及相关人员）	证监会	虚构利润, 虚假记载（误导性陈述）, 重大遗漏
2002-07-31	中国证监会责令整改通知书（黄山金马）	证监会	其他
2002-04-04	中国证券监督管理委员会行政处罚决定书（珠海鑫光及相关人员）	证监会	虚构利润, 虚假记载（误导性陈述）, 推迟披露, 重大遗漏
2002-10-22	锦州港股份有限公司董事会公告	财政部	虚假记载（误导性陈述）
2002-04-23	中国证券监督管理委员会行政处罚决定书（银广夏）	证监会	虚构利润, 虚假记载（误导性陈述）, 重大遗漏, 其他
2002-07-24	关于对中水集团远洋股份有限公司等十一家上市公司予以内部通报批评的决定	深交所	推迟披露
2002-07-31	中国证监会责令整改通知书（辽宁金帝）	证监会	其他
2002-10-10	中国证券监督管理委员会行政处罚决定书（宇通公司及相关人员）	证监会	虚列资产, 虚假记载（误导性陈述）
2003-07-07	关于对四川美亚丝绸（集团）股份有限公司等二十三家上市公司予以内部通报批评的决定	深交所	推迟披露, 其他

续表

公告时间	公告文件名称	监管单位	违规类型
2003-10-16	关于对神州学人集团股份有限公司等四家公司予以内部通报批评的决定	深交所	推迟披露,其他
2003-07-07	关于对四川美亚丝绸(集团)股份有限公司等二十三家上市公司予以内部通报批评的决定	深交所	推迟披露,其他
2003-07-30	关于对深圳市特发信息股份有限公司和安徽国风塑业股份有限公司予以内部通报批评的决定	深交所	推迟披露,其他
2003-07-17	关于对天津环球磁卡股份有限公司及相关人员公开谴责的决定	上交所	推迟披露,重大遗漏,其他
2003-07-07	关于对四川美亚丝绸(集团)股份有限公司等二十三家上市公司予以内部通报批评的决定	深交所	推迟披露,其他
2003-07-30	关于对深圳市特发信息股份有限公司和安徽国风塑业股份有限公司予以内部通报批评的决定	深交所	推迟披露,其他
2003-06-26	关于对湖北美尔雅股份有限公司及相关人员予以公开谴责的决定	上交所	虚构利润,虚假记载(误导性陈述),推迟披露,重大遗漏
2003-12-31	中国证券监督管理委员会行政处罚决定书(中炬高新及相关人员)	证监会	虚列资产,虚假记载(误导性陈述),重大遗漏
2003-12-26	中国证券监督管理委员会行政处罚决定书(金健米业及相关人员)	证监会	虚构利润,重大遗漏
2003-09-02	关于对石家庄炼油化工股份有限公司等四家公司予以内部通报批评的决定	深交所	虚构利润,虚假记载(误导性陈述)
2003-08-16	关于对湖南酒鬼酒股份有限公司及相关人员予以公开谴责的公告	深交所	推迟披露,占用公司资产,其他
2003-08-07	关于对内蒙古仕奇实业股份有限公司予以通报批评的决定	证监会	虚构利润,虚假记载(误导性陈述),占用公司资产,违规担保
2003-07-07	关于对四川美亚丝绸(集团)股份有限公司等二十三家上市公司予以内部通报批评的决定	深交所	推迟披露,重大遗漏
2003-12-26	中国证券监督管理委员会行政处罚决定书(长运公司及相关人员)	证监会	虚构利润,虚列资产,虚假记载(误导性陈述)
2003-09-16	关于对重庆渝开发股份有限公司违反证券法律法规的处罚决定	证监会	虚构利润,虚假记载(误导性陈述)
2003-07-25	关于对天津市海运股份有限公司及公司全体董事予以公开谴责的决定	上交所	推迟披露
2004-10-22	关于对河南莲花味精股份有限公司公开谴责的决定	上交所	推迟披露,其他
2004-05-25	中国证券监督管理委员会行政处罚决定书(民族化工及相关人员)	证监会	虚构利润,虚假记载(误导性陈述)
2004-07-01	关于对深圳华发电子股份有限公司及相关人员予以内部通报批评的决定	深交所	虚构利润,推迟披露
2004-04-23	中国证券监督管理委员会行政处罚决定书(远洋渔业及相关人员)	证监会	虚构利润,虚假记载(误导性陈述),推迟披露,重大遗漏

续表

公告时间	公告文件名称	监管单位	违规类型
2004-07-27	中国证券监督管理委员会行政处罚决定书（纵横国际及相关人员）	证监会	虚构利润，虚假记载（误导性陈述），重大遗漏
2004-12-21	中国证券监督管理委员会行政处罚决定书（丰乐种业及相关人员），关于对张海银等三人实施永久性市场禁入的决定	证监会	虚构利润，虚假记载（误导性陈述），推迟披露
2004-05-17	关于对科大创新股份有限公司和原董事陈宗海、潘忠孝、陆晓明、万元熙、田杰、张志成、裴植、王亚平、管维立、现任董事苏俊、匡光力、冯士芬、伍先达、马贤明、李善发予以公开谴责的决定	上交所	虚构利润，虚假记载（误导性陈述），推迟披露
2004-06-07	中国证券监督管理委员会行政处罚决定书（大连北大科技及相关人员）	证监会	虚构利润，虚假记载（误导性陈述）
2004-12-23	中国证券监督管理委员会行政处罚决定书（数码测绘及相关人员）	证监会	虚构利润，虚假记载（误导性陈述），重大遗漏，其他
2004-07-05	关于对重庆民丰农化股份有限公司及相关人员予以内部通报批评的决定	深交所	推迟披露，违规担保
2004-09-20	中国证券监督管理委员会行政处罚决定书（天发石油及相关人员），关于对刘道兴、龚家龙实施市场禁入的决定	证监会	虚构利润，虚假记载（误导性陈述），推迟披露，占用公司资产
2004-11-15	中国证券监督管理委员会行政处罚决定书（烟台发展及相关人员）	证监会	虚构利润，虚假记载（误导性陈述），推迟披露，重大遗漏
2004-09-02	中国证券监督管理委员会行政处罚决定书（铜城集团及相关人员）	证监会	虚构利润，推迟披露
2004-09-16	中国证券监督管理委员会行政处罚决定书（神龙发展及相关人员），关于对陈克恩、陈克根实施市场禁入的决定	证监会	虚构利润，虚假记载（误导性陈述），推迟披露，重大遗漏
2004-10-14	中国证券监督管理委员会行政处罚决定书（菲菲农业及相关人员）	证监会	虚构利润，虚列资产
2004-10-28	关于贵州证券监管局巡检发现问题的整改报告	其他（证监会贵州证券监管局）	虚假记载（误导性陈述），重大遗漏，一般会计处理不当，其他
2004-07-05	关于对酒鬼酒股份有限公司予以内部通报批评的决定	深交所	推迟披露，占用公司资产
2004-06-29	中国证券监督管理委员会行政处罚决定书（鲁银投资及相关人员）	证监会	虚构利润，重大遗漏
2004-07-27	中国证券监督管理委员会行政处罚决定书（银鸽投资及相关人员）	证监会	虚假记载（误导性陈述），出资违规，其他
2005-09-06	关于对吴江丝绸股份有限公司及相关人员予以通报批评的决定	深交所	虚假记载（误导性陈述），推迟披露，重大遗漏，其他
2005-05-24	关于对宁夏圣雪绒股份有限公司及相关人员予以惩戒的决定	深交所	推迟披露，其他
2005-05-18	关于对天发石油股份有限公司及相关人员予以处分的决定	深交所	虚构利润，推迟披露

续表

公告时间	公告文件名称	监管单位	违规类型
2005-06-08	中国证监会行政处罚决定书（四川天歌及相关人员），关于对邹昌浩、李长征实施市场禁入的决定	证监会	虚构利润，虚假记载（误导性陈述），推迟披露，重大遗漏
2005-05-24	关于对吴忠仪表股份有限公司及相关人员予以惩戒的决定	深交所	虚假记载（误导性陈述），推迟披露，违规担保，其他
2005-08-30	中国证监会行政处罚决定书（湖南天一科技及彭深根、黄奇、邓植林、吴加政、毛晖、欧阳纯宝、李员明、李智、姚晓义）	证监会	虚构利润，虚列资产，虚假记载（误导性陈述），重大遗漏
2005-08-31	关于对湖南天一科技股份有限公司及相关人员予以公开谴责的决定	深交所	虚构利润，推迟披露，占用公司资产，其他
2005-12-07	中国证监会行政处罚决定书（重庆实业及富庶、罗敏、吕俊、何霖等人员），关于对富庶、罗敏实施市场禁入的决定	证监会	虚构利润，虚假记载（误导性陈述），推迟披露，重大遗漏
2005-03-22	关于对阿城继电器股份有限公司及相关人员予以公开谴责的决定	深交所	推迟披露，其他
2005-06-07	关于对湖北多佳股份有限公司和原董事长田西平等公开谴责的决定	上交所	虚构利润，推迟披露，重大遗漏
2005-08-02	关于对西北永新化工股份有限公司及相关人员予以惩戒的决定	深交所	虚假记载（误导性陈述），推迟披露
2005-08-29	中国证监会行政处罚决定书（科大创新及陆晓明、陈宗海、张建生、张伟、田杰、苏俊、冯士芬、匡光力、潘忠孝、伍先达、马贤明）	证监会	虚构利润，虚假记载（误导性陈述）
2005-05-17	中国证监会行政处罚决定书（西安达尔曼及相关人员），中国证券监督管理委员会关于对许宗林、高芳实施市场禁入的决定	证监会	虚构利润，虚假记载（误导性陈述），推迟披露，重大遗漏
2005-03-28	关于对兰州三毛实业股份有限公司及相关人员予以公开谴责的决定	深交所	虚假记载（误导性陈述），推迟披露
2005-11-14	关于对朝华科技（集团）股份有限公司及相关人员予以公开谴责的决定	深交所	虚假记载（误导性陈述），推迟披露，占用公司资产，违规担保，其他
2006-11-28	中国证监会行政处罚决定书（湘火炬及聂新勇、刘海南等相关人员），关于对黄平等人实施市场禁入的决定	证监会	虚构利润，虚假记载（误导性陈述），重大遗漏，其他
2006-06-02	关于对上海华源制药股份有限公司和有关负责人公开谴责并认定部分董事不适合担任上市公司董事的决定	上交所	虚构利润，虚假记载（误导性陈述），重大遗漏，占用公司资产，一般会计处理不当，其他
2006-04-19	关于对天颐科技股份有限公司和董事长熊自强等公开谴责的决定	上交所	虚构利润，推迟披露，重大遗漏，占用公司资产，其他
2006-08-14	关于对广东德豪润达电气股份有限公司及相关当事人给予通报批评处分的决定	深交所	其他
2006-04-14	中国证监会行政处罚决定书（吴忠仪表及赵广生、李志强等相关人员）	证监会	虚构利润，虚假记载（误导性陈述），推迟披露，重大遗漏，占用公司资产

续表

公告时间	公告文件名称	监管单位	违规类型
2006-06-27	关于对北海银河高科技产业股份有限公司及相关当事人给予处分的公告	深交所	虚假记载（误导性陈述），推迟披露，重大遗漏，占用公司资产
2006-08-26	关于落实中国证监会重庆监管局限期整改通知整改报告的公告	证监会	虚假记载（误导性陈述），推迟披露，重大遗漏，其他
2006-06-15	中国证监会行政处罚决定书（科龙电器及顾雏军、刘从梦等相关人员），关于对顾雏军等人实施市场禁入的决定	证监会	虚构利润，虚假记载（误导性陈述），重大遗漏
2007-05-10	关于对大唐电信科技股份有限公司公开谴责的决定	上交所	虚假记载（误导性陈述）
2007-03-10	关于对内蒙古草原兴发股份有限公司及相关当事人给予处分的公告	深交所	虚构利润，虚列资产，推迟披露，占用公司资产，违规担保，其他
2007-08-30	中国证监会行政处罚决定书（深信泰丰及肖水龙、王迎军等人）	证监会	虚假记载（误导性陈述），重大遗漏
2007-02-26	中国证监会行政处罚决定书（福建闽东电力及翁小巧等人）	证监会	虚构利润，虚假记载（误导性陈述），推迟披露，重大遗漏
2007-01-31	关于收到财政部行政处罚事项告知书的公告	财政部	虚构利润，虚假记载（误导性陈述）
2007-09-24	中国证监会行政处罚决定书（闽越花雕及纪金华、吴晓康等人）	证监会	虚构利润，虚假记载（误导性陈述）
2007-02-01	关于收到"财政部行政处罚决定书"的公告	其他（财政部）	虚构利润，虚列资产，虚假记载（误导性陈述），其他
2007-02-03	上海华源股份有限公司公告	财政部	虚构利润，虚列资产
2007-07-10	关于对湖南浏阳花炮股份有限公司公开谴责的决定	上交所	虚构利润，虚假记载（误导性陈述），推迟披露
2007-05-18	关于湖南浏阳花炮股份有限公司会计信息质量检查结论和处理决定的通知	其他（财政部驻湖南省财政监察专员办事处）	虚构利润，虚假记载（误导性陈述），重大遗漏，擅自改变资金用途，占用公司资产，其他
2007-08-29	中国证监会行政处罚决定书（安信信托及曲玉春、刘敏等人），关于对刘敏实施市场禁入的决定	证监会	虚构利润，推迟披露，违规担保
2007-01-09	中国证监会行政处罚决定书（嘉瑞新材及肖贤辉等人），关于对侯军、肖贤辉实施市场禁入的决定	中国证监会	推迟披露，重大遗漏，虚构利润，虚假记载（误导性陈述），占用公司资产
2007-10-22	内蒙古远兴能源股份有限公司巡检整改报告	其他（内蒙古证监局）	重大遗漏，一般会计处理不当，其他
2007-05-25	中国证监会行政处罚决定书（广东美雅及冯国良等人）	证监会	虚构利润
2008-04-12	受到中国证监会行政处罚公告	证监会	虚构利润，虚假记载（误导性陈述），推迟披露，重大遗漏
2008-09-03	关于财政部行政处罚事项公告	财政部	虚构利润，虚假记载（误导性陈述），占用公司资产
2008-06-26	关于对福建冠福现代家用股份有限公司及相关当事人给予处分的决定，关于对兴业证券股份有限公司石军、周慧敏给予处分的决定	深交所	虚构利润，虚假记载（误导性陈述）

续表

公告时间	公告文件名称	监管单位	违规类型
2008-09-27	关于中国证券监督管理委员会《行政处罚事先告知书》的公告	证监会	虚构利润，虚假记载（误导性陈述），推迟披露，重大遗漏
2008-10-07	中兴通讯股份有限公司关于财政部驻深圳市财政监察专员办事处 2007 年度会计信息质量检查结论和处理决定的公告	财政部	其他
2008-05-16	中国证监会行政处罚决定书（中捷股份、蔡开坚、唐为斌），中国证监会市场禁入决定书（蔡开坚），关于对中捷缝纫机股份有限公司及相关当事人给予处分的决定，关于对光大证券股份有限公司熊莹、侯良智给予处分的决定	证监会，深交所	虚假记载（误导性陈述），重大遗漏，占用公司资产
2008-05-07	中国证监会行政处罚决定书（金荔科技、刘作超等 7 名责任人员），中国证监会市场禁入决定书（刘作超、何雪梅、周振清）	证监会	虚构利润，虚列资产，虚假记载（误导性陈述），推迟披露，重大遗漏，占用公司资产，其他
2008-04-08	中国证监会行政处罚决定书（亚华种业、邹定民等 9 名责任人员）	证监会	虚列资产，推迟披露，重大遗漏，披露不实（其他），占用公司资产，其他
2008-07-14	中国证监会行政处罚决定书（九发股份、蒋少庆等 8 名责任人员），中国证监会市场禁入决定书（蒋绍庆）	证监会	虚构利润，虚假记载（误导性陈述），重大遗漏
2008-05-07	中国证监会行政处罚决定书（大唐电信、周寰等 20 名责任人员）	证监会	虚构利润，虚假记载（误导性陈述），重大遗漏
2009-09-19	南方建材股份有限公司限期整改报告	其他（证监会湖南监管局）	虚列资产，虚假记载（误导性陈述），重大遗漏，一般会计处理不当，其他
2009-01-10	关于深圳证监局《限期整改通知》的整改方案	其他（深圳证监局）	虚假记载（误导性陈述），重大遗漏，一般会计处理不当，其他
2009-09-18	关于财政部驻深圳市财政监察专员办事处 2008 年度会计信息质量检查结论和处理决定的提示性公告	财政部	其他
2009-01-07	关于财政部驻湖南省财政监察专员办事处 2007 年度会计信息质量检查结论和处理决定的公告	其他（财政部驻湖南省财政监察专员办事处）	虚假记载（误导性陈述），重大遗漏，一般会计处理不当，其他
2009-04-27	对湖北证监局巡检的整改报告	其他（中国证监会湖北监管局）	虚假记载（误导性陈述），重大遗漏，其他
2009-08-26	关于深圳证监局现场检查提出问题的整改报告	其他（深圳证监局）	虚假记载（误导性陈述），重大遗漏，一般会计处理不当，其他
2009-11-12	关于收到陕西证监局《行政监管措施决定书》的提示性公告	其他（陕西证监局）	虚构利润，虚假记载（误导性陈述）
2009-03-31	关于海南证监局巡检发现问题的整改报告	其他（海南证监局）	虚假记载（误导性陈述），重大遗漏，其他
2009-12-25	深圳市华新股份有限公司整改方案	其他（深圳证监局）	虚假记载（误导性陈述），推迟披露，重大遗漏，违规担保，一般会计处理不当，其他
2009-08-19	关于现场检查的整改报告	其他（证监会深圳监管局）	虚假记载（误导性陈述），重大遗漏，占用公司资产，违规担保，一般会计处理不当，其他

续表

公告时间	公告文件名称	监管单位	违规类型
2009-10-14	中国证监会行政处罚决定书（夏新电子、苏振明等9名责任人员）	证监会	虚构利润，虚假记载（误导性陈述），其他
2009-03-30	中国证监会行政处罚决定书（中电广通、单昶等11名责任人员）	证监会	虚假记载（误导性陈述），推迟披露，重大遗漏
2009-06-03	中国证监会行政处罚决定书.（德棉股份、李会江等14名责任人员）	证监会	虚假记载（误导性陈述），推迟披露，占用公司资产
2010-08-20	中国证监会行政处罚决定书（远东股份、李晓卫等11名责任人员）	证监会	虚构利润，虚假记载（误导性陈述），披露不实（其他）
2010-06-25	关于收到深圳证监局《行政监管措施决定书》的公告	深交所	虚假记载（误导性陈述），推迟披露，重大遗漏，其他
2010-11-17	关于收到湖南证监局责令改正决定书的公告	其他（湖南证监局）	虚假记载（误导性陈述），推迟披露，重大遗漏，违规担保，其他
2010-12-21	关于收到河南证监局采取责令改正措施决定的公告	其他（河南证监局）	重大遗漏，一般会计处理不当，其他
2010-02-11	中国证监会行政处罚决定书（聚友网络、陈健等10名责任人员），中国证监会市场禁入决定书（陈健）	证监会	虚构利润，虚假记载（误导性陈述），推迟披露
2010-02-25	关于收到中国证监会《行政处罚决定书》的公告	证监会	虚构利润，推迟披露
2010-03-23	关于收到中国证券监督管理委员会《行政处罚决定书》的提示性公告	证监会	虚构利润，虚假记载（误导性陈述），推迟披露，重大遗漏，其他
2010-12-09	中国证监会行政处罚决定书（华夏建通、方林、尚智勇等11名责任人员），中国证监会市场禁入决定书（何强、李冬、洪波）	证监会	虚构利润，虚假记载（误导性陈述），推迟披露，重大遗漏
2010-05-26	中国证监会行政处罚决定书（两面针、梁英奇等9名责任人员）	证监会	虚构利润
2010-04-06	中国证监会行政处罚决定书（科苑集团、吴立平、周润南），中国证监会市场禁入决定书（科苑集团汪德荣、孙连峰、周润南）	证监会	虚假记载（误导性陈述），推迟披露，重大遗漏
2011-05-17	关于中国证监会立案调查的进展公告	证监会	虚假记载（误导性陈述），推迟披露，违规担保
2011-12-29	关于深圳证监局现场检查发现问题的整改报告	其他（深圳证监局）	重大遗漏，一般会计处理不当，其他
2011-07-06	关于广西证监局现场检查相关问题的整改方案	其他（广西证监局）	虚假记载（误导性陈述），推迟披露，重大遗漏，一般会计处理不当，其他
2011-07-09	关于收到湖南证监局《行政监管措施决定书》的公告	其他（湖南证监局）	虚假记载（误导性陈述），重大遗漏，一般会计处理不当，其他
2011-11-30	提示性公告	其他（北京证监局）	推迟披露，披露不实（其他），占用公司资产，一般会计处理不当，其他
2011-05-25	中国证监会行政处罚决定书（银河科技、潘琦等15名责任人员），中国证监会行政处罚决定书（华寅所、刘文俊、黄贻帅），中国证监会市场禁入决定书（潘琦、姚国平）	证监会	虚构利润，推迟披露，重大遗漏，违规担保，其他

续表

公告时间	公告文件名称	监管单位	违规类型
2011-06-18	关于收到浙江证监局《行政监管措施决定书》和《关于对浙江新嘉联电子股份有限公司监管意见的函》的公告	其他（浙江证监局）	重大遗漏，一般会计处理不当，其他
2011-11-12	关于财政部驻深圳市财政监察专员办事处对公司 2009 年度会计信息质量进行检查和公司整改情况的公告	其他（财政部驻深圳市财政监察专员办事处）	一般会计处理不当
2011-01-13	关于收到河南证监局采取责令改正措施决定的公告	其他（河南证监局）	一般会计处理不当，其他
2011-06-04	董事会公告	其他（山东证监局）	重大遗漏，违规担保，一般会计处理不当，其他
2011-09-02	关于大连证监局现场检查有关问题的整改报告	其他（大连证监局）	重大遗漏，一般会计处理不当，其他
2011-09-21	关于对南京普天通信股份有限公司及相关人员予以通报批评的决定	深交所	推迟披露
2011-08-19	关于收到福建证监局行政监管措施决定书的公告	其他（福建证监局）	虚假记载（误导性陈述），重大遗漏，一般会计处理不当，其他
2011-06-03	关于收到陕西证监局《行政监管措施决定书》的公告	其他（陕西证监局）	一般会计处理不当
2011-10-10	中国证监会行政处罚决定书（安妮股份、张杰等 4 名责任人员）	证监会	虚构利润
2011-06-24	关于收到中国证券监督管理委员会河南监管局行政监管措施决定书的公告	其他（河南证监局）	重大遗漏，一般会计处理不当，其他
2011-09-08	中国证监会行政处罚决定书（科达股份、刘双珉等 13 名责任人员）	证监会	虚列资产，虚假记载（误导性陈述），推迟披露，重大遗漏
2011-08-20	关于收到厦门证监局责令改正决定书的公告	其他（厦门证监局）	重大遗漏，一般会计处理不当，披露不实（其他），其他
2012-08-17	关于广西证监局现场检查结果及责令改正的公告	其他（广西证监局）	虚假记载（误导性陈述），重大遗漏，一般会计处理不当，其他
2012-10-12	关于中国证监会广东监管局对公司现场检查结果的整改方案	其他（广东证监局）	重大遗漏，其他
2012-12-27	关于近五年监管部门监管关注事项及整改情况的公告	其他（吉林证监局）	虚假记载（误导性陈述），推迟披露，一般会计处理不当，其他
2012-12-15	关于收到中国证券监督管理委员会《行政处罚决定书》的公告	证监会	虚构利润，重大遗漏
2012-07-18	关于对深交所监管函的整改报告	深交所	推迟披露，其他
2012-11-23	致歉公告	深交所	虚构利润，虚假记载（误导性陈述），推迟披露，重大遗漏
2012-12-29	关于广东证监局现场检查结果的整改方案	其他（广东证监局）	其他
2012-08-14	关于广东证监局《现场检查结果告知书》的整改方案	其他（证监会广东监管局）	一般会计处理不当，其他
2012-09-25	关于最近五年接受监管措施或处罚及整改情况的公告	其他（证监会陕西监管局），其他（深交所发审监管部）	重大遗漏，其他

续表

公告时间	公告文件名称	监管单位	违规类型
2012-12-15	收到责令改正措施决定书的公告	其他（广西证监局）	推迟披露，重大遗漏，占用公司资产，一般会计处理不当，其他
2012-09-15	关于近五年被证券监管部门和交易所采取监管措施及整改情况的公告	其他（广东证监局），深交所	虚构利润，虚假记载（误导性陈述），推迟披露，重大遗漏，擅自改变资金用途，一般会计处理不当，其他
2012-07-05	关于近五年被证券监管部门和交易所采取监管措施及整改情况的公告	其他（证监会安徽监管局）	虚假记载（误导性陈述），一般会计处理不当，其他
2012-08-24	关于收到《关于对川化股份有限公司采取责令改正措施的决定》的行政监管措施决定书的公告	其他（证监会四川监管局）	推迟披露，一般会计处理不当，其他
2012-06-12	吉林制药股份有限公司关于中国证监会吉林监管局2012年现场检查意见的整改报告	其他（证监会吉林监管局）	重大遗漏，一般会计处理不当，其他
2012-07-20	关于最近五年被证券监管部门和交易所采取监管措施及整改情况的公告	其他（证监会深圳证监局）	虚假记载（误导性陈述），重大遗漏，一般会计处理不当，其他
2012-09-15	关于最近五年被证券监管部门和交易所采取监管措施或处罚及整改情况的公告	其他（深圳证监局）	重大遗漏，占用公司资产，其他
2012-02-28	关于提高信息披露质量的整改报告	深交所	虚假记载（误导性陈述）
2012-11-23	关于加强上市公司治理专项活动的整改报告	其他（江苏证监局）	其他
2012-12-28	关于中国证监会山西监管局对公司全面现场检查有关事项的监管函的整改方案	其他（山西证监局）	虚假记载（误导性陈述），重大遗漏，其他
2012-09-17	关于广东证监局现场检查结果的整改报告	其他（广东证监局）	重大遗漏，一般会计处理不当，其他
2012-08-15	关于对江苏宏达新材料股份有限公司及有关当事人给予通报批评处分的决定	深交所	虚假记载（误导性陈述），推迟披露，重大遗漏，其他
2012-07-24	关于收到《关于对中国嘉陵工业股份有限公司（集团）采取责令改正措施的决定》的公告	其他（重庆监管局）	虚假记载（误导性陈述），推迟披露，重大遗漏，一般会计处理不当，其他
2012-11-08	关于收到中国证监会广西监管局行政监管措施决定书的公告	其他（广西证监局）	虚假记载（误导性陈述），重大遗漏，一般会计处理不当，其他
2012-05-17	关于信息披露问题的整改报告	深交所	推迟披露，其他
2012-10-23	关于中国证监会广东监管局现场检查结果的整改方案	其他（广东证监局）	虚假记载（误导性陈述），推迟披露，重大遗漏
2012-07-11	关于对深圳证券交易所监管函的整改报告	深交所	推迟披露，其他
2012-07-07	关于公司近五年被证券监管部门和交易所采取监管措施及整改情况的公告	其他（河北省证监局）	重大遗漏，占用公司资产，一般会计处理不当，其他
2012-11-28	关于给予南京纺织品进出口股份有限公司和前董事长单晓钟等公开谴责及公开认定单晓钟等三年内不适合担任上市公司董事、监事、高级管理人员的决定	上交所	虚假记载（误导性陈述）

公告时间	公告文件名称	监管单位	违规类型
2012-10-08	关于收到江西证监局责令改正决定书的公告	其他（江西证监局）	重大遗漏，一般会计处理不当，其他
2012-10-09	关于收到江西证监局责令改正决定的公告	其他（江西证监局）	推迟披露，重大遗漏，一般会计处理不当，其他
2012-12-31	关于收到中国证券监督管理委员会处罚决定书的公告，中国证监会市场禁入决定书（邱瑞亨、任国强）	证监会	虚假记载（误导性陈述），重大遗漏
2012-03-17	关于会计差错更正的公告	其他（财政部驻重庆市财政监察专员办事处）	一般会计处理不当
2012-08-04	关于对深圳证券交易所监管函的整改报告	深交所	推迟披露，其他
2012-09-26	关于对深圳证券交易所监管函的整改报告	深交所	重大遗漏，其他
2012-07-31	关于未及时履行相关审批程序和信息披露义务的整改报告	深交所	推迟披露，其他
2012-12-08	关于最近五年公司被证券监管部门和交易所采取监管措施或处罚情况的公告	其他（浙江证监局）	一般会计处理不当，其他
2012-09-24	关于公司近五年被证券监管部门和交易所采取监管措施及整改情况的公告	其他（深圳证监局）	其他
2012-08-17	关于最近五年被证券监管部门和交易所采取监管措施或处罚及整改情况的公告	其他（上海证监局）	其他
2012-05-12	关于收到山东证监局《行政监管措施决定书》的公告，关于山东监管局现场检查相关问题整改报告的公告	其他（证监会山东监管局）	虚假记载（误导性陈述），一般会计处理不当，其他
2012-11-08	关于广东监管局现场检查相关问题的整改方案	其他（证监会广东监管局）	重大遗漏，一般会计处理不当，其他
2012-06-14	关于近五年证券监管部门对我公司监管意见及整改情况的公告	其他（证监会河南监管局），深交所	推迟披露，违规买卖股票，一般会计处理不当，其他
2013-12-05	关于现场检查的相关问题的整改报告	其他（深圳证监局）	重大遗漏，披露不实（其他），一般会计处理不当，其他
2013-10-28	关于现场检查的整改报告	其他（山西证监局）	推迟披露，违规担保，一般会计处理不当，其他
2013-03-30	关于山西证监局现场检查结果的整改报告	其他（山西证监局）	重大遗漏，违规担保，其他
2013-01-31	关于山西证监局对公司现场检查情况的监管函整改方案公告	其他（山西证监局）	虚假记载（误导性陈述），重大遗漏，其他
2013-03-26	公告	其他（证监会上海监管局），其他（广东证监局）	虚构利润，虚假记载（误导性陈述），推迟披露，重大遗漏，违规担保，其他
2013-09-25	关于财政部驻安徽省财政监察专员办事处对公司会计信息质量检查结论和处理决定的公告	其他（财政部驻安徽省财政监察专员办事处）	一般会计处理不当

续表

公告时间	公告文件名称	监管单位	违规类型
2013-04-23	关于深圳证监局现场检查监管意见的整改报告	其他（深圳证监局）	虚假记载（误导性陈述），一般会计处理不当，其他
2013-08-26	关于最近五年被证券监管部门和交易所采取监管措施或处罚及整改情况的公告	其他（湖南证监局）	推迟披露，其他
2013-07-24	关于对紫光古汉集团股份有限公司及相关当事人给予处分的决定	深交所	虚构利润，虚假记载（误导性陈述），推迟披露，重大遗漏
2013-10-30	关于最近五年被证券监管部门和交易所采取监管措施或处罚情况的公告	其他（安徽证监局）	重大遗漏，其他
2013-04-13	关于山西证监局现场检查发现问题的整改报告	其他（山西证监局）	虚假记载（误导性陈述），重大遗漏，违规担保，一般会计处理不当，其他
2013-11-19	关于按照财政部驻天津专员办对公司2012年度会计信息质量检查的处理决定进行财务调整的公告	其他（财政部驻天津市财政监察专员办事处）	重大遗漏，一般会计处理不当
2013-05-16	关于广东证监局现场检查的整改报告	其他（广东证监局）	虚假记载（误导性陈述），推迟披露，一般会计处理不当，其他
2013-04-27	关于公司近五年被证券监管部门和交易所采取监管措施及整改情况的公告	其他（陕西证监局），上交所	一般会计处理不当，其他
2013-05-28	关于广东证监局现场检查结果的整改方案	其他（广东证监局）	虚假记载（误导性陈述），一般会计处理不当，其他
2013-09-04	关于收到《行政监管措施决定书》公告	其他（厦门证监局）	虚假记载（误导性陈述），重大遗漏，一般会计处理不当，其他
2013-04-25	关于收到中国证券监督管理委员会深圳证监局行政监管措施决定书的公告	其他（深圳证监局）	虚假记载（误导性陈述），推迟披露，一般会计处理不当，其他
2013-07-25	关于对广东威华股份有限公司及相关当事人给予通报批评处分的决定	深交所	占用公司资产
2013-11-22	关于最近五年被证券监管部门和交易所采取监管措施及整改情况的公告	其他（证监会内蒙古监管局）	重大遗漏，一般会计处理不当，其他
2013-07-09	关于广东证监局现场检查结果整改方案的公告	其他（广东证监局）	虚假记载（误导性陈述），重大遗漏，一般会计处理不当，其他
2013-11-16	关于山西证监局现场检查的整改报告	其他（山西证监局）	重大遗漏，违规担保，一般会计处理不当，其他
2013-01-25	关于信息披露问题的整改报告	深交所	推迟披露，其他
2013-08-29	关于证监局现场检查监管意见的整改总结报告	其他（深圳证监局）	其他
2013-01-22	关于对航天通信控股集团股份有限公司监管意见的函	其他（浙江证监局）	重大遗漏，其他
2013-08-17	关于深圳证监局对公司采取责令改正的整改总结报告	其他（深圳证监局）	虚假记载（误导性陈述），重大遗漏，一般会计处理不当，其他
2013-10-12	关于收到上海证监局行政监管措施决定书的公告	其他（上海证监局）	虚假记载（误导性陈述）
2013-03-22	关于对深圳证券交易所监管关注函的整改报告	深交所	推迟披露，其他

公告时间	公告文件名称	监管单位	违规类型
2013-11-07	关于对山东金泰集团股份有限公司及董事长兼总经理林云等有关责任人予以通报批评的决定，关于对山东和信会计师事务所（特殊普通合伙）会计师刘守堂、张中峰予以通报批评的决定	上交所	推迟披露，重大遗漏
2013-10-15	关于收到中国证监会河南监管局对公司治理情况的综合评价及整改意见的公告	其他（河南证监局）	虚假记载（误导性陈述），其他
2013-10-15	关于近五年证券监管部门和交易所对我公司采取监管措施及整改情况的公告	其他（证监会山东监管局）	虚构利润，虚假记载（误导性陈述），一般会计处理不当，其他
2013-06-27	关于中国证监会广东监管局对公司年报现场检查结果的整改方案	其他（证监会广东监管局）	虚假记载（误导性陈述），擅自改变资金用途，一般会计处理不当，其他
2013-12-19	关于根据财政部驻浙江省财政监察专员办事处对公司 2012 年会计信息质量的检查结论和处理决定进行整改的公告	其他（财政部驻浙江省财政监察专员办事处）	披露不实（其他），一般会计处理不当，其他
2013-05-03	关于对深圳证券交易所监管函的整改报告	深交所	推迟披露，其他
2013-09-30	关于收到河南证监局对公司采取责令改正措施决定的公告	其他（河南证监局）	虚假记载（误导性陈述），重大遗漏，一般会计处理不当，其他
2013-06-20	关于中国证监会广东监管局对公司现场检查结果的整改方案	其他（广东证监局）	虚假记载（误导性陈述），擅自改变资金用途，一般会计处理不当，其他
2013-01-05	关于收到四川证监局行政监管措施决定书的公告	其他（四川证监局）	推迟披露，违规担保，其他
2013-10-25	关于收到中国证监会《行政处罚决定书》的公告	证监会	虚构利润，虚假记载（误导性陈述），推迟披露，重大遗漏，欺诈上市
2013-11-11	关于收到《责令整改决定书》的公告	其他（浙江证监局）	虚假记载（误导性陈述），重大遗漏，披露不实（其他），一般会计处理不当
2013-11-08	关于收到福建证监局行政监管措施决定书的公告	其他（福建证监局）	虚假记载（误导性陈述），重大遗漏，一般会计处理不当，其他
2013-03-15	致歉公告	深交所	虚构利润，虚假记载（误导性陈述）
2013-05-23	关于广东证监局现场检查相关问题的整改方案	其他（广东证监局）	虚假记载（误导性陈述），一般会计处理不当，其他
2013-01-24	关于对百圆裤业年报现场检查有关事项的监管函	其他（证监会山西监管局）	一般会计处理不当，其他
2013-11-21	关于近五年监管部门监管关注事项及整改情况的公告	其他（河北证监局）	推迟披露，重大遗漏，一般会计处理不当，其他
2013-11-23	关于最近五年被证券监管部门和交易所采取监管措施或处罚及整改情况的公告	其他（广西证监局）	一般会计处理不当
2013-07-13	关于对广东证监局监管关注函的整改方案	其他（广东证监局）	推迟披露，一般会计处理不当，其他
2013-04-23	关于最近五年被证券监管部门和交易所采取监管措施及整改情况的公告	其他（北京证监局）	重大遗漏，一般会计处理不当，其他

续表

公告时间	公告文件名称	监管单位	违规类型
2013-08-03	关于近五年被证券监管部门和交易所采取监管措施及整改情况的公告	其他（湖南省证监局）	虚假记载（误导性陈述），推迟披露，重大遗漏，一般会计处理不当，其他
2013-04-13	关于收到北京证监局《行政监管措施决定书》的公告	其他（北京证监局）	虚构利润
2013-03-27	关于收到中国证监会《行政处罚及市场禁入事先告知书》公告	证监会	虚列资产，虚假记载（误导性陈述），欺诈上市
2013-03-12	关于收到中国证券监督管理委员会行政处罚决定书的公告	证监会	虚构利润，虚假记载（误导性陈述），推迟披露，重大遗漏
2013-01-26	关于最近五年被证券监管部门和交易所采取监管措施及整改情况的公告	其他（上海证监局），其他（深交所发审监管部），其他（深交所中小板公司管理部）	推迟披露，违规买卖股票，一般会计处理不当，其他
2013-08-01	关于收到广西证监局警示函的公告	其他（广西证监局）	虚假记载（误导性陈述），重大遗漏
2014-08-30	关于最近五年接受监管措施或处罚及整改情况的公告	其他（证监会上海监管局）	推迟披露，重大遗漏，一般会计处理不当
2014-08-30	关于收到中国证监会行政处罚决定书的公告	证监会	虚假记载（误导性陈述），推迟披露，重大遗漏
2014-12-17	关于最近五年被证券监管部门和交易所采取监管措施或处罚及整改情况的公告	其他（厦门证监局）	重大遗漏，披露不实（其他），其他
2014-07-29	关于最近五年被证券监管部门和交易所采取监管措施或处罚以及整改情况的公告	深交所	其他
2014-09-04	关于最近五年被证券监管部门和交易所采取监管措施及整改情况的公告	其他（天津监管局）	重大遗漏，其他
2014-10-28	关于山西证监局现场检查有关问题的整改报告	其他（山西证监局）	重大遗漏，披露不实（其他），其他
2014-10-25	关于最近五年被证券监管部门和交易所采取监管措施或处罚的情况以及相应整改措施的公告	其他（四川证监局）	一般会计处理不当
2014-02-25	关于收到行政处罚和市场禁入事先告知书的公告	证监会	虚构利润，推迟披露，披露不实（其他）
2014-07-15	中国证监会市场禁入决定书（刘一、吴光成、侯守军）	证监会	虚构利润，虚假记载（误导性陈述），重大遗漏
2014-06-14	关于收到中国证券监督管理委员会行政处罚决定书的公告	证监会	虚构利润，重大遗漏，一般会计处理不当
2014-12-11	关于最近五年被证券监管部门和交易所采取监管措施或处罚及整改情况的公告	其他（陕西证监局）	一般会计处理不当，其他
2014-10-25	关于最近五年被证券监管部门和交易所采取监管措施或处罚的情况以及相应整改措施的公告	其他（四川证监局）	一般会计处理不当
2014-02-25	关于收到行政处罚和市场禁入事先告知书的公告	证监会	虚构利润，推迟披露，披露不实（其他）
2014-07-15	中国证监会市场禁入决定书（刘一、吴光成、侯守军）	证监会	虚构利润，虚假记载（误导性陈述），重大遗漏

续表

公告时间	公告文件名称	监管单位	违规类型
2014-06-14	关于收到中国证券监督管理委员会行政处罚决定书的公告	证监会	虚构利润,重大遗漏,一般会计处理不当
2014-12-11	关于最近五年被证券监管部门和交易所采取监管措施或处罚及整改情况的公告	其他(陕西证监局)	一般会计处理不当,其他
2014-10-25	关于最近五年被证券监管部门和交易所采取监管措施或处罚的情况以及相应整改措施的公告	其他(四川证监局)	一般会计处理不当
2014-04-24	关于对深圳证监局现场检查监管意见的整改总结报告	其他(深圳证监局)	披露不实(其他),一般会计处理不当,其他
2014-01-29	关于最近五年被证券监管部门和交易所采取监管措施或处罚情况的公告	其他(证监会陕西监管局)	一般会计处理不当,其他
2014-10-17	关于最近五年被证券监管部门和交易所采取监管措施或处罚及整改情况的公告	其他(陕西证监局)	推迟披露,一般会计处理不当,其他
2014-12-31	关于收到行政处罚决定书的公告	其他(证监会深圳监管局)	虚构利润
2014-05-28	关于最近五年被证券监管部门和交易所采取监管措施及整改情况的公告	其他(江苏证监局)	其他
2014-11-11	关于最近五年被证券监管部门和交易所采取处罚或监管措施及整改情况的公告	深交所	推迟披露
2014-08-09	关于最近五年被证券监管部门和交易所采取监管措施或处罚及整改情况的公告	其他(证监会上海监管局)	重大遗漏,其他
2014-09-30	关于收到河南证监局责令改正措施决定的公告,关于河南证监局对公司相关人员出具警示函的公告	其他(河南证监局)	重大遗漏,一般会计处理不当
2014-08-26	关于最近五年被证券监管部门和交易所采取监管措施或处罚的情况以及相应整改措施情况的公告	其他(黑龙江证监局)	其他
2014-10-27	关于最近五年被证券监管部门和交易所采取监管措施或处罚及整改情况的公告	其他(内蒙古证监局)	披露不实(其他),一般会计处理不当,其他
2014-07-10	关于收到中国证券监督管理委员会行政处罚决定书的公告	证监会	虚构利润,虚假记载(误导性陈述),重大遗漏
2014-08-19	关于最近五年被证券监管部门采取监管措施或处罚及整改情况的公告	其他(宁波证监局)	重大遗漏,一般会计处理不当,其他
2014-07-17	关于最近五年被证券监管部门和交易所采取监管措施或处罚以及整改情况的公告	其他(河北证监局)	虚构利润,推迟披露
2014-10-25	关于最近五年被证券监管部门和交易所采取监管措施或处罚的情况以及相应整改措施的公告	其他(四川证监局)	推迟披露,虚列资产,一般会计处理不当
2014-06-19	关于对新疆赛里木现代农业股份有限公司及有关责任人予以通报批评的决定	上交所	虚假记载(误导性陈述)

续表

公告时间	公告文件名称	监管单位	违规类型
2014-01-16	关于山西证监局监管关注函的整改报告	其他（山西证监局）	一般会计处理不当，其他
2014-08-13	关于中国证券监督管理委员会广东监管局对公司现场检查相关问题的整改方案	其他（广东证监局）	推迟披露，重大遗漏，披露不实（其他），一般会计处理不当，其他
2014-09-12	关于最近五年被证券监管部门和交易所采取监管措施或处罚及整改情况的公告	其他（云南证监局）	其他
2014-02-17	关于对北京赛迪传媒投资股份有限公司及相关当事人给予处分的决定	深交所	推迟披露，一般会计处理不当
2014-11-15	深圳海联讯科技股份有限公司关于收到中国证监会行政处罚和市场禁入决定书的公告	证监会	虚构利润，虚假记载（误导性陈述），欺诈上市
2014-08-08	关于对天津市海运股份有限公司及有关责任人予以通报批评的决定	上交所	虚假记载（误导性陈述），其他
2014-07-05	关于最近五年被证券监管部门和交易所采取监管措施及整改情况的公告	其他（厦门监管局）	推迟披露，重大遗漏，虚假记载（误导性陈述），一般会计处理不当，其他
2014-09-19	中国证监会行政处罚决定书（河北宝硕股份有限公司、周山、闫海清等10名责任人）	证监会	虚构利润，虚假记载（误导性陈述），推迟披露，占用公司资产，其他
2014-03-07	关于收到《行政监管措施决定书》的公告，关于相关人员收到《行政监管措施决定书》的公告	其他（深圳证监局）	重大遗漏，披露不实（其他），违规担保，一般会计处理不当，其他
2014-07-02	关于收到中国证监会海南监管局行政处罚决定书的公告	其他（证监会海南监管局）	虚构利润
2014-10-30	关于收到中国证券监督管理委员会天津监管局行政处罚决定书的公告	其他（天津证监局）	虚构利润，重大遗漏
2014-10-18	关于收到中国证监会行政处罚决定书的公告	证监会	虚假记载（误导性陈述），其他
2014-07-30	关于最近五年被证券监管部门和交易所采取监管措施或处罚及相应整改措施的公告	其他（证监会深圳监管局）	虚假记载（误导性陈述），重大遗漏，一般会计处理不当，其他
2014-12-27	关于收到中国证券监督管理委员会山东监管局行政处罚决定书的公告	其他（证券监督管理委员会山东监管局）	虚假记载（误导性陈述），推迟披露，重大遗漏
2014-09-19	中国证监会市场禁入决定书（周山、李纪、王海棠）	证监会	虚构利润，虚假记载（误导性陈述），推迟披露，占用公司资产，其他
2014-12-26	关于最近五年被证券监管部门和交易所采取监管措施或处罚及整改情况的公告	其他（江苏证监局）	推迟披露，披露不实（其他），违规买卖股票，一般会计处理不当，其他
2014-12-31	关于近五年证券监管部门和交易所对我公司监管意见及整改情况的公告	其他（证监会广东监管局）	虚假记载（误导性陈述），其他，一般会计处理不当
2014-08-16	关于收到中国证券监督管理委员会重庆监管局《关于对公司采取责令改正措施的决定》的公告	其他（证监会重庆监管局）	推迟披露，重大遗漏，一般会计处理不当，其他

续表

公告时间	公告文件名称	监管单位	违规类型
2014-06-26	关于财政部驻重庆市财政监察专员办事处对公司会计信息质量检查的行政处理决定书及整改措施的公告	财政部	一般会计处理不当，其他
2014-07-07	中国证监会行政处罚决定书（南京纺织品进出口股份有限公司、单晓钟、丁杰等 13 名责任人）	证监会	虚构利润
2014-07-17	关于最近五年被证券监管部门和交易所采取监管措施或处罚以及整改情况的公告	其他（河北证监局）	推迟披露，一般会计处理不当，其他，重大遗漏
2014-12-09	关于收到中国证券监督管理委员会四川监管局《行政监管措施决定书》的公告	其他（证券监督管理委员会四川监管局）	虚假记载（误导性陈述），重大遗漏，一般会计处理不当，其他
2014-08-09	关于收到福建证监局《行政监管措施决定书》的公告	其他（福建证监局）	虚列资产，重大遗漏，一般会计处理不当，其他
2014-10-30	对黑龙江省证监局现场检查发现问题的整改报告	其他（黑龙江省证监局）	占用公司资产，一般会计处理不当
2014-12-03	关于最近五年被证券监管部门和交易所处罚或采取监管措施及整改情况的公告	其他（陕西证监局）	虚假记载（误导性陈述），重大遗漏，一般会计处理不当，其他
2014-12-26	关于对天津环球磁卡股份有限公司及有关责任人予以纪律处分的决定	上交所	重大遗漏，披露不实（其他），其他
2014-09-20	关于收到中国证监会浙江监管局行政监管措施决定书的公告	其他（浙江证监局）	虚假记载（误导性陈述）
2014-09-26	关于收到河南证监局行政监管措施决定书的公告	其他（河南证监局）	重大遗漏，披露不实（其他），一般会计处理不当，其他
2014-12-20	关于收到行政处罚事先告知书的公告	其他（证券监督管理委员会湖北监管局）	虚构利润
2015-10-20	关于收到江苏监管局监管关注函的公告	其他（江苏证监局）	重大遗漏，披露不实（其他）
2015-11-06	关于公司最近五年被证券监管部门和交易所采取监管措施或处罚的公告	其他（广东证监局）	虚假记载（误导性陈述），披露不实（其他），一般会计处理不当，其他
2015-09-10	关于对柳州化工股份有限公司和董事长廖能成等予以监管关注的决定	上交所	披露不实（其他）
2015-01-06	关于收到行政处罚决定书的公告	其他（湖北证监局）	虚构利润
2015-06-12	关于收到中国证监会辽宁监管局行政监管措施决定书的公告（一）	其他（证监会辽宁监管局）	一般会计处理不当，其他
2015-11-20	关于对安徽皖江物流（集团）股份有限公司和有关责任人予以纪律处分的决定	上交所	虚构利润，重大遗漏，违规担保
2015-06-11	关于最近五年被证券监管部门和交易所采取监管措施或处罚及整改情况的公告	其他（内蒙古证监局）	虚假记载（误导性陈述），重大遗漏，一般会计处理不当，其他
2015-09-25	关于近五年证券监管部门和交易所对我公司监管意见的公告	其他（山东证监局）	虚假记载（误导性陈述），其他
2015-03-19	关于被中国证监会立案调查事项的调查结果公告	证监会	虚构利润，虚假记载（误导性陈述）

续表

公告时间	公告文件名称	监管单位	违规类型
2015-04-18	关于收到中国证券监督管理委员会天津监管局《行政监管措施决定书》的公告	其他（证监会天津监管局）	占用公司资产
2015-09-10	关于对沈机集团昆明机床股份有限公司及有关责任人予以监管关注的决定	上交所	推迟披露，披露不实（其他）
2015-02-11	最近五年接受证券监管部门和交易所采取措施或处罚及整改情况的公告	其他（证监会北京监管局）	披露不实（其他），重大遗漏，一般会计处理不当，其他
2015-11-19	关于对上海新世界股份有限公司和有关责任人予以监管关注的决定	上交所	推迟披露，其他
2015-10-14	关于对新疆亿路万源实业投资控股股份有限公司和有关责任人予以通报批评的决定	上交所	推迟披露，披露不实（其他），其他
2015-04-08	关于收到贵州证监局行政处罚事先告知书的公告	其他（证券监督管理委员会贵州监管局）	虚构利润
2015-11-07	关于收到中国证券监督管理委员会《行政处罚及市场禁入事先告知书》的公告	证监会	虚构利润，虚假记载（误导性陈述）
2015-10-22	关于对航天通信控股集团股份有限公司和有关责任人予以监管关注的决定	上交所	推迟披露
2015-10-14	关于对吉林成城集团股份有限公司和有关责任人予以通报批评的决定	上交所	虚假记载（误导性陈述），推迟披露
2015-11-24	关于河南证监局对公司《责令改正决定》的整改报告	其他（河南证监局）	一般会计处理不当，披露不实（其他），其他
2015-12-22	关于收到中国证券监督管理委员会深圳监管局行政监管措施决定书的公告	其他（深圳证监局）	推迟披露，其他
2015-11-27	关于最近五年证券监管部门和交易所处罚或采取监管措施的情况公告	深交所	推迟披露，其他
2015-07-18	关于最近五年被证券监管部门和交易所采取监管措施或处罚及整改情况的公告	深交所	推迟披露，违规担保，其他
2015-08-06	关于最近五年被证券监管部门和交易所采取处罚或监管措施情况的公告	深交所	推迟披露，其他
2015-01-30	关于深圳证监局现场检查相关问题的整改总结报告	其他（深圳证监局）	推迟披露，一般会计处理不当，其他
2015-02-17	关于收到中国证券监督管理委员会深圳监管局《行政处罚决定书》的公告	其他（证监会深圳监管局）	虚构利润，虚假记载（误导性陈述），推迟披露，重大遗漏
2015-12-28	关于对潍坊北大青鸟华光科技股份有限公司和有关责任人予以公开谴责的决定	上交所	虚构利润，虚假记载（误导性陈述）
2015-09-11	中国证监会市场禁入决定书（汪晓秀）	证监会	虚构利润，重大遗漏

续表

公告时间	公告文件名称	监管单位	违规类型
2015-05-13	关于收到福建证监局行政监管措施决定书的公告	其他（福建证监局）	重大遗漏，其他
2015-01-07	关于公司收到中国证监会《行政处罚及证券市场禁入事先告知书》的公告	证监会	虚构利润，重大遗漏
2015-05-28	关于最近五年被证券监管部门和交易所采取监管措施或处罚及相应整改措施的公告	其他（证监会湖南监管局）	重大遗漏，一般会计处理不当，其他
2015-09-24	关于收到中国证监会《行政处罚决定书》的公告	证监会	虚假记载（误导性陈述），推迟披露，披露不实（其他）
2015-12-22	关于对深圳市特力（集团）股份有限公司及相关当事人给予通报批评处分的决定	深交所	推迟披露
2015-08-07	关于收到中国证券监督管理委员会江西监管局采取责令改正措施决定的公告	其他（证监会江西监管局）	虚假记载（误导性陈述），推迟披露，一般会计处理不当，其他
2015-03-27	关于2014年非公开发行股票摊薄即期回报的风险提示、联发公司的历史沿革及最近五年被证券监管部门和交易所采取处罚或监管措施情况等的公告	其他（证监会上海监管局）	重大遗漏，其他
2015-09-14	关于最近五年被证券监管部门和交易所采取处罚或监管措施的情况以及相应整改措施的公告	其他（证监会江西监管局）	一般会计处理不当，其他
2015-05-19	关于深圳证券交易所监管函回复的公告	深交所	推迟披露，其他
2015-12-23	关于最近五年被证券监管部门和交易所采取监管措施或处罚及整改情况的公告	其他（安徽监管局）	重大遗漏，披露不实（其他），其他
2015-10-21	关于收到中国证券监督管理委员会吉林监管局行政监管措施决定书的公告	其他（证监会吉林监管局）	虚构利润，其他
2015-06-05	关于收到行政处罚事先告知书的公告	其他（浙江证监局）	虚构利润，重大遗漏
2015-12-02	关于最近五年被证券监管部门和交易所采取处罚或监管措施及整改情况的公告	其他（证监会福建监管局）	虚假记载（误导性陈述），推迟披露，重大遗漏，一般会计处理不当，其他
2015-02-10	关于最近五年被证券监管部门和交易所采取监管措施或处罚及整改情况的公告	其他（厦门证监局）	虚假记载（误导性陈述），重大遗漏，一般会计处理不当，其他
2015-12-31	关于最近五年被证券监管部门和交易所采取处罚或监管措施及整改情况的公告	其他（天津证监局）	其他
2015-05-26	中国证监会行政处罚决定书（广西北生药业股份有限公司、刘俊奕、姚全等6名责任人）	证监会	虚构利润，虚假记载（误导性陈述），重大遗漏，占用公司资产，其他
2015-01-10	中国证券监督管理委员会河南监管局行政处罚事先告知书	其他（河南证监局）	虚构利润，虚假记载（误导性陈述）

续表

公告时间	公告文件名称	监管单位	违规类型
2015-05-22	关于最近五年被证券监管理部门和交易所采取监管措施或处罚及整改情况的公告	其他（山东证监局）	虚假记载（误导性陈述），一般会计处理不当，其他
2015-11-13	关于最近五年被证券监管部门和交易所采取处罚或监管措施情况的公告	其他（证监会江苏监管局）	一般会计处理不当，其他
2015-11-03	关于山西证监局现场检查情况的监管关注函相关问题的整改报告的公告	其他（山西证监局）	一般会计处理不当，其他
2015-06-09	中国证监会行政处罚决定书（潍坊北大青鸟华光科技股份有限公司、周燕军、许振东等15名责任人）	证监会	虚构利润，重大遗漏
2015-09-14	关于最近五年被证券监管部门和交易所采取处罚或监管措施的情况以及相应整改措施的公告	深交所	虚构利润，推迟披露
2015-08-24	关于最近五年被证券监管部门和交易所采取监管措施或处罚及整改情况的公告	其他（河北证监局）	重大遗漏，一般会计处理不当，其他
2015-11-25	关于收到中国证券监督管理委员会上海监管局行政监管措施决定书的公告	其他（上海监管局）	重大遗漏，披露不实（其他）
2015-11-11	关于收到中国证监会《行政处罚决定书》及《市场禁入决定书》的公告	证监会	虚构利润
2015-12-30	关于最近五年被证券监管部门和交易所采取处罚或监管措施的情况以及相应的整改措施的公告	其他（证监会湖南监管局）	推迟披露，重大遗漏，一般会计处理不当，其他
2015-08-01	关于收到中国证监会《行政处罚决定书》的公告	证监会	虚构利润，重大遗漏
2015-10-29	关于最近五年被证券监管部门和交易所采取监管措施或处罚及整改情况的公告	其他（福建证监局）	重大遗漏，披露不实（其他），一般会计处理不当，其他
2015-10-22	关于厦门证监局现场检查问题的整改报告的公告	其他（厦门证监局）	一般会计处理不当
2015-07-08	最近五年被证券监管部门和交易所采取监管措施或处罚以及整改情况的公告	上交所	虚假记载（误导性陈述）
2015-09-08	关于对深圳键桥通讯技术股份有限公司及相关当事人给予通报批评处分的决定	深交所	虚假记载（误导性陈述）
2015-12-25	关于对上海物资贸易股份有限公司和有关责任人予以纪律处分的决定	上交所	虚构利润，虚假记载（误导性陈述）
2015-12-12	关于最近五年被证券监管部门和交易所处罚或采取监管措施的情况及整改措施的公告	其他（证监会湖北监管局）	披露不实（其他），一般会计处理不当，其他
2015-05-09	关于最近五年被证券监管部门和交易所采取监管措施或处罚以及整改情况的公告	其他（证监会北京监管局）	重大遗漏，一般会计处理不当，其他
2015-01-30	关于最近五年被证券监管部门和交易所采取监管措施或处罚及整改情况的公告	其他（证监会北京监管局）	重大遗漏，披露不实（其他），一般会计处理不当，其他

公告时间	公告文件名称	监管单位	违规类型
2015-06-23	关于收到中国证券监督管理委员会《行政处罚及市场禁入事先告知书》的公告	证监会	虚构利润,虚假记载(误导性陈述),其他
2015-12-05	关于最近五年被证券监管部门和交易所采取监管措施或处罚及整改情况的公告	其他(内蒙古证监局)	披露不实(其他),一般会计处理不当,其他
2015-06-13	关于收到中国证监会上海监管局行政处罚决定书的公告	其他(证监会上海监管局)	虚构利润,虚假记载(误导性陈述)
2015-10-08	关于收到中国证监会《行政处罚事先告知书》的公告	证监会	虚假记载(误导性陈述)
2015-08-07	关于对中科云网科技集团股份有限公司及相关当事人给予通报批评处分的决定	深交所	推迟披露,其他
2016-08-24	关于中国证监会广东监管局对公司及相关人员出具警示函的公告	其他(广东证监局)	推迟披露
2016-06-24	关于收到中国证监会《行政处罚事先告知书》的公告	证监会	虚构利润
2016-03-15	关于对内蒙古北方重型汽车股份有限公司和董事会秘书常德明予以监管关注的决定	上交所	推迟披露
2016-09-02	关于收到中国证券监督管理委员会《行政处罚及市场禁入事先告知书》的公告	证监会	虚构利润,虚假记载(误导性陈述),推迟披露,重大遗漏
2016-01-22	关于公司最近五年被证券监管部门和交易所采取监管措施及整改情况的公告	深交所	推迟披露,其他
2016-08-11	关于对海南亚太实业发展股份有限公司及相关当事人给予纪律处分的决定	深交所	虚构利润,一般会计处理不当,其他
2016-10-14	关于对四川国栋建设股份有限公司及有关责任人予以通报批评的决定	上交所	虚假记载(误导性陈述),推迟披露
2016-04-19	关于最近五年被证券监管部门和交易所处罚或采取监管措施及整改情况的公告	其他(北京证监局)	重大遗漏,一般会计处理不当,其他
2016-04-11	关于最近五年被证券监督管理机构、证券交易所采取监管措施或处罚及整改措施的公告	其他(证监会吉林监管局)	重大遗漏,披露不实(其他),一般会计处理不当,其他
2016-04-16	关于最近五年被证券监管部门和交易所采取处罚或监管措施以及整改情况的公告	深交所	推迟披露,披露不实(其他),其他
2016-03-15	关于最近五年公司被证券监管部门和交易所采取监管措施或处罚情况的公告	其他(福建证监局)	披露不实(其他),一般会计处理不当,其他
2016-05-03	关于最近五年公司被证券监管部门和交易所采取监管措施或处罚及整改情况的公告	其他(证监会北京监管局)	重大遗漏,披露不实(其他),一般会计处理不当,其他
2016-02-04	关于对上海超日太阳能科技股份有限公司及相关当事人给予纪律处分的决定	深交所	虚构利润,重大遗漏,披露不实(其他),一般会计处理不当

续表

公告时间	公告文件名称	监管单位	违规类型
2016-02-24	关于收到中国证监会《行政处罚决定书》的公告	证监会	虚构利润
2016-07-22	中国证监会行政处罚决定书（上海大智慧股份有限公司、张长虹、王玫等15名责任人员）	证监会	虚构利润，虚假记载（误导性陈述）
2016-10-29	关于收到行政处罚事先告知书的公告	其他（证监会甘肃监管局）	虚构利润
2016-08-27	中国证监会行政处罚决定书（黑龙江北大荒农业股份有限公司、杨忠诚、白石等16名责任人员）	证监会	虚构利润，虚假记载（误导性陈述）
2016-03-28	关于最近五年被证券监管部门和交易所处罚或采取监管措施的公告	其他（证监会山东监管局），其他（山东监管局）	重大遗漏，披露不实（其他），一般会计处理不当，其他
2016-08-19	关于收到行政监管措施决定书的公告	其他（天津证监局）	推迟披露
2016-09-12	关于最近五年被证券监管部门和交易所采取处罚或监管措施及整改情况的公告	其他（河南证监局）	推迟披露，重大遗漏，披露不实（其他），一般会计处理不当，其他
2016-09-27	关于对上海广泽食品科技股份有限公司及有关责任人予以通报批评的决定	上交所	推迟披露，重大遗漏，其他
2016-02-20	关于公司最近五年被证券监管部门和交易所采取监管措施或处罚的公告	其他（山东监管局）	一般会计处理不当，其他
2016-02-17	关于最近五年被证券监管部门和交易所采取监管措施或处罚及整改情况的公告	其他（福建监管局）	一般会计处理不当，其他
2016-01-28	关于最近五年公司被证券监管部门和交易所采取监管措施或处罚及整改情况的公告	其他（广东监管局），其他（广东证监局）	推迟披露，重大遗漏，一般会计处理不当，其他
2016-09-10	关于对新华都购物广场股份有限公司及相关当事人给予通报批评处分的决定	深交所	推迟披露，一般会计处理不当，其他
2016-03-29	关于最近五年被证券监管部门和交易所采取监管措施或处罚以及整改情况的公告	深交所，其他（安徽证监局）	虚假记载（误导性陈述），违规买卖股票，一般会计处理不当
2016-03-03	关于收到厦门证监局行政监管措施决定书的公告	其他（厦门证监局）	重大遗漏，一般会计处理不当，其他
2016-06-07	关于收到中国证监会《行政处罚事先告知书》的公告	证监会	虚构利润，虚假记载（误导性陈述），其他
2016-03-01	关于收到行政处罚决定书的公告	证监会	虚构利润，虚列资产
2016-03-15	最近五年被证券监管部门和交易所采取处罚或监管措施及整改情况的公告	其他（证监会深圳监管局）	一般会计处理不当，其他
2016-10-26	关于收到中国证券监督委员会甘肃监管局行政监管措施决定书的公告	其他（证监会甘肃监管局）	虚构利润
2016-04-21	关于公司收到中国证监会《行政处罚及市场禁入事先告知书》的公告	证监会	虚构利润，推迟披露，重大遗漏，披露不实（其他）

续表

公告时间	公告文件名称	监管单位	违规类型
2016-04-22	关于财政部驻重庆市财政监察专员办事处对公司会计信息质量检查的行政处理决定书及整改情况的公告	其他（财政部重庆专员办）	一般会计处理不当
2016-10-28	中国证监会市场禁入决定书（王军民、曹春华）	证监会	虚构利润，虚假记载（误导性陈述），推迟披露，重大遗漏
2016-09-30	关于最近五年被证券监管部门和交易所采取处罚或监管措施以及整改情况的公告	其他（证监会河北监管局）	一般会计处理不当，重大遗漏，其他，披露不实（其他）
2016-09-14	关于收到中国证券监督管理委员会江西监管局《行政监管措施决定书》的公告	其他（证监会江西监管局）	虚构利润，虚列资产，虚假记载（误导性陈述），推迟披露，重大遗漏，一般会计处理不当，其他
2016-09-14	中国证监会行政处罚决定书（福建金森林业股份有限公司、王国熙、应飚）	证监会	虚构利润
2016-09-27	最近五年被证券监管部门和交易所采取处罚或监管措施的公告	其他（广东监管局）	重大遗漏，一般会计处理不当，其他
2016-03-29	关于最近五年被证券监管部门和交易所采取监管措施及整改情况的公告	深交所	重大遗漏，其他
2016-07-12	中国证监会行政处罚决定书（丹东欣泰电气股份有限公司、温德乙、刘明胜等 18 名责任人员）	证监会	虚假记载（误导性陈述），重大遗漏
2016-02-06	关于收到中国证券监督管理委员会浙江监管局《行政监管措施决定书》的公告	其他（浙江证监局）	虚构利润，推迟披露
2016-07-12	中国证监会市场禁入决定书（温德乙、刘明胜）	证监会	虚假记载（误导性陈述），重大遗漏
2016-07-08	关于深圳证券交易所监管函回复的公告	深交所	重大遗漏，其他
2016-03-31	关于深圳证券交易所监管函回复的公告	深交所	推迟披露
2016-06-16	关于最近五年被证券监管部门和交易所处罚或采取监管措施情况及整改情况公告	深交所	虚构利润，虚假记载（误导性陈述），推迟披露，重大遗漏
2016-10-28	中国证监会行政处罚决定书（江苏舜天船舶股份有限公司、王军民、魏庆文等 13 名责任人员）	证监会	虚构利润，虚假记载（误导性陈述），推迟披露，重大遗漏
2016-05-12	关于最近五年证券监管部门和交易所对我公司采取监管意见的公告	其他（黑龙江证监局）	披露不实（其他），重大遗漏，其他
2016-01-20	关于对常林股份有限公司及有关责任人予以通报批评的决定	上交所	推迟披露，披露不实（其他），其他
2016-06-02	关于收到中国证券监督管理委员会《行政处罚和市场禁入事先告知书》的公告	证监会	虚假记载（误导性陈述），重大遗漏
2016-03-16	关于最近五年被证券监管部门和交易所采取监管措施或处罚的情况以及相应整改措施的公告	其他（陕西监管局）	虚构利润，重大遗漏，一般会计处理不当，其他
2016-05-19	关于对金亚科技股份有限公司及相关当事人给予纪律处分的决定	深交所	虚构利润，占用公司资产，其他

续表

公告时间	公告文件名称	监管单位	违规类型
2016-01-28	关于最近五年公司被证券监管部门和交易所采取监管措施或处罚及整改情况的公告	其他（广东监管局）	一般会计处理不当，其他
2016-02-20	最近五年被证券监管部门和交易所采取处罚或监管措施及整改情况的公告	其他（陕西监管局）	披露不实（其他），推迟披露
2016-06-21	关于最近五年被证券监管部门和交易所采取监管措施或处罚的情况以及相应整改措施的公告	其他（证监会深圳监管局）	虚假记载（误导性陈述），其他
2016-03-26	关于深圳证监局行政监管措施决定书的整改报告	其他（深圳证监局）	推迟披露，一般会计处理不当，其他
2016-01-11	关于最近五年被证券监管部门和交易所采取监管措施或处罚的情况及整改措施的公告	其他（上海证监局）	重大遗漏，其他
2016-04-30	关于最近五年被证券监管部门和交易所处罚或采取监管措施及整改情况的公告	其他（证监会厦门监管局）	重大遗漏，披露不实（其他），一般会计处理不当，其他
2016-02-23	关于最近五年被证券监管部门和交易所采取处罚或监管措施及整改情况的公告	其他（安徽证监局）	披露不实（其他），一般会计处理不当，其他

第2章 2013~2015年中国上市公司盈余管理综合评价

2.1 盈余管理的计量

盈余管理准确和客观的计量，是盈余管理问题研究特别是实证研究的关键。截止到2015年12月31日，中国知网以"盈余管理"为关键词的期刊文章共计3 759篇，其中一半以上的文章都或多或少地涉及了盈余管理的计量问题①。

2.1.1 盈余管理的计量方法

针对不同的盈余管理手段，存在不同的盈余管理计量方法。在权责发生制下，企业的报告盈余可分为经营性现金流量和应计利润两部分（应计利润可看做对经营性现金流量的调整）。因此有两类盈余管理的手段，一类是通过经营决策，构建真实交易去影响报告盈余，产生企业现金流的变化。若进行盈余操纵，需从源头上做出改变，即操纵真实的经济业务，如通过提高价格折扣去增加销售、减少可操纵性支出［如研发（R&D）支出、广告支出等］，进行过量生产去降低销货成本，通过资产销售或股份回购来增加报告盈余，等等，需要花费较高的成本，还需要企业各个业务部门的配合，这种方法通常被称为"真实盈余管理"。另一类方法是在一般公认会计准则（Generally Accepted Accounting Principles，GAAP）范围内运用会计政策的变更、会计方法的选择、会计估计的改变或交易记录时点的选择（提前确认收入或推迟记录费用等）等主观会计判断来操纵报告盈余，成本较低，比较隐蔽，通常被称为"应计操纵"或"应计盈余管理"。

对于"应计操纵"的计量，存在应计利润法（总体应计利润法）、具体项目法（具体应计利润法）、分布检测法（盈余分布法）等方法；对于"真实盈余管理"，存在真实盈余管理计量法。应计利润法是现有盈余管理计量方法中的主流方法。应计利润是指那些不直接形成当期现金流入或流出，但按照权责发生制和配比原则应计入当期损益的那些收入或费用（或净资产的增加或减少部分），包括折旧费用、摊销费用、应收账款增加

---

① 来自 http://www.cnki.net/的统计。

额等。McNichols 对 1993~1999 年在国外八大会计顶级期刊上发表的 55 篇有关盈余管理的实证文献的研究表明，对于盈余操纵的测度，有 25 篇使用总体应计利润模型的残差（residual from aggregate accruals model），有 10 篇使用具体应计利润法（specific accruals），有 5 篇使用会计变更（accounting changes），有 4 篇使用总体应计（total accruals），有 4 篇涉及资产出售与资产注销（asset sales and asset write-off），有 2 篇涉及非经常损益（unusual gains and losses），此处还涉及盈余分布（distribution of earnings）、R&D 支出的变化（change in R&D expenditure from prior year）等。

1. 应计利润法

应计利润法的基本思想是将应计利润分解为可操控性应计利润和非可操控性应计利润，一般用可操控性应计利润作为衡量盈余管理的大小和程度的指标。因此，其方法核心就是如何恰当地将可操控性应计利润从总的应计利润中剥离开来。应计利润中的另一部分——非可操控性应计利润反映了企业基本业绩。由于可操控性应计利润不易直接观察，通常根据应计利润的影响因素，模型化不可操控应计利润，并从总的应计利润中扣除不可操控应计利润，得到可操控性应计利润。

应计利润法下有很多计量模型，包括 Healy 模型[1]、DeAngelo 模型[2]、琼斯模型（the Jones model）[3]、修正琼斯模型（The modified Jones）[4]、琼斯业绩匹配模型[5]、扩展琼斯模型[6]、非线性的琼斯模型[7]等。上述模型的主要差异是非操控性应计利润的假设与处理不同。

应计利润法的主要优点如下：①该方法思路清晰，计量实现相对简单；②能综合反映企业的各种应计操纵行为，如会计政策、会计估计、会计方法的变化，以及收入与费用的确认时点等；③对研究对象企业没有特殊要求，得出的结论更具有普遍性，应用广泛。应计利润法直到 2015 年仍然在大量使用，如王红建等[8]在盈余管理、经济周期及产品市场竞争关系的研究中和何威风[9]在高管团队垂直对特征与企业盈余管理行为关系的研究中，都对盈余管理的计量采用了应计利润法的琼斯修正模型。

应计利润法的主要缺点就是计量结果存在误差。现有研究从模型考虑的影响因素的全面性、变量的处理、期间长短、线性模型的局限等方面对应计利润法提出了质疑。

2. 具体项目法

具体项目法通过对很可能存在盈余管理行为的具体的应计项目进行分析计算，以确定和计量盈余管理程度，一般集中于某个或某类金额很大并且要求大量判断的特殊应计项目。在应计项目中，资产减值、坏账准备、折旧待摊费用等的处理都可以用到这个方法，如 McNichols 和 Wilson[10]针对坏账准备进行的研究。Petroni 等[11]、Gaver 和 Paterson[12]认为财产和意外保险公司是一个应用特定分离方法的理想环境，发现财务状况较差的保险公司比财务状况较好的保险公司具有更低的索赔准备。

具体项目法的优势在于，使应计利润法研究对象和目标更为具体，以便建立更合理的模型，在具体到某个行业时测量的精确性更高，相比应计利润法能减少盈余管理计量的误差。

具体项目法的缺陷在于：①关注于应计利润中某一项或某一类，可能会低估整体的盈余管理水平；②针对具体应计利润项目的研究往往只局限于小样本或者是具体的行业或部门，得到的研究结果难以推广；③需要研究人员掌握大量的行业制度及背景知识，不具有普遍的应用性。若研究者不清楚企业用哪个应计项目去操纵盈余，或者企业运用多个应计项目去操纵盈余，单个应计操纵数额并不显著，可能得出错误的盈余管理判断。

这种方法一般作为前一种方法的辅助方法，现在许多研究者在更大范围内研究单个应计行为，如折旧政策的选择、税收费用的管理、加速收入的确认、债务重组、并购等。

3. 分布检测法

分布检测法首先确定特定的盈余管理的某一结果指标，其次通过检验该盈余指标在特定水平（即某一阈值点）周围异常的不连续分布（比预期更少或更多的观察值），实现对研究样本是否存在盈余管理行为的分析与判断。该方法假定在不存在盈余管理的前提下，企业盈余以及盈余变化呈正态分布，其概率密度函数平滑；若有明显的盈余管理行为存在，则企业盈余对应的概率密度函数呈现不连续状态，在特定的盈余指标处会有明显的突兀。这些特定的盈余指标通常是对企业的融资、经营或管理层利益造成门槛效应（threshold effect）的指标。已有的研究发现，在特定的盈余水平周围（盈余为零、上年盈余、本年度分析师预测的盈余等），出于避免亏损、避免盈余下降、满足分析师预测等盈余管理动机，往往会出现比预期更多（或更少）的观测值，表明在这些特定的盈余水平附近存在着盈余管理行为。例如，陈小悦等[13]、程书强和杨娜[14]都应用了分布检测法来研究上市公司的盈余管理行为。

该方法的优点是，对监管政策反应的盈余管理，仅需通过检查盈余的分布就能鉴别出哪些公司有盈余管理的行为，计量简单直观并较准确；应用在首次公开募股（initial public offerings，IPO）前后、配股、重组、并购等特别事项或决策的盈余管理检测上，有较大的适用性。

该方法的缺点是：①阈值点的确定存在主观性，某些盈余管理动机很难确定一个合理的阈值点，如管理人员报酬计划、债务契约等，其普遍性存在较大的局限，不同行业、不同性质企业的差异性，也增加了合理阈值点确定的难度；②分析结果受到盈余分布特征假设的影响，一些阈值点处的不连续分布可能并不是盈余管理导致的，如 Durtschi 和 Easton 指出盈余分布在零值处的不连续性受到样本选择偏差、零值的左右两边观察值的特征差异（市场定价和分析师乐观主义/悲观主义差异）等的共同影响，并不能全归于盈余管理[15]；③能检验盈余管理的存在与否，但有时不能计量其频率与幅度，结果难以作为政策建议提出的依据，应用价值受限。

4. 真实盈余管理计量法

真实盈余管理计量法不同于前面所列的三种方法。前面三种方法衡量在会计准则和公司法允许范围内的盈余操纵，操纵空间受会计规范弹性的限制，而根据 Roychowdhury 的界定，"真实盈余管理是偏离于正常经营活动的管理者行为，目的是误导利益相关者相信某种财务报告目标已经在正常经营活动中实现"[16]。例如，某些资产销售、资产并购、股份回购、关联交易、增加销售折扣或改变信用政策、增加广告费支出、减少 R&D 支出、减少可控性期间费用支出等真实盈余管理活动行为偏离了正常经营活动，却使企业的经营成果发生了经营者期望中的改变。真实盈余管理直接影响企业经营现金流量,从而改变企业当期的盈余,但对企业未来现金流量有负面影响,最终会损害企业价值。真实盈余管理的方式多种多样,十分隐蔽,难以预测。

类似于应计利润的计量要区分为可操控性与不可操控性两部分,经营决策变化所导致的盈余同样可以分为源于正常经营选择与人为操纵盈余为目的的构建两部分。真实盈余管理计量法的关键是从经营决策变化所导致的收益中分离出异常部分,一般用实际偏离预期的异常经营现金流量、异常生产成本和异常酌量性费用来计量,也就是 Roychowdhury 提出的模型[16]。

Graham 等对 401 个财务经理所做的问卷与面谈调查发现[17],财务经理更愿意通过真实决策活动而不是应计操纵来管理盈余,大约有 80% 的被调查者表示其愿意减少 R&D 支出、广告和维持费用的支出去满足盈余目标,而只有 7.9 % 的被调查者选择改变会计假设(如备抵等)来管理盈余。

以上的分析表明,目前盈余管理的计量方法众多,各有优劣,一些政策的实施(如《萨班斯法案》)使通过应计项目进行盈余管理受到一定的限制,而使更为隐蔽的盈余管理手法——真实盈余管理开始盛行。同时,应计盈余管理与真实盈余管理二者之间存在内生性的相互影响。

因此,下文中采用了应计盈余管理与真实盈余管理的组合计量。

2.1.2　盈余管理的计量模型

基于盈余管理的考虑,产生了一系列用回归模型从利润中分离出可操控性应计利润的分离模型,来衡量盈余管理的大小和程度。这些应计利润模型的基本模型是琼斯模型,在此模型上进行了若干补充后,形成了修正琼斯模型、扩展琼斯模型等。

基于真实盈余管理的考虑,产生了 Roychowdhury[16]、Cohen 和 Zarowin[18] 的真实管理计量模型,即通过计算操控性经营现金流量、操控性生产成本和操控性酌量费用来衡量销售操控、生产操控和酌量性费用操控,进而得出真实盈余管理总额。

下文将分别介绍两类方法对应的典型计量模型。

1)应计利润模型

(1)琼斯模型,是应计利润法计量盈余管理的经典模型。该模型又称为非操控应计利润模型,由 Jones[3] 提出。

$$\frac{\text{NDA}_{j,t}}{A_{j,t-1}} = \alpha_1 \times \frac{1}{A_{j,t-1}} + \alpha_2 \times \frac{\Delta\text{REV}_{j,t}}{A_{j,t-1}} + \alpha_3 \times \frac{\text{PPE}_{j,t}}{A_{j,t-1}} \tag{2-1}$$

其中,对于公司 j,$\text{NDA}_{j,t}$ 表示其 t 年的非操控应计利润;$A_{j,t-1}$ 表示其 $t-1$ 年的总资产;$\Delta\text{REV}_{j,t}$ 表示其 t 年与 $t-1$ 年的主营业务收入之差;$\text{PPE}_{j,t}$ 表示其 t 年的固定资产原值;α_1、α_2、α_3 由模型(2-2)回归得出。

$$\frac{\text{TA}_{j,t}}{A_{j,t-1}} = \alpha_1 \times \frac{1}{A_{j,t-1}} + \alpha_2 \times \frac{\Delta\text{REV}_{j,t}}{A_{j,t-1}} + \alpha_3 \times \frac{\text{PPE}_{j,t}}{A_{j,t-1}} + \varepsilon_{j,t} \tag{2-2}$$

其中,对于公司 j,$\text{TA}_{j,t}$ 表示其 t 年的应计利润,通过 $\text{TA}_{j,t} = E_{j,t} - \text{CFO}_{j,t}$ 计算,$E_{j,t}$ 为公

司 j 的 t 年的净利润，$CFO_{j,t}$ 为公司 j 的 t 年的经营活动产生的现金净流量。操控应计利润或者说应计盈余管理总额（$AEM_{j,t}$）按照式（2-3）计算：

$$AEM_{j,t} = TA_{j,t} - NDA_{j,t} \qquad (2\text{-}3)$$

（2）修正琼斯模型。相比于琼斯模型，增加了对应收账款的考虑，该模型（2-4）由 Dechow 等[4]提出。

$$\frac{NDA_{j,t}}{A_{j,t-1}} = \alpha_1 \times \frac{1}{A_{j,t-1}} + \alpha_2 \times \frac{\Delta REV_{j,t} - \Delta REC_{j,t}}{A_{j,t-1}} + \alpha_3 \times \frac{PPE_{j,t}}{A_{j,t-1}} \qquad (2\text{-}4)$$

其中，对于公司 j，$\Delta REC_{j,t}$ 表示其 t 年的应收账款净额与 $t-1$ 年的应收账款净额之差，模型（2-4）中其他变量与模型（2-1）中的含义相同。α_1、α_2、α_3 也相应由模型（2-5）在估计期的回归得出。

$$\frac{TA_{j,t}}{A_{j,t-1}} = \alpha_1 \times \frac{1}{A_{j,t-1}} + \alpha_2 \times \frac{\Delta REV_{j,t} - \Delta REC_{j,t}}{A_{j,t-1}} + \alpha_3 \times \frac{PPE_{j,t}}{A_{j,t-1}} + \varepsilon_{j,t} \qquad (2\text{-}5)$$

操控应计利润或者说应计盈余管理总额（$AEM_{j,t}$）同上，按照式（2-3）计算。

（3）扩展琼斯模型。相比于修正琼斯模型，扩展琼斯模型增加了无形资产和其他长期资产对非可控应计利润的影响，由陆建桥[6]提出。

$$\frac{NDA_{j,t}}{A_{j,t-1}} = \alpha_1 \times \frac{1}{A_{j,t-1}} + \alpha_2 \times \frac{\Delta REV_{j,t} - \Delta REC_{j,t}}{A_{j,t-1}} + \alpha_3 \times \frac{PPE_{j,t}}{A_{j,t-1}} + \alpha_4 \times \frac{IA_{j,t}}{A_{j,t-1}} \qquad (2\text{-}6)$$

其中，对于公司 j，$IA_{j,t}$ 表示其 t 年的无形资产和其他长期资产，模型（2-6）中其他变量与模型（2-4）中的含义相同。α_1、α_2、α_3、α_4 相应由模型（2-7）在估计期的回归得出。

$$\frac{TA_{j,t}}{A_{j,t-1}} = \alpha_1 \times \frac{1}{A_{j,t-1}} + \alpha_2 \times \frac{\Delta REV_{j,t} - \Delta REC_{j,t}}{A_{j,t-1}} + \alpha_3 \times \frac{PPE_{j,t}}{A_{j,t-1}} + \alpha_4 \times \frac{IA_{j,t}}{A_{j,t-1}} + \varepsilon_{j,t} \qquad (2\text{-}7)$$

操控应计利润或者说应计盈余管理总额（$AEM_{j,t}$）同上，按照式（2-3）计算。

（4）截面修正琼斯模型。所谓截面实际上是行业截面，即将样本分行业和年度按照修正琼斯模型［式（2-4）、式（2-5）］分别回归，并按照式（2-3）计算操控应计利润或者说应计盈余管理总额（$AEM_{j,t}$）。一般认为在中国证券市场上，分年度分行业回归的截面修正琼斯模型在模型的设定和盈余管理的检验能力方面表现更佳，盈余管理实证研究以该方法为主。

2）真实盈余管理模型

真实盈余管理总额（REM）等于操控性生产成本减去操控性经营现金流量，再减去操控性酌量费用，见式（2-8）：

$$REM_{i,t} = DPROD_{i,t} - DCFO_{i,t} - DDISEXP_{i,t} \qquad (2\text{-}8)$$

其中，$DPROD_{i,t}$ 为 i 公司第 t 年的操控性生产成本，其计量详见式（2-9）的生产成本模型；$DCFO_{i,t}$ 为 i 公司第 t 年的操控性经营现金流量，其计量详见式（2-10）的经营活动现金流量模型；$DDISEXP_{i,t}$ 为 i 公司第 t 年的操控性酌量费用，其计量详见式（2-11）的酌量性费用模型。$DPROD_{i,t}$、$DCFO_{i,t}$、$DDISEXP_{i,t}$ 分别为式（2-9）、式（2-10）、式（2-11）的残差项。其计量思想是：首先按照正常经营情况利用回归模型获得期望的生产成本、期望的经营活动现金流量、期望的酌量费用（包括销售费用和管理费用）；其次计算各期望值与实际的生产成本、实际的经营活动现金流量、实际的酌量费用之间的差额，即为操控性的部分。

$$\frac{\text{PROD}_{i,t}}{A_{i,t-1}} = \alpha_1 \frac{1}{A_{i,t-1}} + \alpha_2 \frac{\text{SALES}_{i,t}}{A_{i,t-1}} + \alpha_3 \frac{\Delta\text{SALES}_{i,t}}{A_{i,t-1}} + \alpha_4 \frac{\Delta\text{SALES}_{i,t-1}}{A_{i,t-1}} + \varepsilon_{i,t} \qquad (2\text{-}9)$$

$$\frac{\text{CFO}_{i,t}}{A_{i,t-1}} = \alpha_1 \frac{1}{A_{i,t-1}} + \alpha_2 \frac{\text{SALES}_{i,t}}{A_{i,t-1}} + \alpha_3 \frac{\Delta\text{SALES}_{i,t}}{A_{i,t-1}} + \varepsilon_{i,t} \qquad (2\text{-}10)$$

$$\frac{\text{DISEXP}_{i,t}}{A_{i,t-1}} = \alpha_1 \frac{1}{A_{i,t-1}} + \alpha_2 \frac{\text{SALES}_{i,t-1}}{A_{i,t-1}} + \varepsilon_{i,t} \qquad (2\text{-}11)$$

其中，$\text{PROD}_{i,t}$ 为 i 公司第 t 年的生产成本，即销售成本与存货变动之和；$\text{CFO}_{i,t}$ 为 i 公司第 t 年经营活动现金流量；$\text{DISEXP}_{i,t}$ 为 i 公司第 t 年的酌量性费用，即销售费用和管理费用之和；$A_{i,t-1}$ 表示 $t-1$ 年的总资产；$\text{SALES}_{i,t}$ 为 i 公司第 t 年的营业收入；$\Delta\text{SALES}_{i,t-1}$ 为 i 公司第 $t-1$ 年的销售收入变动。

现有研究对现存的各种模型进行了实证比较与效力检验，但得到的结果并不统一。例如，有的研究认为，相比于 Healy 模型[1]、KS 模型等，修正琼斯模型综合来看在中国证券市场检验盈余管理行为的效力最强[19]；有的研究认为，分段线性模型和现金流收益调整模型对我国上市公司的操控性应计利润具有更好的检测效果[20]；有的研究认为，没有一个模型能够完全揭示盈余管理，修正 FLOS 模型、考虑业绩影响的修正琼斯模型和考虑业绩影响的琼斯模型是较好的模型[21]。本书认同黄梅和夏新平[22]的结果，他们比较了琼斯模型、修正琼斯模型、现金流量琼斯模型、前瞻性修正琼斯模型、无形资产琼斯模型、收益匹配琼斯模型、非线性琼斯模型七种常用的截面操控性应计利润模型在中国资本市场的效果，认为分年度分行业回归的截面修正琼斯模型在模型的设定和盈余管理的检验能力方面表现更佳，建议未来的盈余管理实证研究以该方法为主。

2.1.3　新会计准则对盈余管理的影响

自 2006 年新会计准则应用以来，财政部对会计准则的完善工作一直在进行中。例如，2014 年财政部修订了《企业会计准则第 37 号——金融工具列报》《企业会计准则第 2 号——长期股权投资》，制定了《企业会计准则第 39 号——公允价值计量》等准则。2015 年财政部颁发了《企业会计准则解释第 7 号》，涉及《企业会计准则第 2 号——长期股权投资》《企业会计准则第 33 号——合并财务报表》《企业会计准则第 9 号——职工薪酬》《企业会计准则第 22 号——金融工具确认和计量》《企业会计准则第 18 号——所得税》等准则。

除了上述，2014 年财政部、国家税务总局的固定资产加速折旧税收新政出台。财政部与国家税务总局先后下发《关于完善固定资产加速折旧企业所得税政策的通知》（财税〔2014〕75 号）和《关于固定资产加速折旧税收政策有关问题的公告》（税总〔2014〕64 号），做出加速折旧税收政策适用的行业、企业、资产类型、加速折旧方式以及政策衔接等问题的指引。例如，陈秧秧[23]以 A 股市场折旧会计政策变更公告为线索，发现折旧新政下企业调低当期业绩并"储蓄"未来期间盈余的证据。

会计准则与盈余管理的关系可以描述为[24]：会计准则天生不是盈余管理的动因，但它天生会成为管理当局用来进行盈余管理的工具。会计准则主观上制约着盈余管理，但盈余管理通过利用会计准则的弹性，客观上挑战着会计准则，两者在博弈中不断演进和发展。吴克平等证实新会计准则并未显著遏制上市公司的盈余管理[25]。

尽管盈余管理早在会计准则产生之前就已存在，但每一项新的准则或者政策的施行，市场上都会出现相对密集的会计准则及会计政策的同步调整，对企业盈余的计量或多或少都会产生影响，出现盈余管理新的手段，违背了准则或者政策出台提高会计信息质量的初衷。会计准则作为一种"规范"和特殊"协议"，不可能穷尽现实中的所有情形，会计信息的相关性和可靠性之间、会计准则的刚性与不完备性和现实适应性之间不可避免地存在矛盾冲突，为解决矛盾冲突，会计准则必须允许管理当局在财务报告中采用适当的职业判断及会计方法选择。而这些会计准则中的职业判断和会计方法选择常常被利用或者有意识地滥用、编造或隐匿会计方法选择、会计政策变更、会计估计变更的理由或证据，为盈余管理服务[24]。这些新的准则或者政策叠加起来，可能加深了盈余管理的程度，但更增加了盈余管理判断的难度。

例如，无形资产的新规定。新准则规定，固定资产、无形资产等资产减值损失一经提取，在以后会计期间不允许再转回。这一规定相对于旧准则的允许再转回在一定程度上堵住了以计提资产减值准备进行盈余管理的途径。然而，计提资产减值损失存在较多的会计选择与职业判断，新准则虽然列出了相对旧准则更加标准化的减值规范，但是导致资产减值的原因千变万化，会计实务中只靠这些标准仍然不够，特别是企业资产可收回金额计量、未来现金流量贴现率的选择等存在许多不确定因素，这增加了人为主观判断的余地，企业盈余操纵还是不能从根本上避免。而且，上述资产减值准备的限制使上市公司倾向于利用短期资产减值进行盈余管理。同时，新准则将无形资产的研究和开发分成两个阶段，允许符合一定条件的企业开发支出资本化。在现实中，由于企业研发业务的复杂性，准确区分研究与开发并不容易，加之存在多种无形资产的摊销方法，新准则对无形资产的摊销年限也未做规定，这给企业留下了选择余地，企业可能借助于调节无形资产的摊销年限或摊销方法来进行盈余操纵。

又如，应收账款坏账准备。应收账款的坏账准备参照《企业会计准则第 22 号——金融工具确认和计量》中的规定进行计提，即"对于单项金额重大的应收款项，应当进行减值测试。有客观证据表明其发生了减值的，应当根据其未来现金流量现值低于其账面减值的差额，确认减值损失，计提坏账准备""对于单项金额非重大的应收款项可以单独进行减值测试，确认减值损失，计提坏账准备；也可以与经单独测试后未减值的应收款项一起按类似信用风险特征划分为若干组合，再按这些应收款项组合在资产负债表日余额的一定比例计算确定减值损失，计提坏账准备"。新准则中规定在选择坏账准备计提方法时，采用个别认定法或者按具有类似信用风险特征划分为若干类后计提，相对于旧准则中单一采用账龄计提方法更加灵活。其划分标准及其对未来现金流量的判断具有很大主观性，使得上市公司有可能利用这一漏洞进行盈余管理。

　　因此，新会计准则下盈余管理的计量方法与旧会计准则的盈余管理的监测并没有本质的不同，无非是增加了新会计准则影响盈余的途径的考虑。例如，对于应计利润检测法，或者在琼斯模型中增加经营现金流量（个别企业同期应计项目与经营现金流量变化两者之间存在一定的负相关关系）作为控制变量形成扩展模型，或者构建以任意应计项目为被解释变量并以营业外收入、资产减值损失、公允价值变动损益等为解释变量的包含多个控制变量的模型[25]，来检测新旧会计准则的盈余操纵程度。而具体应计项目法是较通用的方法。例如，非货币性资产交换、债务重组及非同一控制下的企业合并中，企业可能基于无活跃交易市场，采用估值技术判断公允价值的方式，对非现金资产进行估值处理进而进行盈余管理。对上述的具体项目进行监测有利于发现盈余管理的蛛丝马迹。

2.2　中国上市公司盈余管理的现状

　　商务部研究院发布的《我国非金融类上市公司财务安全评估报告（2016 年春季）》[①]指出了 2015 年上市公司财务报表粉饰的情况。报告根据 2 560 家非金融类上市公司 2015 年年报财务数据，使用赛弥斯（Themis）纯定量异常值信用评级技术，发现样本上市公司中有 964 家公司存在不同程度的财务报表粉饰嫌疑，占全部样本上市公司的 37.66%。分行业情况看，第一是房地产行业，在 131 家房地产上市公司中，有 78 家存在不同程度的财务报表粉饰嫌疑，行业占比达 59.54%；第二是综合行业，43 家上市公司中存在粉饰嫌疑的有 24 家，行业占比 55.81%；第三是商业贸易行业，86 家上市公司中存在粉饰嫌疑的有 45 家，行业占比 52.33%。上述的结果还仅仅是从财务报表相关关联会计科目不合理变动的角度来判断公司财务报表的粉饰。而且，粉饰科目分析主要集中在公司的运营环节的科目，包括销售成本、销售收入、应收账款、应付账款等。财务报表粉饰程度排名第一的会计科目是应付账款科目，该科目存在应付账款藏匿的粉饰嫌疑公司占所有存在粉饰嫌疑公司的 86%；排名第二的是销售成本科目，粉饰嫌疑占比 13%；存在报表粉饰或非正常现象公司排名第三，占比为 11%。对于上市公司的无形资产、总资产、净资产、借款、固定资产等相关科目，要揭露粉饰或造假必须进行账实核实，未将其定性为粉饰。因为此次公布存在财务报表粉饰的上市公司，并没有进行会计科目的账实核实。

　　本章收集了 2001~2015 年 A 股上市公司的相关数据，计算了连续 15 年的应计盈余管理总额（AEM）以及真实盈余管理总额（REM），其定义分别见式（2-3）与式（2-8）。其中，应计盈余管理总额（AEM）采用截面修正琼斯模型 [式（2-3）~式（2-5）] 计算，真实盈余管理总额（REM）采用式（2-8）~式（2-11）计算。

　　其中，获得 2015 年 A 股上市公司中有效样本数据 2 545 个。2 545 个有效样本的应计盈余管理总额 AEM 与真实盈余管理总额 REM 的描述性统计特征如表 2-1 所示。2015 年应计盈余管理 AEM 的均值是 0.008 5，标准差是 0.241 1，最小值是−7.608 7，最大值是

3.388 2，最大值与最小值绝对值相差较大，四分位数分布不均匀，表明不同上市公司的应计盈余管理存在较大差异。真实盈余管理 REM 的均值是 0.001 6，标准差是 0.415 5，最小值是− 13.884 2，最大值是 4.382 1，最大值与最小值的绝对值差异很大，四分位数分布不均匀，表明不同上市公司的真实盈余管理差异很大。

表 2-1　2015 年 AEM 与 REM 的描述性统计分析

变量名		个数	均值	标准差	最小值	最大值	四分位数		
							25%	50%	75%
AEM	全部	2 545	0.008 5	0.241 1	− 7.608 7	3.388 2	− 0.046 0	0.015 6	0.076 8
	<0	1 071	− 0.117 2	0.274 7	− 7.608 7	0	− 0.133 6	− 0.061 3	− 0.025 2
	>0	1 474	0.099 9	0.160 2	0.000 1	3.388 2	0.029 6	0.064 5	0.121 8
REM	全部	2 545	0.001 6	0.415 5	− 13.884 2	4.382 1	− 0.106 2	− 0.011 5	0.104 4
	<0	1 352	− 0.164 4	0.446 1	− 13.884 2	0	− 0.179 5	− 0.099 2	− 0.048 9
	>0	1 193	0.189 7	0.276 1	0.000 1	4.382 1	0.049 0	0.115 3	0.238 0

盈余管理的数值大于 0，表明上市公司有调增盈余的嫌疑；盈余管理小于 0，表明上市公司有调减盈余的嫌疑。根据表 2-1 中 2015 年上市公司应计盈余管理和真实盈余管理的数据统计分析可知，应计盈余管理样本数据中选择调增盈余方式的上市公司数量略高于选择调减盈余方式的上市公司数量，表明上市公司更倾向于通过调增盈余，向资本市场传递利好消息；而真实盈余管理与应计盈余管理情况相反，其样本数据中选择调减盈余方式的上市公司数量要略高于选择调增盈余方式的上市公司数量，表明上市公司的真实盈余管理更倾向于调减盈余。

当 AEM<0 时，其均值是− 0.117 2，标准差是 0.274 7，最小值是− 7.608 7，最大值是 0，最大值与最小值相差较大，四分位数分布不均匀，表明选择调减盈余方式的上市公司的应计盈余管理存在较大差异。当 AEM>0 时，其均值是 0.099 9，标准差是 0.160 2，最小值是 0.000 1，最大值是 3.388 2，最大值与最小值相差较大，四分位数分布不均匀，表明选择调增盈余方式的上市公司的应计盈余管理也存在较大差异；但是与应计盈余管理变量小于 0 时的最大值与最小值之间的差异相比较，其差异相对较小，且四分位数也相对均匀。总而言之，不论上市公司应计盈余管理变量是大于 0 还是小于 0，其最大值与最小值之间的差异均较大，且四分位数分布也不均匀，即不论上市公司选择何种方式调整盈余，不同上市公司的应计盈余管理均存在较大差异，这与总体分析结果是一致的。

当 REM<0 时，其均值是− 0.164 4，标准差是 0.446 1，最小值是− 13.884 2，最大值是 0，最大值与最小值的差异很大，四分位数分布不均匀，表明选择调减盈余方式的上市公司的真实盈余管理存在很大差异。当 REM>0 时，其均值是 0.189 7，标准差是 0.276 1，最小值是 0.000 1，最大值是 4.383 1，最大值与最小值的差异较大，四分位数分布不均匀，表明选择调增盈余方式的上市公司的真实盈余管理存在较大差异。将真实盈余管理大于 0 时和小于 0 时的分析结果相比较，二者差异不大，变动趋势基本一致，且选择调增盈余方式和调减盈余方式操纵利润的上市公司样本数量相差不多。总而言之，不论上市公司的真实盈余管理变量是大于 0 还是小于 0，其最大值与最小值之间的差异均较大，且四分位数分布不均匀，这与总体分析结果是一致的。

2.3　中国上市公司盈余管理综合评价

2.3.1　应计盈余管理综合评价

中国 A 股上市公司数量不断增长，具体数量详见表 2-2。A 股上市公司总数的变化趋势如图 2-1 所示。1992~2015 年中国 A 股上市公司的数量规模呈现出逐年增加的趋势，2000 年跃上 1 000 家的台阶，经过 10 年的发展，2010 年达到 2 000 家以上。1992~2015年，年平均上市公司增长数量达到了 100 家以上。2010 年这一年间，新增上市公司数量达到了 354 家。2005 年这一年间，新增上市公司数量只有 4 家，是数量规模增加最少的年度。

表 2-2　中国 A 股上市公司的各年数量（单位：家）

截止日期	A 股上市公司总数
1992-12-31	50
1993-12-31	179
1994-12-31	290
1995-12-31	320
1996-12-31	529
1997-12-31	743
1998-12-31	851
1999-12-31	948
2000-12-31	1 086
2001-12-31	1 164
2002-12-31	1 228
2003-12-31	1 290
2004-12-31	1 377
2005-12-31	1 381
2006-12-31	1 457
2007-12-31	1 571
2008-12-31	1 625
2009-12-31	1 774
2010-12-31	2 128
2011-12-31	2 363

续表

截止日期	A 股上市公司总数
2012-12-31	2 492
2013-12-31	2 536
2014-12-31	2 594
2015-12-31	2 797

资料来源：国泰安数据库

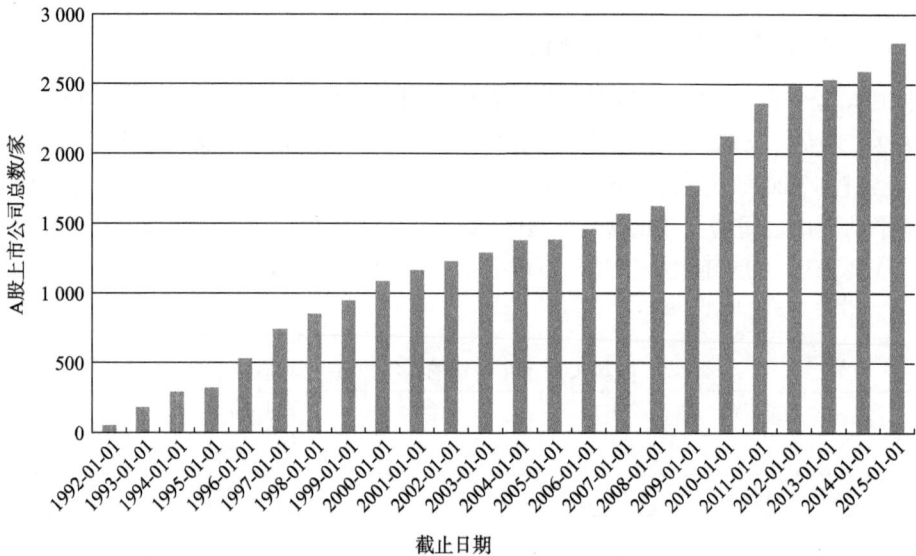

图 2-1　A 股上市公司总数的变化趋势

　　由于 2000 年及之前的样本上市公司数量较少，分行业数量更少，统计计算无法实现。因此本书收集了 2001~2015 年 A 股上市公司的相关数据，由截面修正琼斯模型计算得到应计盈余的数值，最终获得应计盈余管理值 AEM 样本数据 27 374 个。将 AEM 值分为总额为正与总额为负两组分别进行描述性统计。

　　2001~2015 年 A 股上市公司应计盈余管理总额为正的所有样本的描述性统计如表 2-3 所示。并根据表 2-3 作平均值以及最大值、最小值变化趋势折线图，见图 2-2 和图 2-3。

表 2-3　2001~2015 年 A 股上市公司应计盈余管理总额为正的所有样本的描述性统计

年份	2001	2002	2003	2004	2005	2006	2007	2008	2009	2010	2011	2012	2013	2014	2015
计数	453	381	467	486	491	725	935	964	1 071	1 458	1 778	1 551	1 349	1 505	1 474
占比	0.45	0.35	0.41	0.39	0.36	0.50	0.61	0.55	0.52	0.63	0.75	0.63	0.53	0.61	0.58
平均值	0.081 9	0.076 9	0.085 9	0.075 5	0.059 2	0.102 1	0.121 5	0.096 4	0.097 0	0.128 6	0.117 3	0.110 8	0.104 9	0.107 7	0.099 9
中值	0.056 2	0.047 8	0.053 2	0.051 2	0.038 4	0.067 6	0.077 0	0.067 2	0.064 0	0.078 3	0.085 8	0.066 0	0.062 9	0.064 7	0.065 4
标准差	0.097 5	0.097 9	0.134 4	0.081 8	0.068 9	0.142 0	0.176 5	0.122 6	0.128 4	0.237 8	0.135 7	0.170 9	0.332 9	0.240 7	0.160 2
方差	0.009 5	0.009 6	0.018 1	0.006 7	0.004 7	0.020 2	0.031 1	0.015 0	0.016 5	0.056 5	0.018 4	0.029 2	0.110 8	0.057 9	0.025 7
最小值	0.000 3	0.000 1	0.000 2	0.000 2	0	0.000 1	0.000 1	0.000 1	0	0.000 1	0.000 2	0.000 1	0.000 1	0	0.000 1
最大值	1.026 5	0.961 0	1.476 6	0.672 6	0.562 2	2.650 9	2.535 2	1.984 9	1.979 9	5.790 0	2.725 6	3.891 2	7.287 8	6.430 8	3.388 2

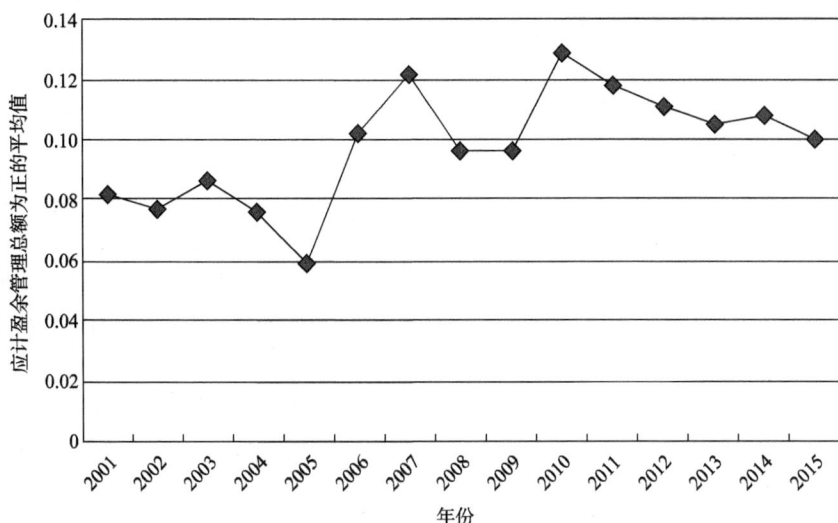

图 2-2　2001~2015 年 A 股上市公司应计盈余管理总额为正的平均值

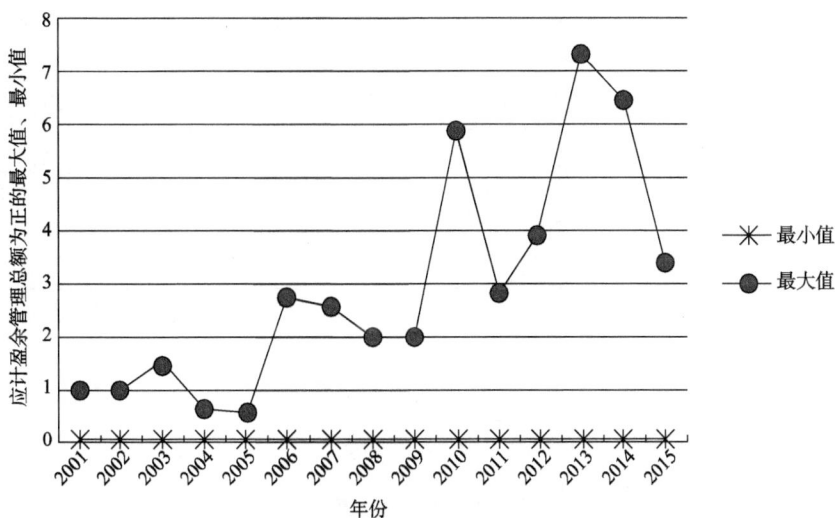

图 2-3　2001~2015 年 A 股上市公司应计盈余管理总额为正的最大值及最小值

从上市公司应计盈余管理总额为正的公司计数来看，随着公司在 A 股上市整体数量的增长，上市公司应计盈余管理总额为正的公司数量基本处于增加趋势，这些公司在样本总体中的占比从 35% 到 75% 不等。2002 年占比最少，为 35%；2011 年占比最多，为 75%。

由图 2-2 可知，2001~2015 年 A 股上市公司应计盈余管理总额为正的平均值在 2007 年和 2010 年较高，并于 2010 年达到峰值，这一期间的最低值出现在 2005 年。2006 年颁发了新企业会计准则，2007 年是新的会计准则实施的首个年度，涉及较多的追溯调整等问题，这可能是 2007 年出现应计盈余管理总额的平均值较高现象的原因。2008 年发生全球性的金融危机，导致 2008 年和 2009 年应计盈余管理总额较 2007 年大幅减少，均值也处于较低的水平。2009 年 7 月我国开始执行《企业内部控制基本规范》，这一制度的颁布与执行对操纵盈余管理的行为起到了一定的遏制作用。2014 年重新修订了五项、新增了三项企业会计准则，这可能是 2014 年应计盈余管理总额在 2010 年后首次上升的原因，但上升的幅度不大。从大体上看，2010 年以后应计盈余管理总额处于下降趋势，尽管 2014 年有些许升高，但到 2015 年已下降至 2008 年和 2009 年金融危机时的水平值。

　　由图 2-3 可知，2001~2015 年 A 股上市公司应计盈余管理总额为正的最大值在 2010 年和 2013 年较大，并在 2013 年达到峰值，但后两年又持续下降，尤其是 2014~2015 年下降的幅度非常大。这一期间 A 股上市公司应计盈余管理总额为正的最大值的最小值和平均值一样出现在 2005 年。所有年度的最小值基本接近于 0，盈余管理程度几乎可以忽略不计。

　　2001~2015 年 A 股上市公司应计盈余管理总额为负的描述性统计特征（全部公司，剔除极端值），如表 2-4 所示。并根据表 2-4 作均值以及最大值、最小值变化趋势折线图，见图 2-4 和图 2-5。

表 2-4　2001~2015 年 A 股上市公司应计盈余管理总额为负的描述性统计

年份	2001	2002	2003	2004	2005	2006	2007	2008	2009	2010	2011	2012	2013	2014	2015
计数	555	705	684	748	881	733	592	787	1 003	848	601	921	1 177	980	1 071
占比	0.55	0.65	0.59	0.61	0.64	0.50	0.39	0.45	0.48	0.37	0.25	0.37	0.47	0.39	0.42
平均值	-0.088 2	-0.087 5	-0.091 8	-0.094 5	-0.088 4	-0.091 8	-0.114 4	-0.088 0	-0.090 3	-0.077 9	-0.090 1	-0.088 3	-0.137 2	-0.073 2	-0.117 2
中值	-0.059 9	-0.065 4	-0.059 1	-0.063 3	-0.057 9	-0.056 5	-0.065 0	-0.058 2	-0.058 6	-0.047 0	-0.047 7	-0.049 1	-0.074 9	-0.043 1	-0.061 3
标准差	0.102 4	0.095 9	0.108 1	0.105 9	0.111 0	0.131 6	0.174 6	0.148 5	0.108 6	0.157 2	0.226 3	0.277 3	0.188 4	0.136 6	0.274 7
方差	0.010 5	0.009 2	0.011 7	0.011 2	0.012 3	0.017 3	0.030 5	0.022 0	0.011 8	0.024 7	0.051 2	0.076 9	0.035 5	0.018 7	0.075 5
最小值	-0.968 4	-0.936 3	-1.074 4	-1.230 8	-1.366 2	-1.546 2	-3.089 2	-3.491 8	-1.537 3	-3.932 2	-4.610 9	-6.250 5	-1.775 4	-2.957 6	-7.608 7
最大值	-0.000 3	0	0	0	-0.000 1	0	0	-0.000 1	0	-0.000 1	0	-0.000 3	0	0	0

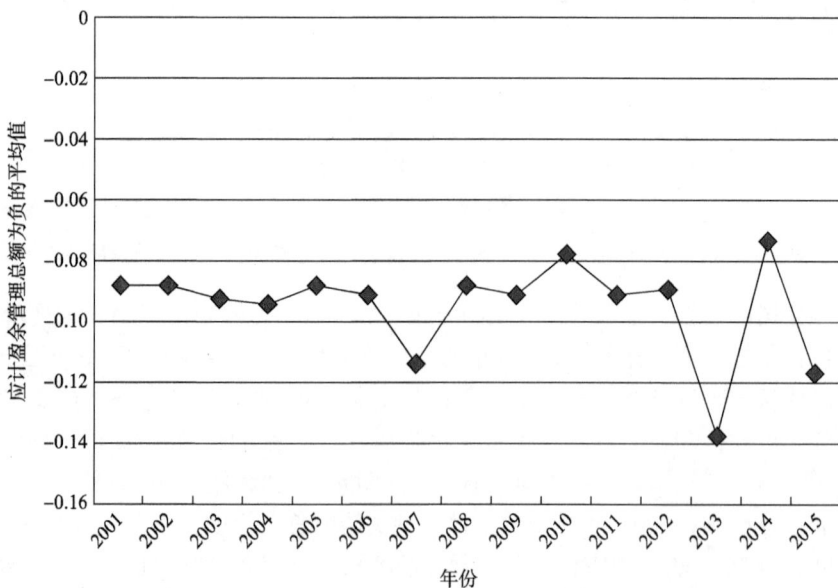

图 2-4　2001~2015 年 A 股上市公司应计盈余管理总额为负的平均值

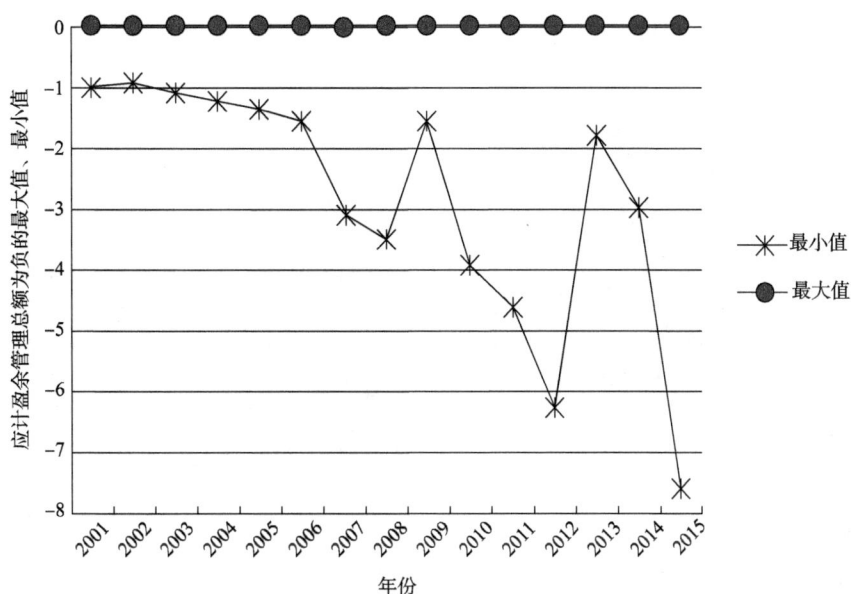

图 2-5　2001~2015 年 A 股上市公司应计盈余管理总额为负的最大值及最小值

从上市公司应计盈余管理总额为负的公司计数来看，随着公司在 A 股上市整体数量的增长，上市公司应计盈余管理总额为负的公司数量处于波动状态，这些公司在样本总体中的占比从 25% 到 65% 不等。2011 年占比最少，为 25%；2002 年占比最多，为 65%。

由图 2-4 可知，2001~2015 年 A 股上市公司应计盈余管理总额为负的平均值在 2007 年、2013 年及 2015 年相对较高，并于 2013 年达到负向最大值，其余年份较为稳定，波动幅度不大，说明上市公司在应计盈余管理方面选择隐藏利润的情况较为平稳。2012 年修订了现有的一些准则，包括财务报表列报、长期股权投资、收入、职工薪酬、企业合并等，同时又发布了新的会计准则，包括公允价值计量、合营安排等，这可能是 2013 年出现应计盈余管理总额负值最高现象的原因。

由图 2-5 可知，2001~2015 年 A 股上市公司应计盈余管理总额为负的最小值大体呈变小的趋势。2009 年的最小值较前几年首次变大，说明 2008 年发生金融危机后，2009 年上市公司隐藏利润的情况有所好转，同时考虑到 2009 年 7 月开始执行《企业内部控制基本规范》，这一制度的颁布与执行对操纵盈余管理的行为也起到一定的遏制作用。2013 年的最小值较前几年也有所变大，且变大的幅度比 2009 年要大得多。但 2013 年后又持续下降，导致在 2015 年出现最小值最小，说明 2014 年新修订和颁发的会计准则使个别上市公司隐藏利润的幅度变大。

2.3.2　真实盈余管理综合评价

真实盈余管理的计量通过 2.1.2 小节式（2-8）~式（2-11）得到。

收集 2001~2015 年 A 股上市公司的相关数据，最终计算获得真实盈余管理总额数据 27 375 个。将样本按数值正负分为总额为正以及总额为负两组分别进行描述性统计。

2001~2015 年 A 股上市公司真实盈余管理总额为正的描述性统计特征（全部公司，剔除极端值），如表 2-5 所示。并根据表 2-5 作均值以及最大值、最小值变化趋势折线图，见图 2-6 和图 2-7。

表 2-5   2001~2015 年 A 股上市公司真实盈余管理总额为正的描述性统计

年份	2001	2002	2003	2004	2005	2006	2007	2008	2009	2010	2011	2012	2013	2014	2015
计数	481	513	530	628	702	725	773	872	1 069	1 190	1 244	1 256	1 130	1 137	1 193
占比	0.48	0.47	0.46	0.51	0.51	0.50	0.51	0.50	0.52	0.52	0.52	0.51	0.45	0.46	0.47
平均值	0.115 6	0.109 6	0.137 9	0.119 5	0.113 8	0.159 1	0.171 3	0.169 8	0.168 9	0.195 6	0.160 1	0.136 9	0.191 3	0.157 4	0.189 7
中值	0.081 6	0.071 4	0.083 1	0.084 9	0.078 7	0.105 3	0.112 6	0.111 1	0.117 2	0.125 4	0.112 8	0.098 0	0.077 7	0.097 1	0.115 3
标准差	0.135 0	0.146 0	0.225 4	0.125 4	0.118 3	0.236 4	0.253 4	0.244 7	0.190 8	0.249 0	0.169 4	0.139 1	1.068 1	0.194 1	0.276 1
方差	0.018 2	0.021 3	0.050 8	0.015 7	0.014 0	0.055 9	0.064 2	0.059 9	0.036 4	0.062 0	0.028 7	0.019 4	1.140 8	0.037 7	0.076 2
最小值	0.000 1	0.000 1	0	0.000 2	0.000 2	0.000 1	0	0.000 3	0.000 4	0.000 2	0.000 2	0.000 2	0	0.000 3	0.000 1
最大值	1.453 4	1.471 2	2.668 6	1.340 9	1.169 1	3.177 3	3.847 2	3.630 5	2.591 7	3.422 2	1.383 4	1.336 5	34.583 9	2.025 2	4.382 1

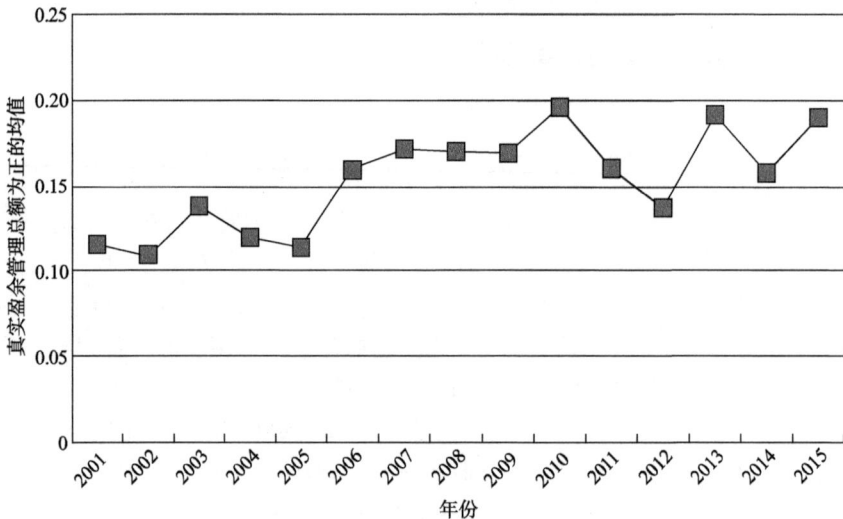

图 2-6   2001~2015 年 A 股上市公司真实盈余管理总额为正的平均值

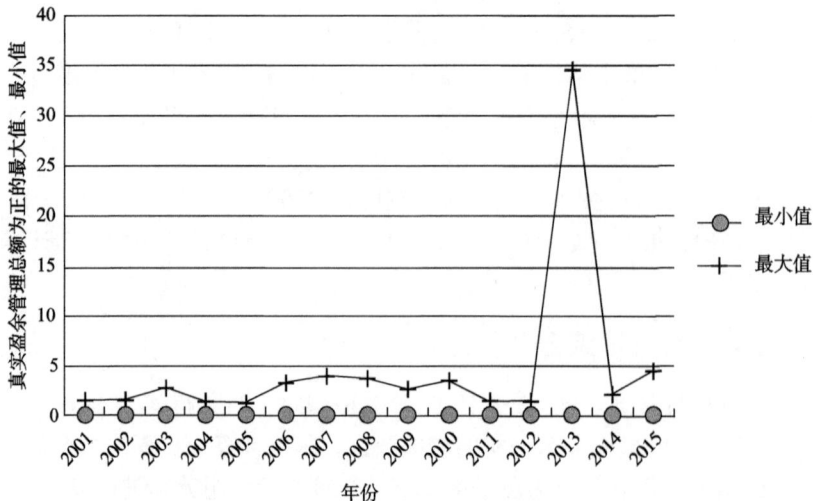

图 2-7   2001~2015 年 A 股上市公司真实盈余管理总额为正的最大值及最小值

从上市公司真实盈余管理总额为正的公司计数来看，随着公司在 A 股上市整体数量的增长，上市公司真实盈余管理总额为正的公司数量大体处于增加趋势，但在 2013 年有所减少，较 2012 年减少了 100 多家。这些公司在样本总体中的占比从 45%到 52%不等，2013 年占比最少，为 45%。也就是说，上市公司真实盈余管理总额为正的公司与为负的公司数量大体相当。

由图 2-6 可知，A 股上市公司真实盈余管理总额为正的平均值在 2001~2015 年处于波动上升的趋势，尽管真实盈余管理总额为正的公司在样本总体中所占比例大致相同，但真实盈余管理总额的幅度上升了。2010 年其平均值达到了最高点，但 2011 年和 2012 年连续下降，说明上市公司真实盈余管理的程度有所下降。2013 年又升高，其平均值和 2010 年的平均值相差无几。2014 年又继续下降，2015 年又升高，且升高的幅度和 2014 年下降的幅度一样，因此 2015 年的平均值也和 2010 年的平均值相差无几。

由图 2-7 可知，2001~2015 年 A 股上市公司真实盈余管理总额为正的最大值变化除了2013 年外其他年份都较稳定。这一期间其最大值在 2013 年达到最大，也就是说，单一公司的盈余管理幅度最大，达到了 34.583 9。

2001~2015 年 A 股上市公司真实盈余管理总额为负的描述性统计特征如表 2-6 所示。并根据表 2-6 作均值以及最大值、最小值变化趋势折线图，见图 2-8 和图 2-9。

表 2-6   2001~2015 年 A 股上市公司真实盈余管理总额为负的描述性统计

年份	2001	2002	2003	2004	2005	2006	2007	2008	2009	2010	2011	2012	2013	2014	2015
计数	527	573	621	606	670	733	754	879	1 005	1 116	1 135	1 216	1 397	1 348	1 352
占比	0.52	0.53	0.54	0.49	0.49	0.50	0.49	0.50	0.48	0.48	0.48	0.49	0.55	0.54	0.53
平均值	-0.105 5	-0.098 1	-0.117 7	-0.123 9	-0.119 2	-0.157 3	-0.175 6	-0.168 4	-0.179 6	-0.208 5	-0.176 5	-0.141 4	-0.154 6	-0.131 5	-0.164 4
中值	-0.078 9	-0.073 1	-0.087 6	-0.091 8	-0.091 3	-0.101 1	-0.121 3	-0.113 0	-0.122 3	-0.132 0	-0.117 3	-0.095 3	-0.081 9	-0.094 0	0.099 2
标准差	0.094 9	0.097 6	0.107 9	0.113 8	0.106 8	0.186 9	0.213 7	0.185 0	0.196 2	0.360 5	0.251 2	0.154 1	0.528 0	0.147 0	0.446 1
方差	0.009 0	0.009 5	0.011 6	0.013 0	0.011 4	0.034 9	0.045 7	0.034 2	0.038 5	0.129 9	0.063 1	0.023 7	0.278 8	0.021 6	0.199 0
最小值	-0.620 9	-0.805 9	-0.824 7	-0.650 1	-1.624 6	-2.274 1	-3.734 0	-2.578 6	-1.915 0	-8.337 6	-5.939 9	-1.673 1	-16.050 7	-1.698 6	-13.884 2
最大值	-0.000 4	0	0	0	-0.000 1	-0.000 6	-0.000 2	0	0	-0.000 3	-0.000 1	-0.000 1	-0.000 2	-0.000 2	0

从上市公司真实盈余管理总额为负的公司计数来看，随着公司在 A 股上市整体数量的增长，上市公司真实盈余管理总额为负的公司数量大体处于增加趋势，这些公司在样本总体中的占比从 48%到 55%不等，其中 2009~2011 年三年占比最少，为 48%；2013年占比最多，为 55%。也就是说，上市公司真实盈余管理总额为负的公司与为正的公司数量大体相当。

由图 2-8 可知，A 股上市公司真实盈余管理总额为负的平均值在 2001~2015 年大体处于波动下降的趋势。2010 年其均值达到了最低点，之后 2011 年、2012 年连续上升，说明上市公司真实盈余管理的程度有所下降。2013 年其均值下降，2014 年其均值上升，2015年其均值又下降，且这几年上升下降的幅度大致相同。特别是，经仔细对比发现，此负向真实盈余管理总额平均值图与正向真实盈余管理总额平均值图关于 X 轴几乎呈对称分布，两者变化趋势相似。

由图 2-9 可知，2001~2015 年 A 股上市公司真实盈余管理总额为负的最小值变化呈波

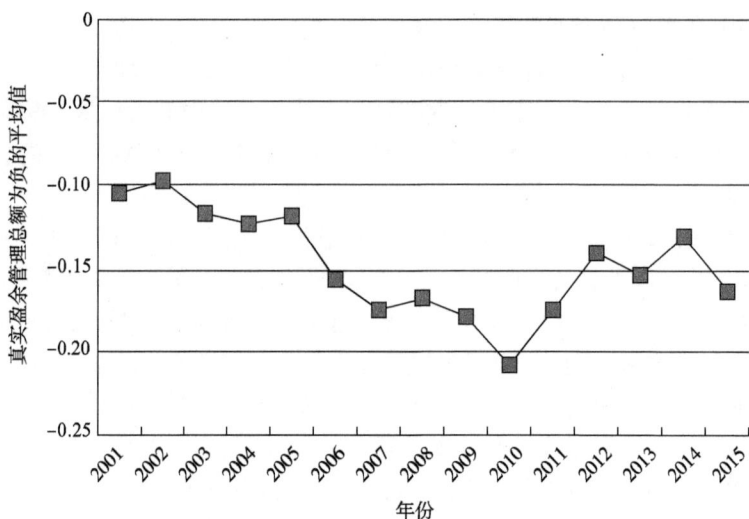

图 2-8　2001~2015 年 A 股上市公司真实盈余管理总额为负的平均值

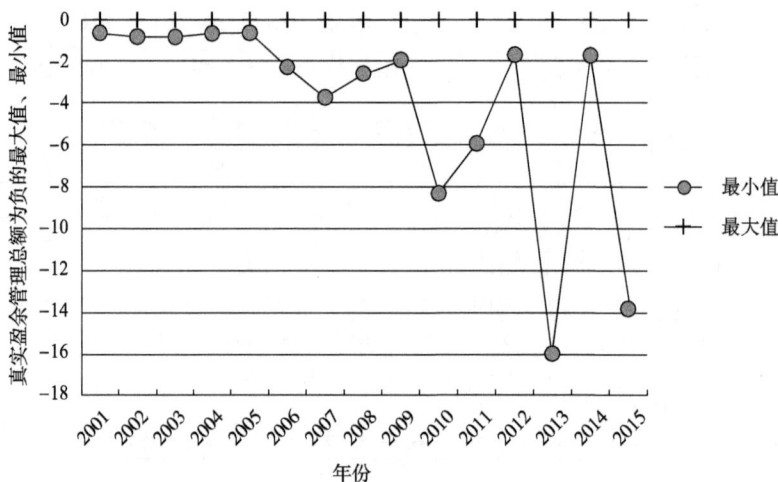

图 2-9　2001~2015 年 A 股上市公司真实盈余管理总额为负的最大值及最小值

动状态，尤其是 2013~2015 年，波动幅度特别大。各年的最小值在 2013 年达到最小，也就是说，单一公司的盈余管理幅度最大，达到了−16.050 7，说明 2013 年上市公司在真实盈余管理方面选择隐藏利润的情况较为普遍。2014 年呈上升趋势，上升的幅度和 2013 年下降的幅度几乎一致，2015 年又下降至−13.884 2，说明 2015 年个别上市公司隐藏利润的幅度增大。

2.4　经济周期对盈余管理的影响

宏观环境为企业的外部不可控环境，会对企业的盈余管理决策产生影响。下文主要从经济周期来观察宏观环境对盈余管理的影响。

2.4.1　经济周期及其划分

一般而言,对经济周期的划分有多种方法,主要包括将完整经济周期划分为紧缩、复苏、繁荣、衰退四阶段[26];将经济周期划分为衰退、恢复和增长三个阶段[27]或者经济紧缩期、过渡期和扩张期三个阶段[28];将经济周期划分为经济紧缩和经济扩张两个阶段[29]。我国现有对经济周期的研究,多采用两阶段方法进行划分[30]。

本节采用两阶段划分方法,把经济周期划分为经济收缩期和经济扩张期。上市公司盈余管理研究课题组[31]将经济周期划分如下:2000~2002 年、2008~2009 年为收缩期,2003~2007 年、2010~2011 年为扩张期,但缺少对 2012~2015 年的经济周期的划分。以各年度 GDP(国内生产总值)增长率为指标作图(图 2-10),原始 GDP 数据来源于 1999~2015年的《中国统计年鉴》。

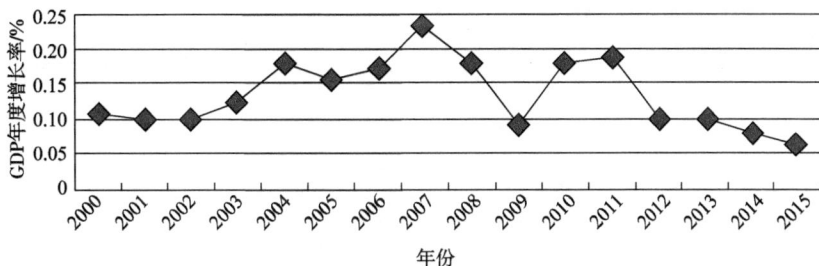

图 2-10　我国 GDP 年度增长率

图 2-10 清晰地显示出,2001~2002 年、2008~2009 年为收缩期,2003~2007 年、2010~2011 年为扩张期。这和上述各文献划分的结果是一致的,同时可见,2012~2015年的经济周期应划分为收缩期。

2.4.2　经济周期对应计盈余管理的影响

根据 2.3.1 小节应计盈余管理综合评价中的图 2-2,并结合经济周期所处阶段,可以得到图 2-11。

从图 2-11 中可见:在三段经济收缩期 2001~2002 年、2008~2009 年、2012~2015 年,应计盈余管理总额均值大都处于平缓下降的状态,说明由于存在多数企业亏损的参照,企业进行正向盈余管理的动机并不强烈;但三个经济收缩期整体来看正向的应计盈余管理总额呈增长的趋势,即随着时间的推移,2001~2015 年正向的应计盈余管理总额从各个经济收缩期的比较来看,其程度总体上是逐周期增加的。

而在经济扩张期 2003~2007 年、2010~2011 年,企业的销售收入、经营盈余都趋于增长,虚增利润在这段时期总体上呈现下降趋势,比较特殊的是 2006~2007 年处于上升趋势,这可能是受新会计准则变化的影响。也就是说,在经济向好的扩张期,正向应计盈余管理的动机越来越小。

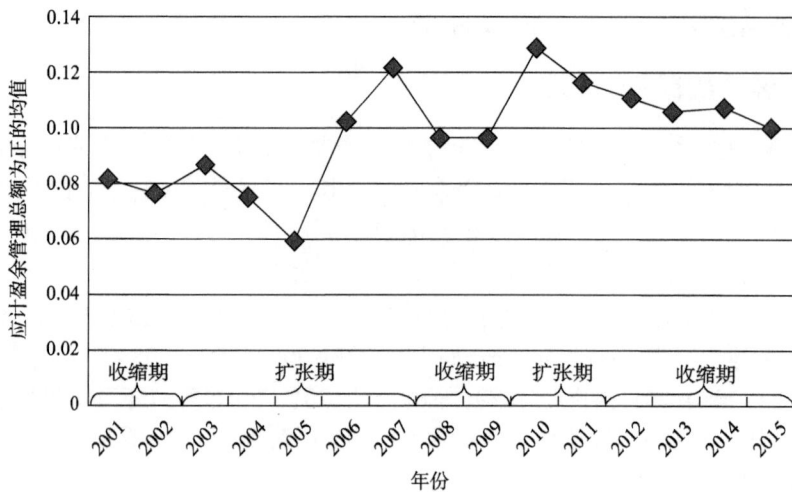

图 2-11　经济周期下的 2001~2015 年 A 股上市公司应计盈余管理总额为正的均值变化

根据 2.3.1 小节应计盈余管理综合评价中的图 2-4，并结合经济周期所处阶段，可以得到图 2-12。

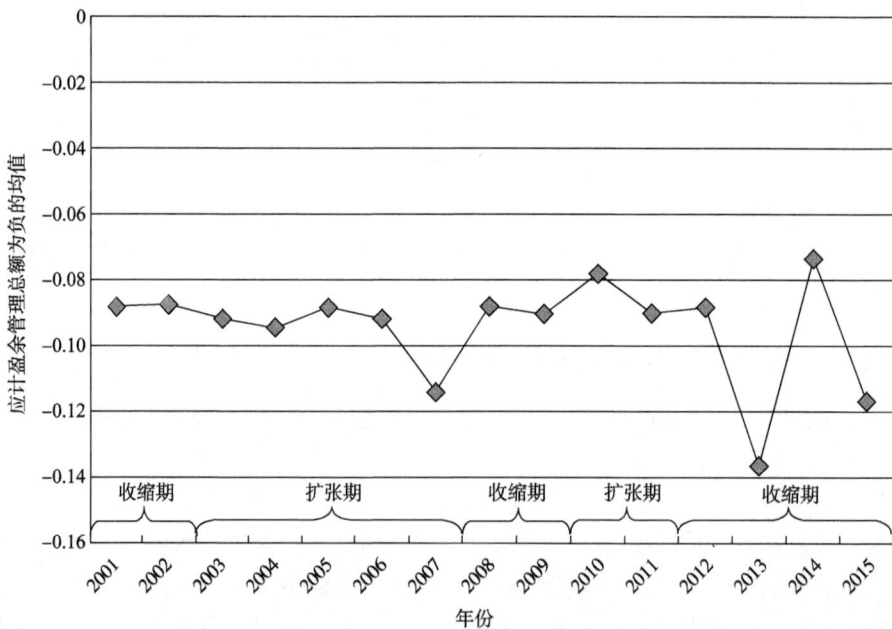

图 2-12　经济周期下的 2001~2015 年 A 股上市公司应计盈余管理总额为负的均值变化

从图 2-12 中可见：在前两段经济收缩期 2001~2002 年、2008 ~ 2009 年，应计盈余管理总额为负的均值在每一个经济收缩期内大都平缓变化，小幅上升或者小幅下降；然而，在 2012~2015 年，同样是经济收缩期，应计盈余管理总额为负的均值大幅地上下波动，说明企业是否选择隐藏利润波动不定。

而在经济扩张期 2003~2007 年、2010~2011 年，应计盈余管理总额为负的均值在每一个经济扩张期内大都平缓并小幅下降，即企业选择隐藏利润的情况较少。

2.4.3　经济周期对真实盈余管理的影响

根据 2.3.2 小节真实盈余管理综合评价中的图 2-6，并结合经济周期所处阶段，可以得到图 2-13。

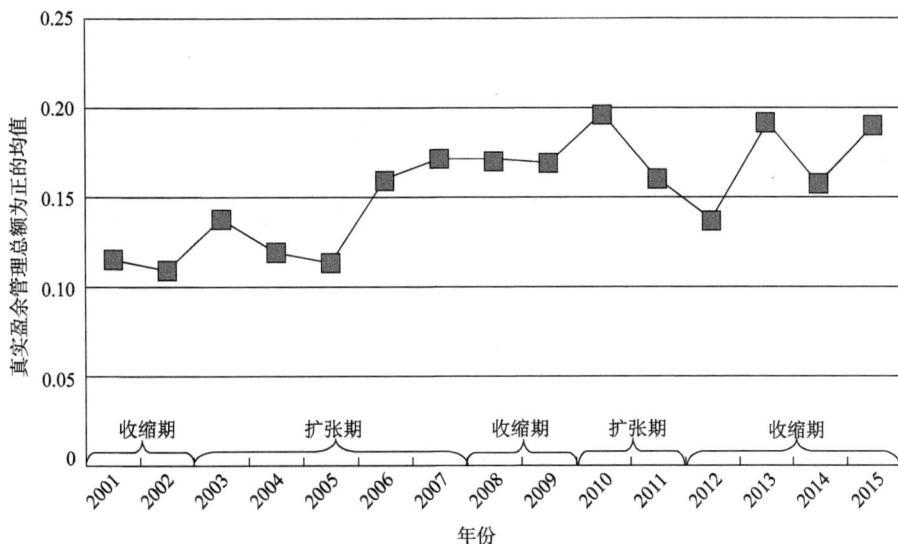

图 2-13　经济周期下的 2001~2015 年 A 股上市公司真实盈余管理总额为正的均值变化

从图 2-13 中可见：在前两段经济收缩期 2001~2002 年、2008~2009 年中，真实盈余管理为正的均值即企业的虚增利润变化很平缓，出现很小幅度的下降，说明在经济下滑时期，企业进行真实盈余管理的动机不强烈。但同样是在经济收缩期，2012~2015 年，正向真实盈余管理总额均值波动相对前两段更强烈。但三个经济收缩期整体来看正向的真实盈余管理总额处于增长的趋势，即随着时间的推移，2001~2015 年正向的应计盈余管理总额在各个经济收缩期总体上程度是逐周期增加的。

而在经济扩张期 2003~2007 年、2010~2011 年，企业的销售收入、经营盈余都趋于增长，虚增利润大致呈现下降趋势，比较特殊的是 2006~2007 年处于上升趋势，这可能是受到了新会计准则变化的影响。也就是说，在经济向好的扩张期，正向真实盈余管理的动机越来越小。

根据 2.3.2 小节真实盈余管理综合评价中的图 2-8，并结合经济周期所处阶段，可以得到图 2-14。

从图 2-14 中可见：在三段经济收缩期 2001~2002 年、2008~2009 年、2012~2015 年，真实盈余管理总额为负的均值在每一个经济收缩期内大都平缓变化，小幅上升或者小幅下降；只是在 2012~2015 年，负向真实盈余管理总额的均值较大幅地上下波动，说明企业是否选择隐藏利润波动不定。

而在经济扩张期 2003~2007 年负向真实盈余管理总额的均值基本符合增加趋势，

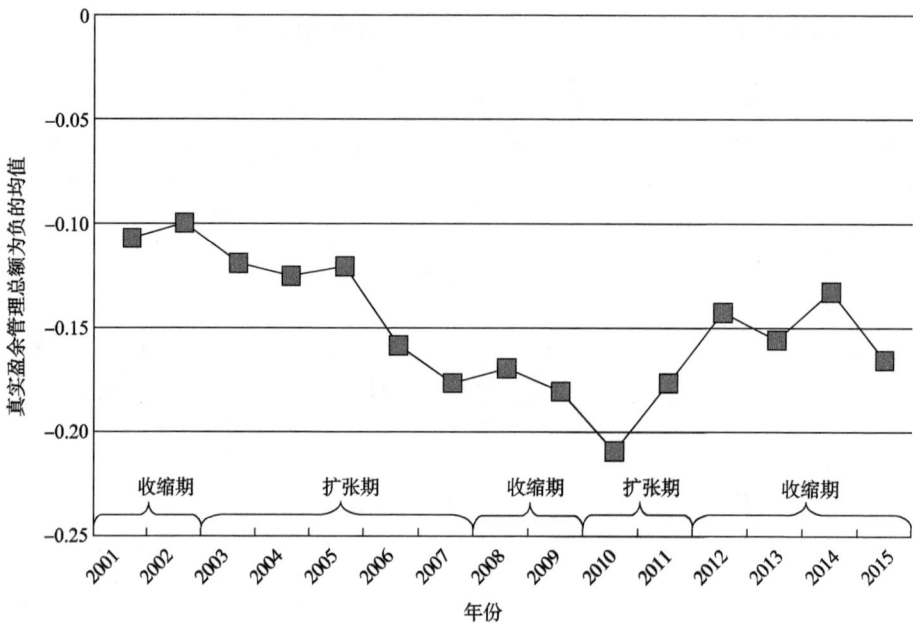

图 2-14　经济周期下的 2001~2015 年 A 股上市公司真实盈余管理总额为负的均值变化

2010~2011 年负向真实盈余管理总额的均值逐渐减少。因此,虚减利润在这段时期相比于经济收缩期出现了较大幅度的变化,但变化方向并不一致,增长或者下降都有可能,并无统一的规律可循。

2.4.4　经济周期与盈余管理关系的分析

综合上文中经济周期与应计、真实盈余管理之间的关系可知,在经济扩张期,无论是正向的应计盈余管理总额的均值还是正向的真实盈余管理总额的均值,都处于下降的趋势,但 2006~2007 年特殊,不降反升,需要进一步考虑其他的影响因素;在经济收缩期,无论是负向的应计盈余管理总额的均值还是负向的真实盈余管理总额的均值,都平缓变化,但 2012~2015 年波动幅度较大。

一般而言,随着经济形势向好,社会需求扩大,企业收入、盈余都趋于增长,盈余管理的动机并不强烈,正如前文得到的结论,在经济扩张期,除了 2006~2007 年,正向、负向的应计盈余管理总额的均值以及正向的真实盈余管理总额的均值都处于下降状态,例外的是负向的真实盈余管理总额的均值处于波动状态。当经济形势不佳时,社会需求萎缩,企业收入、盈余都趋于降低,管理者业绩也会受到影响。一方面,由于存在整个社会多数企业亏损的参照,管理者将业绩不佳解释为经济环境所造成的并能够得到股东的理解,进行盈余管理的动机就不强烈;另一方面,管理者出于薪酬契约动机及声誉考虑,或者出于避亏、保牌及再融资的考虑,采取盈余管理行为的动机增强。因此,在经济收缩期,正向、负向的真实盈余管理总额的均值以及负向的应计盈余管理总额的均值都是波动变化的,取决于两种动机的权衡比较。但正向的应计盈余管理总额的均值例外,是平缓下降的。可能的原因是,在经济形势不佳时,投资者及监管部门格外谨慎,更容易察觉利用会计政策和程序进行的正向应计盈余管理，一定程度上遏制了正向应计盈余管理行为。

　　一些文献讨论了经济周期对企业盈余管理的影响。例如，陈武朝[32]研究发现了经济周期不同阶段及行业景气度不同时，应计盈余管理程度在经济收缩期大于扩张期，而且，无论在经济收缩期还是扩张期，盈余管理程度都在行业景气度高时大于行业景气度低时，盈余管理程度在宏观经济收缩期且行业景气度低（高）时大于宏观经济扩张期且行业景气度低（高）时。同时，作者认为在研究盈余管理时，既应考虑企业所处经济周期不同阶段的影响，也应考虑其所处行业景气度的影响。陈武朝[33]研究发现盈余管理程度在经济收缩期大于扩张期，但这种差异主要是周期性行业公司导致的：非周期性行业公司的盈余管理程度在经济收缩期与经济扩张期并无显著差异，而周期性行业公司的盈余管理程度在经济收缩期显著大于经济扩张期。此外，作者认为在研究盈余管理时，应考虑控制周期性行业与非周期性行业之间，以及经济周期不同阶段的差别。还有一些研究得出了不同的结论。王红建等[8]研究发现：当管理层预期公司盈利小于行业盈利时，正向盈余管理与宏观经济增长率显著正相关，表现为顺周期特征；企业面临产品市场竞争压力越大，其正向盈余管理的顺周期性特征越显著。可见，关于经济周期对盈余管理的影响还未达成一致的结论。

参 考 文 献

[1] Healy P M. The effect of bonus schemes on accounting decisions[J]. Journal of Accounting and Economics，1985，7（1~3）：85-107.

[2] DeAngelo L E. Accounting numbers as market valuation substitutes: a study of management buyouts of public stockholders[J]. The Accounting Review，1986，61（3）：400-420.

[3] Jones J J. Earnings management during import relief investigations[J]. Journal of Accounting Research，1991，29（2）：193-228.

[4] Dechow P M，Sloan R G，Sweeney A P. Detecting earnings management[J]. Accounting Review，1995，70（2）：193-225.

[5] Kothari S P，Leone A J，Wasley C E. Performance matched discretionary accrual measures[J]. Journal of Accounting and Economics，2005，39（1）：163-197.

[6] 陆建桥. 中国亏损上市公司盈余管理实证研究[J]. 会计研究，1999，（9）：25-35.

[7] Ball R，Shivakumar L. The role of accruals in asymmetrically timely gain and loss recognition[J]. Journal of Accounting Research，2006，44（2）：207-242.

[8] 王红建、李青原、陈雅娜. 盈余管理、经济周期与产品市场竞争[J]. 会计研究，2015，（9）：44-52.

[9] 何威风. 高管团队垂直对特征与企业盈余管理行为研究[J]. 南开管理评论，2015，18（1）：141-151.

[10] McNichols M，Wilson P. Evidence of earnings management from the provision for bad debts[J]. Journal of Accounting Research，1988，（26）：1-31.

[11] Petroni K R, Ryan S G, Wahlen J M. Discretionary and non-discretionary revisions of loss reserves by pro-perty-casualty insurers: differential implications for future profitability, risk and market value[J]. Review of Accounting Studies, 2000, 5（2）: 95-125.

[12] Gaver J J, Paterson J S. Earnings management under changing regulatory regimes: state accreditation in the insurance industry[J]. Journal of Accounting and Public Policy, 2001, 19（4）: 399-420.

[13] 陈小悦，肖星，过晓燕. 配股权与上市公司利润操纵[J]. 经济研究，2000，（1）：30-36.

[14] 程书强，杨娜. 新会计准则下上市公司盈余管理存在的可能性及实施途径分析[J]. 管理世界，2010，（12）：178-179.

[15] Durtschi C, Easton P. Earnings management? The shapes of the frequency distributions of earnings metrics are not evidence ipso facto[J]. Journal of Accounting Research, 2005, 43（4）: 557-592.

[16] Roychowdhury S. Earnings management through real activities manipulation[J]. Journal of Accounting and Economics, 2006, 42（3）: 335-370.

[17] Graham J R, Harvey C R, Rajgopal S. The economic implications of corporate financial reporting[J]. Journal of Accounting and Economics, 2005, 40（1）: 3-73.

[18] Cohen D A, Zarowin P. Accrual-based and real earnings management activities around seasoned equity offerings[J]. Journal of Accounting and Economics, 2010, 50（1）: 2-19.

[19] 张雁翎，陈涛. 盈余管理计量模型效力的实证研究[J]. 数理统计与管理，2007，26（3）：81-88.

[20] 王生年，白俊. 应计的盈余管理计量模型比较分析[J]. 审计与经济研究，2009，24（6）：64-71.

[21] 刘文达，于长春，张宏伟，等. 盈余管理计量模型检验——来自中国上市公司的证据[J]. 上海立信会计学院学报，2011，（4）：16-25.

[22] 黄梅，夏新平. 操纵性应计利润模型检测盈余管理能力的实证分析[J]. 南开管理评论，2009，12（5）：136-143.

[23] 陈秩秧. 计税折旧政策下的盈余管理——基于2014年会计政策变更的初步检验[J]. 证券市场导报，2016，（6）：42-48.

[24] 沈烈，张西萍. 新会计准则与盈余管理[J]. 会计研究，2007，（2）：52-58.

[25] 吴克平，于富生，黎来芳. 新会计准则影响中国上市公司的盈余管理吗?[J]. 上海经济研究，2013，（8）：51-67.

[26] Tiao G C, Tsay R S. Some advances in non-linear and adaptive modelling in time-series[J]. Journal of Fore- casting, 1994, 13（2）: 109-131.

[27] Sichel D E. Inventories and the three phases of the business cycle[J]. Journal of Business & Economic Statistics, 1994, 12（3）: 269-277.

[28] 石晓军，张顺明，李杰. 商业信用对信贷政策的抵消作用是反周期的吗?——来自中国的证据[J]. 经济学，2010，（1）：213-236.

[29] 刘金全，刘志刚，于冬. 我国经济周期波动性与阶段性之间关联的非对称性检验——Plucking 模型对中国经济的实证研究[J]. 统计研究，2005，（8）：38-43.

[30] 江龙，刘笑松. 经济周期波动与上市公司现金持有行为研究[J]. 会计研究，2011，（9）：40-46.

[31] 上市公司盈余管理研究课题组. 中国上市公司盈余管理 20 年（1992—2012）[M]. 北京：经济科学出版社，2016.

[32] 陈武朝. 经济周期、行业景气度与盈余管理——来自中国上市公司的经验证据[J]. 审计研究, 2013,
　　（5）: 96-105.

[33] 陈武朝. 经济周期、行业周期性与盈余管理程度——来自中国上市公司的经验证据[J]. 南开管理评
　　论, 2013,（3）: 26-35.

第3章 盈余管理研究动态评价

　　财务报告扮演着两个重要的会计角色，即信息评价角色和契约角色。在信息评价角色观点下，财务报告主要是为投资者提供有用的会计信息以助其做出有用的决策。在决策有用观的信息评价功能下，财务报告能够降低知情与非知情投资者之间的信息不对称，以及管理层（代理人）与投资者（委托人）之间的信息不对称。因此，投资者可以根据盈余信息比较公正地估计公司未来现金流量的金额、时间及不确定性，进而估算出公司的整体价值，即会计信息评价的角色主要是提供可靠的信息，方便投资者评估公司的股票价值或者决定是否提供贷款。

　　由于资本市场上的委托代理矛盾日益分化，信息不对称问题严重存在。为了降低代理成本，股东和债权人就有动机签订合约，以监督管理层是否能合理、高效地运用资金，防止通过会计政策选择、会计方法变更影响公司的会计报告[1]。然而，在签订契约时，监管者通常将财务报告中的会计数字作为基础。就贷款契约而言，债权人会要求约定利息保障倍数的下限，以保障债权人的利益，同时又可以根据这些债务条款，监督管理当局的执行情况。早期研究中，强调管理当局保管股东资源的责任就是一个典型的例子，学者们把这种角色定义为监管角色。

　　基于以上会计角色理论，Li 指出，很多债务契约中的盈余是经过调整的，即将公告的盈余剔除了一些可操纵项目后才作为签约的计量基础[2]。Ball 和 Shivakumar 研究发现，年报资料仅仅解释 1%~2%的股价变化[3]。也就是说，财务报告的主要功能并不是为资本市场提供实用性的会计信息，而是作用在其他方面，如薪酬契约、债务契约等。因此，会计理论界提出了关于盈余管理产生的三大动机假说，即薪酬契约观（红利假说）、债务契约观（债务假说）和政治成本观（政治成本假说）。本章基于国内外学术界对盈余管理动机的理论探讨，结合目前我国上市公司的具体情况，从理论研究和实证分析两个角度，综合评价上市公司盈余管理的最新研究动态。

3.1 盈余管理的理论研究

3.1.1 薪酬契约观

一个有效的薪酬契约，往往将管理层的薪酬与公司价值联系在一起。契约监督成本存在的前提下，管理人员对会计程序的操纵就不可能根除。Healy 在《分红计划对会计决策的影响》的论文中，考察了盈余管理的契约因素[4]。在分红计划中，管理者所签订的契约一般选择把会计利润作为管理者的考核指标。Klein 和 Chen 研究发现，当管理层持股比例处于较低水平时，会计信息质量与其持股比例显著正相关；而当管理层持股比例处于较高水平时，会计信息质量却与其持股比例显著负相关[5]。周晖等研究发现，企业的财务报表所显示的业绩是高管年度薪酬分配的依据，所以高管会通过调高企业业绩增加自己的收益。随着盈余管理程度的增加，管理者的薪酬和企业业绩的相关程度也越高[6]。总体来说，经理人与股东的利益在以下几方面存在冲突，从而产生了管理层通过盈余管理获取私人收益的动机。

1. 管理层薪酬

管理层薪酬契约计划包括一个把现金、股票和期权与业绩衡量联系起来的方式，这里的业绩衡量包括股票回报和盈余[7, 8]。即管理层可能会选择操纵会计回报、销售收入、净利息收益等业绩衡量指标，来提高整个职业期间的报酬。Jensen 和 Murphy 在《绩效薪酬与对高层管理的激励》一文中，通过构建绩效业绩对高管激励的回归模型，发现在代理理论下，制定补偿政策将激励管理人员选择和实施可以增加股东财富的活动，而总经理往往只考虑由特定活动带来的自身收益和成本。在这种情况下，就出现了使总经理的福利和股东的财富变化一致的补偿措施，如以业绩为基础的奖金分红、股权激励等[9]。Hall 和 Liebman[10]、Gudy 等[11]以及 Holthausen 等[12]的研究都证实了在现代企业制度中，持有股权激励或奖金分红的高管由于其自身利益和股价与公司业绩关联密切，更有动机通过盈余管理影响财务业绩，从而满足自身的薪酬要求。

现代企业制度下，企业的所有权和经营权相互分离，所有者与管理层之间构成了委托代理关系。由于信息不对称的存在，管理层为了规避风险以及追求自身利益最大化，就可能出现损害企业所有利益相关者的利益的行为。管理层薪酬契约的产生正是为了解决所有者与管理者之间的委托代理冲突。目前，管理层薪酬激励机制已经成为包含年薪、奖金等现金报酬和股票期权等长期激励的体系。在契约执行过程中，一般会出现如下几种情形：管理者未能达到契约所要求的目标利润范围；管理者刚好达到契约所要求的目标利润范围；管理者远远超过契约所要求的目标利润范围。在第一种情形中，管理者有动机通过盈余管理进一步降低合同期利润，把今年的利润移至以后的时间段，从而可以在以后获得更多的利润，这种方法被称为"洗大澡"，和破罐子破摔有一定的相似之处。在第二种情形中，管理者会根据实际利润和目标利润的差异来调整当期的盈余管理程度。在第三种情形中，管理者有着降低合同期利润的动机，由于超出目标利润的那一部分利润并不会为他们带来收益，所以，管理者有着将这部分利润"向后挪"的动机[11]。

随着国企改革的不断深入，高管薪酬与企业会计业绩的敏感性日益增强[13]。于是，检验薪酬激励是否会诱发高管实施盈余管理的研究重新起步。王克敏和王志超研究发现，高管薪酬与盈余管理正相关，但当高管权力不断膨胀，权力寻租较大时，薪酬契约诱发盈余管理的程度相对减弱，高管无须再选择风险和成本都较高的盈余管理，而是通过寻租行为谋取私利[14]。薪酬激励机制中，会计收益被用作确定支付给管理者报酬的重要基础。因此，管理者十分关心对会计收益产生重要影响的会计政策，甚至会为了实现自身利益最大化，而利用或操纵会计政策选择、会计方法变更。在国企改革背景下，薪酬管制除了能单独影响高管薪酬与企业业绩之外，还能显著干预高管薪酬与业绩的敏感性。高艳慧等的研究表明，地方政府干预可以降低由当地国有资产监督管理委员会所控制的国企高管薪酬业绩敏感性，但对当地由国务院国有资产监督管理委员会所控制的国有企业高管薪酬业绩敏感性并无显著影响[15]。方军雄研究发现，我国上市公司高管薪酬具有黏性特征，表现为业绩上升时薪酬增加的幅度显著高于业绩下降时薪酬减少的幅度[16]。陈冬华等通过对我国国有非上市公司普通职工的工资情况进行分析，发现普通职工工资既有向下的刚性又有向上的刚性，且工资刚性不利于职工的激励，对企业业绩也产生了消极的影响[17]。

刘星和徐光伟指出，薪酬管制造成国有企业高管薪酬随业绩的升降呈现出向上或向下的刚性，能够显著减弱高管薪酬业绩敏感性，薪酬管制越强，高管薪酬向上的刚性越大，但没有证据表明薪酬管制进一步对高管薪酬向下的刚性产生影响[18]。陈信元进一步研究发现，薪酬管制会滋生高管的腐败行为，薪酬管制与高管腐败发生的概率正相关。他们认为，薪酬管制实现了基于政府干预的多元化目标，却未必实现对经理人的"社会正义"，在法律上不合理的高管腐败，在经济学上却可能仅仅是处于规避薪酬管制行为的一种自然反抗[19]。目前，关于高管薪酬契约与盈余管理的文献研究，大多是基于管理层权力、股权激励、薪酬差距、高管在职消费或者薪酬管制与业绩敏感性等的综述。

2. 高管变更

所谓的高管变更，是指即将离任的高管在做决策时，会同时考虑提高其最后一年的经营奖金及其获得董事资格的机会，而刚到任的高管则会试图通过"洗大澡"的方式对报告利润进行调整[20]。Dechow 和 Sloan 研究发现，在高管任职的最后几年，很可能发生短视行为，通过降低 R&D 支出来调增报告盈余。他们进一步研究也发现，公司高管人员发生非正常变更的前一年，原总经理会通过正向的盈余管理调高盈余，而在其非正常变更的当年，新任总经理会使用负向的盈余管理手段，通过"洗大操"大幅削减盈余，将业绩下滑的责任归咎于前任总经理的经营失当[21]。

随着资本市场的逐步发展，高管股权激励被广泛应用于西方管理者的薪酬契约中。关于高管股权激励是否有助于改善公司治理矛盾、减少盈余管理行为以及提升企业短期或者长期业绩，学术界对此具有不同的观点。一种观点认为，股权激励强化了高管与股东之间的利益共享和风险共担的机制，有利于减少高管的短视行为，使其更加关注企业的长期绩效，主动减少盈余管理行为[22]；另一种观点则认为，股权激励的实施依赖于公司股票在证券市场上的走势以及股票行权时的具体规定，从某种程度而言，高管的薪酬水平具有不确定性，为了规避风险，使薪酬维持在一个较高的区间，高管也可能操控利润抬高股价，进行盈余管理[23]。

一方面，内部管理者的切身利益与企业的业绩好坏密切相关；另一方面，内部管理者是企业的真正经营者，可以按自己的意图操纵盈余。两方面结合的结果就是上市公司管理者在获得尽可能多的利益驱动下，会利用各种会计方法对公司进行盈余管理。结合中国文化特点来看，社会声望、政治前途等隐性报酬相对于薪酬福利或许更为管理者所看重，而这些隐性报酬也是与公司业绩直接挂钩的。因此，管理者进行盈余管理的动力更强。即将离任的公司高管为了获得良好的社会声誉，在离职前会利用盈余管理这一手段，同样在任的公司高管为了提高工作业绩，保住现有职务或获得晋升的机会，也会选择进行盈余管理。

从管理层股权激励角度探究盈余管理行为的文献比较少，代表性的有苏冬蔚和林大庞的文章[24]。他们研究发现股权分置改革后，尚未提出股权激励的上市公司，其高管股权和期权占总薪酬比率与盈余管理呈现显著的负相关；而提出或通过激励预案的公司，其高管股权和期权报酬与盈余管理的负相关关系大幅减弱，即盈余管理放大了高管行权的概率。除股权激励外，管理层持股比例也常作为激励薪酬的替代指标。但关于管理者持股是促使还是抑制盈余管理行为的发生，学者们并未得出统一的结论。这可能是由于管理者所持的股份通常具有一定限制，无法在二级市场上自由流转。因此，股价波动可能与管理者的薪酬浮动关系不明显，管理者因持股而实施盈余管理的动机可能不强。

林永坚研究了上市公司发生总经理变更后的盈余管理行为，发现新上任的总经理在上任当年存在调减利润的负向盈余管理行为，但不存在真实活动操控的盈余管理行为；在新任总经理上任后第一、二个完整会计年度，上市公司存在利用应计项目和真实活动调增利润的盈余管理行为。如果董事长与总经理于当年同时变更，则上市公司在变更后第一、二个完整会计年度利用应计项目和真实活动调增利润的程度也显著变大[25]。马永强和张泽南研究发现，高管薪酬更易诱发高管实施应计盈余管理，高管薪酬与真实活动盈余管理呈显著负相关[26]。

3. 内部人信息及关联交易

信息不对称引发了盈余管理与内部交易之间内生性的问题：是内部人管理盈余获得投机机会，还是管理盈余诱发了内部交易？关于这一问题的研究结论并未达成一致。内部人交易基于私人信息这一事实，意味着内部交易推动了恶意的盈余管理。对于这类交易与即将发生的欺诈或者破产事件之间关系的研究，部分学者提供了确凿的证据[27~29]。Beneish等研究发现，与控制组相比，背离 GAAP 夸大盈余的公司经理人更可能在盈余被夸大的时期出售公司股票[30]。Elitzur 和 Yaari[31]、Friebel 和 Guriev[32]研究表明，在均衡中，内部交易刺激经理人操纵盈余，原因在于有利可图的交易机会能提高管理盈余的好处，对成本的影响却不明显。Beneish 等以 1982~1993 年的 64 宗欺骗性财务报告案例为研究样本，研究发现经理人在盈余之前出售股票[30]。

类似地，Beneish 等研究发现，盈余管理紧跟着内部交易，以作为一种保护，防止遭到潜在的共同起诉，指控内部人牺牲其他投资者的利益，在价格高时抛售股票。进一步研究发现，内部人在拙劣的公司业绩出现之前出售股票，是调增利润的盈余管理行为[33]。Aharony 等以 1992~1995 年首次公开发行的 B 股和 H 股的国有企业上市为研究样本，发现母公司在 IPO 前，利用商品销售或者提供服务进行盈余管理以达到上市要求，IPO 公司资产利润率在 IPO 当年达到最大值，并在 IPO 的前两年开始逐渐上升，但在其后三年呈现下降的趋势[34]。Jian 和 Wong 以 1998~2002 年的上市公司为研究样本，发现为避免亏损或取得增发配股资格，母公司首先通过异常的付现关联销售提升上市公司业绩，在得到支持后，上市公司再通过"其他应收款"科目向母公司贷款来转移收益[35]。

现有文献主要从资金占用、关联销售或者线下项目的角度来研究盈余管理，而研究关联交易的其他项目及交易的总体情况、内部人信息对盈余管理影响的较少。王帆和武恒光研究发现公司治理水平越高，其控股股东占用的资金越少，盈余管理水平与资金占用水平正相关[36]。肖迪研究表明，上市公司会根据超额现金流的多寡而采取不同类别的关联交易行为，为掩饰这种关联交易掏空公司的负向影响，上市公司倾向于实施正向盈余管理[37]。

4. 管理层收购

管理层收购是一种杠杆购买，因购买而被私有化的公司的经理人也是权益投资者[38]。即购买公司的经理人希望支付尽可能低的价格，而出售公司的股东希望尽可能卖一个高的价格。例如，Makar 和 Alam 发现 1980~1986 年 76 家管理层收购的公司，在收购的次年经营利润上升超过 20%，现金流上升超过 80%[39]。对于收购后业绩上升的解释有：Murphy 和 Welch 把价值提高归因为改进的动机，原因在于"相同的经理人现在管理着重组前后相同的资产和员工"[40]。Marquardt 和 Wiedman 把改进归因为治理的改善以及企业经营状况的改变，为了降低收购价格，经理人在收购前会进行向下的盈余管理[41]。

Aharony 等对 1981~1988 年的 175 个管理层收购事件进行研究，发现在管理层收购前一年存在明显的向下盈余管理[42]。Königsgruber 和 Windisch 估计盈余管理降低了大约 5 000 万美元的收购成本[43]。Ghosh 和 Moon 以 1995~1999 年的 100 个管理层收购事件为研究样本，采用二阶方法发现管理层选择通过操控性应计项目进行盈余管理，并识别出经理人为达到盈余目标而可能使用的单项应计，包括应收账款、存款、应付账款、应计负债、折旧费用及特别项目等[44]。

2003 年以后，随着我国上市公司管理层收购案例的逐渐增多，对上市公司管理层收购的实证研究开始兴起，学者们开始关注管理层收购事件对上市公司的短期和长期绩效以及对公司股东财富的影响。彭元和胡君霞以 2003 年以前的沪深两市实施管理层收购的 13 家上市公司为研究样本，对其近六年的经营绩效进行研究，发现在实施管理层收购的上市公司中，大部分公司 2005~2008 年的经营绩效有所提升，并且样本公司的总体经营绩效在近三年提升显著，即管理层收购对我国上市公司的长期绩效有正面影响[45]。

3.1.2　债务契约观

债务契约观认为，债务契约导致的盈余管理动机降低了企业的盈余质量。Watts 和 Zimmerman 认为，企业偏离契约条款的程度越严重，经理层将未来收益调节到当前的可能性就越大。此外，为了避免违反债务契约带来的损失，公司经理有巨大的动机进行盈余管理[1]。Jensen 和 Murphy 通过建立债务融资与盈余管理之间的回归模型，分析债务融资对盈余管理的单向影响，即债务的机理约束机制可以减少企业的债务代理成本[9]。

Watts 和 Zimmerman 提出了著名的债务契约观，认为当企业的负债增加时，假定其他条件相同，企业管理层会通过会计方式来调节盈余[1]。之后，许多研究文献对该观点提供了经验证据支持[46~49]。债务融资行为是一种典型的契约行为，以债务契约的形式明确债权人与债务人关系。出于对债务人道德风险的考虑，债权人会提出一些限制契约。上市公司负债水平越高，债权人的限制性条款就越严格，也就意味着企业违背债务契约相关条款的可能性越大。如果企业违背了债务契约的相关条款，债权人就会依据债务契约条款对其进行惩罚，这甚至会导致企业破产。因此，企业契约负债水平越高，为了避免违背债务契约，企业就越有动机进行盈余操控来调高盈余。

基于真实活动操控方面，Roychowdhury 认为公司在负债融资时更愿意进行真实活动盈余管理来操控盈余[49]。随着市场化进程的加快，资本市场的不断完善，在债权人的权利保护不断增强的情况下，违背债务契约的成本不断提高，为了避免违反债务契约，负债较高的公司不仅有动机通过应计盈余管理方式来调节盈余，而且也会运用真实盈余管理操控盈余。为了减轻甚至逃避债务契约的约束，那些违反或有可能违反债务契约的公司将会调增会计收益。违约企业常在违约的前几年利用操纵性应计项目来增加报告盈余，而在违约当年却较少进行此类盈余管理[47]。我国大部分公司的间接融资渠道主要依赖于银行贷款，对于申请贷款的企业，银行等金融机构主要依据其偿债能力、营利能力以及资产管理能力等来确定是否发放贷款。因此，财务状况不理想的上市公司不得不通过调整盈余管理来粉饰财务报告，以获取金融机构的贷款[50]。

以上基于企业避免违背债务契约视角，检验管理层是否有动机进行盈余管理以改善盈余信息。也有文献基于会计信息的契约有用性视角，分析银行或者债权人监督是否有效。部分学者研究发现，债权人能够识别企业的盈余管理行为，因此会提高其债务融资成本。例如，Jha 等调查商业银行时发现，对于有过多异常应计利润的公司，银行会要求其支付更高的贷款利率。他们进一步研究发现，用异常应计利润衡量的盈余管理会提高债券的价格，这对于非投资级别的债券影响更加严重。然而，不完美的资本市场上存在金融摩擦，并且信息不对称矛盾严重，债权人很难真正做到对企业盈利信息的正确判断或预期[51]。

3.1.3　政治成本观

国外关于政治成本观的研究非常丰富，该领域的研究进展可以归纳为三个阶段。第一阶段，研究主要集中于验证"规模假说"以及选取政治成本的替代变量方面。研究实质上将政治成本观具体化为"规模假说""收入假说""公司税率假说"等，重点考察替代变量规模、收入、公司税率和会计盈利之间的关系[52, 53]。第二阶段，研究聚焦于特定事件（如反垄断调查、进口救济、征收暴利税、污染环境等），有针对性地考察与待定事件有关的某一类企业政治成本的变化对会计盈余质量的影响[54, 55]。第三阶段，研究通过寻找更普遍的外生情境来进一步考察政治成本观。Ramanna 和 Roychowdhury 基于 2004 年美国大选的情境，检验分析有劳动力外包行径的公司如何进行向下的盈余管理，以保护其支持的政客在大选中免受公众指责，从而维护自身政治关联的纽带[56]。Konigsgruber 和 Windisch[43]研究发现，在之后一段期间，被欧盟委员会的理事总署进行一般性竞争调查的公司会进行显著的负向盈余管理，以消除垄断收益。

具体到我国，目前的研究大多还停留在第一阶段（规模假说）和第二阶段（事件研究），研究结论不太一致[57]。在规模假说方面，部分学者认为政治成本观在我国无法得到认证，也有学者找到了经验证据[58]。在事件研究方面，张晓东发现在油价暴涨阶段，石化行业公司会通过调减利润来规避政治成本。郭婉研究发现，为避免政府管制或者获取补贴收入，电力供热企业会进行负向的盈余管理[59]。近期，也有较少学者尝试推进第三阶段研究的发展，叶青和李增泉研究发现，上市公司实际控制人首次登上"胡润百富榜"后，企业会通过降低会计信息质量来规避或减轻由上榜引起的政治成本[57]。

我国上市公司在利用资本市场获得低成本融资的同时，受到政府监管和公众监督的程度也相应地提高。由于具体国情及经济制度不同，盈余管理的政治成本观在我国的表现形式与西方国家有所区别，不同的产权背景导致了国有控股公司与非国有控股公司存在显著差异[60]。国有企业控制着国民经济的命脉，面临着更严厉的法律监管，企业的财务制度也更为健全[58]；在保持利润长期稳定增长的同时，承担着较多的社会责任，因此在筹资和政策上能得到政府更多的支持。此外，政府领导有意发展地方经济和自身的政绩，有动机帮助国有公司，给予其银行贷款、税收减免等优惠措施。因此，国有企业进行盈余管理的成本较高，某种程度上基于政治成本动因的盈余管理行为将受到抑制或不显著。相反，非国有企业的经济实力普遍较小，得到较少的政策扶持，与政府的政治关联性较低。为达到盈利指标、避免较高的监管成本，管理者有强烈的盈余管理动机操控盈余[61, 62]。

关于盈余管理的避税动机，国内现有相关文献较少。王跃堂等考察不同税率公司应对2008 年实施的新税法而产生的税率差异，是否会未雨绸缪，提前使用盈余管理来降低税负[63]。研究发现，税率降低时，公司存在明显的推迟确认利润的盈余管理行为；但税率提高时，公司却不一定存在提前确认收入的盈余管理行为。李增福基于避税动因，以 2007年所得税改革为背景，考察我国上市公司盈余管理方式选择问题[58]。研究发现，预期税率上升时，公司更倾向于选择真实盈余管理；预期税率下降时，公司则转而采取应计盈余管理。考虑产权性质时，国有控股对应计项目盈余管理程度有显著负效应，但对真实盈余管理程度却具有显著正效应。

综上所述，报酬契约、债务契约及隐含契约会诱发公司的盈余管理行为，以增加奖金报酬，或者减少违反债务契约及隐含声誉的可能性。但是，目前对受到债务契约及隐含契约影响而可能从事盈余管理的实证研究较少。

3.2　盈余管理的实证研究

基于以上盈余管理产生的三大动机假说理论，国内外学者做了大量实证研究，大致可以从三个角度来分析，即管理者相关的盈余管理实证、使用者相关的盈余管理实证以及看门人角度的盈余管理实证。

3.2.1　管理者相关的盈余管理实证

由于信息不对称的关系，股东与经理人之间会有道德风险的代理问题出现。会计实务中，在设计高管的薪酬契约时，为兼顾激励效果，常常会包括固定的底薪、按当期效益给予的红利、股票期权、受限制的股票及长期绩效计划等。管理层薪酬契约是建立在企业盈余管理约束机制中的重要环节。国内外学者在实证分析时，大多沿用琼斯模型、截面修正琼斯模型以及应计利润法计量可操控性的应计利润来度量应计盈余管理的程度，从而构建管理层薪酬激励与盈余管理之间相互联系的回归模型。关于管理层薪酬契约与盈余管理关系的实证结论不一。早期实证研究表明，高管薪酬与企业业绩之间不相关或者无较大联系[64]。所以，以会计业绩为基础的高管薪酬与盈余管理之间无明显的相关关系[65]。然而，李延喜等通过多元线性回归分析发现管理层薪酬与调高的操控性应计利润高度正相关。在实证检验中，通过构建管理层年薪和股权激励代理变量的交互项对盈余管理的影响，发现上市公司管理层会通过调高会计利润，增加当期盈余来实现自身收益最大化，高管实施薪酬激励也会促使其进行盈余管理[66]。

考虑到与业绩挂钩的管理层薪酬契约与盈余管理之间的内生性，实证研究方法上，李宗彦和覃予[67]基于 2003~2014 年 499 家 A 股上市公司平衡面板数据，考察宏观经济波动的环境下盈余管理程度对高管薪酬的影响，并考虑把除应计项目盈余管理之外的真实活动盈余管理变量作为解释变量，用销售毛利减营业税金及期间费用的余额表示核心盈余。实证检验中，回归模型参照了 Aaron 等[68]的观点，通过盈余管理计量指标及平方项的系数差异衡量高管薪酬的变化，并且借鉴连立帅等的做法，将危机后的经济衰退期又分为三个阶段，具体分析每个阶段内盈余管理方式及程度的变化。本节基于前景理论①设计了宏观经济波动下的盈余管理对高管薪酬影响的非线性回归模型，即

$$\text{Lncomp}_{i,t} = \alpha_0 + \alpha_1 \text{DA}_{i,t} + \alpha_2 \text{DA}^2_{i,t} + \alpha_3 \text{E\_PROXY}_{i,t} + \alpha_4 \text{E\_PROXY}^2_{i,t} \\ + \text{Controls} + \alpha_5 \text{Ind} + \alpha_6 \text{Year} + \varepsilon \tag{3-1}$$

在 2008 年经济危机前的繁荣期，公司高管出于实现目标薪酬的强大信心，倾向于选择操纵成本较低的应计盈余管理使自身薪酬最大化；同时，为了规避刚性薪酬未来的偿付风险，随着企业真实盈余管理程度的增加，高管薪酬的增长幅度会逐渐下降。在 2008 年经济危机后的衰退期，由于维持薪酬的不确定性增大，公司高管倾向于采用更具风险的盈余管理策略。由于对未来业绩的信心不足，具有反转特性的应计盈余管理对高管薪酬的激励强度降低，真实盈余管理对高管薪酬的阻滞强度也降低。

此外，实证还基于总样本和不同所有制公司的子样本分别在经济繁荣期和经济衰退期进行了最小二乘法（ordinary least squares，OLS）回归，采用似无相关模型（seemingly unrelated regressions model，SUR），对不同经济形势下的盈余管理变量系数进行差异比较。为了避免内生性问题，该实证进行了如下稳健性检验：①采用联立方程组的方法克服互为因果关系问题，即引入应计盈余管理和真实盈余管理的上一期数值和当期行业平均值以及上一期资产收益率（return on assets，ROA）作为工具变量进行了三阶最小二乘法（3 stage least squares，3SLS）回归。②采用双向固定效应模型，克服模型中未考虑高管个体特征等遗漏变量的问题，重新检验了金融危机前后应计盈余管理和真实盈余管理对高管薪酬影响方式及程度的变化。③为了克服衡量误差问题，在回归模型中引入了报告盈余的其

---

① 基于前景理论，我们认为宏观经济波动会引起企业家信心的变化，从而管理层有动机改变盈余管理策略来操纵会计盈余，使与业绩挂钩的自身薪酬最大化。

他部分，如对经营活动净现金流量及正常应计盈余重新进行了回归分析。④实证样本期间，除了 2008 年金融危机所带来的宏观经济波动外，2007 年中国会计准则变更这一外生事件也会影响企业的盈余管理方式及程度。因此，剔除会计准则变更对实证检验可能产生的噪声，重新回归。检验结果与总体回归结果不存在明显差异。其研究中的各变量定义及计算值得借鉴和参考，具体如表 3-1 所示。回顾关于高管薪酬契约与盈余管理的实证研究可以看出，大多是基于管理层权力的检验、薪酬差距的激励模式或者是基于股权激励模式下的实证检验。基于以上学者们的实证分析模型及稳健性检验方法，管理层薪酬契约对盈余管理程度影响的实证过程，可以概述为以下几点。

表 3-1　变量设计及定义

变量类型	变量名称	变量定义
被解释变量	Lncomp	高管前三名薪酬之和的自然对数
解释变量	|DA|	应计盈余管理：核心盈余经过修正的琼斯模型计算出来的回归残差
	E_PROXY	真实盈余管理：异常产品成本（E_PROD）、异常经营现金净流量（E_CFO）、异常酌量性费用（E_DISP）
控制变量	LnSize	公司规模：年末资产总额的自然对数
	lev	财务杠杆：资产负债率=负债总额/资产总额
	CSOE	中央国有企业：虚拟变量；中央国有企业定义为 1，否则为 0
	LSOE	地方国有企业：虚拟变量；地方国有企业定义为 1，否则为 0
	Private	私有企业：虚拟变量；私有企业定义为 1，否则为 0
	growth	公司成长性：用销售收入增长率表示
	TOP	股权集中度：第一大股东持股比例
	MGT	高管持股比例：高管持股/总股本
	East/West	公司所在地区：根据樊纲等的划分方法，分为东部、中部和西部地区，设置东部和西部两个虚拟变量
	Ind	行业虚拟变量
	Year	年度虚拟变量
	……	……

注：依据 Aaron 等[68]的观点，李宗彦和覃予[67]基于前景理论认为经济波动下的盈余管理对高管薪酬的影响是非线性的。所以，采用修正的琼斯模型来计量应计盈余管理，基于 Roychowdhury[49]的方法度量真实盈余管理，首先分别计算企业的异常经营活动现金流、异常产品成本和异常酌量性费用，其次借鉴李增福[58]的方法，设计综合反映真实盈余管理程度的指标（E_PROXY）

第一，可靠性较强的数据与样本的选择。一般选取上市公司及其在年报中披露的薪酬数据作为研究样本。为了保证盈余管理计量方法的一致性，样本一般剔除：①金融保险类上市公司；②当年 IPO 与样本期间退市的公司；③被证监会 ST①、*ST②和 PT③等容易诱发盈余管理的公司；④高管薪酬、公司治理指标等重要数据缺失的公司。在数据处理中，为了避免异常值的影响，可以对连续变量收尾数值的 1%进行 Winsorization 处理。一般可利用的研究数据库有万德（Wind）数据库、国泰安数据库等。

---

① ST 即 special treatment，一般是对连续两个会计年度都出现亏损的公司实行特别处理，一般称之为"黄牌股"。

② *ST 一般指已连续三年出现亏损的公司股票，有退市风险。

③ PT 即 particular transfer，指特别转让。

第二，关于变量的定义与构建。主要包括：①被解释变量的选择。由于操纵盈余的手段不同，盈余管理可以相应地区分为应计项目盈余管理与真实活动盈余管理分别计量。其中，对于应计盈余管理程度的计量，一般沿用 Dechow 等修正琼斯模型方法来计算可操控性的应计利润；对于真实盈余管理程度的计量，引用频率最多的方法还是基于 Roychowdhury 及 Zang 等模型，由真实经营现金流、可操纵性的酌量费用以及可操纵的生产成本三个单独变量，分别推导出异常经营现金流、异常可操纵费用以及异常生产成本。②解释变量的选择。一般选取高管薪酬变量，可以定义为上市公司年报中披露的前三名高管薪酬之和的自然对数；对于高管权力薪酬变量，可以定义为高管凭借自身权力获取的薪酬部分。③控制变量的选择。相关实证研究一般会选择控制公司规模（年末总资产的自然对数）、财务杠杆（资产负债率）、企业成长性（利润增长率）、行业及年份等变量。

第三，为避免内生性问题，进行稳健性检验。在实证研究中，一般在对全样本进行描述性统计分析之后，首先需要对不同产权性质下的高管薪酬、管理层权力及公司业绩变量中值进行分组检验，并且对各系数进行相关性检验分析。其次，根据构建的模型进行多元回归分析。最后，为了剔除内生性因素的影响，需要进行稳健性测试，可以采用双重差分（difference-in-difference，DID）等方法，引入诸如二阶段最小二乘法等工具变量，联立方程组或对被解释变量和主要解释变量进行行业中值化处理，以尽力消除内生性的影响。

3.2.2 使用者相关的盈余管理实证

一般的信息使用者，是指为自己的商业需要对公司进行评估而对盈余信息有需求的利益相关者，包括股东、债券持有者或者其他债权人、员工、竞争者、供应商和顾客等。关于使用者相关的盈余管理会计实证，国内外学者主要是从债务契约观的角度进行论证，但债务契约对盈余管理影响的研究结论并不一致。一方面，部分学者认为债务融资规模与盈余管理之间存在着负相关关系，原因在于负债率越高的企业面临更多来自银行或者债权人的监督，从而抑制了其盈余管理行为，即当企业引入债务融资或适当提高负债融资的比例时，在企业管理层持股数量不变的情况下，增加债务融资使管理层持股比例相对上升，这有效地形成了一种激励机制以约束企业管理层的代理行为；而债务的存在迫使企业将现金用于还本付息，减少无效率的过度投资，对管理层自由现金流支出也起到硬约束作用[69]。另一方面，李增福和曾庆意研究发现企业的债务融资水平与盈余管理之间存在正相关关系。实证方法上，以应计项目操纵和真实活动操纵两个方面考察了债务契约对公司盈余管理程度的影响。在实证检验中，选取长期借款水平作为主要的解释变量，来反映上市企业违背银行债务契约的可能性，并且该比率越高，企业面临的违约风险越大，从而与盈余管理变化呈现正相关变化。原因在于企业为了避免违反债务契约条款或者提高其在债务谈判中的议价能力，有动机进行盈余管理操纵盈余[70]。

另外，也有学者考虑了债务契约与盈余管理之间的非线性关系，但主要是基于债务融资与盈余质量的角度。例如，Ghosh 和 Moon[44]研究发现美国上市公司债务融资水平和盈余质量之间呈现非线性关系,即盈余质量随着债务水平的增加先上升后下降,且拐点出现在 41%附近。薄澜等通过非平衡面板数据的固定效应模型研究发现,在债务融资治理效应和管理层机会主义行为的相互博弈作用下,上市公司的盈余管理程度随债务融资规模的增加而呈现出先下降后提高的趋势,且应计和真实盈余管理方式的临界点不同。在此基础上,薄澜和冯阳在实证研究方法中,通过联立方程模型考察了债务契约与盈余管理之间的内生性问题,二者相互影响。在实证检验中,用资产负债率表示债务融资水平,可以反映管理人员债务契约制约及采用可增加盈利的会计程序的动机,并且该比率越高,管理人员越可能采用可增加盈利的会计程序,它与负债权益比率是一个正函数。进一步研究发现,债务契约对盈余管理活动的影响是非单调的,随着负债率的增加而发生变化;而盈余管理对债务契约的价格具有显著的负效应,即公司通过盈余管理活动抬高盈利,能够显著降低其债务融资成本。为了保证检验结果的可靠性,实证将样本按照最终控制人的性质进行稳健性检验。分组检验中,债务契约对盈余管理的非线性影响在非国有控股企业中效果更显著;盈余管理对债务融资成本的显著性负效应,不随控制人性质的改变而改变。

我国证券市场建立二十多年来,民营企业等非国有企业迅速发展,但国有企业依旧处于优势地位。由于我国 60%以上的上市公司的最终控制人为国家,所以在考察债务契约观实证时,应该纳入控制人性质这一因素的影响。基于我国制度背景下的债务契约观,研究发现国有控股公司在债务契约约束下,没有显著的盈余管理行为;而非国有控股公司的负债水平与应计盈余管理程度呈正相关关系[71]。对于国有企业不支持债务契约观的理论解释,多数学者普遍认为国有企业存在预算软约束。但是我国银行业的改革,尤其是 2003年以来国有银行的股份制改革,对硬化国有企业的预算软约束起着显著作用,偿债能力低的国有企业通过银行贷款渠道获得的筹资总量不断下降,即它们受到的银行预算约束越来越硬[72]。关于实证研究方法,李增福等在《债务契约、控制人性质与盈余管理》一文中,将全样本区分为国有控股公司与非国有控股公司,用长期负债率表示债务约束,反映国有与非国有控股公司面临的融资约束情况,并且长期借款越多,债务契约中包含的条款就越严格,企业就越有可能违背债务契约。实证检验中,构建应计和真实盈余管理计量指标与负债水平以及控制变量之间的总体回归模型,即

$$\mathrm{DA}_{i,t} / \mathrm{AProxy}_{i,t} = \beta_0 + \beta_1 \mathrm{Debt}_{i,t} + \mathrm{Controls} + \sum \mathrm{Ind} + \sum \mathrm{Year} + \varepsilon_{i,t} \qquad (3\text{-}2)$$

研究发现,非国有控股公司负债率较高,为了避免违背债务契约,会运用应计项目和真实活动来操纵盈余;国有控股公司的管理者有动机进行盈余管理,而且倾向于进行真实盈余管理。原因在于真实活动操纵盈余管理虽然实施成本较高,但被发现的概率相对较小,而且其成本主要由股东等利益相关者承担,管理层个人承担的成本较小。为了保证实证结果的可靠性,该实证利用变量替代法进行稳健性测试:①采用负债总额与年末总资产的比值代替解释变量;②基于 Roychowdhury 方法,分别采用三个个体指标(异常经营活动现金净流量、异常生产成本和异常酌量性费用)代替真实盈余管理水平的综合衡量指标,进行多次回归,实证结果保持不变。

本节总结了国内实证研究中,盈余管理与债务契约动机之间的联系,以及实证分析方法和检验中所选取的常见变量。根据知网引用频率较高的李增福等的研究,在上市公司债

务契约对盈余管理影响验证的实证设计中，一般设定以下各变量，如表 3-2 所示。由于目前实证研究中，对于负债企业债务契约条款的详细程度、债务契约条款与盈余管理内生性等问题没有进行更深入的考虑，虽然部分学者对实证模型的内生性进行了控制，但由于对样本未进行进一步区分，实证结果也存在一定的争议。目前对盈余管理债务契约动机的研究，还需进一步深入探讨。

表 3-2　盈余管理债务契约动机实证分析的变量设计及定义

变量类型	变量名称	变量定义
被解释变量	|DA|	应计盈余管理：可操控性应计利润的绝对值
	AProxy	真实盈余管理：真实活动盈余管理程度的总指标
解释变量	Debt	长期借款水平：长期借款总额/年末总资产
控制变量	Size	公司规模：年末资产总额的自然对数
	ROA	资产收益率：净利润/平均资产总额，平均资产总额为期初与期末资产的平均
	Growth	营业收入增长率：营业收入的变化百分比
	CFO	每资产经营现金流：经营活动现金流/年末总资产
	Asstur	资产周转率：主营业务收入/年末总资产
	CE	资本支出：固定资产等长期资产的支出/年初总资产
	SP	交易状态：虚拟变量，公司处于 PT 或 ST 状态，则 SP=1，否则 SP=0
	Aud	会计事务所类型：虚拟变量，如果审计年度报告的事务所属于国际四大会计事务所，则 Aud=1，否则 Aud=0
	OPIN	审计意见：虚拟变量，如果审计意见为标准无保留意见，OPIN=1，否则 OPIN=0
	Ind	行业效应：虚拟变量，用于控制行业差异影响
	Year	年度效应：虚拟变量，用于控制宏观经济的影响

注：解释变量 Debt 的选取，借鉴了张玲和刘启亮[71]的方法；被解释变量中，|DA|的度量采用修正琼斯模型，真实盈余管理的总体计量指标（Aproxy）基于 Cohen 和 Zarowin[73]的研究

3.2.3　看门人角度的盈余管理实证

看门人是参与资本市场的监控者，是有信誉的、为投资者提供鉴证服务的金融机构等的中介。相关文献中看门人一般表现为分析师、审计师、董事会和审计委员会、机构投资者持股、媒体以及其他信用评级机构等。

关于分析师跟踪及其预测对盈余管理影响的实证颇多。实证检验中，李春涛等以2006~2014 年我国沪深两市 A 股上市公司数据为研究样本，选取基于琼斯模型计量的可操控应计项目和基于 Roychowdhury 的真实盈余管理指标来度量盈余管理程度；分析师跟踪数量作为主要的解释变量，可反映管理层盈余管理方式及其程度的变化，模型中发现分析师跟踪与应计盈余管理之间呈现负相关关系，与真实盈余管理呈现正相关关系。其中，稳健性测试还控制了公司规模、杠杆率、股权结构、营利能力和行业等一系列可能引起盈余管理程度变化的因素，从而构建了分析师跟踪与盈余管理之间的总体回归模型，即

$$EM_{i,t} = \beta_0 + \beta_1 Analyst_{i,t} + Controls + \sum \lambda_j Ind_j + \sum \theta_m Year_m + \varepsilon_{i,t} \qquad (3\text{-}3)$$

回归结果表明，分析师跟踪作为公司治理的一种外部效应，对应计盈余管理起监督作用，对真实盈余管理具有促进作用。原因在于真实活动盈余管理非常隐蔽，不易被分析

师发现。当上市公司被更多的分析师跟踪监督时，管理层为了满足分析师预测或者为投资者提供可供参考的会计信息，其有动机通过真实活动盈余管理方式调整盈余。

为避免内生性的影响，该研究在稳健性测试中采用工具变量和自然实验两种方法。一方面，采用是否属于沪深 300 成分股作为分析师人数的工具变量。之所以选择这一工具变量，是因为上市公司被选为沪深 300 成分股的标准，来源于其在该行业中的交易量、影响力和流动性等指标，与盈余管理并没有直接联系。但是，如果某家公司被选为成分股，其对券商和基金公司就变得非常重要，关于这些公司的分析报告需求就会上升，因此就会引起更多分析师的跟踪。所以，是否属于沪深 300 成分股与分析师跟踪人数正相关，但是否属于沪深 300 成分股对盈余管理没有直接影响，其对盈余管理的影响需要通过分析师人数的增减来实现，这使得是否属于指数成分股成为分析师跟踪的一个理想的工具变量。另一方面，利用券商关闭和券商合并的自然实验，辅助使用安慰剂检验，进一步消除内生性影响。

基于以上学者的实证分析可知，多数实证研究都是围绕分析师跟踪人数及其预测作用、审计师质量以及融资融券等对盈余管理的影响展开的；另一些实证研究则是基于资本市场假说理论，实证分析上市公司为满足资本市场的要求，通过盈余管理手段调整盈余的模型。基于分析师跟踪视角，参照李春涛等[74]的实证模型，总结看门人理论与盈余管理之间的实证中常用的变量定义，如表 3-3 所示，有待进一步深化。

表 3-3　变量定义表

变量类型	变量名称	变量定义及计算
被解释变量	EM	盈余管理水平（基于琼斯模型计算可操控应计利润；基于 Roychowdhury 模型度量真实盈余管理）
解释变量	Analyst	分析师跟踪数量：实际发布盈余预测报告的机构数目
控制变量	Size	公司规模：公司总资产的自然对数
	Institute	机构投资者持股比例
	Big4	是否聘请国际四大会计师事务所
	LEV	财务杠杆：总资产与总负债的比值
	ROE	净资产收益率：净利润与所有者权益的比值
	Private	虚拟变量，是否为民营企业
	Ind	行业特征：参照最新证监会行业分类标准，设有 15 个行业虚拟变量
	……	……

注：参照李春涛等在《按下葫芦浮起瓢：分析师跟踪与盈余管理途径选择》一文中的变量设计，将分析师跟踪定义为实际发布盈利预测报告的机构数目

3.3　2013~2015 年盈余管理研究进展

3.3.1　管理者与盈余管理的研究进展

1. 股权激励与盈余管理

最近，越来越多的学者开始关注管理层股权激励与盈余管理的关系。徐雪霞等基于企

业生命周期理论,选取我国沪深两市 2008~2010 年年报披露实施高管人员股权激励计划的上市公司为研究样本,考察股权激励与盈余管理的关系[75]。研究发现,企业生命周期在股权激励与盈余管理的关系中存在显著的调节作用。成长期,股权激励与盈余管理程度显著正相关;成熟期,股权激励与盈余管理程度不存在显著的相关关系[75]。张岗和陈旭东研究发现,管理层的股权激励程度与真实盈余管理正相关,与应计盈余管理负相关,即当企业给予管理层一定程度上的股权激励时,管理当局倾向于采用真实盈余管理的手段来操纵盈余信息进行财务报告披露[76]。

张娟和黄志忠基于审计费用对不同类型盈余管理的差异性反应,探讨了高管货币薪酬和股权激励对机会主义盈余管理行为的影响。研究发现,高管货币薪酬激励能显著抑制其机会主义盈余管理行为,降低审计费用对盈余管理的反应系数,但这种现象在高管拥有股权激励的情况下表现较弱。尤其当民营上市公司高管持股比例较小时,股权激励反而导致高管的机会主义盈余管理行为增加,提高审计费用对盈余管理的反应系数[77]。陈玉荣和王慧敏以我国创业板上市公司为研究样本,探讨股权激励强度对企业盈余管理行为的影响。研究发现,上市公司普遍存在不同程度的应计盈余管理和真实盈余管理。同时,在股权激励的不同阶段,股权激励强度对盈余管理方向的影响存在差异性。基础阶段,股权激励强度与盈余管理程度负相关,且对真实盈余管理的影响程度小于应计盈余管理;等待阶段,股权激励强度与盈余管理程度正相关,且对真实盈余管理的影响程度强于应计盈余管理[78]。何青畔以 2010~2013 年 A 股市场的上市公司为研究样本,探讨股权激励与盈余管理之间的关系。研究发现,上市公司的管理层持股比例与公司的盈余管理呈现显著的正相关关系,即上市公司的股权激励机制在一定程度上诱发了管理层盈余管理的行为,而公司的资产规模及负债水平对其盈余管理并无显著影响[79]。

2. 高管任期与盈余管理

姜付秀等以 2002~2013 年沪深证券市场一年股上市公司为研究样本,检验了首席执行官（chief executive officer,CEO）和首席财务官（chief financial officer,CFO）任期交错对公司盈余管理的影响。研究发现,CEO 和 CFO 任期交错能够降低公司的盈余管理水平,且两者任期错开的时间越长,影响越大。同时,CEO 和 CFO 任期交错只对公司正向盈余管理有影响,而对负向盈余管理的影响并不显著。进一步研究发现,在区分 CEO 权力和公司产权性质的情况下,CEO 和 CFO 的权力影响了任期交错对降低公司盈余管理水平的积极作用,即当 CEO 权力较大时,两者任期交错对公司正向盈余管理的影响程度有所降低。同时,与国有控股企业相比,在非国有控股企业中 CEO 和 CFO 任期交错对盈余管理的影响更为显著[80]。

薛永江以沪深证券市场 2003~2011 年除金融行业外的上市公司为研究样本,探讨 CEO 和 CFO 连续任职期限对公司盈余管理行为的影响。研究发现,CEO 和 CFO 已任职期限与盈余管理显著负相关,即随着 CEO 和 CFO 连续任职时间的增加,上市公司的盈余管理行为明显减少。进一步研究发现,CEO 和 CFO 预计剩余任职期限与盈余管理呈现 U 形关系。当考虑不同产权性质因素时,与国有控股公司相比,非国有控股公司的 CEO 和 CFO 连续任期时间越长,对公司盈余管理的抑制作用越大[81]。骆珣和王佩基于高阶梯队理论,分析任期交错的影响,选取创业板上市公司 2012~2014 年经验数据为研究样本。研究发现,CEO 与 CFO 任期交错和盈余管理程度呈现显著的负相关关系,即 CEO 和 CFO 任期交错能显著抑制公司的盈余行为[82]。

3. 高管薪酬差距与盈余管理

杨志强和王华基于高管团队内和高管与员工之间薪酬的比较,选取我国 2002~2011 年上市公司数据为研究样本,探讨在股权集中公司比较普遍的制度背景下,内部薪酬差距对盈余管理行为的影响。研究发现,内部薪酬差距与盈余管理之间呈正相关关系,即内部薪酬差距越大,盈余管理程度越高,而且相对于分散持股或者存在股权制衡的公司,股权集中的公司这种效应更加明显[83]。罗宏基于业绩评价指标选择的视角,分析了我国国企高管薪酬契约操纵的现状和内在规律。研究发现,国企高管通过提高其薪酬与较高业绩指标的相关性来操纵薪酬契约,而且管理层权力越大,操纵行为越明显。进一步研究发现,地方政府控制和相对薪酬较高的国有企业高管的薪酬契约操纵行为更严重,说明追求货币收益及为其高额薪酬辩护以减少愤怒成本是薪酬契约操纵的主要动机,并且外部环境不确定性的增加,会加剧国有企业高管薪酬契约操纵行为,而公司内部治理质量和市场化水平的提高能够抑制这种操纵行为[84]。

南晓莉和李芊卉基于 2010~2014 年我国 A 股 1 589 家上市公司的数据,实证分析了高管团队规模与公司风险承担间的相关关系,并且检验这种关系是否受高管薪酬差距产生的晋升激励调节作用的影响。实证结果证明,高管团队规模增加,公司风险承担水平呈现先增加后减小的倒 U 形关系。并且,当薪酬差距越大时,公司风险增加或减小的幅度越大,即薪酬差距在高管团队规模与公司风险承担中起到了正向调节作用。相对于私有企业,薪酬差距的调节作用在国有企业中并不显著,原因在于国有企业非市场化的薪酬制度及经营目标多元化[85]。

4. R&D 支出与盈余管理

R&D 支出是上市公司风险承担的一种具体行为,高管在 R&D 支出决策中起着关键作用[86, 87]。目前,关于 R&D 支出与盈余管理关系的研究,主要关注其对真实盈余管理的影响。研究发现,管理当局会通过减少 R&D 费用实现短期盈余目标,即当管理层需要进行真实盈余管理时,减少 R&D 费用会成为首选手段。因为这种手段不容易被审计师或者信息使用者发现,是一种比较隐蔽的手段。范海峰和胡玉明以制造业上市公司 2006~2009 年 R&D 支出数据为基础,采用 Logit 模型实证分析了我国机构投资者是否对公司通过削减 R&D 支出进行盈余管理的行为产生影响。研究发现,盈亏幅度较小的公司,削减 R&D 支出已经成为公司盈余管理的重要手段[88]。

傅蕴英和苏雨媚采用实验研究方法,检验了 R&D 支出会计政策与项目责任这两个因素对真实盈余管理的影响。研究发现,R&D 支出资本化、项目经理对项目承担高度责任这两种情况,都可能会导致经理采取过度投资形式的声誉驱动的真实盈余管理,并且当 R&D 支出资本化且经理承担高度项目责任时,与项目挂钩的个人薪酬会加大项目经理过度投资的可能性[89]。许敏等以 2007~2010 年完整披露 R&D 支出的中小企业上市公司为研究样本,对盈余管理动机和 R&D 支出资本化进行了分析。研究表明,我国各企业 R&D

支出资本化处理主要出于报酬契约动机、高管变更动机和资本市场动机[90]。代霞选取 2010~2013 年我国创业板上市公司 763 个样本进行实证，分析真实盈余管理与 R&D 支出之间的关系。研究表明，真实盈余管理与创业板上市公司间存在显著的负相关关系，即真实盈余管理程度越高，创业板上市公司的 R&D 支出就越少；同时，研究还发现创业板上市公司中存在真实盈余管理的零阈值差异[91]。

5. 公司并购与盈余管理

王珏玮和唐建新基于国内外学者关于上市公司盈余管理影响因素的研究，实证分析了主并购方公司并购收益与并购完成后公司盈余管理之间的关系，以及两者对高管薪酬变动的相互作用机制。该研究以 2007~2012 年我国沪深两市发生重大并购的 A 股上市公司为样本，研究发现，在并购完成后，并购收益与公司盈余管理之间存在着显著的负相关关系，即并购收益越低，公司在并购完成后的两年内进行正向盈余管理的程度越高；盈余管理与并购收益对高管薪酬的变动存在着相互替代的关系，并购收益越低，盈余管理对促进高管薪酬增长的影响越大[92]。

徐虹等以我国上市公司 2008~2014 年重大资产重组事件为研究样本，基于并购重组特定视角，分析了上市公司定向增发融资决策的盈余管理行为及其对财务绩效与市场反应的经济影响。研究发现，上市公司并购前的盈余管理受到并购融资方式的影响，与非定向增发融资相比，上市公司通过定向增发融资实施并购前倾向于进行负向盈余管理，尤其在面向大股东及其关联方定向增发时更为明显。进一步从市场反应与财务绩效角度研究发现，定向增发对象以及并购前盈余管理对并购财富效应无显著影响。但是定向增发融资方式对上市公司未来财务绩效的改进有显著的正面影响，并购财务绩效改进与盈余管理负相关，尤其是面向大股东及其关联方定向增发对上市公司财务绩效改进的负面影响更为明显，而且并购前的盈余管理进一步加剧了这种负面影响[93]。

6. 国企"限薪令"与盈余管理

马永强和张泽南以政府 2009 年出台的"限薪令"为政策背景，根据产权分级管理模式，重点分析了"限薪令"对国有企业上市公司高管超额薪酬、薪酬业绩敏感性、薪酬黏性的冲击效应。研究结果表明，"限薪令"实施后，高管超额薪酬、薪酬黏性在一定程度有所下降，薪酬业绩敏感性并未显著上升，凸显了政府薪酬监管的阶段性效果[94]。张泽南等基于政府限薪的角度，对高管薪酬与盈余管理的关系进行实证分析。研究发现，"限薪令"的震慑效力通过薪酬机制予以释放，显著抑制了高管的真实活动盈余管理与应计盈余管理行为。不可否认，政府的行政监管确实对高管的盈余管理行为具有一定的制约作用，但仍需结合市场力量共同对高管的薪酬操纵行为进行调节约束[95]。

7. 管理者过度自信与盈余管理

李延喜等将过度乐观（over optimism）定义为，管理者行为主体关于外部境况的预期出现积极正面的过度估计情况，同时将过度乐观程度（over optimism degree，OOD）定义为，管理者行为主体对外部境况的预期出现积极正面的过度估计程度[96]。

近期文献表明，管理者在盈余管理方式选择中，可能会同时使用应计盈余管理和真实活动盈余管理[95]。然而，上述研究大多基于理性人的假设前提和分析范式，陆续涌现出的心理学、行为金融理论及管理实践均表明，人并非完全理性，其中过度自信成为最具代表性的特征。Zhou 和 Habib 发现，在全球金融危机爆发期间，管理者过度自信能够显著影响公司盈余管理策略，使管理者更倾向于实施真实活动盈余管理[97]。

基于行为财务理论，高玲和张启銮以 2009~2011 年沪深两市 A 股市场 4 103 个数据为研究样本，通过实证分析检验了管理者过度自信与盈余管理之间的关系，然后将董事会治理分为董事会治理完善组和董事会治理不完善组，对董事会治理分组检验。实证表明，管理者过度自信与盈余管理呈正相关关系，即管理者越过度自信，管理者进行的盈余管理程度也越高。此外，他们还发现，完善的董事会治理结构会影响管理者过度自信与盈余管理之间的关系：与较小的上市公司董事会规模相比，较大的董事会规模能降低因管理者过度自信而诱发的盈余管理水平；与独立性低的上市公司董事会相比，较高独立性的上市公司董事会能降低因管理者过度自信而诱发的盈余管理水平[98]。

从非理性因素——过度自信的角度出发，梁永蓓以 2012~2014 年沪深两市 A 股上市公司的财务数据为研究样本，以规范和实证相结合的方式研究了过度自信对企业盈余管理产生的影响。结果表明，过度自信与盈余管理呈正相关关系，即过度自信的管理者更倾向于进行盈余管理行为。此外，将总样本按照盈余管理正负向进行分组分别回归，研究发现过度自信的管理者更倾向于进行正向的盈余管理[99]。

3.3.2　相关者与盈余管理的研究进展

1. 债务融资与盈余管理

有研究表明，融资需求是影响公司盈余管理行为的重要因素之一。融资需求高的公司，为了获得更多资金或以更低的融资成本融资，有较强的动机进行盈余管理。此外，该研究还发现，不同融资需求的公司，其盈余管理行为存在较大差异，即相比于融资需求较低的公司，融资需求较高的公司存在更多的盈余管理行为[100]。

薄澜等以 2007~2011 年 A 股主板上市公司为研究样本，构建了非平衡面板数据的固定效应模型，研究了债务融资规模对盈余管理程度的影响。研究发现，在债务融资治理效应及管理层机会主义行为的相互博弈作用下，上市公司的应计盈余管理和真实盈余管理程度，都随着债务融资规模的增加而先下降后提高，且发生变化的临界点在应计盈余管理和真实盈余管理之间有所区别。这种非线性的关系在国有控股上市公司中尤为显著[101]。薄澜等以 2008~2011 年我国 A 股主板上市公司数据为样本，通过建立联立方程研究发现，债务契约与盈余管理之间存在着内生性，二者相互影响。其中，实证采用的Durbin-Wu-Hausman 检验，即通过残差 Residual 的显著性与否来判断变量的内生性，进而检验方程的联立性；对于模型的估计，采用三阶段最小二乘法实证债务契约与盈余管理的双重影响[102]。

刘淑花以 2007~2013 年上市公司为研究样本，分析了真实盈余管理是否会对企业债务融资成本产生影响。在控制了应计盈余管理和企业财务特征后，研究发现企业的真实盈余管理程度与债务融资成本呈显著的正相关关系，而且在高盈余管理动机样本组中，企业的真实盈余管理程度与债务融资成本之间的正相关关系更加显著。研究结论表明,企业通过真实经营活动操纵会计盈余,增大了会计盈余的波动,使企业会计信息质量降低,加大了债权人的信息风险,债权人会要求更高的回报,这导致债务融资成本增加[103]。

2. 供应链关系与盈余管理

徐虹等基于关系型交易治理机制视角,探讨两种不同的治理机制及其交互作用对上市公司应计盈余管理和真实盈余管理行为的影响。研究结果表明,随着供应商/客户关系型交易比例的增加,上市公司进行正向应计盈余管理和真实盈余管理的程度也随之提高。进一步研究发现,高质量内部控制有助于抑制供应商关系型交易诱发的正向应计盈余管理和真实盈余管理,但是对客户关系型交易诱发的应计盈余管理和真实盈余管理无显著影响[104]。方红星和张勇以 2007~2013 年 A 股上市公司披露的前五名供应商、客户采销额占年度采销总额比例数据为研究样本,实证检验了企业的供应商/客户关系型交易是否会影响其盈余管理程度,以及由供应商/客户关系型交易决定的那部分预期盈余管理是否会影响外部审计师的决策。研究发现,供应商/客户关系型交易能够在一定程度上解释企业的盈余管理行为。进一步研究发现,由供应商/客户关系型交易决定的预期盈余管理显著影响审计师关于审计意见、审计收费的决策[105]。

3. 银行贷款与盈余管理

研究表明,我国商业银行在向企业提供贷款时,并不能有效识别企业的盈余管理行为。因此,企业可以通过正向盈余管理获取更多的融资[106, 107]。马永强等研究发现,公司通过盈余管理上调的利润越多,获得的信贷资源越多,即公司可以通过盈余管理满足银行对自身营利能力的要求,从而获取更多的信贷资源[107]。

薄澜和冯阳以 2007~2011 年我国沪深两市 A 股主板上市公司数据为样本,研究融资方式对盈余管理的影响。研究发现,在进行债务融资时,无论是通过公开发行债券的直接融资方式,还是通过从银行获得贷款的间接融资方式,新债的产生都诱发了企业向上调整盈利水平,并且由于公开债券市场的监督效率低于银行的监督效率,发行债券的直接融资方式对企业盈余操控的影响程度更大[108]。

叶正虹基于我国 26 家商业银行 2005~2012 年的数据,分析得出银行利用贷款损失准备进行盈余管理的行为在当前会计准则下得到了抑制。这说明新会计准则的执行提高了会计信息质量。进一步研究表明,此结论在风险较大且无清偿能力的银行中也得到了验证[109]。陈超等研究我国不同类型的商业银行计提贷款损失准备的影响因素及其盈余平滑行为,研究发现,当期贷款损失准备的计提与下一期不良贷款的变动存在显著的正相关。同时,贷款损失准备被用作盈余平滑的工具,中小型城市商业银行和非上市银行的平滑盈余现象更为明显。对于非上市的城市商业银行,发行债券或发行总量越多,使用贷款损失准备进行盈余平滑的程度越大,而新会计准则的实施对商业银行使用贷款损失准备进行盈余平滑的行为没有显著影响[110]。

4. "营改增"与盈余管理

从政治成本动机来看,企业管理当局考虑到政治环境的改变对公司经营成本的影响，就会采取一定的财务手段对企业的盈余分布进行调整，从而避免因盈余过高或过低而影响正常的生产经营或者增加运营成本的行为动力。在政治成本动机中，避税是盈余管理最具有代表性的动机，随着"营改增"政策等的颁布实施，管理当局有动机调整公司盈余。

从 2011 年的"营改增"试点方案开始，到 2016 年的全国推广实施，政策改革的目的就是使整体税负降低，而对于个体的企业来讲，税制与企业成本结构、发展时期、经营策略以及会计人员专业技能、管理当局特征等因素密切相关，企业自身税负是否降低还有待考察。胡姣和彭卉以"营改增"政策为背景，分析了"营改增"对建筑企业盈余管理的影响，分别从现金流量、筹资活动、投资活动、资金分配及资金营运方面分析了盈余管理的变化[111]。林娜在《营业税改增值税影响及需要注意的问题》中，对不同行业税负变化进行了分析。研究发现，"营改增"对不同行业税负变化的影响不同，且其对不同行业税负的影响程度还与行业内企业的规模大小有关[112]。邹桂如和朱秀萍通过对"营改增"前后税负变化进行测算得出，相对于小规模纳税人的整体流转税负下降而言，一般纳税人在税负无法转嫁的情况下，如果增值税进项税额不足，企业将面临税负加重等经营风险[113]。

潘文轩对企业"营改增"后税负不降反升的现象进行了分析。研究发现，"营改增"对服务业税负存在双重影响，部分试点企业由于适用税率偏高、设备更新周期较长、难以取得增值税专用发票等原因，税负不降反升[114]。此外，崔宁等基于交通运输业、现代服务业、文化产业，探讨了"营改增"对各行业的影响。研究发现，相对于劳动密集型企业，技术型、资本密集型的新兴航空运输业和铁路运输业会获益良多[115]。齐鲁光和赵慧选取交通运输业，从理论上分析了项目投资决策涉及的现金流量数额、投资决策评价指标及评价结果在"营改增"前后的变化，并选取具体企业作为案例验证了"营改增"有利于交通运输业项目投资决策和设备更新改造[116]。郝晓薇和段义德基于宏观角度，从税制完善、经济优化、改革促发展、减税四大方面对"营改增"进行了归纳总结[117]。

王新红以沪深两市 50 家交通运输业 2011~2013 年年报为样本，运用回归模型研究了"营改增"对其流转税类税负及业绩的影响。研究发现："营改增"后大多数交通运输业上市公司流转税负不减反增，且税负增加对企业绩效的影响微弱可以忽略，他同时提出应适当下调增值税率、增加进项税抵扣项目及进一步扩大"营改增"范围[118]。孟令训从微观角度出发，以交通运输业上市公司为研究样本，采用规范与实证研究相结合的方法，系统地研究了"营改增"政策对交通运输企业上市公司盈余管理的影响。研究过程中，文章选取 2012 年和 2013 年试行"营改增"的 63 家上市公司作为样本公司，并设计了新的研究指标，即新增可移动固定资产与营业收入的比值，将其作为"营改增"对交通运输企业盈余管理影响的评价指标。并且，设计"营改增"政策虚拟变量作为解释变量，选取企业规模、资产周转率、资产负债率等财务指标作为研究公司盈余管理变化的控制变量，通过构建多元线性回归数学模型的方法，比较全面地分析验证了"营改增"对交通运输企业上市公司盈余管理的影响[119]。

3.3.3　看门人与盈余管理的研究进展

国内学者通过众多实证研究，发现报酬契约动机、政治成本动机等在我国并不是很明显。随着国内资本市场的快速发展，企业的上市、退市以及上市后的再融资（增发和配股）的管理要求，为上市公司管理层进行盈余管理提供了利益动机。近年来，关于分析师跟踪、机构投资者持股、融资融券、媒体监督等与盈余管理的关系，具体文献分析如下。

1. 分析师跟踪与盈余管理

新会计准则往往会提高审计师的专业知识要求。对澳大利亚注册会计师的调查数据表明金融工具、股份支付、无形资产及所得税等相关准则会增加审计复杂性。因此，审计师必须付出额外的努力，增加知识储备以应对准则的变化[120]。

赵玉洁以 2004~2010 年分析师跟踪并出具盈余预测研究报告的上市公司为样本，实证了作为外部公司治理机制的分析师跟踪及法律环境对上市公司盈余管理行为的抑制作用。研究发现，分析师跟踪与法律环境对于上市公司的正向盈余管理行为具有显著的抑制作用，但对上市公司的负向盈余管理的抑制作用并不显著。在上市公司所处地区的投资者保护法律环境较弱的情况下，分析师跟踪发挥了更强的外部监督作用，表现为分析师跟踪与上市公司正向盈余管理程度的负相关性更强。在控制了分析师跟踪与盈余管理之间的内生性问题后，上述结论仍然成立[121]。

马德芳和吴祥以 2004~2011 年我国上市公司数据为样本，分析检验管理层针对分析师盈余预测，其行为的选择偏好问题。研究表明机构投资人持股比例越高，盈余-价值相关性越高，预期成长性越好，以及上一年度实现了分析师预测值的上市公司，其管理层越有动机去实现分析师的预测值；在实现方式选择上，相对于盈余管理，大多数管理层更倾向于采用预期管理。进一步研究还发现，盈余-价值相关性高的上市公司，其管理层偏好使用盈余管理；而公司成长预期较好或上一年度实现分析师预测值的上市公司，其管理层倾向于使用预期管理；对于机构投资人持股比例较高的上市公司，管理层行为选择没有明显偏好[122]。

翟胜宝等研究发现，跟踪的分析师越多，公司越倾向于进行审计意见购买。当跟踪的分析师中存在明星分析师时，公司的审计意见购买倾向会更加明显。该研究从多个角度进行了稳健性检验，发现上述结论依然成立。研究表明，当被更多的分析师跟踪时，企业有更强的动机通过审计意见购买行为获得更好的审计意见[123]。冉明东基于会计准则变更的角度，分析了审计质量对管理层迎合分析师预测的影响，进而揭示了审计师、管理层和盈余管理三者之间的联系。该研究以 2004~2012 年中国 A 股上市公司数据为样本，发现管理层通过盈余管理迎合分析师预测，而高质量的审计能够抑制该行为。但是，2007 年会计准则的变更减弱了审计质量与管理层迎合程度的负向关系。研究发现，迎合分析师预测是管理层进行盈余管理的重要动机之一，审计师能够对管理层这种机会主义行为产生监督效应。但是，会计政策制度的变迁可能会削弱审计师的作用[124]。

2. 机构投资者持股与盈余管理

关于机构投资者持股与盈余管理之间的实证研究，结论不一。李增福和林盛天研究发现，相比于非国有控股企业，国有控股企业更倾向于进行真实盈余管理；并且机构投资者持股能显著降低上市公司盈余管理程度。但是，这种抑制作用在非国有控股公司中更明显。范海峰和胡玉明以制造业上市公司 2006~2009 年 R&D 支出数据为样本，采用 Logit 模型，实证研究了我国机构投资者对公司通过削减 R&D 支出进行的盈余管理行为的影响。研究发现，对于盈亏幅度较小的公司，削减 R&D 支出已经成为公司盈余管理的重要手段，我国机构投资者整体及证券投资基金持股与公司盈余管理行为显著负相关[125, 126]。

　　谬毅和管悦研究发现，越来越多的上市公司愿意选择更隐蔽性的真实盈余管理而不是应计盈余管理来操纵利润，并且提高上市机构投资者持股比例能显著降低上市公司真实盈余管理的程度。王化成等从宏观环境的层面，实证表明，地区投资者监督水平与股价崩盘风险呈现显著的负相关关系。并且其研究还发现，地区投资者保护对未来股价崩盘风险的抑制作用可以通过降低公司正向盈余管理来实现。袁知柱和郝文瀚以 2003~2011 年我国上市公司数据为样本，采用异常操纵性项目的计算方法度量应计盈余管理和真实盈余管理程度，构建多元线性回归模型和联立方程模型，考察机构投资者持股对盈余管理行为选择的影响。研究发现，机构投资者持股比例与真实盈余管理程度显著负相关，与应计盈余管理显著正相关[127~129]。

　　相比于中小投资者抛售股票即"用脚投票"方式，机构投资者持股对管理当局的投机主义行为具有显著的监督作用。孙光国等以我国上市公司 2009~2012 年数据为研究样本，结合"一股独大"的实际情况，构建了机构投资者持股对应计盈余管理和真实盈余管理影响的回归模型。研究表明，机构投资者持股可以抑制盈余管理行为的发生，并且大股东处于非绝对控股地位时，可以增强这种效应。另外，对大股东的产权性质分组回归结果显示，国有控股与非国有控股都可以抑制应计盈余管理行为的发生；而对真实盈余管理的抑制作用仅存在于非国有企业中[130]。

　　王怀明和杨新薇以沪深两市 A 股上市公司数据为样本，通过实证检验机构投资者比例与真实盈余管理之间的关系，区分不同投资者的类型并进行了回归分析。研究发现，机构投资者持股比例越高，上市公司盈余管理程度越低。并且当压力抵制型机构投资者持股比例较多时，上市公司真实盈余管理程度显著降低；当压力敏感型机构投资者持股比例较多时，上市公司真实盈余管理程度显著提高[131]。梅洁和张明泽以沪深主板 A 股市场上市公司 2004~2013 年数据为样本，探讨机构投资者对其持股公司盈余管理行为的治理作用，建立盈余管理和机构投资者持股之间的联立方程模型，进行实证检验。研究表明，在克服因方程联立和变量遗漏所引起的内生性偏误后，机构投资者对其持股公司盈余管理具有抑制作用[132]。

　　李晓良等以我国 807 家上市公司数据为样本，实证考察了机构异质性、企业性质与盈余管理的关系。研究表明，整体而言，机构持股与企业盈余管理之间无显著的正相关关系，并且只在非国有企业中能够有效地降低盈余管理水平。进一步研究发现，不同机构投资者的治理效应不同，保险资金和合格的境外机构投资者（qualified foreign institutional investors，QFII）持股在国有企业中能够显著地抑制上市公司的盈余管理行为，而证券投资基金的持股则相反，在非国有企业中，证券投资基金和 QFII 持股显著降低了企业的盈余管理水平，而保险资金与盈余管理之间却不存在显著的相关关系[133]。

3. 融资融券与盈余管理

基于融资融券视角，卖空机制对盈余管理影响的实证研究开始得到广泛关注。陈晖丽和刘峰以沪深两市 A 股上市公司中没有进入融资融券名单的非金融类公司为控制组，采用双重差分模型，以控制样本组与控制组之间的系统性差异。实证选取融资融券名单、融资融券时点、市场环境及股权制衡作为主要的解释变量；参照 Kothari 等方法，控制公司上年业绩，分年度计算修正琼斯模型的操纵性应计利润，将真实盈余管理作为被解释变量。同时，控制了投资机会、公司规模等变量。在稳健性测试中，选取与样本公司进入标的名单前盈余管理程度最接近的公司作为配对公司进行检验。研究表明，融资融券公司的应计盈余管理和真实盈余管理显著降低[134]。

张璇等以 2006~2014 年我国沪深两市 A 股上市公司数据为研究样本，运用双重差分和安慰剂检验，考察卖空机制对财务重述的影响。研究发现，加入融券标的后，相比于不能卖空的公司，融券标的的公司发生财务重述的可能性显著降低。进一步研究发现，卖空机制以增加合约的有效性和吸引分析师跟踪两种手段减少了财务重述的概率。在稳健性检验中，采用可操纵应计项目及可报告微利作为盈余质量的代理变量进行检验，发现卖空机制仍发挥明显作用[135]。

郑月蔚将 2010~2014 年我国进行融资融券标的的 60 家上市公司作为样本组，将 60 家非融资融券标的的公司作为控制组，通过差分模型重点分析了融资融券对应计项目盈余管理的影响。回归结果表明，标的公司在进行融资融券之后，其盈余管理水平显著降低。融券作为实现证券市场上"多"与"空"双方自然制衡的卖空交易机制，能够有效抑制管理层操纵利润的动机，促使公司管理当局提高盈余质量[136]。

4. 媒体监督与盈余管理

罗进辉和杜兴强以 2004~2011 年我国 A 股上市公司为研究样本分析了新闻媒体与制度环境两种外部治理机制间的交互影响关系。研究发现：媒体对上市公司的频繁报道显著降低了公司股价未来崩盘的风险，发挥了积极的信息中介和公共监督作用；此外，上市公司所在省市的制度环境越不完善，公司股价未来崩盘的风险越高。同时，媒体报道对股价崩盘风险的积极影响越显著，越是表明媒体报道是弥补我国新兴市场经济制度不足的一种重要的外部治理机制[137]。

莫冬燕以我国深圳主板 A 股上市公司为研究样本，重点考察了媒体关注与企业盈余管理行为之间的关系。在一定程度上，研究结果支持了市场压力假说，相对于政策导向媒体，市场导向媒体给企业带来的压力更强。另外，相对于媒体负面报道而言，媒体正面报道也给企业带来更强的压力。进一步研究发现，有效的内部控制在一定程度上能够制衡媒体带来的市场压力。我国处于特殊资本市场环境下，媒体的关注会带来市场压力，迫使企业进行应计项目盈余管理，甚至是损害企业长期价值的真实活动盈余管理[138]。

以上文献基于外部环境角度，实证分析了媒体对上市公司的频繁报道能够降低股价未来崩盘的风险。杨棉之和张园园以中国 2008~2012 年 A 股主板上市公司为样本，实证检验盈余质量对股价崩盘风险的影响，以及外部市场的监督对两者关系的调节作用。研究表明，盈余质量与股价崩盘风险呈现显著的负相关关系。进一步研究发现，当考虑外部监督因素时，证券分析师跟踪以及机构投资者持股作为公司外部的监督力量，都能缓解信息不对称问题，从而抑制公司管理当局的盈余管理行为，使盈余质量与股价崩盘风险间的负相关关系减弱[139]。

3.3.4　其他视角的盈余管理研究进展

近年来，国外越来越多的学者开始关注高管薪酬，董事会、审计委员会的独立性及机构投资者，企业文化及社会责任，卖空机制，等等涉及公司内外部治理环境等多方面的因素对盈余管理的影响，以及盈余管理的经济后果。

1. 高管薪酬与盈余管理

自愿性信息披露，有助于改善公司盈余质量。Li 等以自愿披露薪酬契约的 228 个公司年度观测值为研究样本，研究发现，有 160 家公司愿意披露其公司业绩评价指标，并且至少使用了一项财务指标，而 67.5% 的薪酬契约使用了多个财务指标。关于财务指标的选择标准，81% 的评价指标是根据公司内部情况确定的，并非参照行业标准或者固定标准。国企一般根据财务指标给高管分配激励性薪酬，表明大多数国企的薪酬契约以会计业绩为衡量标准，并且业绩评价指标不唯一。研究进一步还发现，相比于地方政府控制的国有企业，中央政府控制的国有企业更倾向于在管理层薪酬契约中设定固定的业绩评价系数，即用单一的会计数字来衡量高管绩效。Dhole 等重点考察了高管潜在负债与盈余管理之间的关系。研究发现，其潜在负债率与应计盈余管理和真实盈余管理之间呈现显著的负相关关系，即高管潜在的负债率越高，应计项目和真实活动盈余管理程度越低[140]。

另外，在宏观经济不景气环境下，管理当局有更强烈的薪酬辩护动机来证明自己持续领取高薪的正当性。一方面，企业高管对未来经营的信心下降，同时考虑到未来应计盈余反转对维持高薪更是雪上加霜，管理当局很可能会减少应计项目盈余管理来拉升薪酬；另一方面，由于维持刚性薪酬的不确定性增大，企业高管很可能会转变为风险偏好者，往往将真实活动盈余管理所导致的未来盈利下滑归结为经济不景气而非偏离正常经营活动，从而弱化这一隐性盈余管理对当期高管薪酬增长的抑制作用[141]。

2. 董事会、审计委员会的独立性及机构投资者与盈余管理

关于盈余质量与董事会、审计委员会的独立性及机构投资者监督的研究颇多。Hamdani 等为机构投资者的外部监督作用提供了间接的经验证据，即机构投资者一般持股比例越高，其越具有较强的专业优势，为了获取更大的收益，就越有动机和能力去监督管理当局的机会主义行为，在一定程度上可以抑制管理层的盈余管理程度，改善盈余质量。Kim 通过研究董事会治理结构、收购模式以及真实盈余管理的关系，发现真实盈余管理的四种操纵手段，即收入操纵、削减 R&D 支出或者可自由支配的其他费用，以及异常生产成本的操纵。通过构建面板数据进行回归分析，发现真实盈余管理可以在很大程度上改善董事会治理及减少收购保护。此外，当采用应计项目盈余管理来计量时，进一步发现这种作用发挥在董事会治理上的效果更明显。

Chen 等研究发现，独立董事的监督作用可以有效抑制企业中管理当局的盈余管理行为的发生。在稳健性检验中，基于变量替代法，用审计委员会的独立性替代独立董事变量，可进一步发现，审计委员会的独立性与独立董事相似，都与盈余管理呈现负相关关系[142]。

3. 企业文化及社会责任与盈余管理

在公司治理研究中，企业文化及社会责任一直备受关注。Kim 等基于企业社会责任的角度，实证分析了盈余质量与股价崩盘风险之间的影响机制。研究表明，企业社会责任和盈余质量及股价崩盘风险之间呈现显著的负相关关系。进一步研究发现，在企业治理机制薄弱时，企业社会责任和股价崩盘风险的负相关关系更加显著，并且盈余质量的高低直接影响股价波动，当企业盈余质量较低时，其股价崩盘风险越高。Shafer 基于企业伦理、企业社会责任的视角，实证分析了企业伦理及社会责任的重要性及其对盈余管理的影响机制。研究发现，企业伦理道德以及社会责任的践行在一定程度上反映了企业的"高管语调"，映射了管理当局的投资决策观及其是否有动机调增盈余。结果表明，当公司营造良好的企业文化，承担社会责任时，可以减少管理当局出现盈余管理的行为，即企业社会责任与其盈余管理程度呈现显著的负相关关系[143]。

Gras-Gil 等基于 2005~2012 年西班牙的非金融上市公司平衡面板数据，检验了企业社会责任与盈余管理之间的联系。研究发现，以企业价值观、伦理道德为基础的企业社会责任履行与公司盈余管理之间呈现显著的负相关关系，即企业承担越多的社会责任，其盈余管理程度越低。进一步研究发现，社会责任履行有助于管理当局做出正确的投资决策，这不仅可以提升企业所有利益相关者的满意度，同时，还可以对企业声誉产生积极的正效应[144]。

4. 卖空机制与盈余管理

Fang 等以美国证券交易委员会（Securities and Exchange Commission，SEC）一项降低卖空成本的试点事件为研究样本，研究发现，公司的应计项目盈余管理程度随卖空成本的降低而减少，并且在试点结束后，盈余管理水平又逐渐恢复到原来水平。Massa 等利用多国数据，研究发现，潜在卖空量与公司应计项目盈余管理水平之间呈现显著的负相关关系。由上述两项研究结果可知，卖空机制能够有效约束管理当局的机会主义行为。近年来，学者研究发现，卖空机制可以有效地约束经理人行为、缓解委托代理矛盾，具有一定的公司治理作用。学者们研究还发现，投资者买卖有价证券可以被视为对经理人当前行为的"信心投票"，卖空操作则可以被看成是对经理人行为的"投反对票"，即卖空机制约束了经理人的短期投机行为。在股价下行时，卖空作为保证金条件下的杠杆交易，会放大投资者"用脚投票"的效应，使股价大幅度下跌，进一步加重对经理人不当行为的惩罚[145]。

此外，有学者结合卖空机制对股价崩盘风险的影响及证券分析师的跟踪作用做了深入研究。Shafer 研究发现，为了避免卖空带来的股价大幅下跌，上市公司会给经理人更多的股票或期权激励。此外，卖空机制有可能会吸引更多的分析师跟踪，从而增加公司的财务信息透明度，缓解委托代理矛盾[143]。

关于引入卖空机制的效用，国外资本市场的研究已经证明了卖空可以改善公司的盈余质量，对公司治理发挥一定的监督作用。例如，He 和 Tian[146]研究表明，卖空机制可以减少经理人的短视行为，从而增加企业创新投入；Chang 等[147]研究发现，卖空的压力可以促使经理人做出正确的并购决策；Massa 等[145]研究证实，潜在卖空的存在可以显著抑制经理人的盈余操纵行为。

5. 盈余管理的经济后果研究

早期研究发现，真实活动盈余管理与企业未来经营业绩和营利能力呈负相关关系，并会损害公司的长期价值。例如，马德芳和吴祥研究证实，公司管理层实施过多的真实活动盈余管理行为，会导致公司随后三年的会计盈余和经营现金流量显著下降[122]。

近年来，Martinez 重点分析了真实盈余管理与企业绩效之间的关系。在实际操作中，管理当局往往通过构造真实的交易活动、销售折扣等手段来调整会计盈余，以达到分析师预测或者反馈给投资者一种良好的信号。另外，由于真实盈余管理操纵不易被外部审计师发现，所以高管倾向于选择真实盈余管理活动平滑盈余信息。研究发现，真实盈余管理与企业绩效呈现负向相关关系，即真实盈余管理程度越高，企业的经营现金流量越受影响，企业未来绩效表现得越差。此外，Cupertino 基于国际财务报告准则（International Financial Reporting Standards，IFRS），重点考察了企业盈余管理方式是否会受其影响。研究发现，IFRS 实施后，企业倾向于采用更多的真实活动盈余管理手段（销售折扣、虚拟交易活动、产品成本等），同时减少采用应计项目盈余管理的方式。Gunny 研究发现，通过构造真实的生产运营活动（减少费用或者虚增利润）来操纵企业的现金流，有利于企业的短期经营绩效，但不利于企业的长期经营绩效[148]。

Julio 和 Yook 以 1989~2012 年可观测的 99 528 家公司数据为样本，采用修正琼斯模型度量应计盈余管理程度，利用托宾 Q 度量投资机会的敏感性来衡量投资效率，重点实证了盈余管理与公司投资决策效率之间的联系。研究发现，盈余管理与投资效率呈现显著的倒 U 形关系，即保持适中的盈余管理可以促使高管投资高回报的长期项目，提高公司的投资效率[149]。Cupertino 等以巴西 1989~2012 年非金融公司面板数据为样本，构建了企业未来回报［以资产收益率衡量］与真实盈余管理之间的回归模型，重点考察了真实活动盈余管理与企业未来回报之间的关系。研究发现，资本市场上不仅存在应计项目盈余管理，还存在着更为隐蔽的真实盈余管理行为，并且真实活动盈余管理与企业未来回报之间呈现显著的负相关关系[150]。

盈余管理从被发现至今，一直都是会计学界研究的热点和重点，而关于盈余管理的动因研究分析也是多种多样的。基于国内外学者的文献综述，本章把盈余管理动机归为三大类，即薪酬契约观（红利假说）、债务契约观（债务契约假说）以及政治成本观（政治成本假说）。

本章内容总共包含四部分：第一部分为三大假说的理论研究；第二部分分别从管理者使用相关的盈余管理、使用者相关的盈余管理以及看门人角度的盈余管理三个视角做了实证分析，对国内外学者比较好的实证进行了总结归纳；第三部分为 2013~2015 年盈余管理动因的最新动态研究，分别以管理者、使用者、看门人等角度对其进行了归纳；第四部分为小结，对本章内容做简单的归纳。

以管理者角度来看，管理当局的行为特征、高管任期、公司并购、资产重组及内部交易信息等因素都会影响盈余管理行为的发生。为降低委托代理成本、缓解信息不对称矛盾，企业应该实施股权激励等薪酬契约计划，以提高财务信息透明度，防止管理当局的短视行为；以使用者角度来看，为了防止发生债务违约，管理当局倾向于调整盈余，以获得更多投资或者减少违约风险；基于看门人理论，分析师跟踪、机构投资者持股、媒体的负面报道以及融资融券机制等外部因素，对管理当局的投机机会主义有一定的监督抑制作用，可以减少盈余管理行为的发生，提高长期经营业绩。

通过以上对盈余管理动因研究文献的评述，可以大致看出盈余管理动因研究已经形成了系统的研究体系，我们能够更好地理解盈余管理的含义以及如何通过应计和真实盈余管理调节盈余，进而将其与盈余操纵及会计作假区别开来。目前，国内学者对这一问题的研究已逐步深入，但从研究的热点来看，更多聚焦于盈余管理动因探讨，大量的文献反复着眼于公司层面、监管层面因素导致的盈余管理生成症结。当然，这主要来自当前我国资本市场渐进式改革与市场经济逐步转轨的现实背景。而盈余管理导致的经济后果以及与之相关的制度环境、治理环境、高管行为等一系列公司内外部能够影响盈余管理的复杂性动态关联机制，仍需进一步深入挖掘与探索。

参 考 文 献

[1] Watts R L，Zimmerman J L. Positive accounting theory：a ten year perspective[J]. Accounting Review，1990，65（4）：131-156.

[2] Li N. Negotiated measurement rules in debt contracts[J]. Journal of Accounting Research，2010，48（5）：1103-1144.

[3] Ball R，Shivakumar L. How much new information is there in earnings[J]. Journal of Accounting Research，2008，46（3）：975-1016.

[4] Healy P M. The effect of bonus schemes on accounting decisions[J]. Journal of Accounting and Economics，1985，7（1~3）：85-107.

[5] Klein A，Chen K Y. Audit committee，board of director characteristics and earnings management[J]. Journal of Accounting and Economics，2002，33（3）：375-400.

[6] 周晖，马瑞，朱久华. 中国国有控股上市公司高管薪酬激励与盈余管理[J]. 财经理论与实践，2010，31（166）：48-52.

[7] Jensen M C，Murphy K J，Wruck E G. Remuneration：where we've been，how we got to here，what are the problems，and how to fix them[J]. Harvard NOM Working Paper，2004，（5）：4-28.

[8] Leone A J，Wu J S，Zimmerman J L. Asymmetric sensitivity of CEO cash compensation to stock returns[J]. Journal of Accounting and Economics，2006，42（2）：167-192.

[9] Jensen M C，Murphy K J. Performance pay and top management incentive[J]. Journal of Political Economy，

1990，（2）：225-267.

[10] Hall B，Liebman J B. Are CEOs really paid like bureaucrats[J]. Quarterly Journal of Economics，1998，113（2）：653-691.

[11] Gudy W R， Kothari S P， Wats R L. A market-based evaluation of discretionary accrual models[J]. Journal of Accounting Research，1996，34（7）：83-105.

[12] Holthausen R W, Larcker D F, Sloan R G. Business unit innovation and the structure of executive compensation[J]. Journal of Accounting and Economics，1995，19（2~3）：279-313.

[13] 辛清泉，谭伟强. 市场化改革、企业业绩与国有企业经理薪酬[J]. 经济研究，2009，（11）：68-81.

[14] 王克敏，王志超. 高管控制权、报酬与盈余管理——基于中国上市公司的实证研究[J]. 管理世界，2007，（7）：111-119.

[15] 高艳慧，万迪昉，蔡地. 政府研发补贴具有信号传递作用吗——基于我国高技术产业面板数据的分析[J]. 科学学与科学技术管理，2012，33（1）：5-11.

[16] 方军雄. 我国上市公司高管的薪酬存在粘性吗[J]. 经济研究，2009，（3）：110-124.

[17] 陈冬华，范从来，沈永建，等. 职工激励、工资刚性与企业绩效——基于国有非上市公司的经验证据[J]. 经济研究，2010，（7）：116-129.

[18] 刘星，徐光伟. 政府管制、管理层权力与国企高管薪酬刚性[J]. 经济科学，2012，（1）：86-102.

[19] 陈信元. 地区差异、薪酬管制与高管腐败[J]. 管理世界，2009，（11）：130-143.

[20] Scott W R. Financial accounting theory[J]. Journal of Accounting，2005，（9）：97-102.

[21] Dechow P M，Sloan R G. Executive incentives and the horizon problem：an empirical investigation[J]. Journal of Accounting and Economics，1991，14（1）：51-89.

[22] Morck R，Shleifer A，Vishny R W. Management ownership and market valuation：an empirical analysis[J]. Journal of Financial Economics，1988，20（88）：293-315.

[23] Bergstresser D. Discussion of "over investment of free cash flow" [J]. Review of Accounting Studies，2006，11（2）：191-202.

[24] 苏冬蔚，林大庞. 股权激励、盈余管理与公司治理[J]. 经济研究，2010，（11）：88-99.

[25] 林永坚. 高管变更与盈余管理——基于应计项目操控与真实活动操控的实证研究[J]. 南开管理评论，2013，16（1）：4-14.

[26] 马永强，张泽南. 金融危机冲击、管理者盈余动机与成本费用粘性研究[J]. 南开管理评论，2013，16（6）：70-80.

[27] Seyhun H N，Bradley M. Corporate bankruptcy and insider trading[J]. Journal of Business，1997，70（2）：189-216.

[28] Agrawal A，Cooper T. Corporate governance consequences of accounting scandals：evidence from top management，CFO and auditor turnover[J]. SSRN Electronic Journal，2007，（6）：165-172.

[29] Iqbal Z， Shetty S. Insider trading and stock market perception of bankruptcy[J]. Journal of Economics & Business，2002，54（5）：525-535.

[30] Beneish M D, Lee C M C, Tarpley R L. Contextual fundamental analysis through the prediction of extreme returns[J]. Review of Accounting Studies，2001，6（2）：165-189.

[31] Elitzur R R, Yaari V. Executive incentive compensation and earnings manipulation in a multi-period setting[J].

Journal of Economic Behavior & Organization，1995，26（2）：201-219.

[32] Friebel G，Guriev S M. Earnings manipulation and incentives in firms[J]. SSRN Electronic Journal，2005，（9）：38-45.

[33] Beneish M D，Press E G，Vargus M E. Does the threat of litigation explain insider selling and earnings management in distressed firms[J]. Social Science Electronic Publishing，2005，（4）：124-131.

[34] Kim E. Related party transactions and earnings management through real activities[J]. International Business Education Review，2013，10（1）：61-84.

[35] Jian M，Wong T J. Propping through related party transactions[J]. Review of Accounting Studies，2010，15（1）：70-105.

[36] 王帆，武恒光. 盈余管理和审计师行业专长[J]. 广东财经大学学报，2014，29（5）：78-88.

[37] 肖迪. 资金转移、关联交易与盈余管理——来自中国上市公司的经验证据[J]. 经济管理，2010，（4）：118-128.

[38] Bushman R M，Piotroski J D，Smith A J. What determines corporate transparency？[J]. Journal of Accounting Research，2004，42（9）：207-252.

[39] Makar S D，Alam P. Earnings management and antitrust investigations：political costs over business cycles[J]. Journal of Business Finance & Accounting，1998，25（5）：701-720.

[40] Murphy K M，Welch F. Inequality and relative wages[J]. American Economic Review，1993，83（2）：104-109.

[41] Marquardt C A，Wiedman C I. How are earnings managed? An examination of specific accruals[J]. Contemporary Accounting Research，2004，21（2）：461-491.

[42] Aharony J，Lee C J，Wong T J. Financial packaging of IPO firms in China[J]. Journal of Accounting Research，2000，38（1）：103-105.

[43] Königsgruber R，Windisch D. Does European Union policy making explain accounting choices? An empirical analysis of the effects of investigations by the directorate general for completion on accounting choices[J]. Journal of Management & Governance，2014，18（3）：717-731.

[44] Ghosh A，Moon D. Corporate debt financing and earnings quality[J]. Journal of Business Finance & Accounting，2010，37（5~6）：538-559.

[45] 彭元，胡君霞. 中国上市公司 MBO 长期绩效实证研究[J]. 金融与经济，2010，（9）：54-56.

[46] Zhu X，Lu S. Earnings management through real activities manipulation before mergers and acquisitions[J]. Journal of Finance & Accountancy，2013，（1）：12-18.

[47] Creemers W，Craninckx K，Huyghebaert N. Earnings management in mergers and acquisitions：a review of the literature[J]. Review of Business & Economic Literature，2014，（7）：26-34.

[48] Kim J B，Chung R，Firth M. Auditor conservatism，asymmetric monitoring，and earnings management[J]. Contemporary Accounting Research，2003，20（2）：323-359.

[49] Roychowdhury S. Earnings management through real activities manipulation[J]. Journal of Accounting & Economics，2006，42（3）：335-370.

[50] 彭瑶. 浅论盈余管理动机分析[J]. 法制与经济，2009，（7）：126-132.

[51] Jha A. Earnings management around debt-covenant violations: an empirical investigation using a large sample

of quarterly data[J]. Journal of Accounting Auditing & Finance，2013，28（4）：369-396.

[52] Zmijewski M E, Hagerman R L, Zmijewski M E, et al. An income strategy approach to the positive theory of accounting standard choice[J]. Journal of Accounting & Economics，1981，3（2）：129-149.

[53] Daley L A，Vigeland R L. The effects of debt covenants and political costs on the choice of accounting methods: the case of accounting for R&D costs[J]. Journal of Accounting and Economics，1983，5（83）：195-211.

[54] Cahan S F. The effect of antitrust investigations on discretionary accruals: a refined test of the political-cost hypothesis[J]. Accounting Review，1992，67（1）：77-95.

[55] Florackis C，Ozkan A. The impact of managerial entrenchment on agency costs: an empirical investigation using UK panel data[J]. European Financial Management，2009，15（3）：497-528.

[56] Ramanna K，Roychowdhury S. Elections and discretionary accruals：evidence from 2004[J]. Journal of Accounting Research，2010，48（2）：445-475.

[57] 叶青，李增泉. 富豪榜会影响企业会计信息质量吗——基于政治成本视角的考察[J]. 管理世界，2012，（1）：23-31.

[58] 李增福. 应计项目盈余管理还是真实活动盈余管理?——基于我国 2007 年所得税改革的研究[J]. 管理世界，2011，（1）：121-124.

[59] 郭婉. 金融危机背景下的政治成本与盈余管理——来自中国电力供热业上市公司的证据[J]. 绿色财会，2014，（3）：52-56.

[60] 薄仙慧，吴联生. 国有控股与机构投资者的治理效应：盈余管理视角[J]. 经济研究，2009，（2）：81-91.

[61] 雷光勇，刘慧龙. 大股东控制、融资规模与盈余操纵程度[J]. 管理世界，2006，（1）：129-136.

[62] 孙亮，刘春. 什么决定了盈余管理程度的差异：公司治理还是经营绩效?——来自中国证券市场的经验证据[J]. 中国会计评论，2008，（1）：79-92.

[63] 王跃堂，王亮亮，贡彩萍. 所得税改革、盈余管理及其经济后果[J]. 经济研究，2009，（3）：86-98.

[64] 谌新民，刘善敏. 上市公司经营者报酬结构性差异的实证研究[J]. 经济研究，2003，（8）：55-63.

[65] 王跃堂. 会计政策选择的经济动机——基于沪深股市的实证研究[J]. 会计研究，2000，（12）：31-187.

[66] 黄文伴，李延喜. 管理者薪酬契约与企业盈余管理程度关系[J]. 科研管理，2011，（7）：56-67.

[67] 李宗彦，覃予. 经济波动中的盈余管理与高管薪酬契约[J]. 财经研究，2016，（12）：78-83.

[68] Aaron D A, Harris M, McDowell W, et al. Optimal CEO incentive contracts：a prospect theory explanation[J]. Journal of Business Strategies，2014，31（2）：336-356.

[69] 雷强. 银行监督与上市公司盈余管理关系的实证研究——来自中国证券市场的经验证据[J]. 审计与经济研究，2010，25（6）：91-98.

[70] 李增福，曾庆意. 债务契约、控制人性质与盈余管理[J]. 经济评论，2011，（6）：88-96.

[71] 张玲，刘启亮. 治理环境、控制人性质与债务契约假说[J]. 金融研究，2009，（2）：86-93.

[72] 吴军，白云霞. 我国银行业制度的变迁与国有企业预算约束的硬化——来自 1999—2007 年国有上市公司的证据[J]. 金融研究，2009，（10）：57-63.

[73] Cohen D A, Zarowin P. Accrual-based and real earnings management activities around seasoned equity offerings[J]. Journal of Accounting & Economics，2010，50（1）：2-19.

[74] 李春涛, 赵一, 徐欣. 按下葫芦浮起瓢: 分析师跟踪与盈余管理途径选择[J]. 金融研究, 2016, (4): 144-157.

[75] 徐雪霞, 王珍义, 郭丹丹. 股权激励与盈余管理关系的实证研究——以企业生命周期为调节变量[J]. 当代经济研究, 2013, (7): 81-86.

[76] 张岗, 陈旭东. 市场化进程、股权激励与真实、应计盈余管理[J]. 财会通讯, 2014, (2): 52-54.

[77] 张娟, 黄志忠. 盈余管理异质性、公司治理和高管薪酬基于中国上市公司的实证研究[J]. 经济管理, 2014, (9): 79-90.

[78] 陈玉荣, 王慧敏. 管理层股权激励与企业盈余管理——基于我国创业板上市公司的实证研究[J]. 南方金融, 2016, (9): 23-26.

[79] 何青畔. 管理层股权激励与盈余管理的研究——基于上市公司的实证分析[J]. 商, 2016, (31): 29.

[80] 姜付秀, 朱冰, 唐凝. CEO 和 CFO 任期交错是否可以降低盈余管理[J]. 管理世界, 2013, 232 (1): 158-167.

[81] 薛永江. CEO、CFO 连续任职能够降低上市公司的盈余管理吗[J]. 中南财经政法大学研究生学报, 2014, (4): 67-68.

[82] 骆殉, 王佩. CEO 和 CFO 任期交错对盈余管理的影响[J]. 科技和产业, 2015, (12): 91-95.

[83] 杨志强, 王华. 公司内部薪酬差距、股权集中度与盈余管理行为——基于高管团队内和高管与员工之间薪酬的比较分析[J]. 会计研究, 2014, (6): 79-81.

[84] 罗宏. 国企高管薪酬契约操纵研究——基于业绩评价指标选择的视角[J]. 财经研究, 2014, (4): 67-69.

[85] 南晓莉, 李芊卉. 高管团队规模、薪酬差距与公司风险承担研究[J]. 会计之友, 2017, (1): 34-37.

[86] 冯根福, 温军, 中国上市公司治理与企业技术创新关系的实证分析[J]. 中国工业经济, 2008, (7): 91-101.

[87] 王燕妮. 高管激励对研发投入的影响研究——基于我国制造业上市公司的实证检验[J]. 科学学研究, 2011, 29 (7): 1071-1078.

[88] 范海峰, 胡玉明. R&D 支出、机构投资者与公司盈余管理[J]. 科研管理, 2013, 34 (7): 24-30.

[89] 傅蕴英, 苏雨媚. 研发支出资本化、项目责任与真实盈余管理[J]. 财会月刊, 2014, (8): 89-91.

[90] 许敏, 张悦, 谢玲玲. 盈余管理动机对研发支出资本化影响研究[J]. 财会通讯, 2015, (3): 64-67.

[91] 代霞. 真实盈余管理与 R&D 支出——一个创业板上市公司的经验证据[J]. 科技管理研究, 2016, 36 (4): 224-228.

[92] 王珏玮, 唐建新. 公司并购、盈余管理与高管薪酬变动[J]. 会计研究, 2016, (5): 56-62.

[93] 徐虹, 林钟高, 彭圆圆. 上市公司并购、定向增发与盈余管理[J]. 财会通讯, 2016, (24): 56-57.

[94] 马永强, 张泽南. 限薪令效应、国企高管薪酬与真实活动盈余管理[J]. 中国会计学会管理会计与应用专业委员会学术研讨会, 2013, (7): 78-79.

[95] 张泽南. 管理层权力、高管薪酬与上市公司盈余管理研究[D]. 西南财经大学博士学位论文, 2014.

[96] 李延喜, 王阳, 陈克兢. 管理者行为特征与上市公司盈余管理[M]. 北京: 高等教育出版社, 2015.

[97] Zhou D, Habib A. Accounting standards and earnings management: evidence from China[J]. Accounting Perspectives, 2013, 12 (3): 887-904.

[98] 高玲, 张启銮. 管理者过度自信与盈余管理关系研究——基于董事会治理视角实证检验[J]. 价值工

程，2013，（24）：152-154.

[99] 梁永蓓. 高管过度自信与企业盈余管理关系实证研究[J]. 宿州学院学报，2015，（12）：33-36.

[100] 卢太平，张东旭. 融资需求、融资约束与盈余管理[J]. 会计研究，2014，（1）：35-41.

[101] 薄澜，姚海鑫，王书林，等. 债务融资与盈余管理的关系及其控制人性质差异分析——基于非平衡面板数据的经验研究[J]. 财政研究，2013，（4）：73-77.

[102] 薄澜，王轶英，王书林. 银行贷款、公司债与盈余管理[J]. 当代财经，2014，（4）：119-128.

[103] 刘淑花. 真实盈余管理影响债务融资成本吗[J]. 财会月刊，2016，（10）：35-39.

[104] 徐虹，林钟高，王鑫. 关系型交易、内部控制与盈余管理——基于应计与真实盈余管理的经验证据[J]. 会计与经济研究，2015，（3）：57-77.

[105] 方红星，张勇. 供应商/客户关系型交易、盈余管理与审计师决策[J]. 会计研究，2016，（1）：79-86.

[106] 陆正飞，祝继高，孙便霞. 盈余管理、会计信息与银行债务契约[J]. 管理世界，2008，（3）：152-158.

[107] 马永强，张泽南. 限薪令效应、国企高管薪酬与真实活动盈余管理[J]. 中国会计学会管理会计与应用专业委员会学术研讨会，2014，（7）：78-79.

[108] 薄澜，冯阳. 债务契约与盈余管理关系的实证研究[J]. 财经问题研究，2014，（2）：98-104.

[109] 叶正虹. 贷款损失准备与银行业会计信息质量——基于盈余管理视角[J]. 上海金融，2014，（7）：52-56.

[110] 陈超，魏静宜，曹利. 中国商业银行通过贷款损失准备计提进行盈余平滑吗[J]. 金融研究，2015，（12）：46-63.

[111] 胡姣，彭卉. "营改增"对建筑企业盈余管理的影响分析[J]. 商，2016，（24）：155-156.

[112] 林娜. 营业税改增值税影响及需要注意的问题[J]. 国际商务财会，2012，（3）：27-29.

[113] 邹桂如，朱秀萍. "营改增"对交通运输业的影响[J]. 南京广播电视大学学报，2013，（1）：49-51.

[114] 潘文轩. 企业"营改增"税负不减反增现象分析[J]. 商业研究，2013，55（1）：145-150.

[115] 崔宁，崔梦莎，陈祥瑜. 营业税改征增值税对不同行业影响探讨——基于文化产业、交通运输业、现代服务业分析[J]. 现代商贸工业，2013，25（14）：160-161.

[116] 齐鲁光，赵慧. 营业税改征增值税对企业项目投资决策的影响——以交通运输企业为例[J]. 会计之友，2014，（2）：106-108.

[117] 郝晓薇，段义德. 基于宏观视角的"营改增"效应分析[J]. 税务研究，2014，（5）：3-7.

[118] 王新红. 营改增对交通运输业上市公司流转类税负及业绩的影响研究[J]. 税务与经济，2014，（6）：76-82.

[119] 孟令训. 营改增对交通运输业上市公司盈余管理的影响[D]. 青岛理工大学硕士学位论文，2015.

[120] de George E T, Ferguson C, Spear N. How much does IFRS cost? IFRS adoption and audit fees[J]. Accounting Review，2013，88（2）：429-462.

[121] 赵玉洁. 法律环境、分析师跟进与盈余管理[J]. 山西财经大学学报，2013，（1）：73-83.

[122] 马德芳，吴祥. 盈余管理、预期管理与证券分析师预测[J]. 中南财经政法大学学报，2015，（4）：149-156.

[123] 翟胜宝，张雯，曹源，等. 分析师跟踪与审计意见购买[J]. 会计研究，2016，（6）：86-93.

[124] 冉明东. 审计质量、会计准则变更与管理层迎合分析师预测[J]. 审计研究，2016，（5）：63-72.

[125] 李增福，林盛天，连玉君. 国有控股、机构投资者与真实活动的盈余管理[J]. 管理工程学报，2013，

27（3）：35-44.

[126] 范海峰，胡玉明. R&D 支出、机构投资者与公司盈余管理[J]. 科研管理，2013，34（7）：24-30.

[127] 谬毅，管悦. 制度环境与机构投资者治理——基于真实盈余管理的视角[J]. 证券市场导报，2014，（10）：18-23.

[128] 王化成，曹丰，高升好，等. 投资者保护与股价崩盘风险[J]. 财贸经济，2014，35（10）：73-82.

[129] 袁知柱，郝文瀚，王泽燊. 管理层激励对企业应计与真实盈余管理行为影响的实证研究[J]. 管理评论，2014，26（10）：181-196.

[130] 孙光国，刘爽，赵健宇. 大股东控制、机构投资者持股与盈余管理[J]. 南开管理评论，2015，18（5）：75-84.

[131] 王怀明，杨新薇. 我国机构投资者对真实盈余管理的影响研究[J]. 会计之友，2016，（1）：95-100.

[132] 梅洁，张明泽. 基金主导了机构投资者对上市公司盈余管理的治理作用——基于内生性视角的考察[J]. 会计研究，2016，（4）：55-60.

[133] 李晓良，温军，李文华. 机构投资者的异质性、企业性质与盈余管理[J]. 求索，2014，（6）：125-130.

[134] 陈晖丽，刘峰. 融资融券的治理效应研究——基于公司盈余管理的视角[J]. 会计研究，2014，（9）：45-52.

[135] 张璇，周鹏，李春涛. 卖空与盈余质量——来自财务重述的证据[J]. 金融研究，2016，（8）：175-190.

[136] 郑月蔚. 融资融券对上市公司盈余管理的影响[J]. 现代经济信息，2016，（13）：47-48.

[137] 罗进辉，杜兴强. 媒体报道、制度环境与股价崩盘风险[J]. 会计研究，2014，（9）：53-59.

[138] 莫冬燕. 媒体关注：市场监督还是市场压力——基于企业盈余管理行为的研究[J]. 宏观经济研究，2015，（11）：106-118.

[139] 杨棉之，张园园. 会计稳健性、机构投资者异质性与股价崩盘风险——来自中国 A 股上市公司的经验证据[J]. 审计与经济研究，2016，31（5）：61-71.

[140] Dhole S，Manchiraju H，Suk I. CEO inside debt and earnings management[J]. Journal of Accounting & Finance，2016，31（4）：515-550.

[141] Kimbrough M D，Wang I Y. Are seemingly self-serving attributions in earnings press releases plausible [J]. Accounting Review，2013，89（2）：635-667.

[142] Chen X，Cheng Q，Wang X. Does increased board independence reduce earnings management [J]. Review of Accounting Studies，2015，20（2）：899-933.

[143] Shafer W E. Ethical climate，social responsibility，and earnings management[J]. Bus Ethics，2015，（8）：43-60.

[144] Gras-Gil E，Manzano M P，Femández J H. Investigating the relationship between corporate social responsibility and earnings management: evidence from Spain[J]. BRQ Business Research Quarterly，2016，（5）：289-299.

[145] Massa M，Zhang B，Zhang H. The invisible hand of short selling: does short selling discipline earnings management[J]. Review of Financial Studies，2015，28（6）：34-36.

[146] He J，Tian X. Short sellers and innovation: evidence from a quasi-natural experiment[J]. Social Science Electronic Publishing，2014，（7）：67-68.

[147] Chang E C，Lin T C，Ma X. Does Short-selling threat discipline managers in mergers and acquisitions

decisions[J]. Social Science Electronic Publishing，2013，（6）：46-47.

[148] Gunny K A. The relation between earnings management using real activities manipulation and future performance: evidence from meeting earnings benchmarks [J]. Contemporary Accounting Research，2010，27（3）：855-888.

[149] Julio B，Yook Y. Earnings management and corporate investment decisions[J]. Finance & Economics Discussion，2016，（10）：78-84.

[150] Cupertino C M，Martinez A L，Cupertino C M，et al. Consequences for future return with earnings management through real operating activities[J]. Revista Contabilidade & Financas-USP, 2016, 27（71）：232-242.

第4章 上市公司盈余管理地区差异分析

4.1 我国各地区上市公司总体状况

我国地域宽广，地大物博，在自然资源、发展条件、外部治理环境方面存在着较大差异，因此也表现出不同的发展特点。比较我国各地区上市公司的发展状况与盈余管理状况，需要首先对我国各省（自治区、直辖市），依据一定的标准来进行适度的区域划分。当前对我国各区域划分的标准有很多，如根据经济发展水平的差异，1987年国家"七五"发展计划首次提出将我国经济区域按东、中、西三大经济地带来进行划分的方法。其中，东部地区包括辽宁、河北、北京、天津、山东、江苏、上海、浙江、福建、广东、广西、海南12个省（自治区、直辖市）；中部地区包括黑龙江、吉林、内蒙古、山西、河南、安徽、江西、湖北、湖南9个省（自治区、直辖市）；西部地区包括陕西、青海、宁夏、甘肃、新疆、西藏、云南、四川、重庆、贵州10个省（自治区、直辖市）。此外，樊纲等[1]将我国（除香港、澳门、台湾地区之外）划分为东、中、西和东北四个地区。东部地区包括北京、天津、河北、上海、江苏、浙江、福建、山东、广东和海南；中部地区包括山西、安徽、江西、河南、湖北和湖南；西部地区包括内蒙古、广西、重庆、四川、贵州、云南、西藏、陕西、甘肃、青海、宁夏和新疆；东北地区包括辽宁、吉林和黑龙江。

为了反映我国不同地区上市公司的差异，本章在参考以前文献[2]关于我国经济区域划分方法的基础上，将除香港、澳门、台湾地区之外的31个省（自治区、直辖市），根据其所在地理位置及市场化程度等因素划分为东部地区、中部地区和西部地区，其中，重庆因其经济发展水平和市场化程度较高，在后文中划分为东部地区进行分析；而河北、海南、广西、四川也根据其自身经济水平和市场化程度进行相应调整划分到中部地区进行分析，黑龙江和山西因为其经济发展水平和市场化程度较低，故在后文中划分为西部地区的省份进行比较分析[3]。因此，本章中，东部地区包括北京、天津、辽宁、上海、江苏、浙江、福建、山东、广东、重庆；中部地区包括河北、内蒙古、吉林、安徽、江西、河南、湖北、湖南、广西、海南、四川；西部地区包括山西、黑龙江、贵州、云南、西藏、陕西、甘肃、青海、宁夏、新疆。本节主要考察各经济区域2013~2015年三年上市公司状况，数据来源为2013~2016年《中国证券期货统计年鉴》。

4.1.1　各地区上市公司发展概况

1. 东部地区

截止到 2013 年底，全国共有上市公司 2 451 家，而东部地区共有上市公司 1 651 家，占全国上市公司总数的 67.36%；总资产为 1 253 467.72 亿元，占全国上市公司总资产规模的 94.71%。东部地区 2014 年全年上市公司总数新增 97 家，截止到 2014 年底，共有上市公司 1 748 家，占全国上市公司总数的 68.02%；总资产为 1 411 792.27 亿元，占全国上市公司总资产规模的 94.47%。东部地区 2015 年全年上市公司总数新增 146 家，截止到 2015 年底，共有上市公司 1 894 家，占全国上市公司总数的 68.47%；总资产为 1 620 644.48 亿元，占全国上市公司总资产规模的 94.17%。受 2012 年 12 月至 2013 年 12 月证监会决定我国 IPO 暂停一年的影响，2013~2015 年，我国 IPO 筹资总额相对于往年度较少，截止到 2015 年底全国通过 IPO 筹资总额为 25 849.73 亿元。

东部地区上市公司的数量分布如表 4-1 所示。从东部地区上市公司数量及各省市分布（图 4-1）可以直观看出，2013~2015 年上市公司主要集中在东南沿海省份及地区，数量最多的前五名没有变动，为广东、浙江、江苏、北京及上海。截止到 2013 年底、2014 年底、2015 年底，这五个省市上市公司总数占东部地区上市公司总数的比例分别为 77.47%、77.69% 和 78.30%，比例呈现逐年上升的趋势，表现出资本向上述五个地区集中的趋势。

表 4-1　东部地区上市公司数量分布情况（单位：家）

年份	北京	天津	辽宁	上海	江苏	浙江	福建	山东	广东	重庆	合计
2013	227	38	62	198	237	250	88	147	367	37	1 651
2014	242	42	65	205	256	270	93	149	385	41	1 748
2015	266	42	69	221	274	296	100	158	426	42	1 894

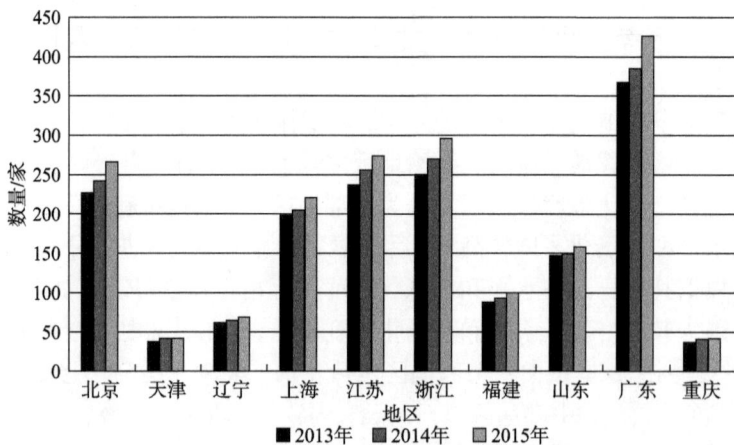

图 4-1　2013~2015 年东部地区上市公司数量图

东部地区上市公司的总资产规模如表 4-2 所示，从各省市上市公司的总资产规模

（图 4-2）可以看出，北京的上市公司总资产居东部地区之首，远远高于其他省市。截止到 2013 年底、2014 年底、2015 年底，北京的上市公司总资产总额分别为 882 383.13 亿元、976 076.60 亿元、1 083 420.24 亿元，分别占整个东部地区上市公司总资产的 70.40%、69.14%、66.85%，分别占全国上市公司总资产的 66.67%、65.31%、62.96%，虽然比例呈现逐年下降的趋势，但总体而言还是位居全国之首，分析其"鹤立鸡群"现象的产生，主要是因为直属于中央的企业规模大，且大多在北京注册。而 2013 年和 2015 年东部地区上市公司总资产排名第二和第三的省市分别是上海和广东，这两个地区在全国也位居第二和第三位，其中只有截止到 2014 年底，广东上市公司总资产高于上海位居第二位，其他两个时间节点均为上海排名第二；截止到 2015 年底，上海和广东的上市公司总资产分别为 192 496.78 亿元和 191 112.06 亿元，占东部地区总资产的 11.88%和 11.79%，占全国总资产的 11.19%和 11.11%，从数据可以看出这两个地区的上市公司总资产规模相差不大。

表 4-2　东部地区上市公司的总资产规模（单位：亿元）

年份	北京	天津	辽宁	上海	江苏	浙江	福建	山东	广东	重庆
2013	882 383.13	4 853.13	7 144.66	135 720.72	16 531.15	17 792.00	42 678.54	12 564.69	130 286.17	3 513.53
2014	976 076.60	5 326.86	7 573.12	151 772.67	22 055.9	20 629.06	51 661.17	14 255.97	157 834.40	4 606.52
2015	1 083 420.24	5 698.16	8 947.33	192 496.78	30 023.13	25 432.34	62 405.59	15 648.89	191 112.06	5 459.96

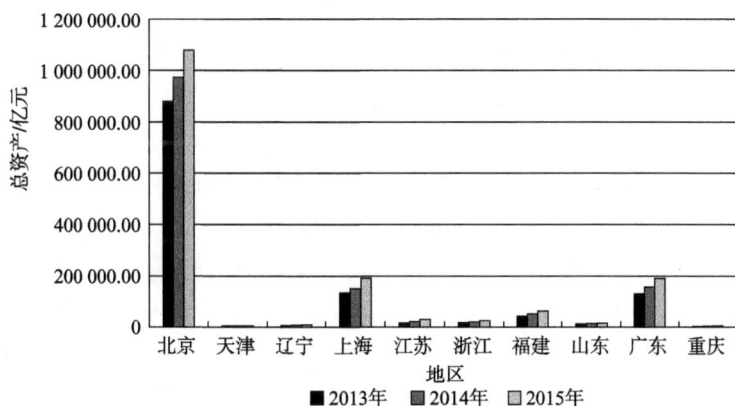

图 4-2　2013~2015 年东部地区上市公司总资产规模

东部地区上市公司IPO筹资总额如表 4-3、图 4-3 所示。从表 4-3 中可以看出，2013~2015 年东部地区各省市 IPO 总额较少，原因是 2012 年底证监会决定对我国主板的 IPO 进行第八次暂停，暂停为期一年，即从 2012 年 12 月至 2013 年 12 月。因此在本节中，将 2013~2015 年三年的 IPO 筹资总额加总进行分析，不再分析 2013~2015 年每一年的情况。截止到 2015 年底，我国东部地区各省市上市公司 IPO 筹资总额为 20 604.29 亿元，占全国 IPO 筹资总额的 79.71%。从图 4-3 可以看出，北京 IPO 总额显著高于其他省市，居东部地区首位，同时也居全国首位，广东位列第二，上海次之，这三个省市 IPO 筹资总额均超过 2 000 亿元，筹资的资金总额占据了东部地区 IPO 筹资总额的 69.96%，江苏和浙江筹资总额也较多，达到 1 500 亿元以上，反映出东南沿海地区上市公司 IPO 筹资总额更大。

表 4-3　东部地区上市公司 IPO 筹资总额（单位：亿元）

时间	北京	天津	辽宁	上海	江苏	浙江	福建	山东	广东	重庆
2001~2012 年	7 736.34	384.19	308.46	1 902.3	1597.1	1554.9	676.67	845.98	3 024.38	206.88
2013~2015 年	387.44	19.72	30.03	514.42	253.91	213.05	41.6	32.1	849.74	25.08
合 计	8 123.78	403.91	338.49	2 416.72	1 851.01	1 767.95	718.27	878.08	3 874.12	231.96

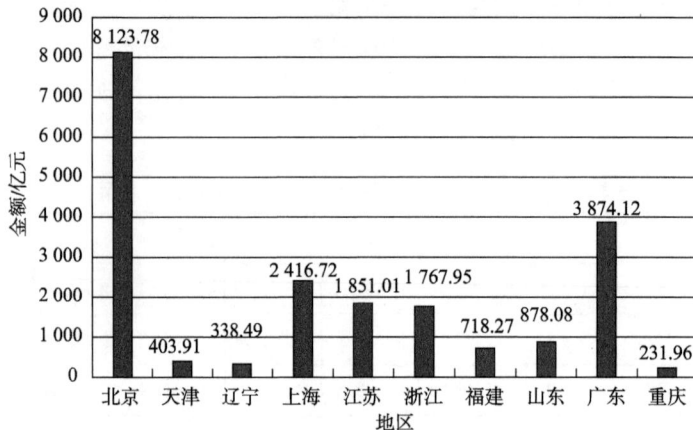

图 4-3　2001~2015 年东部地区上市公司 IPO 筹资总额

从东部地区上市公司每股收益看（表 4-4 和图 4-4）2013 年全年，东部地区各省市每股收益差别不大，全部集中在 0.3~0.4 元，平均每股收益为 0.343 元，其中北京每股收益最高，为 0.43 元，上海最低，为 0.31 元；2014 年全年，除辽宁和重庆以外东部地区各省市每股收益全部集中在 0.3~0.4 元，平均每股收益为 0.323 元，北京仍然排名第一位，但每股收益相比 2013 年有所降低，为 0.41 元，而辽宁以 0.23 元位居东部地区最后一位；2015 年全年，除辽宁和天津外东部地区各省市每股收益全部集中在 0.3~0.4 元，平均每股收益为 0.331 元，北京和广东以每股收益 0.41 元共同排名第一位，辽宁每股收益为 0.12 元，以较为显著的差异位居最后一位。从这三年的数据可以看出，除北京外，广东、福建、上海、江苏、浙江等的每股收益普遍较高，这也表明我国东南沿海地带城市的上市公司发展普遍平稳、经营状况普遍良好。

表 4-4　东部地区上市公司的每股收益一览表（单位：元）

年份	北京	天津	辽宁	上海	江苏	浙江	福建	山东	广东	重庆
2013	0.43	0.32	0.33	0.31	0.33	0.34	0.35	0.34	0.36	0.32
2014	0.41	0.31	0.23	0.37	0.32	0.32	0.33	0.33	0.33	0.28
2015	0.41	0.25	0.12	0.40	0.39	0.36	0.32	0.30	0.41	0.35

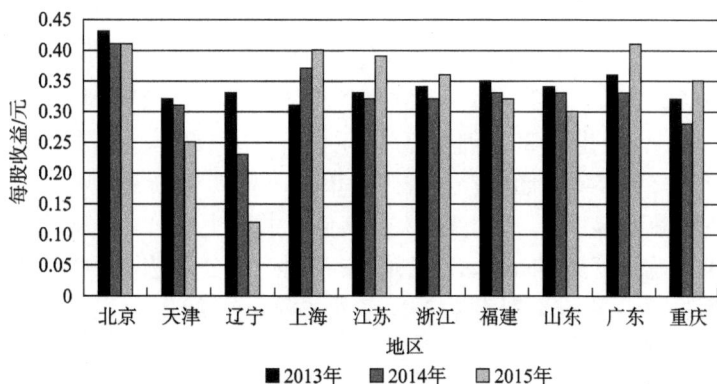

图 4-4　2013~2015 年东部地区上市公司每股收益比较图

从东部地区上市公司净资产收益率看（表 4-5 和图 4-5），2013~2015 年每年东部地区各省市净资产收益率排名都在变动，但从总体情况上看，北京、广东、浙江、江苏的净资产收益率较高，位居前列，且相对稳定。东部地区 2013~2015 年的平均净资产收益率分别为 6.37%、7.578% 和 6.724%，2014 年有所提升，但 2015 年又下降到原始水平。

表 4-5　东部地区上市公司净资产收益率一览表（单位：%）

年份	北京	天津	辽宁	上海	江苏	浙江	福建	山东	广东	重庆
2013	10.11	1.78	1.79	8.34	7.84	8.77	3.58	7.21	9.27	5.01
2014	10.78	7.17	5.18	8.49	8.65	9.32	6.03	8.38	8.48	3.30
2015	8.39	4.26	2.27	4.61	8.36	7.95	8.19	5.97	8.93	8.31

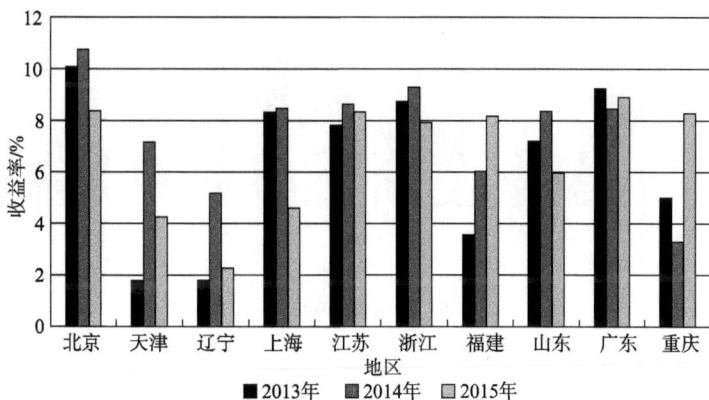

图 4-5　2013~2015 年东部地区上市公司净资产收益率比较图

总体来说，东部地区的上市公司，尤其是北京、广东、上海、浙江和江苏等地区，在东南沿海地带城市经济发展水平高的优势条件下，其上市公司数量、总资产规模和经营状况都有相对优异的表现，并在东部整体地区中占据重要地位。

2. 中部地区

截止到 2013 年底，中部地区共有上市公司 571 家，占我国上市公司总数的 23.30%；总资产为 47 640.88 亿元，占我国上市公司总资产的 3.60%。中部地区 2014 年全年上市公司总数新增 14 家，截止到 2014 年底，共有上市公司 585 家，占我国上市公司总数的 22.76%；总资产为 55 374.06 亿元，占我国上市公司总资产的 3.71%。中部地区 2015 年全年上市公司总数新增 41 家，截止到 2015 年底，共有上市公司 626 家，占我国上市公司总数的 22.63%；总资产为 66 543.97 亿元，占我国上市公司总资产的 3.87%。2013~2015年，中部地区通过 IPO 筹资总额为 450.41 亿元，截止到 2015 年底，中部地区 IPO 筹资总额为 3 272.25 亿元。

中部地区上市公司的数量如表 4-6 所示。从中部地区上市公司数量及各省（自治区）分布（图 4-6）可以直观看出，2013~2015 年上市公司均主要集中在以湖北为中心的中部中心内陆地带，上市公司数量最多的前五名这三年来没有变动，分别为四川、湖北、安徽、湖南及河南。截止到 2013 年底、2014 年底、2015 年底，这五个省（自治区）上市公司总数占中部地区上市公司的总数的比例分别为 66.37%、66.32%和 67.09%，比例基本保持稳定。

表 4-6　中部地区上市公司数量（单位：家）

年份	河北	内蒙古	吉林	安徽	江西	河南	湖北	湖南	广西	海南	四川	合计
2013	47	24	35	76	32	65	82	70	29	25	86	571
2014	47	24	37	80	32	65	84	72	31	26	87	585
2015	50	24	37	86	35	71	86	78	34	26	99	626

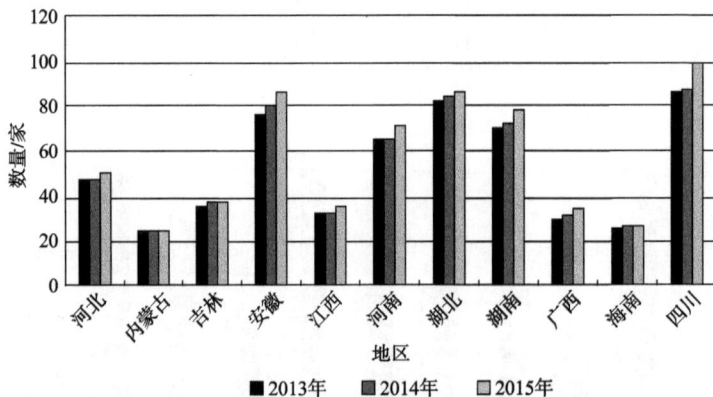

图 4-6　2013~2015 年中部地区上市公司数量比较图

中部地区上市公司的总资产规模如表 4-7 所示。从各省（自治区）上市公司的总资产规模（图 4-7）可以看出，截止到 2013 年底和 2014 年底，中部地区各省（自治区）上市公司的总资产规模并没有完全和各省（自治区）上市公司数量成正比，在上市公司数量排名不占优势的河北，其上市公司总资产规模却排在了中部地区的第一位，大于上市公司数量排名前五的其他五个省（自治区），虽然截止到 2015 年底，河北排名第二位，但紧追湖北其后，两者相差不大。截止到 2013 年底、2014 年底、2015 年底，上市公司总资产规模排名前四的省分别为河北、湖北、四川和安徽，这四个省份总资产均在 5 000 亿元以上，远远高于中部地区其他省（自治区），而其他省（自治区）的上市公司总资产集中在 1 000 亿~5 000 亿元，相比较低。

表 4-7　中部地区上市公司总资产规模（单位：亿元）

年份	河北	内蒙古	吉林	安徽	江西	河南	湖北	湖南	广西	海南	四川
2013	7 310.70	3 695.62	2 451.15	5 869.80	2 918.71	4 215.32	6 724.95	4 357.91	1 883.49	1 944.91	6 268.32
2014	8 278.11	4 574.98	3 013.79	6 599.66	3 082.96	4 899.55	7 875.05	5 276.57	2 202.49	2 338.45	7 232.45
2015	9 515.17	6 428.77	3 709.28	7 508.32	3 286.27	5 442.04	9 661.25	6 863.34	2 806.77	2 455.68	8 867.08

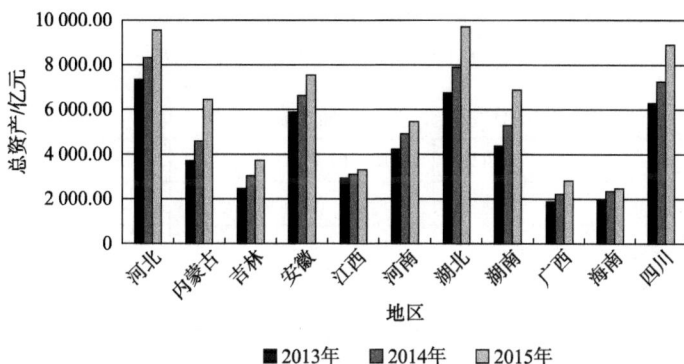

图 4-7　中部地区上市公司总资产规模

中部地区上市公司 IPO 筹资总额如表 4-8 和图 4-8 所示，从 IPO 筹资总额来看，截止到 2015 年底，中部地区通过 IPO 共筹集资金 3 272.25 亿元，占我国 IPO 资金总额的 12.66%。从图 4-8 可以直观看出，湖南、河南、四川和安徽 IPO 筹资总额最大，在中部地区筹资总额中排名前四，均超过 400 亿元。这四个省份 IPO 筹资总额占据了中部地区筹资总额的55.68%，湖北和河北的筹资总额达到 300 亿元以上，除此之外其他省（自治区）筹资总额较少，仅为 150 亿元左右。

表 4-8　中部地区上市公司 IPO 筹资总额（单位：亿元）

时间	河北	内蒙古	吉林	安徽	江西	河南	湖北	湖南	广西	海南	四川
截至 2012 年	337.08	142.84	135.44	353.67	125.78	434.41	367.81	425.38	98.26	156.02	387.68
2013~2015 年	11.08	0	7.56	51.34	9.93	36.8	17.17	69.83	22.14	19.3	62.73
截至 2015 年	348.16	142.84	143	405.01	135.71	471.21	384.98	495.21	120.4	175.32	450.41

从中部地区上市公司每股收益看（表 4-9 和图 4-9），近三年的数据显示中部地区各省（自治区）每股收益有差别，但差别不大，大多集中在 0.2~0.4 元，但海南每股收益显著较低，2013 年仅为 0.1 元，2015 年甚至为 0 元；广西也偏低，这三年均在 0.1 元左右徘徊，没有超过 0.2 元；湖北、四川和内蒙古虽然有个别年份每股收益低于 0.2 元，但总体来说基本保持在 0.2~0.4 元。2013~2015 年中部地区平均每股收益分别为 0.271 元、0.262元和 0.269 元，基本保持稳定，可以看出，中部地区上市公司的经营状况较为稳定。

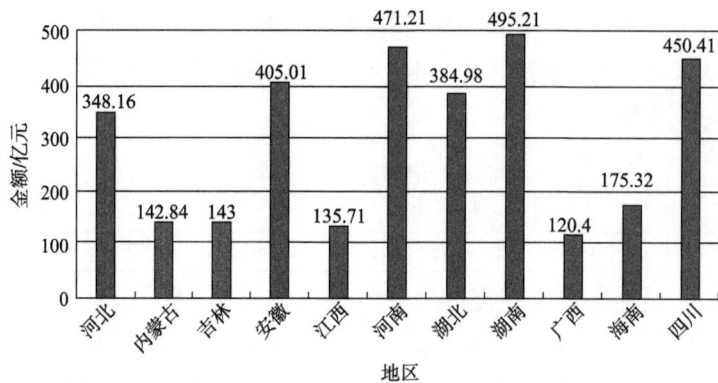

图 4-8　截至 2015 年中部地区上市公司 IPO 筹资总额

表 4-9　中部地区上市公司每股收益一览表（单位：元）

年份	河北	内蒙古	吉林	安徽	江西	河南	湖北	湖南	广西	海南	四川
2013	0.31	0.39	0.37	0.34	0.37	0.26	0.19	0.24	0.18	0.1	0.23
2014	0.27	0.31	0.44	0.29	0.38	0.23	0.36	0.22	0.16	0.09	0.13
2015	0.3	0.15	0.48	0.31	0.41	0.27	0.31	0.24	0.19	0	0.3

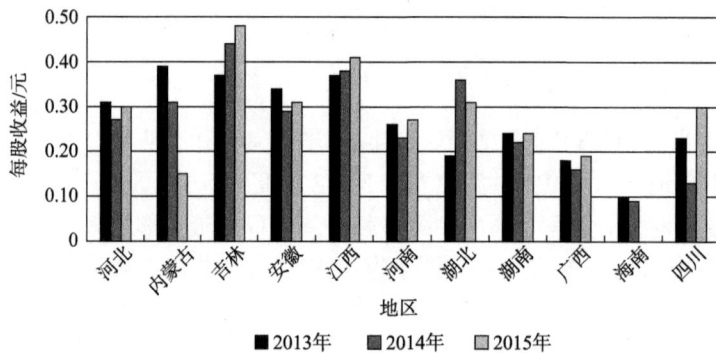

图 4-9　中部地区上市公司每股收益比较图

从中部地区上市公司净资产收益率看（表 4-10 和图 4-10），2013~2015 年每年中部地区各省（自治区）净资产收益率变动都较大，排名也都在变动，其中四川、海南甚至分别在 2014 年和 2015 年出现了负的净资产收益率。中部地区 2013~2015 年的平均净资产收益率分别为 6.86%、6.31% 和 5.48%，呈现逐年下降的趋势，表明需要提高对中部地区上市公司的经营状况的重视程度。

表 4-10　中部地区上市公司净资产收益率一览表（单位：%）

年份	河北	内蒙古	吉林	安徽	江西	河南	湖北	湖南	广西	海南	四川
2013	16.85	11.21	4.82	8.02	7.81	4.13	1.03	6.17	6.13	3.49	5.85
2014	10.27	9.34	8.62	6.67	7.65	4.94	8.09	6.2	6.8	3.57	− 2.77
2015	6.69	4.64	7.82	5.99	6.64	5.74	6.49	3.36	6.05	− 0.09	6.93

　　总体来说，中部地区上市公司主要集中在四川、湖北、安徽、湖南及河南，但从总资产和每股收益、净资产收益率等经营状况来看，河北和这五个省一起在中部地区中占据着重要地位。

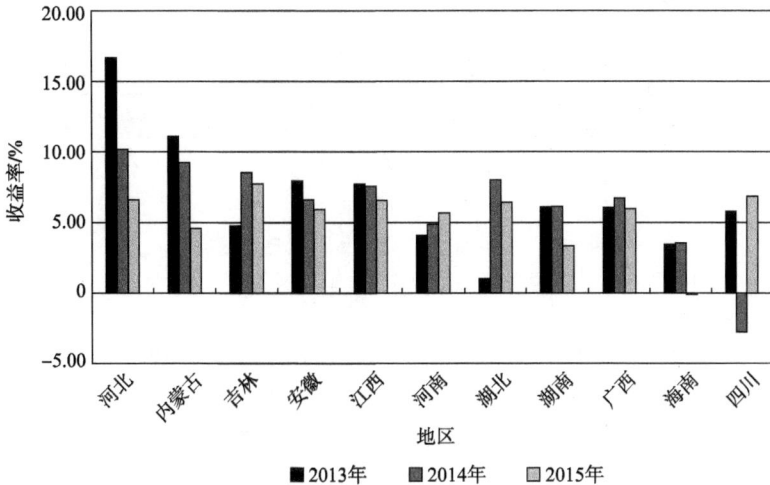

图 4-10　中部地区上市公司净资产收益率比较图

3. 西部地区

　　截止到 2013 年底，西部地区共有上市公司 229 家，占我国上市公司总数的 9.34%；总资产为 22 339.18 亿元，占我国上市公司总资产的 1.69%。西部地区 2014 年全年上市公司总数新增 8 家，截止到 2014 年底，共有上市公司 237 家，占我国上市公司总数的 9.22%；总资产为 27 346.63 亿元，占我国上市公司总资产的 1.83%。西部地区 2015 年全年上市公司总数新增 9 家，截止到 2015 年底，共有上市公司 246 家，占我国上市公司总数的 8.90%；总资产为 33 716.41 亿元，占我国上市公司总资产的 1.96%。2013~2015 年，西部地区通过 IPO 筹资总额为 526.89 亿元，截止到 2015 年底，西部地区 IPO 筹资总额为 1 973.19 亿元。

　　西部地区上市公司的数量如表 4-11 所示。从西部地区上市公司数量及各省（自治区）分布（图 4-11）可以直观看出，2013~2015 年中部地区上市公司数量最多的前五名省（自治区）这三年来没有变动，分别为陕西、新疆、黑龙江、山西及云南，截止到 2013 年底、2014 年底、2015 年底，这五个省（自治区）上市公司总数占西部地区上市公司的总数的比例分别为 68.56%、69.20% 和 69.11%，比例基本保持稳定并有略微上升。

表 4-11　西部地区上市公司数量（单位：家）

年份	山西	黑龙江	贵州	云南	西藏	陕西	甘肃	青海	宁夏	新疆	合计
2013	29	29	20	25	10	38	23	8	11	36	229
2014	29	30	20	27	10	40	24	8	11	38	237
2015	30	33	20	27	11	41	26	8	11	39	246

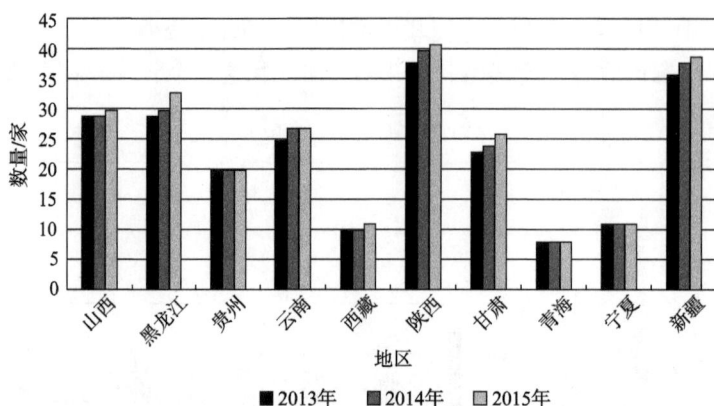

图 4-11　西部地区上市公司数量

　　西部地区上市公司的总资产规模如表 4-12 所示。从各省市上市公司的总资产规模（图 4-12）可以看出，截止到 2013 年底、2014 年底和 2015 年底，西部地区各省（自治区）上市公司的总资产规模差异显著，除宁夏和西藏的总资产规模尤其低，仅为 300 亿~400亿元以外，西部地区其他省（自治区）的总资产规模都相对较高，都为 1 000 亿元以上，而其中上市公司总资产规模排名前三的省（自治区）为新疆、山西和陕西，均基本超过 3 000亿元。

表 4-12　西部地区上市公司总资产规模（单位：亿元）

年份	山西	黑龙江	贵州	云南	西藏	陕西	甘肃	青海	宁夏	新疆
2013	5 280.27	2 745.60	1 898.28	2 717.50	412.82	2 780.48	1 608.85	1 157.32	379.22	3 358.84
2014	5 744.62	3 121.77	2 183.55	3 091.10	462.08	3 641.17	1 724.21	1 532.53	454.37	5 391.23
2015	6 710.92	3 836.83	2 551.58	3 600.22	484.34	4 280.46	1 780.64	1 561.70	476.63	8 433.09

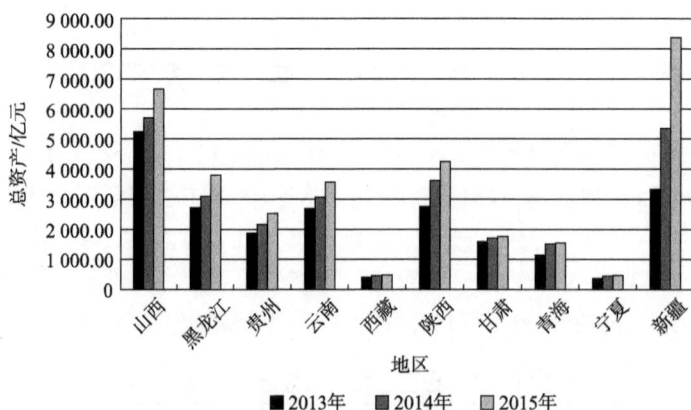

图 4-12　西部地区上市公司总资产规模

　　西部地区上市公司 IPO 筹资金额如表 4-13 和图 4-13 所示。从 IPO 筹资总额来看，截止到 2015 年底,西部地区共通过 IPO 筹资 1 973.19 亿元,仅占我国 IPO 资金总额的 7.63%。从图 4-8 可以直观看出，在西部地区，IPO 筹资总额排名前四的依次为新疆、陕西、山西和黑龙江，这四个省（自治区）IPO 资金总额超过 200 亿元，共计 IPO 筹资总额占西部地区筹资总额的 76.97%，除此之外的西部地区其他省（自治区）IPO 筹资总额都显著偏低，仅为 100 亿元左右，其中西藏和宁夏筹资总额甚至为 20 亿~30 亿元，排名最末两位，同时也居于全国最后两名。

表 4-13　西部地区上市公司 IPO 筹资金额（单位：亿元）

时间	山西	黑龙江	贵州	云南	西藏	陕西	甘肃	青海	宁夏	新疆
截至 2012 年	331.4	232.43	96.68	100.56	28.1	334.23	84.78	84.05	28.71	119.31
2013~2015 年	3.1	33.22	0	11.49	7.61	57.56	12.38	0	0	407.58
截至 2015 年	334.5	265.65	96.68	112.05	35.71	391.79	97.16	84.05	28.71	526.89

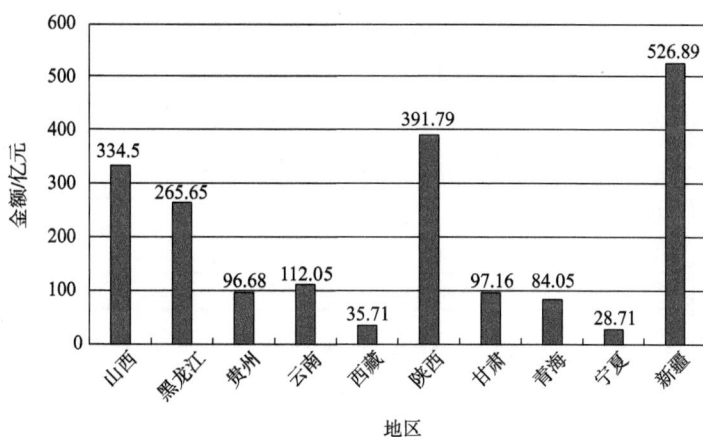

图 4-13　截至 2015 年西部地区上市公司 IPO 筹资总额

从西部地区上市公司每股收益看（表 4-14 和图 4-14），近三年的数据显示西部地区各省（自治区）每股收益有较大差别，2013 年全年、2014 年全年、2015 年全年贵州省上市公司的每股收益分别为 0.97 元、0.87 元和 0.78 元，明显高于西部地区其他省（自治区）的每股收益，除了贵州以外的其他省（自治区）的每股收益普遍偏低，集中在 0~0.2 元，其中宁夏和青海甚至分别于 2014 年和 2015 年为负数。2013~2015 年三年西部地区平均每股收益分别为 0.258 元、0.239 元和 0.182 元。

表 4-14　西部地区上市公司每股收益一览表（单位：元）

年份	山西	黑龙江	贵州	云南	西藏	陕西	甘肃	青海	宁夏	新疆
2013	0.16	0.13	0.97	0.19	0.21	0.15	0.20	0.27	0.05	0.25
2014	0.17	0.25	0.87	0.19	0.17	0.14	0.20	0.25	− 0.04	0.19
2015	0.01	0.29	0.78	0.22	0.29	0.11	0.13	− 0.15	0	0.14

从西部地区净资产收益率看（表 4-15 和图 4-15），2013~2015 年每年西部地区各省（自治区）净资产收益率差异显著，其中西藏的净资产收益率最高，三年来均保持在 10% 以上，2013 年甚至高达 22.18%，贵州次之，显著高于西部地区其他省（自治区）；青海

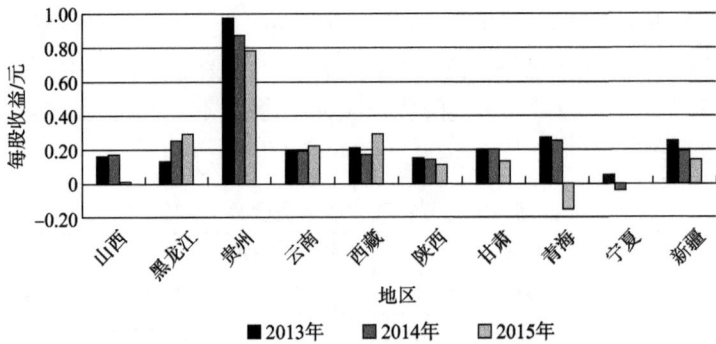

图 4-14　西部地区上市公司每股收益比较图

和宁夏每年波动最大，2013~2015 年每年净资产收益率正负交替出现，其他省（自治区）每年变动也较大，表明西部地区各省（自治区）经营不稳健。西部地区 2013~2015 年的平均净资产收益率分别为 2.60%、6.15%和 1.7%，呈现波动变化的趋势。

表 4-15　西部地区上市公司净资产收益率一览表（单位：%）

年份	山西	黑龙江	贵州	云南	西藏	陕西	甘肃	青海	宁夏	新疆
2013	2.07	3.96	9.58	3.48	22.18	0.55	6.62	−15.89	−9.21	2.61
2014	4.4	6.23	9.37	4.47	10	3.85	7.84	11.15	2.94	1.2
2015	−2.95	6.12	5.67	2.92	10.94	4.2	3.21	−8.12	−8.27	3.28

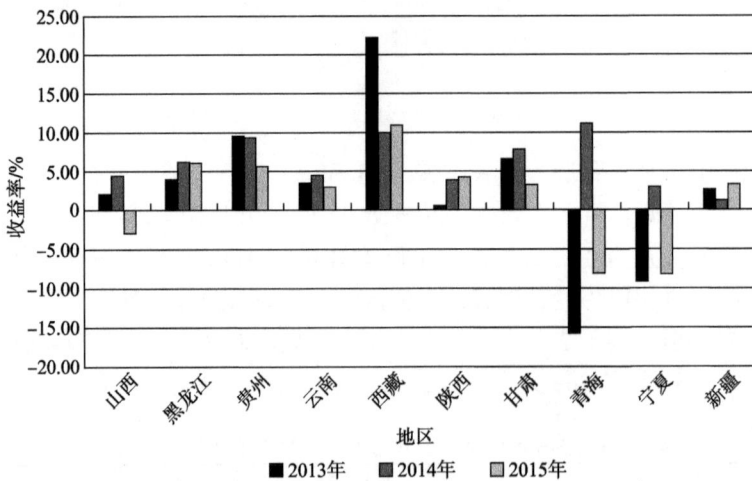

图 4-15　西部地区上市公司净资产收益率比较图

总体来说，西部地区上市公司受到地区自然条件及经济发展的影响，整体水平较低，尽管一直以来有国家政策的扶持，但也未能较快较好地发挥资本市场作用。

4.1.2　各地区上市公司的区域差异分析

1. 上市公司的数量

截止到 2013 年底，全国沪深交易所的上市公司共有 2 451 家，其中东部地区上市公司共有 1 651 家，占全国总数的 67.36%；中部地区上市公司共有 571 家，占全国总数的 23.30%；西部地区上市公司共有 229 家，占全国总数的 9.34%。截止到 2014 年底，全国上市公司共有 2 570 家，其中东部地区上市公司共有 1 748 家，占全国总数的 68.02%；中部地区上市公司共有 585 家，占全国总数的 22.76%；西部地区上市公司共有 237 家，占全国上市公司总数的 9.22%。截止到 2015 年底，全国上市公司共有 2 766 家，其中东部地区上市公司共有 1 894 家，占全国上市公司总数的 68.47%；中部地区上市公司共有 626 家，占全国上市公司总数的 22.63%；西部地区上市公司共有 246 家，占全国上市公司总数的 8.90%。可以看出西部地区上市公司总数远远少于东部地区和中部地区，且呈现每年占比逐渐减少的趋势，说明西部地区上市公司的增速慢于其他两个地区及全国水平。截止到 2013 年底全国上市公司数量如图 4-16（a）~图 4-16（c）所示。

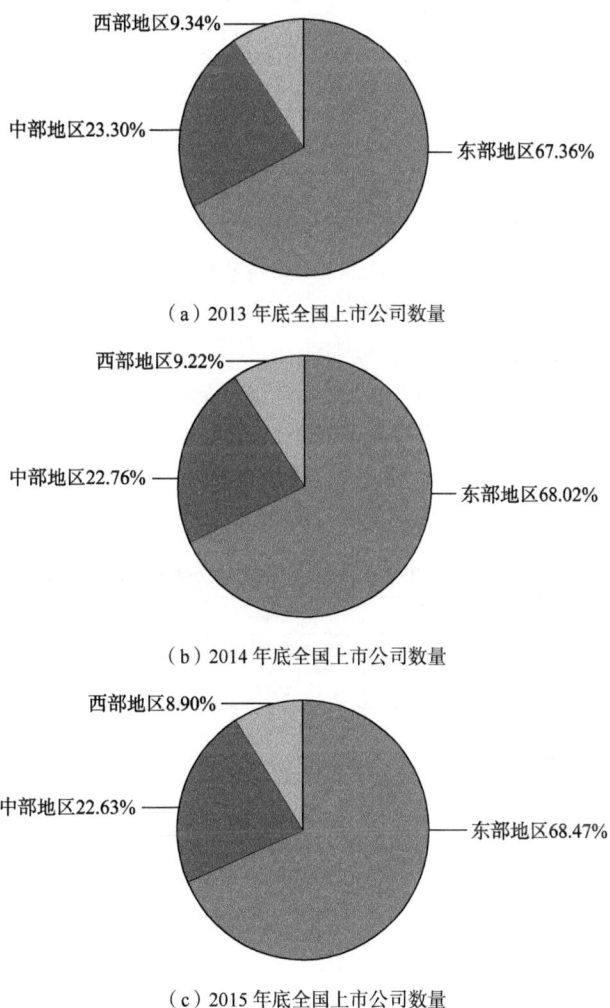

（a）2013 年底全国上市公司数量

（b）2014 年底全国上市公司数量

（c）2015 年底全国上市公司数量

图 4-16　2013~2015 年全国上市公司数量

2. 上市公司总资产规模

2013 年全国上市公司资产总数为 1 323 447.78 亿元，平均每家上市公司资产总数为 539.96 亿元。东部地区上市公司资产总数为 1 253 467.72 亿元，平均每家上市公司资产总数为 759.22 亿元，高于全国上市公司平均资产总数，超出比例达 40.61%；中部地区上市公司资产总数远落后于东部地区，为 47 640.88 亿元，占东部地区上市公司资产总数的 3.8%，平均每家上市公司资产总数为 83.43 亿元，显著落后于全国平均水平，低于比例竟高达 84.36%；西部地区上市公司资产总数显著落后于东部地区和中部地区，仅为 22 339.18 亿元，分别仅占东部地区和中部地区上市公司资产总数的 1.78% 和 46.89% 左右，而平均每家上市公司资产总数为 97.55 亿元，低于我国水平比例为 81.93%（表 4-16）。

表 4-16 2013 年我国各地区上市公司数量及主要财务指标

地区	数量/家	总资产/亿元	每股收益/元	净资产收益率/%
东部	1 651	1 253 467.72	0.343	6.37
中部	571	47 640.88	0.271	6.865
西部	229	22 339.18	0.258	2.595
全国	2 451	1 323 447.78		

2014 年全国上市公司资产总数为 1 494 512.96 亿元，平均每家上市公司资产总数为 581.52 亿元。东部地区上市公司资产总数为 1 411 792.27 亿元，平均每家上市公司资产总数为 807.66 亿元，超出全国上市公司平均资产总数比例达 38.89%；中部地区上市公司资产总数远落后于东部地区，为 55 374.06 亿元，占东部地区上市公司资产总数的 3.92%，平均每家上市公司资产总数为 94.66 亿元，显著落后于全国平均水平，低于比例竟高达 83.72%；西部地区上市公司资产总数显著落后于东部地区和中部地区，仅为 27 346.63 亿元，分别仅占东部地区和中部地区上市公司资产总数的 1.94% 和 49.39% 左右，而平均每家上市公司资产总数为 115.39 亿元，低于全国水平比例为 80.16%（表 4-17）。

表 4-17 2014 年我国各地区上市公司数量及主要财务指标

地区	数量/家	总资产/亿元	每股收益/元	净资产收益率/%
东部	1 748	1 411 792.27	0.323	7.578
中部	585	55 374.06	0.262	6.307
西部	237	27 346.63	0.239	6.145
全国	2 570	1 494 512.96		

2015 年全国上市公司资产总数为 1 720 904.86 亿元，平均每家上市公司资产总数为 622.16 亿元。东部地区上市公司资产总数为 1 620 644.48 亿元，平均每家上市公司资产总数为 855.67 亿元，超出全国上市公司平均资产总数比例达 37.53%；中部地区上市公司资产总数远落后于东部地区，为 66 543.97 亿元，占东部地区上市公司资产总数的 4.11%，平均每家上市公司资产总数为 106.30 亿元，显著落后于全国平均水平，低于比例竟高达 82.91%；西部地区上市公司资产总数显著落后于东部地区和中部地区，仅为 33 716.41 亿元，分别仅占东部地区和中部地区上市公司资产总数的 2.10% 和 50.67% 左右，而平均每

家上市公司资产总数为 137.06 亿元，低于全国水平比例为 77.97%（表 4-18）。

表 4-18　2015 年我国各地区上市公司数量及主要财务指标

地区	数量/家	总资产/亿元	每股收益/元	净资产收益率/%
东部	1 894	1 620 644.48	0.331	6.724
中部	626	66 543.97	0.269	5.478
西部	246	33 716.41	0.182	1.7
全国	2 766	1 720 904.86		

从这三年的数据来看，东部地区上市公司总资产规模最大，且在全国总资产规模中所占比例逐年上升；中部地区次之，西部地区排名最后，但这两个地区上市公司总资产规模占东部地区的比例呈现逐年上升的趋势，说明这两个地区上市公司资产总数在有效增长。在平均上市公司资产总数方面，东部地区仍处于"霸主"地位，西部地区略高于中部地区，但仍远远落后于东部地区和全国水平，不过落后比例有明显下降。

3. 营利能力

上市公司营利能力方面，我们选取每股收益和净资产收益率作为分析全国各地区上市公司营利能力的指标。每股收益也称每股利润或每股盈余，是反映企业普通股股东持有每一股份所能享有企业利润或承担企业亏损的业绩评价指标；净资产收益率，是企业一定时期净利润与平均净资产的比率，反映了企业自有资金的投资收益水平。

2013 年全国各地区上市公司每股收益及净资产收益率如图 4-17 所示。图 4-17 十分直观地显示出东部地区的每股收益高于其他两个地区，中部地区次之，但中西部地区差别不大。而反映股东利益的净资产收益率指标却是中部地区最高，达到 6.865%，东部地区略低于中部地区，西部地区的净资产收益率显著较低，不到中部地区和东部地区的 1/2，说明西部地区上市公司的经营状况需要改善。

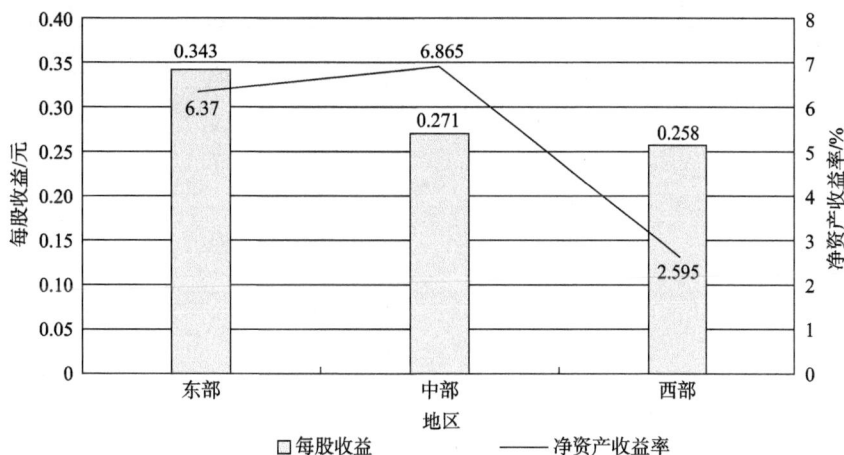

图 4-17　2013 年各地区上市公司每股收益和净资产收益率

　　2014 年和 2015 年全国各地区上市公司每股收益及净资产收益率分别如图 4-18 和图 4-19 所示，这两年上市公司的每股收益排名没有变动，仍然是中部地区排名第一位，但中部地区和西部地区上市公司的每股收益差距逐年增大。这两年的净资产收益率均为东部地区最高，并于 2014 年超过 7%；中部地区净资产收益率排名第二，并逐年下降，可见中部地区上市公司的经营呈现退后趋势，经营状况较之前年不佳；西部地区仍排末位，且波动剧烈，在 2014 年时净资产收益率有显著上升，达到 6.145%，但于 2015 年极速跌落至 1.7%，表明西部地区上市公司经营状况不稳定，需要随时注意和把控。

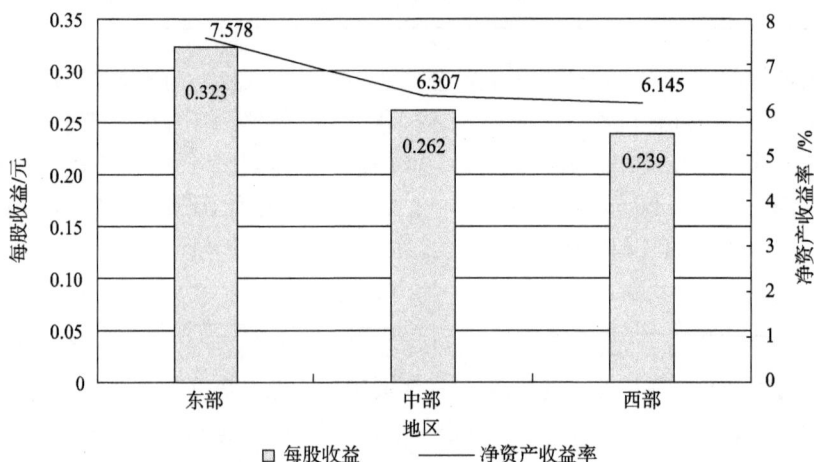

图 4-18　2014 年各地区上市公司每股收益和净资产收益率

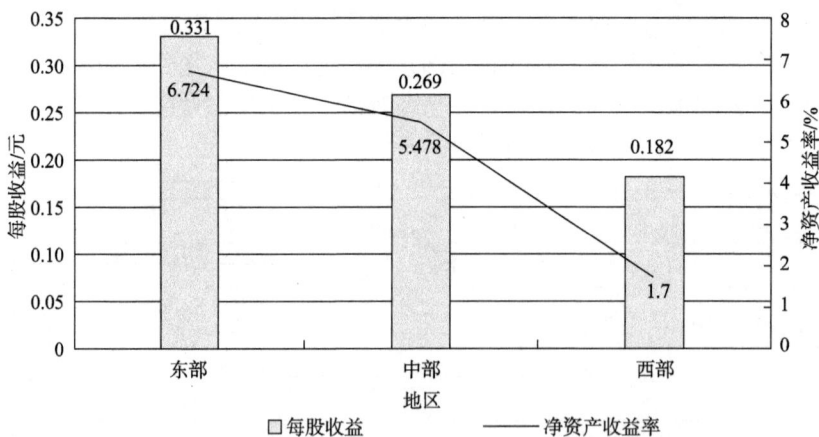

图 4-19　2015 年各地区上市公司每股收益和净资产收益率

4.2　上市公司盈余管理的地区差异分析

　　本节选取 2001~2015 年沪深两交易所的上市公司为研究样本，通过建立以下的标准及筛选程序对所有上市公司进行筛选,以保证研究结果的准确性和合理性:①剔除 ST 和*ST 开头的公司;②剔除披露财务信息不完全和公司治理数据不齐全的公司。经过对样本的筛选,取得全国上市公司 2001~2015 年连续 15 年的数据,共计 27 473 个样本。同时,样本的分布符合统计分析要求。本节中有关上市公司的财务数据和相关的公司治理数据均来自锐思数据库。

我们计算得出各地区上市公司每年的应计盈余管理和真实盈余管理的数值,具体的计算方法参见第 2 章的相关公式。为实现各地区的盈余管理程度可比,我们对计算出的应计盈余管理与真实盈余管理的数据,取其绝对值进行相应的统计分析,故以下所有的计算值仅反映盈余管理的程度,不反映盈余管理的操作方向。

4.2.1　东部地区上市公司盈余管理变化趋势

1. 应计盈余管理变化趋势

通过计算得出东部地区各省(直辖市)2001~2015 年上市公司平均应计盈余管理程度,如表 4-19 所示,平均应计盈余管理程度的均值走向如图 4-20 所示。

表 4-19　东部地区各省(直辖市)平均应计盈余管理程度

年份	北京	福建	广东	江苏	辽宁	山东	上海	天津	浙江	重庆	均值
2001	0.106	0.069	0.095	0.090	0.073	0.065	0.088	0.093	0.067	0.096	0.085 5
2002	0.102	0.101	0.071	0.081	0.097	0.076	0.072	0.096	0.084	0.120	0.083 8
2003	0.087	0.090	0.080	0.086	0.078	0.068	0.106	0.088	0.082	0.143	0.088 4
2004	0.077	0.078	0.081	0.098	0.078	0.065	0.093	0.074	0.079	0.107	0.083 1
2005	0.093	0.096	0.086	0.053	0.074	0.069	0.070	0.075	0.079	0.090	0.077 3
2006	0.100	0.087	0.105	0.081	0.075	0.084	0.116	0.095	0.095	0.110	0.096 8
2007	0.134	0.100	0.146	0.102	0.186	0.088	0.105	0.119	0.115	0.128	0.120 7
2008	0.097	0.090	0.097	0.094	0.077	0.087	0.075	0.117	0.092	0.051	0.090 4
2009	0.083	0.104	0.097	0.083	0.110	0.090	0.091	0.081	0.093	0.082	0.091 2
2010	0.106	0.108	0.119	0.094	0.128	0.101	0.136	0.072	0.126	0.139	0.114 1
2011	0.115	0.111	0.097	0.111	0.087	0.109	0.125	0.091	0.104	0.074	0.106 5
2012	0.092	0.102	0.102	0.079	0.120	0.097	0.092	0.069	0.071	0.073	0.089 9
2013	0.081	0.117	0.143	0.129	0.164	0.101	0.116	0.126	0.095	0.095	0.116 0
2014	0.103	0.102	0.098	0.067	0.086	0.089	0.123	0.126	0.080	0.068	0.093 1
2015	0.085	0.084	0.153	0.081	0.121	0.073	0.102	0.099	0.070	0.119	0.100 9

从表 4-19 和图 4-20 所示,在 2001~2015 年的连续 15 年,东部地区的应计盈余管理呈现上下波动但总体先上升后下降的状态。其中,2001~2005 年,东部地区平均应计盈余

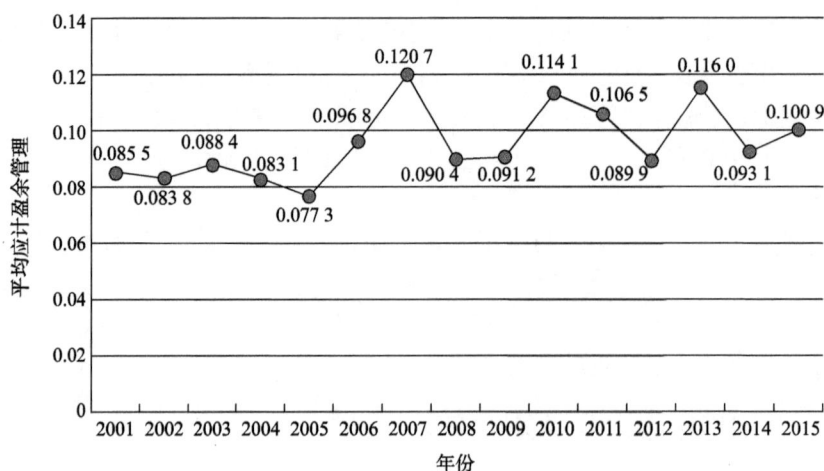

图 4-20　2001~2015 年东部地区各省（直辖市）平均应计盈余管理变化

管理程度普遍不高，超过 0.1 的上市公司仅占 14%，在 2005 年时达到最低，仅为 0.077 3。但受到 2006 年股权分置改革的影响，2006~2015 年，除少数几个省（直辖市）的个别年份以外，东部地区中有近 50% 的上市公司进行相对较高的应计盈余管理，各省（直辖市）上市公司平均应计盈余管理的均值由 2005 年开始显著上升，2005~2007 年，上升幅度高达 56%，随后受金融危机的影响，2008 年、2011 年、2012 年出现大幅度下跌，但随后又有回升，逐步恢复，整体呈现逐年上升的趋势。盈余管理的程度仍以 2007 年最高，2013年次之。

2. 真实盈余管理变化趋势

如表 4-20 和图 4-21 所示，与应计盈余管理相同的是，东部地区各省（直辖市）上市公司的平均真实盈余管理也呈现波动上升的状态，不同的是，东部地区上市公司进行真实盈余管理的程度普遍高于应计盈余管理的程度。具体而言，2001~2005 年，东部地区进行真实盈余管理程度大于 0.1 的上市公司的省市及年份占比高达 84%，相当于同期应计盈余管理程度超过 0.1 的 6 倍，这使东部地区各省（直辖市）平均真实盈余管理程度的均值均达到 0.1 以上，并大于 2001~2015 年大部分年份应计盈余管理程度的均值。2006~2015 年，东部地区各省（直辖市）上市公司平均真实盈余管理程度均高于 0.1，且就数值来说，明显都高于同期同地区的平均应计盈余管理程度，甚至有 22% 的地区和年份其真实盈余管理程度的均值超过 0.2，还有个别省（直辖市）达到 0.3 以上。除受 2008 年、2009 年金融危机的影响，东部地区平均真实盈余管理程度出现小幅下降外，2005~2010 年基本呈现一路上升的趋势，并于 2010 年达到峰值 0.201 9，随后五年，主要呈现波动下降趋势，并于 2012年跌至 2006~2015 年的最低值 0.132 6，但仍高于 2001 年、2002 年、2004 年、2005 年四年的数值。从表 4-20 可以看出，江苏省的平均真实盈余管理较为平稳，也较低，15 年来均没有超过 0.2，同时天津、重庆两地变动较大，分别出现了数值超过 0.3 和 0.6 的年份，明显高于平均水平。

表 4-20　东部地区各省（直辖市）平均真实盈余管理程度

年份	北京	福建	广东	江苏	辽宁	山东	上海	天津	浙江	重庆	均值
2001	0.149	0.096	0.121	0.119	0.098	0.097	0.117	0.128	0.110	0.125	0.117 4
2002	0.152	0.137	0.111	0.112	0.123	0.088	0.109	0.105	0.091	0.125	0.114 3
2003	0.153	0.153	0.119	0.186	0.098	0.126	0.162	0.150	0.146	0.144	0.145 4
2004	0.154	0.132	0.136	0.132	0.091	0.114	0.118	0.101	0.128	0.132	0.127 7
2005	0.149	0.132	0.142	0.115	0.108	0.110	0.104	0.118	0.111	0.099	0.121 8
2006	0.242	0.195	0.165	0.135	0.155	0.121	0.190	0.147	0.165	0.176	0.171 2
2007	0.241	0.213	0.205	0.149	0.198	0.176	0.204	0.193	0.156	0.162	0.191 2
2008	0.218	0.191	0.152	0.181	0.130	0.166	0.174	0.377	0.174	0.108	0.178 8
2009	0.188	0.203	0.189	0.170	0.159	0.172	0.171	0.174	0.165	0.171	0.177 5
2010	0.206	0.206	0.202	0.182	0.159	0.214	0.206	0.216	0.217	0.167	0.201 9
2011	0.183	0.166	0.158	0.169	0.111	0.190	0.175	0.120	0.165	0.107	0.165 8
2012	0.140	0.147	0.124	0.133	0.132	0.119	0.131	0.156	0.140	0.117	0.132 6
2013	0.202	0.134	0.250	0.110	0.126	0.112	0.208	0.126	0.132	0.685	0.184 2
2014	0.171	0.187	0.148	0.135	0.116	0.117	0.173	0.208	0.127	0.162	0.148 9
2015	0.149	0.158	0.239	0.161	0.229	0.142	0.150	0.112	0.138	0.167	0.171 7

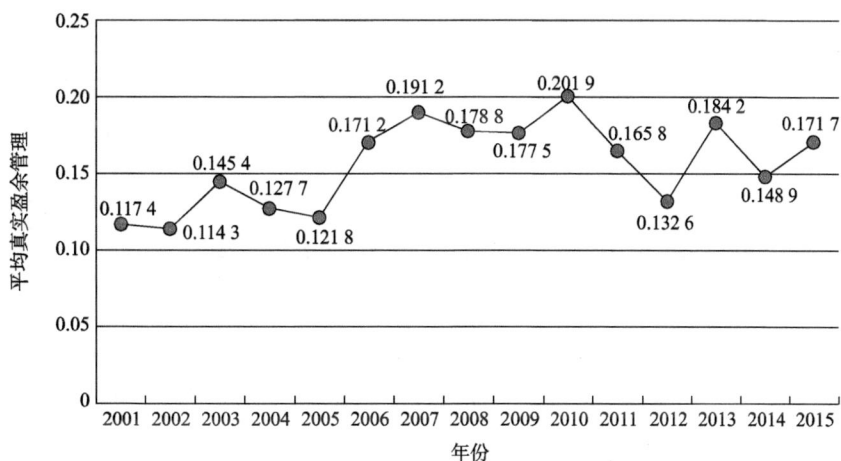

图 4-21　2001~2015 年东部地区各省（直辖市）平均真实盈余管理水平的变化

3. 东部地区盈余管理水平与宏观经济发展的协同性

宏观经济环境为微观企业的发展提供了政策背景、产业政策和发展动力，微观企业的营业增长、利润提升成为一国总体经济实力的涓涓细流。因此企业盈余水平与宏观经济发展速度之间存在天然联系。在这里，用 GDP 水平反映中国宏观经济的发展速度，考察上市公司盈余管理水平与宏观经济发展的协同性。

　　按照 2001~2015 年 GDP 增速与东部地区两类盈余管理水平的指标，绘制了东部地区盈余管理与 GDP 增速变化图（图 4-22）。从图 4-22 中可以看出，从整体上来看，2001~2015 年东部地区真实盈余管理水平与 GDP 增速水平相差不大，而应计盈余管理水平显著低于 GDP 增速。2001~2005 年，中国东部地区的 GDP 增速一直呈上升趋势，这一阶段东部地区的应计盈余管理与真实盈余管理的水平基本呈现出一致的变化规律。真实盈余管理水平与应计盈余管理水平除个别年份外，基本保持一致，说明大多数上市公司会从中长期角度考虑盈余的平滑，且盈余管理的方式相对柔和。2006~2009 年，受美国次贷危机的影响，中国 GDP 增速有所下降，最先表现在资本市场，并很快反映到实体经济的整体不振。这一阶段，盈余管理的总体水平超过 2001~2006 年的盈余管理水平，应计与真实盈余管理均呈现上升趋势，真实盈余管理超过应计盈余管理的水平，说明上市公司为了业绩表现，努力采取短期的真实盈余管理手段，如削减企业的期间费用、以降价折扣等方式加速销售、扩大生产量、降低产品单位成本等方式来粉饰报表。2010~2013 年，2008 年国家实施"积极的财政政策，适度宽松的货币政策"，出台了四万亿元的经济刺激计划，该政策分三年实施，这使得从 2009 年开始，中国经济从次贷危机的低谷中明显复苏，2009~2011 年的 GDP 增速明显回升。但这轮强刺激带来的产能过剩加重、通货膨胀及资产价格上涨等副作用也非常明显，并导致了 2012~2015 年的 GDP 增速的持续放缓。在此期间，东部地区的上市公司真实盈余管理的增长水平首次超过 GDP 的增速，同期的应计盈余管理水平则持续低于应计盈余管理，但从 2012 年开始，东部地区的应计盈余管理水平增速也首次超过 GDP 增速，说明东部地区上市公司出于市场效应，更注重采取短期真实方式来调整盈余水平。

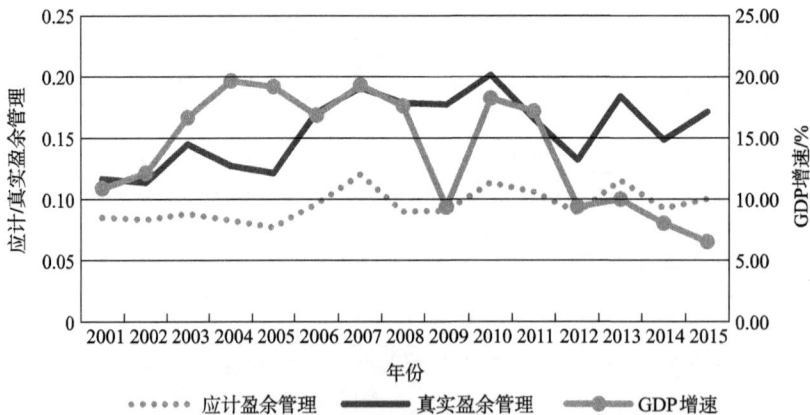

图 4-22　2001~2015 年东部地区盈余管理与 GDP 增速的变化趋势

　　值得注意的是，如果考察东部地区的盈余管理与 GDP 增速之间的变化，会发现 2001~2015 年，应计盈余管理的水平虽显著低于 GDP 增速，但其变化趋势除 2003~2006 年和 2012~2015 年与 GDP 增速不一致外，即在该时间内 GDP 增速提高，应计盈余管理水平下降；反之，GDP 增速下降，应计盈余管理水平上升，其他年份大致与 GDP 增速之间的变化趋同。该变化趋势同样适用于真实盈余管理，说明企业靠应计和真实盈余管理方式来调整利润具有长期效应与滞后效应，需要企业通过成本、库存、投融资资金、酌量性费用、销售合同安排等影响企业长期盈余水平的手段来进行调控。

4.2.2　中部地区上市公司盈余管理变化趋势

1. 应计盈余管理变化趋势

中部地区各省（自治区）上市公司的平均应计盈余管理如表 4-21 所示，平均应计盈余管理程度的均值走向如图 4-23 所示。从表 4-21 可以看出，2001~2005 年中部地区仅有 7.27%的省（自治区）的上市公司的应计盈余管理程度超过 0.1，而 2006~2015 年，有约 35.45%的省（自治区）的上市公司的应计盈余管理程度超过 0.1，虽整体上有明显上升，但分析每一年的数值可以发现，2008 年中部地区所有省（自治区）的应计盈余管理程度均没达到 0.1，分析其原因，主要与 2008 年金融危机爆发有关。在这 10 年里，河南、湖北和湖南的应计盈余管理水平比中部地区其他省（自治区）要高，广西、河南和江苏三地应计盈余管理水平较为稳定，波动不大。从图 4-23 可以看出，与东部地区情形相似，中部地区各省（自治区）应计盈余管理的均值呈现先上升后微弱下降的趋势。从 2005 年开始，中部地区的应计盈余管理涨速较快，除 2008 年、2012 年和 2014 年应计盈余管理水平小幅下降外，其他年份的应计盈余管理程度均有不同程度的上升。在这段时期，可以观察到，总体的回升幅度略低于滑落幅度，以至于 2015 年中部地区各省（自治区）的应计盈余管理水平低于 2007 年的峰值。

表 4-21　中部地区各省（自治区）平均应计盈余管理程度

年份	安徽	广西	海南	河北	河南	湖北	湖南	吉林	江西	内蒙古	四川	均值
2001	0.054	0.096	0.106	0.075	0.062	0.078	0.064	0.124	0.052	0.062	0.058	0.075 5
2002	0.094	0.051	0.072	0.052	0.080	0.080	0.077	0.054	0.099	0.065	0.083	0.075 6
2003	0.078	0.082	0.063	0.054	0.068	0.082	0.080	0.082	0.084	0.083	0.078	0.076 5
2004	0.074	0.067	0.110	0.059	0.049	0.081	0.076	0.092	0.069	0.089	0.093	0.078 5
2005	0.048	0.049	0.105	0.066	0.075	0.080	0.055	0.071	0.058	0.085	0.078	0.069 5
2006	0.072	0.073	0.113	0.098	0.110	0.089	0.076	0.091	0.215	0.075	0.112	0.099 5
2007	0.090	0.107	0.178	0.139	0.070	0.142	0.098	0.149	0.093	0.058	0.139	0.116 6
2008	0.092	0.071	0.073	0.098	0.086	0.086	0.095	0.075	0.058	0.075	0.091	0.085 1
2009	0.110	0.075	0.064	0.073	0.077	0.083	0.106	0.105	0.093	0.096	0.091	0.090 3
2010	0.077	0.062	0.077	0.220	0.080	0.103	0.097	0.133	0.082	0.057	0.102	0.101 0
2011	0.118	0.090	0.083	0.153	0.103	0.115	0.085	0.099	0.076	0.135	0.089	0.104 3
2012	0.075	0.092	0.094	0.127	0.080	0.098	0.094	0.111	0.071	0.103	0.083	0.091 2
2013	0.083	0.102	0.068	0.201	0.094	0.119	0.121	0.106	0.092	0.067	0.109	0.109 3
2014	0.060	0.083	0.106	0.085	0.066	0.168	0.066	0.086	0.068	0.153	0.095	0.092 4
2015	0.090	0.115	0.121	0.099	0.080	0.137	0.095	0.125	0.084	0.132	0.092	0.102 9

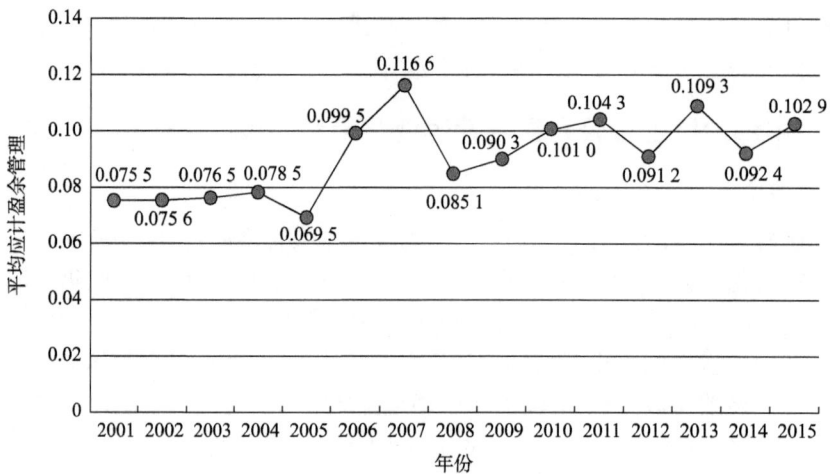

图 4-23　2001~2015 年中部地区各省（自治区）平均应计盈余管理变化趋势

2. 真实盈余管理变化趋势

中部地区各省（自治区）上市公司的平均真实盈余管理如表 4-22 所示，平均真实盈余管理程度的均值走向如图 4-24 所示。从表 4-22 可以看出，河南、内蒙古和四川每一年的真实盈余管理程度差异微小，波动幅度不大，总体控制在 0.1 区间内小幅度震荡。从整体来看，中部地区上市公司的真实盈余管理除在 2004 年和 2005 年水平普遍相对较低外，其他年份大部分省（自治区）能保持较高的水平，但仍会有个别省（自治区）不随"大部队"的水平。从图 4-24 可以看出，2001~2005 年，中部地区各省（自治区）上市公司的真实盈余管理水平不同于该时期应计盈余管理水平呈现一直上升的趋势，而是波动上升，各年份平均水平上升与下降交替进行；随后真实盈余管理水平开始大幅上升，管理程度于 2010 年达到峰值 0.17；但随后开始连续两年下降，虽然下降幅度小于上升幅度，但速度较快；2013~2015 年连续三年上升，每年涨幅不大，但三年加总涨幅达到 0.038 4，基本回升到 2010 年的峰值水平。

表 4-22　中部地区各省（自治区）平均真实盈余管理程度

年份	安徽	广西	海南	河北	河南	湖北	湖南	吉林	江西	内蒙古	四川	均值
2001	0.068	0.148	0.097	0.126	0.075	0.078	0.074	0.110	0.069	0.078	0.104	0.091 7
2002	0.063	0.113	0.092	0.076	0.073	0.096	0.081	0.075	0.104	0.083	0.084	0.084 7
2003	0.122	0.134	0.110	0.102	0.102	0.085	0.117	0.088	0.152	0.159	0.084	0.107 0
2004	0.091	0.086	0.147	0.093	0.097	0.091	0.101	0.064	0.121	0.143	0.104	0.100 0
2005	0.084	0.079	0.134	0.081	0.099	0.101	0.095	0.090	0.142	0.140	0.091	0.099 3
2006	0.139	0.082	0.140	0.141	0.133	0.106	0.128	0.123	0.175	0.098	0.168	0.140 4
2007	0.139	0.076	0.237	0.163	0.154	0.149	0.145	0.139	0.182	0.109	0.160	0.150 0
2008	0.145	0.117	0.206	0.147	0.133	0.138	0.189	0.126	0.126	0.136	0.135	0.144 6
2009	0.181	0.114	0.131	0.129	0.157	0.140	0.175	0.164	0.184	0.148	0.164	0.156 8
2010	0.185	0.130	0.198	0.305	0.191	0.153	0.176	0.201	0.147	0.183	0.183	0.170 0
2011	0.185	0.161	0.133	0.126	0.115	0.133	0.160	0.187	0.123	0.124	0.145	0.160 8

续表

年份	安徽	广西	海南	河北	河南	湖北	湖南	吉林	江西	内蒙古	四川	均值
2012	0.127	0.156	0.114	0.135	0.112	0.121	0.132	0.135	0.106	0.176	0.107	0.124 9
2013	0.104	0.122	0.136	0.144	0.093	0.179	0.107	0.140	0.094	0.115	0.133	0.126 0
2014	0.119	0.128	0.097	0.160	0.127	0.112	0.123	0.175	0.127	0.160	0.151	0.135 2
2015	0.237	0.186	0.101	0.123	0.130	0.204	0.155	0.136	0.113	0.155	0.135	0.164 4

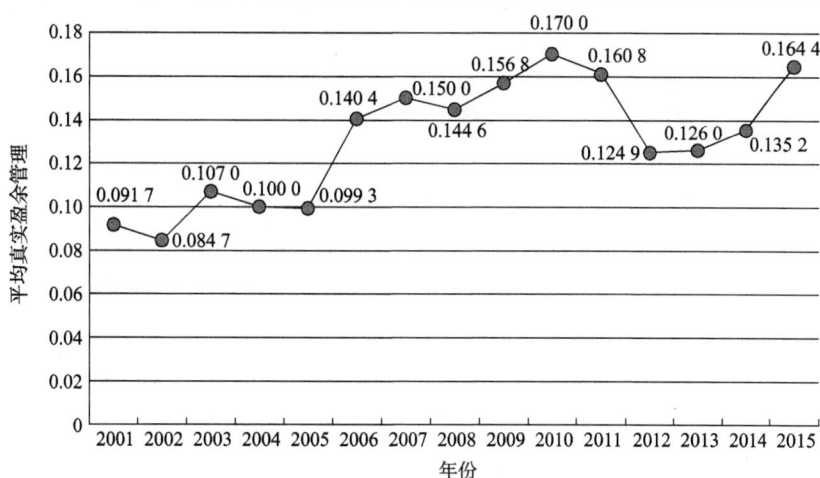

图 4-24　2001~2015 年中部地区各省（自治区）平均真实盈余管理变化趋势

3. 中部地区的盈余管理水平与 GDP 增速的协同性

按照 2001~2015 年 GDP 增速与中部地区两类盈余管理水平的指标，绘制中部地区盈余管理与 GDP 增速变化图（图 4-25）。与东部地区相比，从图 4-25 中可以看出几个主要趋势。

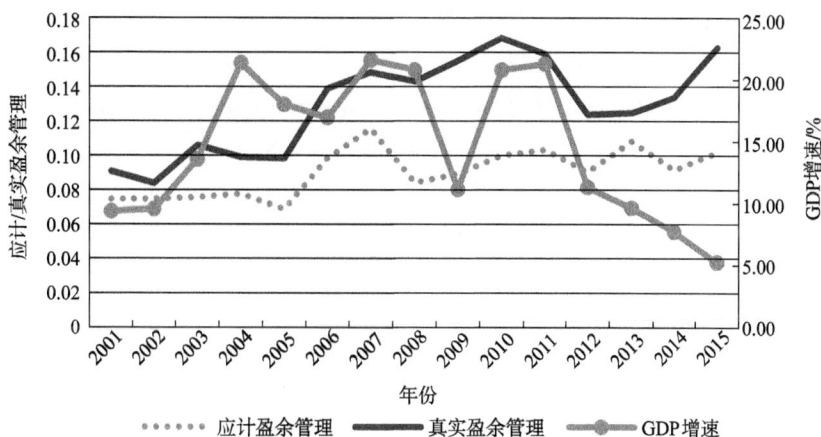

图 4-25　2001~2015 年中部地区盈余管理与 GDP 增速的变化趋势

第一，中部地区 GDP 增速的变化与东部地区相比，总体趋势一致，但是上升与下降的过程表现得更加剧烈。例如，2003~2004 年中部地区的 GDP 增速上升快于东部地区，上升幅度是东部地区的 2.6 倍，同样 2004~2005 年 GDP 增速下降的速度也快于东部地区，下降速度近似达到东部地区的 6 倍。2012~2015 年中部地区 GDP 增速基本是一直向下，但东部地区 GDP 增速则先升后降，且下降平稳。这表现出两个地区企业素质的差异和地区经济发展环境上的差异。

第二，真实盈余管理与应计盈余管理水平虽然在总体趋势上表现出同升同降的趋势，但 2012~2015 年小范围内变化趋势有所不同，真实盈余管理水平持续上升，而应计盈余管理水平则波动上升，且两者水平之差较小。导致这种不一致的原因大概是同一企业同时采取方向相反的盈余管理方式，或不同企业分别采取方向相反的盈余管理方式。本书推测后一种情况更有可能，这表现出中部地区各上市公司由于区域位置不一，对政策变化的敏感性不同，对宏观经济走势的判断表现出较大差异。

第三，应计盈余管理水平、真实盈余管理水平与 GDP 增长速度具有一定的协同性，这一点与东部地区类似，同时也存在短时间范围内的不一致性，不一致的时间段为 2003~2006 年和 2009~2010 年，与东部地区相似。中部地区的上市公司对于国家政策变化预计不足或反应过度，各个上市公司对宏观经济走势的判断差异性较大。

4.2.3　西部地区上市公司盈余管理变化趋势

1. 应计盈余管理变化趋势

西部地区各省（自治区）上市公司平均应计盈余管理如表 4-23 所示。从表 4-23 中可以看出，2001~2015 年西部地区除甘肃省和云南省一直保持着较高水平的应计盈余管理外，其他省（自治区）虽在大多数年份都进行相对较高的应计盈余管理，但仍存在某些年份应计盈余管理水平较低的现象，尤其是青海（自治区）在 2002~2003 年应计盈余管理水平低至 0.5 以下。从各个省（自治区）的状况来说，应计盈余管理水平在上升和下降之间波动，2004~2005 年除青海、西藏和云南外，西部地区其他省（自治区）的应计盈余管理普遍下降，其中宁夏跌幅甚至超过 0.11，甘肃省跌幅超过 0.05。2014 年大部分地区有小幅回升而后又小幅下降。

表 4-23　西部地区各省（自治区）平均应计盈余管理程度

年份	甘肃	贵州	黑龙江	宁夏	青海	山西	陕西	西藏	新疆	云南	均值
2001	0.100	0.089	0.086	0.117	0.055	0.074	0.050	0.091	0.064	0.108	0.082 0
2002	0.081	0.076	0.052	0.054	0.049	0.088	0.068	0.061	0.074	0.143	0.076 0
2003	0.081	0.075	0.096	0.094	0.033	0.058	0.076	0.145	0.094	0.077	0.083 7
2004	0.155	0.072	0.101	0.151	0.057	0.080	0.086	0.054	0.080	0.113	0.097 0
2005	0.103	0.067	0.079	0.039	0.116	0.079	0.067	0.079	0.076	0.099	0.079 3
2006	0.074	0.101	0.061	0.076	0.056	0.097	0.089	0.071	0.088	0.103	0.084 6
2007	0.113	0.066	0.108	0.068	0.093	0.090	0.134	0.074	0.077	0.160	0.103 3
2008	0.109	0.058	0.092	0.125	0.126	0.088	0.086	0.072	0.086	0.096	0.119 7
2009	0.123	0.058	0.079	0.128	0.100	0.103	0.073	0.073	0.135	0.131	0.101 6
2010	0.142	0.104	0.074	0.080	0.065	0.066	0.082	0.106	0.094	0.090	0.090 9
2011	0.108	0.073	0.103	0.123	0.127	0.064	0.082	0.089	0.102	0.075	0.112 6

年份	甘肃	贵州	黑龙江	宁夏	青海	山西	陕西	西藏	新疆	云南	均值
2012	0.106	0.076	0.084	0.066	0.106	0.071	0.082	0.066	0.092	0.090	0.103 2
2013	0.102	0.056	0.083	0.146	0.067	0.083	0.123	0.080	0.099	0.077	0.093 2
2014	0.096	0.072	0.097	0.080	0.069	0.049	0.066	0.179	0.100	0.063	0.082 8
2015	0.101	0.098	0.099	0.123	0.104	0.101	0.113	0.092	0.082	0.097	0.099 4

西部地区各省（自治区）上市公司平均应计盈余管理程度的均值走向如图 4-26 所示。从图 4-26 中可以看出，西部地区与东部地区和中部地区显著不同的是，2001~2004 年西部地区上市公司的应计盈余管理水平就有较大波动，整体呈现上升状态，但 2002 年有下降的走势，2005 年开始连续三年上升，但每年上升幅度不大，但与同时期东部和中部地区上市公司应计盈余管理水平相比基本保持一致；随后至 2015 年开始呈现波动下降的状态，除 2011 年和 2015 年有小幅回升外，该段时期内下降幅度都较大，但没跌至 2002 年的最低值 0.076；随后的上升也没有达到之前 2008 年的峰值水平，相比整体还是有所下降。

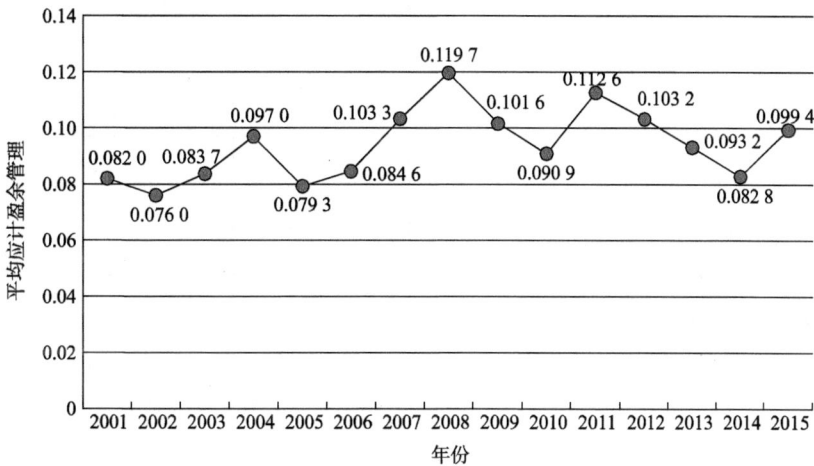

图 4-26 2001~2015 年西部地区各省（自治区）平均应计盈余管理变化趋势

2. 真实盈余管理变化趋势

西部地区各省（自治区）上市公司的平均真实盈余管理如表 4-24 所示，平均真实盈余管理程度的均值走向如图 4-27 所示。从表 4-24 可以看出，除黑龙江和新疆真实盈余管理变化范围不大外，西部地区其他省（自治区）真实盈余管理的变动幅度较大。2011~2012 年，西部地区除云南的真实盈余管理水平上升外，其他省（自治区）真实盈余管理水平均下降，其中青海、陕西、西藏和云南下降幅度较大，超过 0.04，2011 年成为西部地区平均真实盈余管理水平下降幅度最大的一年，2001~2002 年有六个省（自治区）真实盈余管理水平下降，其余年份的西部地区各省（自治区）真实盈余管理水平普遍有所提升，但大部分地区及年份涨幅并不大。除此之外，从图 4-27 可以看出，西部地区上市公司真实盈余管理整体均值走向是三个地区中相比最规则的，除 2001~2012 年、2010~2012 年真实盈余管理水平下降外，其他年份均保持上升的趋势，虽每年涨幅不大，但于 2003~2010 年连续八年一直上升达到峰值，2014 年、2015 年逐步小幅回升并趋于平稳。

表 4-24　西部地区各省（自治区）平均真实盈余管理程度

年份	甘肃	贵州	黑龙江	宁夏	青海	山西	陕西	西藏	新疆	云南	均值
2001	0.121	0.134	0.092	0.111	0.113	0.071	0.089	0.038	0.139	0.119	0.103 2
2002	0.078	0.079	0.093	0.051	0.095	0.109	0.075	0.067	0.117	0.161	0.095 1
2003	0.075	0.108	0.087	0.059	0.075	0.111	0.076	0.114	0.126	0.112	0.096 4
2004	0.160	0.176	0.105	0.074	0.118	0.126	0.115	0.120	0.092	0.176	0.125 6
2005	0.107	0.163	0.146	0.052	0.144	0.129	0.109	0.076	0.087	0.213	0.126 6
2006	0.126	0.138	0.106	0.100	0.161	0.155	0.091	0.207	0.148	0.153	0.133 2
2007	0.114	0.122	0.156	0.111	0.170	0.124	0.164	0.157	0.144	0.155	0.141 8
2008	0.140	0.158	0.103	0.127	0.291	0.186	0.176	0.159	0.134	0.150	0.157 7
2009	0.158	0.209	0.137	0.167	0.165	0.151	0.121	0.218	0.183	0.131	0.170 5
2010	0.155	0.207	0.159	0.146	0.252	0.168	0.160	0.223	0.171	0.194	0.175 3
2011	0.174	0.166	0.128	0.149	0.162	0.183	0.137	0.166	0.143	0.136	0.150 9
2012	0.146	0.150	0.108	0.142	0.105	0.130	0.096	0.074	0.098	0.180	0.123 0
2013	0.136	0.122	0.154	0.085	0.106	0.133	0.090	0.165	0.110	0.091	0.125 5
2014	0.180	0.156	0.134	0.112	0.209	0.157	0.118	0.248	0.117	0.116	0.143 1
2015	0.161	0.132	0.150	0.173	0.125	0.114	0.112	0.116	0.144	0.172	0.143 3

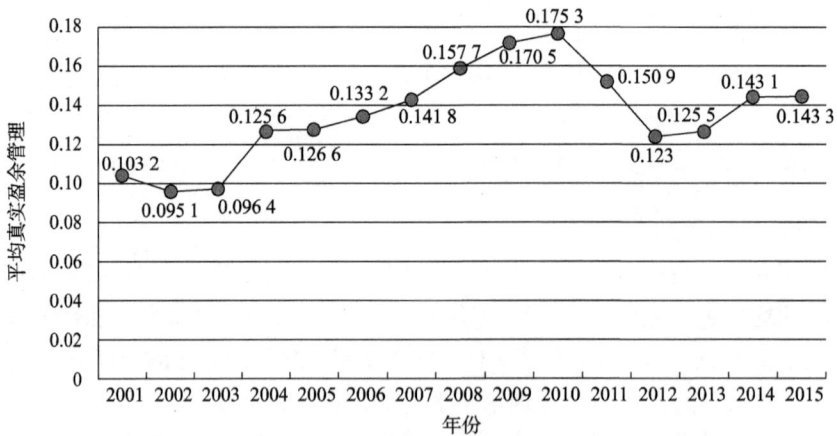

图 4-27　2001~2015 西部地区各省（自治区）平均真实盈余管理变化趋势

3. 西部地区盈余管理水平与 GDP 增速的协同性

与东部和中部地区相比，西部地区的 GDP 增速与盈余管理水平变化具有以下几个特点（图 4-28）。

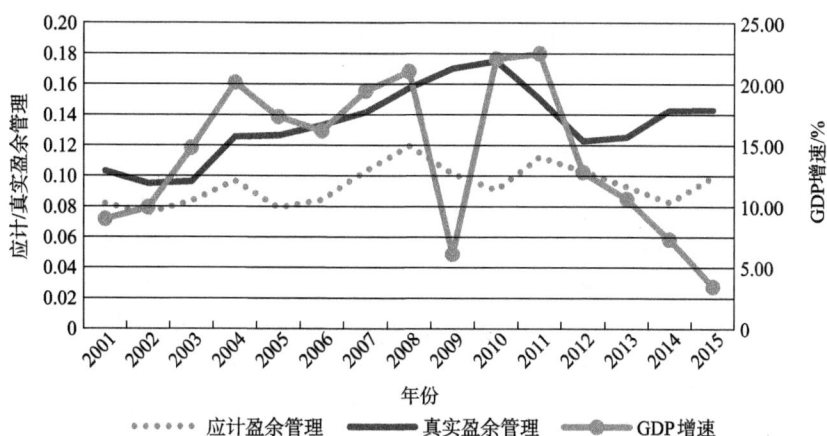

图 4-28　2001~2015 年西部地区盈余管理与 GDP 增速的变化趋势

第一，西部地区 GDP 增速的变化与东部和中部地区相比，总体趋势一致，但是上升和下降的速度明显加快。例如，2002~2004 年，西部地区的 GDP 增速上升很快，2008~2009年调整十分剧烈，下降幅度高达 15%，并且东部地区从 2007 年就反映出了美国次贷危机对经济的影响，但西部地区直到 2008 年末，GDP 增速才表现出下降趋势。此外，2012~2015年，东部地区的 GDP 增速是先升后降，但西部地区与中部地区类似，均从 2012 年起就表现出增速持续下降的特点，西部地区的 GDP 增速的下降速度要快于中部地区，说明西部地区上市公司的宏观经济的抗压能力较弱。

第二，真实盈余管理与应计盈余管理水平在总体趋势上表现趋同，且与东部、中部地区相似。应计盈余管理的水平幅度一直低于 GDP 增速的变化幅度，但与东部地区不同、与中部地区相似的是，西部地区应计盈余管理也曾四次低于 GDP 增速，分别发生于 2002年、2008~2010 年及 2012~2015 年。

第三，2012~2015 年 GDP 增速放缓后，两类盈余管理水平持续较高，且真实盈余管理水平仍高于应计盈余管理；两类盈余管理在 2012~2015 年变化方向完全相反，相互补充，以平衡其市场表现。

4.3　各地区上市公司盈余管理水平的比较

4.3.1　各地区上市公司应计盈余管理水平的比较

对我国东部、中部、西部三个地区的平均应计盈余管理水平进行比较可知（表 4-25），东部地区应计盈余管理水平的极大值与极小值之差最大，为 0.6；中部地区和西部地区极值之差相差不大，西部地区略高于中部地区 0.008，接近 0.53。值得注意的是，虽然东部、中部、西部各地区极值之差各有不同，但相似的是，每个地区的极小值基本一样，均近似为 0，这证明不管哪个地区都存在部分上市公司无应计盈余管理或盈余管理程度极低的现象。且从极大值来看，虽然东部地区略高，但三个地区相差并不大，差值小于 0.1，这证明三个地区的上市公司进行应计盈余管理的程度总体一致，不会明显异于一般的正常范围出现奇高的现象。从均值角度来说，东部、中部、西部三个地区依旧差别不大，排名与极值之差的排名一致，说明三个地区的上市公司普遍进行应计盈余管理的水平是一致的。同时从表 4-25 中可以看出，东部地区的标准差最大，比中部和西部地区标准差大 0.1 左右，说明相比而言，东部地区每年各省市进行应计盈余管理的程度波动较大，而中部和西部地区相差不大，近似为 0，波动相对稳定。

表 4-25　各地区平均应计盈余管理水平的描述性统计

地区	极小值	极大值	均值	标准差
东部	0.000	0.600	0.092 87	0.103 497
中部	0.001	0.519	0.087 50	0.090 244
西部	0.001	0.527	0.088 70	0.090 420

从图 4-29 可以明显看出，东部地区和中部地区普遍进行的应计盈余管理水平基本一致，波动趋势和震荡幅度也相差不大，而西部地区在 2004 年普遍进行应计盈余管理的水平明显高于东部和中部地区，2007~2011 年其波动趋势与东部和中部地区显著相反，其他年份波动趋势与东部和中部地区基本保持统一，2013~2015 年虽然趋势与东、中部地区保持一致，但程度明显低于其他两个地区。三个地区从 2005 年开始，每年的平均应计盈余管理普遍升高，且较 2001~2005 年波动幅度明显加大，速度也加剧。

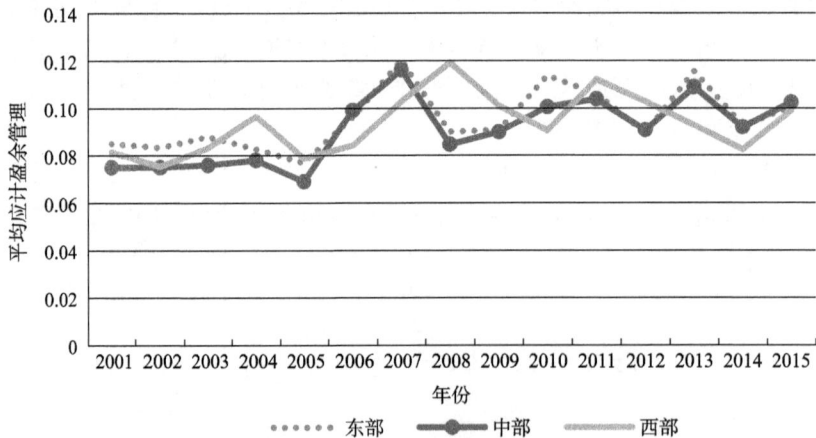

图 4-29　各地区平均应计盈余管理水平的对比

4.3.2　各地区上市公司真实盈余管理水平的比较

表 4-26 描述了东部、中部和西部地区的平均真实盈余管理水平的相关统计性数据。从表 4-26 中可以看出，与平均应计盈余管理相似的是，东部地区极大值与极小值之差仍然保持最大，且差别程度高于应计盈余管理，达到接近 0.9 的水平；西部地区极值之差位列第二，达到 0.761，高于中部地区，但超出程度仍不大；与平均应计盈余管理水平不同

的是，东部地区的极值之差明显大于中、西部两个地区，超出程度高于 0.12。同时，虽然真实盈余管理水平的极小值仍保持在近似为 0 的程度，但能明显看出，三个地区的真实盈余管理平均水平的极大值都显著高于应计盈余管理平均水平的极大值，东部地区差异大于 0.28，而中部地区和西部地区则超过 0.25，说明在盈余管理方面，三个地区中选择进行真实盈余管理操作的上市公司，操作的程度及水平会普遍高于进行应计盈余管理的公司。

表 4-26　各地区平均真实盈余管理水平的描述性统计

地区	极小值	极大值	均值	标准差
东部	0.001	0.889	0.152 52	0.161 190
中部	0.001	0.759	0.130 20	0.134 702
西部	0.002	0.763	0.133 80	0.134 420

从均值角度来说，与应计盈余管理不同的是，东部地区与中部、西部地区的真实盈余管理均值差距拉大，分别为大于 0.02 以上和 0.01 以上，且总体来说，程度要高于应计盈余管理水平，说明三个地区中选择进行真实盈余管理操作的上市公司，操作的程度要大于选择应计盈余管理操作的上市公司。同时从表 4-26 中可以看出，三个地区的真实盈余管理标准差排名没有变动，仍为东部地区最大，西部地区次之，中部地区最小，但从数值上来看，三个地区真实盈余管理的标准差都显著高于应计盈余管理的标准差，说明真实盈余管理的波动程度大于应计盈余管理的波动程度，相对来说没有应计盈余管理水平稳定。

从图 4-30 可以明显看出，东部、中部和西部地区三个地区的平均真实盈余管理水平的波动趋势基本保持一致，但在这 15 年间东部地区上市公司的真实盈余管理水平高于中部和西部地区。虽然三个地区波动趋势基本保持一致，但在个别年份，我们发现三个地区的波动趋势还是有略微不同，如 2001~2003 年，西部地区真实盈余管理水平走势与东部、中部地区略微相反，2012~2014 年，东部地区真实盈余管理水平走势与中部、西部地区完全相反。同时从图 4-30 中也可以看出，与平均应计盈余管理水平不同的是，平均真实盈余管理水平波动一直较大，没有相对平缓的时期，说明在进行真实盈余管理方面，各地区上市公司每年操纵的程度会有较大变动。

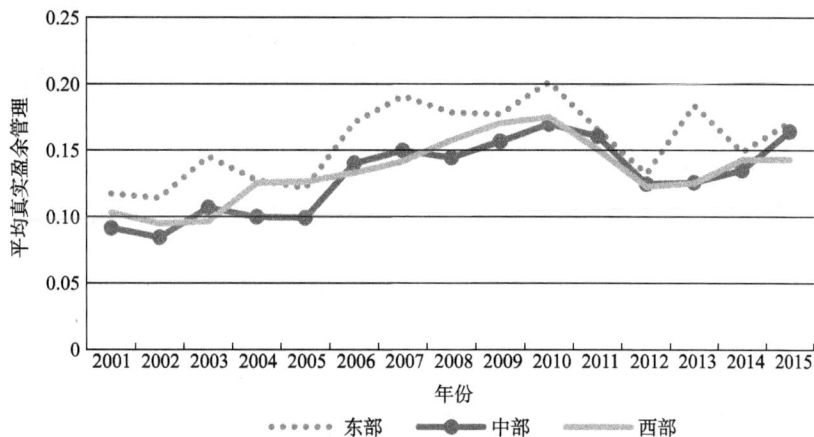

图 4-30　各地区平均真实盈余管理对比

4.3.3　我国各省（自治区、直辖市）上市公司应计盈余管理水平的排序

我们对此次研究所涉及的 31 个省（自治区、直辖市），分别就其 2013 年、2014 年和 2015 年的应计盈余管理程度，按照各个年份中从高到低的顺序进行了排序，同时，根据每年各地平均应计盈余管理程度跨越的范围（以最大值与最小值之差表示）的大小，将各省（自治区、直辖市）的应计盈余管理分成三类，每年的分类情况分别用三种不同灰度区分，得到结果如表 4-27~表 4-29 所示。

表 4-27　2013 年我国各省（自治区、直辖市）应计盈余管理程度的排序一览表

排名	省（自治区、直辖市）	应计盈余管理得分
1	河北	0.201
2	辽宁	0.164
3	宁夏	0.146
4	广东	0.143
5	江苏	0.129
6	天津	0.126
7	陕西	0.123
8	湖南	0.121
9	湖北	0.119
10	福建	0.117
11	上海	0.116
12	四川	0.109
13	吉林	0.106
14	广西	0.102
15	甘肃	0.102
16	山东	0.101
17	新疆	0.099
18	浙江	0.095
19	重庆	0.095
20	河南	0.094
21	江西	0.092
22	安徽	0.083
23	黑龙江	0.083
24	山西	0.083
25	北京	0.081
26	西藏	0.080
27	云南	0.077
28	海南	0.068
29	内蒙古	0.067
30	青海	0.067
31	贵州	0.056

表 4-28　2014 年我国各省（自治区、直辖市）应计盈余管理程度的排序一览表

排名	省（自治区、直辖市）	应计盈余管理得分
1	西藏	0.179
2	湖北	0.168
3	内蒙古	0.153
4	天津	0.126
5	上海	0.123
6	海南	0.106
7	北京	0.103
8	福建	0.102
9	新疆	0.100
10	广东	0.098
11	黑龙江	0.097
12	甘肃	0.096
13	四川	0.095
14	山东	0.089
15	吉林	0.086
16	辽宁	0.086
17	河北	0.085
18	广西	0.083
19	宁夏	0.080
20	浙江	0.080
21	贵州	0.072
22	青海	0.069
23	江西	0.068
24	重庆	0.068
25	江苏	0.067
26	陕西	0.066
27	河南	0.066
28	湖南	0.066
29	云南	0.063
30	安徽	0.060
31	山西	0.049

表 4-29　2015 年我国各省（自治区、直辖市）应计盈余管理程度的排序一览表

排名	省（自治区、直辖市）	应计盈余管理得分
1	广东	0.153
2	湖北	0.137
3	内蒙古	0.132
4	吉林	0.125
5	宁夏	0.123
6	海南	0.121

排名	省（自治区、直辖市）	应计盈余管理得分
7	辽宁	0.121
8	重庆	0.119
9	广西	0.115
10	陕西	0.113
11	青海	0.104
12	上海	0.102
13	甘肃	0.101
14	山西	0.101
15	黑龙江	0.099
16	河北	0.099
17	天津	0.099
18	贵州	0.098
19	云南	0.097
20	湖南	0.095
21	西藏	0.092
22	四川	0.092
23	安徽	0.090
24	北京	0.085
25	江西	0.084
26	福建	0.084
27	新疆	0.082
28	江苏	0.081
29	河南	0.080
30	山东	0.073
31	浙江	0.070

由表 4-27~表 4-29 可见，从平均应计盈余管理程度来看，不管是应计盈余管理水平较高还是较低的省份其分布普遍不集中，没有地区一致性与集中性，而是分散在东部、中部、西部地区的各个省份。比较三年的排序及分类情况可以发现，每年的分类都有变动，其中辽宁、西藏、内蒙古等省（自治区、直辖市）2013~2015 年应计盈余管理程度变化较大，高低变化剧烈；而天津、上海、甘肃等则在应计盈余管理程度上保持相对稳定，变动较小，说明这些地区的上市公司市场环境也相对较稳定，应计盈余管理较稳定，不会突然加强或减弱。

4.3.4 我国各省（自治区、直辖市）上市公司真实盈余管理水平的排序

我们对此次研究所涉及的 31 个省（自治区、直辖市），分别就其 2013 年、2014 年和 2015 年的平均真实盈余管理程度，按照各个年份中从高低的顺序进行了排序。同时，根据每年各地平均真实盈余管理程度跨越的范围（以最大值与最小值之差表示）的大小，

将各省（自治区、直辖市）的真实盈余管理分成三类，每年的分类情况分别用三种不同灰度区分，得到结果如表 4-30~表 4-32 所示。

表 4-30　2013 年我国各省（自治区、直辖市）真实盈余管理程度的排序一览表

排名	省（自治区、直辖市）	真实盈余管理得分
1	重庆	0.685
2	广东	0.250
3	上海	0.208
4	北京	0.202
5	湖北	0.179
6	西藏	0.165
7	黑龙江	0.154
8	河北	0.144
9	吉林	0.140
10	甘肃	0.136
11	海南	0.136
12	福建	0.134
13	山西	0.133
14	四川	0.133
15	浙江	0.132
16	辽宁	0.126
17	天津	0.126
18	贵州	0.122
19	广西	0.122
20	内蒙古	0.115
21	山东	0.112
22	新疆	0.110
23	江苏	0.110
24	湖南	0.107
25	青海	0.106
26	安徽	0.104
27	江西	0.094
28	河南	0.093
29	云南	0.091
30	陕西	0.090
31	宁夏	0.085

表 4-31　2014 年我国各省（自治区、直辖市）真实盈余管理程度的排序一览表

排名	省（自治区、直辖市）	真实盈余管理得分
1	西藏	0.248
2	青海	0.209
3	天津	0.208
4	福建	0.187
5	甘肃	0.180
6	吉林	0.175
7	上海	0.173
8	北京	0.171
9	重庆	0.162
10	河北	0.160
11	内蒙古	0.160
12	山西	0.157
13	贵州	0.156
14	四川	0.151
15	广东	0.148
16	江苏	0.135
17	黑龙江	0.134
18	广西	0.128
19	河南	0.127
20	江西	0.127
21	浙江	0.127
22	湖南	0.123
23	安徽	0.119
24	陕西	0.118
25	新疆	0.117
26	山东	0.117
27	云南	0.116
28	辽宁	0.116
29	宁夏	0.112
30	湖北	0.112
31	海南	0.097

表 4-32 2015 年我国各省（自治区、直辖市）真实盈余管理程度的排序一览表

排名	省（自治区、直辖市）	真实盈余管理得分
1	广东	0.239
2	安徽	0.237
3	辽宁	0.229
4	湖北	0.204
5	广西	0.186
6	宁夏	0.173
7	云南	0.172
8	重庆	0.167
9	甘肃	0.161
10	江苏	0.161
11	福建	0.158
12	湖南	0.155
13	内蒙古	0.155
14	黑龙江	0.150
15	上海	0.150
16	北京	0.149
17	新疆	0.144
18	山东	0.142
19	浙江	0.138
20	吉林	0.136
21	四川	0.135
22	贵州	0.132
23	河南	0.130
24	青海	0.125
25	河北	0.123
26	西藏	0.116
27	山西	0.114
28	江西	0.113
29	陕西	0.112
30	天津	0.112
31	海南	0.101

由表 4-30~表 4-32 可见，与应计盈余管理相似，从真实盈余管理程度的数值来看，不管是进行较高水平还是较低水平真实盈余管理的上市公司，其地区分布并不集中。每一年

进行真实盈余管理程度最高的上市公司均分布在不同地区，没有出现某一地区独占鳌头的现象。在 2013 年，重庆市的上市公司普遍进行真实盈余管理的程度极高，显著高于其他省（自治区、直辖市）、其他年份。虽然各个省（自治区、直辖市）的上市公司进行真实盈余管理的程度高低不一，但相差不大。比较 2013~2015 年三年的排序及分类情况可以发现，每年的分类都有变动，其中内蒙古、西藏、辽宁等省（自治区、直辖市）在 2013~2015 年真实盈余管理水平变化较大，每年的数值变化剧烈；而中部地区如江西、海南，东部地区如山东等的上市公司平均盈余管理程度相对来说较稳定，变动较小。

参 考 文 献

[1] 樊纲，王小鲁，朱恒鹏. 中国市场化指数——各地区市场化相对进程 2009 年度报告[M]. 北京：经济科学出版社，2010.

[2] 上市公司盈余管理研究课题组. 中国上市公司盈余管理 20 年（1992—2012）[M]. 北京：经济科学出版社，2016.

[3] 张子珍. 中国经济区域划分演变及评价[J]. 山西财经大学学报（高等教育版），2010，13（2）：89-92.

第5章 上市公司盈余管理行业差异分析

5.1 上市公司行业状况分析

5.1.1 行业分类

现行的证监会《上市公司行业分类指引（2012年修订）》于2012年10月公布，是以国家统计局《国民经济行业分类》标准为主要依据，借鉴联合国国际标准工业分类法（International Standard Industrial Classification，ISIC）等行业分类标准制定的。该指引将上市公司行业划分为农、林、牧、渔业以及采矿业、制造业等19个门类，共计90大类。

为了方便研究，本章将2001~2015年的上市公司统一分类为19个行业，行业代码如表5-1所示。

表 5-1 行业代码

行业代码	行业
A	农、林、牧、渔业
B	采矿业
C	制造业
D	电力、热力、燃气及水生产和供应业
E	建筑业
F	批发和零售业
G	交通运输、仓储和邮政业
H	住宿和餐饮业
I	信息传输、软件和信息技术服务业
J	金融业
K	房地产业
L	租赁和商务服务业
M	科学研究和技术服务业
N	水利、环境和公共设施管理业
O	居民服务、修理和其他服务业

续表

行业代码	行业
P	教育业
Q	卫生和社会工作业
R	文化、体育和娱乐业
S	综合类

5.1.2 行业概况

2015 年沪深两市 2 800 多家上市公司全年收入 29.42 万亿元，净利润 2.476 万亿元，所有上市公司员工总数接近 2 000 万人，股东总户数 1.67 亿户。

2015 年是"十二五"规划的收官之年，一方面我国经济发展面临多重挑战；另一方面供给侧结构性改革持续有序推进，发展新动能加快成长。受此影响，沪深两市上市公司业绩整体保持增长态势，但出现分化。传统行业发展持续放缓，新兴产业以及与生活相关的基本消费行业稳定增长。随着经济转型升级和产业结构调整的深化，股市将对经济运行发挥更加积极的作用。

2015 年深市上市公司共实现营业收入 68 139.31 亿元，同比增长 4.69%，其中主板、中小板和创业板分别增长 -1.58%、11.32% 和 29.03%，板块间业绩分化的现象较为明显。2015 年，深市上市公司归属母公司股东净利润合计 4 249.38 亿元，同比增长 7.42%，其中主板、中小板和创业板分别增长 -0.35%、12.96% 和 24.84%。2015 年深市 89.01% 的公司实现盈利，有 425 家公司净利润增长超过 50%，比 2014 年增加 13 家。

虽然深市上市公司整体营业总收入同比增长，但沪市上市公司整体营业总收入却同比下滑。2015 年，沪市上市公司共实现营业收入 22.67 万亿元，同比下降 3.93%；共实现净利润约 2.05 万亿元，同比下降 2.66%；每股收益 0.55 元，同比下降 11%。与此同时，沪市上市公司产业结构调整不断优化。第三产业总资产比重为 88%，远高于第一、第二产业占比。从全年业绩情况看，第三产业净利润为 1.58 万亿元，同比增长 8%；营业收入为 7.33 万亿元，同比增长 4%，净利润与营业收入的同比增长对冲了第一、第二产业同比大幅下滑的影响，对稳定经济运行发挥了积极作用。

此外，沪深两市结构有所不同，沪市只有主板，大多为传统行业公司；深市除了主板外，还有创业板、中小板，创新型企业表现不俗。

在国际国内需求放缓的情况下，沪市煤炭、石油、黑色金属及有色金属等传统行业经营受到较大影响，2015 年共实现营业收入约 5.4 万亿元，实现净利润约 273 亿元，较上年同期均出现较大幅度的下滑。房地产、汽车、食品等生活性相关的基本消费行业仍发挥了稳增长的作用，其中营业收入共实现 1.95 万亿元，同比增长 4.81%；净利润共实现 0.13 万亿元，同比增长 3.23%。同时，以文化、旅游等为代表的新兴消费行业的发展成为结构性亮点。旅游、酒店行业营业收入共实现 171 亿元，同比增长 11.48%；净利润共实现 21.07 亿元，同比增长 27.6%。文化传媒行业实现营业收入 682.95 亿元，同比增长 20%，均远高于沪市平均增长水平。

　　总体来说，在 2015 年，深市的七大战略性新兴行业保持着稳定的发展，其中，数字经济和绿色经济表现很好，文化产业也保持着多年连续快速增长的态势。深市的战略性新兴公司中，上市公司共 695 家，占公司总数的 39.35%。值得注意的是，深市黑色金属冶炼和压延加工业、有色金属冶炼和压延加工业在 2015 年整体上呈现出亏损的状态，采矿业，交通运输、仓储和邮政业，非金属矿物制品业的利润更是大幅度下滑，下滑幅度分别达到 31.02%、36.12%、57.70%。

　　在经济转型升级和产业结构调整步伐加快的背景下，并购重组市场化改革持续深入，沪深两市上市公司外延式扩张意愿增强，并购重组规模再创新高。沪市公司发生的并购重组，其数量和规模实现了双增的良好局面。2015 年全年实现的并购重组案 863 家次，交易发生额为 1.04 万亿元，增幅均达到 50% 以上；共完成重大重组案 92 家次，同比增长 129.9%；相关交易金额共 4 351 亿元，同比增长 225.4%，一共增加市值 1.8 万亿元。与此同时，进行重大资产重组的公司，其营利能力也获得了较为快速的提升。2015 年，92 家重大资产重组的公司共实现营业收入 14 951 亿元，同比增长 123%；实现净利润 611 亿元，同比增长 185%。深市 2015 年全年实施完成重大资产重组 252 起，比上年增长 83.94%；并购交易金额 4 127.38 亿元，同比增长 110.17%。其中，主板、中小板、创业板并购交易金额分别增长 47.96%、188.85% 和 128.24%。分行业看，购买方以计算机、通信和其他电子设备制造业、软件和信息技术服务业、电气机械和器材制造业最为活跃。并购标的中，广播影视、互联网和相关服务、医药制造业受到青睐。

　　本章将从股本及市值规模、资本结构和营利能力三个方面，对各个行业进行比较分析。

1. 各行业股本及市值规模的比较分析

　　各个行业截止到 2015 年底的股本及市值规模如表 5-2 所示。

表 5-2　各行业股本及市值规模

行业	股本/万股	所占比例/%	市值/亿元	所占比例/%
农、林、牧、渔业	3 117 609.656 6	0.76	5 649.927 0	1.13
采矿业	43 565 491.795 3	10.58	32 735.408 2	6.56
制造业	137 737 326.479 4	33.44	222 942.598 1	44.65
电力、热力、燃气及水生产和供应业	21 140 662.089 3	5.13	19 202.118 7	3.85
建筑业	16 405 017.959 0	3.98	16 684.138 9	3.34
批发和零售业	10 378 287.530 3	2.52	16 399.552 6	3.28
交通运输、仓储和邮政业	18 989 482.216 4	4.61	16 662.785 6	3.34
住宿和餐饮业	379 613.735 9	0.09	781.302 7	0.16
信息传输、软件和信息技术服务业	10 397 165.094 7	2.52	28 601.146 9	5.73
金融业	119 870 308.694 9	29.10	91 628.108 3	18.35
房地产业	19 824 720.004 8	4.81	24 916.715 6	4.99
租赁和商务服务业	2 765 458.996 1	0.67	5 080.659 1	1.02
科学研究和技术服务业	758 936.075 7	0.18	1 923.595 3	0.39
水利、环境和公共设施管理业	1 888 918.652 3	0.46	3 807.390 6	0.76
教育业	25 907.652 6	0.01	100.029 4	0.02

续表

行业	股本/万股	所占比例/%	市值/亿元	所占比例/%
卫生和社会工作业	200 625.495 0	0.05	788.297 8	0.16
文化、体育和娱乐业	2 955 876.444 6	0.72	8 775.931 5	1.76
综合类	1 533 183.956 8	0.37	2 606.068 1	0.52

注：19 个行业中的"居民服务、修理和其他服务行业"没有上市公司数据，此表不列示该行业

资料来源：锐思数据库

根据表 5-2 提供的数据，各行业上市公司的股本规模达到 411 934 592.529 7 万股，市值达到 499 285.774 4 亿元。

首先，以股本规模为比较标准。各个行业股本规模占所有上市公司股本合计的比例如表 5-2 第 2 列数字所示。可以看出，制造业和金融业的股本规模占所有上市公司总和的半数以上。其中，制造业的规模最大，为 137 737 326.479 4 万股，占所有上市公司总和的 33.44%；金融业的规模次之，为 119 870 308.694 9 万股，占所有上市公司总和的 29.10%。所有上市公司中股本规模所占比例低于 0.1% 的有住宿和餐饮业、教育业、卫生和社会工作业，其中股本规模最低的是教育业，仅为 25 907.652 6 万股，仅占上市公司总和的 0.01%。

其次，以市值为比较标准。各个行业市值占所有上市公司市值合计金额的比例如表 5-2 第 4 列数字所示。可以看出，制造业和金融业的市值规模占所有上市公司的六成以上。市场规模最大的行业为制造业，其市值为 222 942.598 1 亿元，占上市公司市值总和的比例为 44.65%；金融业的规模次之，其市值为 91 628.108 3 亿元，占所有上市公司市值总和的比例为 18.35%。而市值规模最小的为教育业，所占比例为 0.02%。

2. 各行业资本结构的比较分析

首先，以资产负债率为指标衡量时，各行业资产负债率如图 5-1 所示。

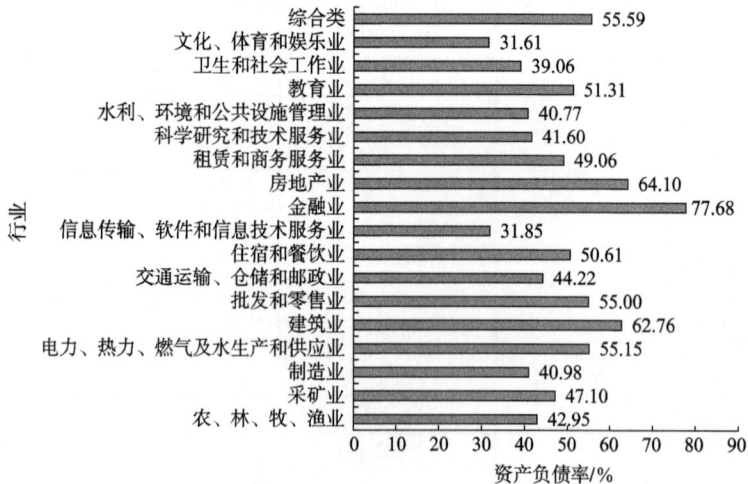

图 5-1　各行业资产负债率

由图 5-1 可以看出，资产负债率最高的是金融业，为 77.68%，这与金融业倾向于利用高财务杠杆和负债经营有很大关系；资产负债率最低的行业是文化、体育和娱乐业，为 31.61%。

其次，以股东权益比率为指标衡量时，各行业股东权益比率如图 5-2 所示。

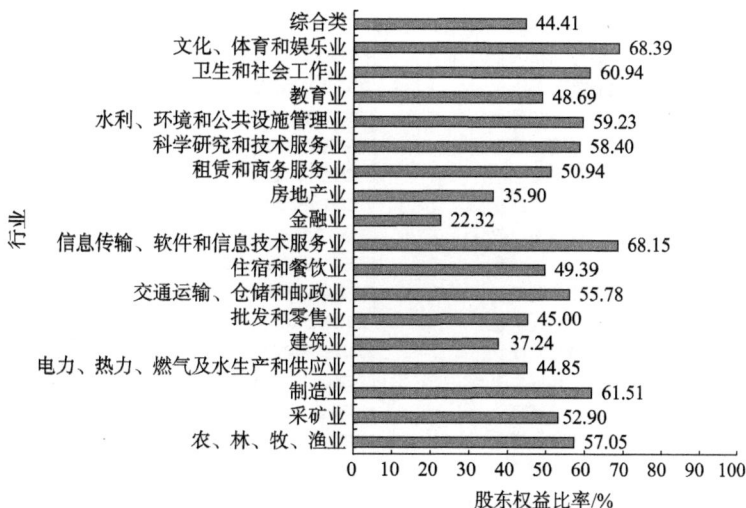

图 5-2　各行业股东权益比率

由图 5-2 可以看出，文化、体育和娱乐业的股东权益比率最高，为 68.39%；而股东权益比率最低的为金融业，为 22.32%。

3. 各行业营利能力的比较分析

首先，以净利润为比较标准，各个行业的净利润如图 5-3 所示。

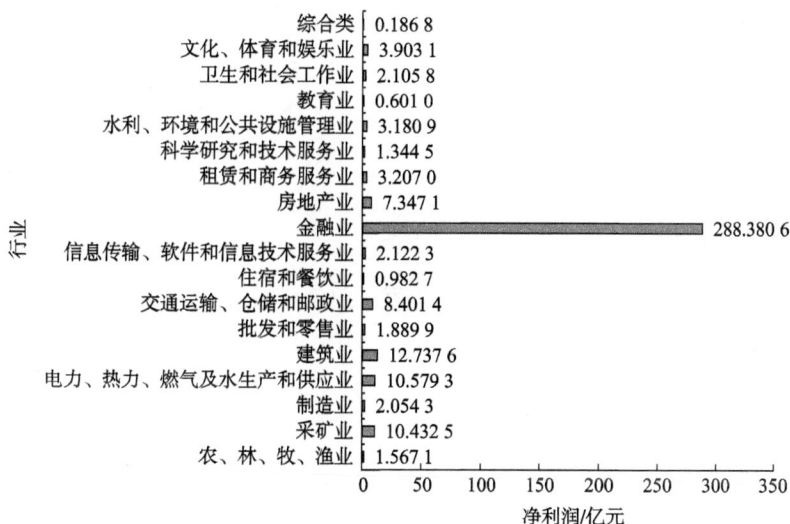

图 5-3　各行业的净利润

由图 5-3 可以看出，虽然各个行业的净利润均为正，但各行业间的净利润差别巨大。金融业的净利润高达 288.380 6 亿元，远高于其他行业水平，居于各行业的首位；而综合类的净利润最低，仅为 0.186 8 亿元。

其次，将每股收益作为比较标准，各行业的每股收益如图 5-4 所示。

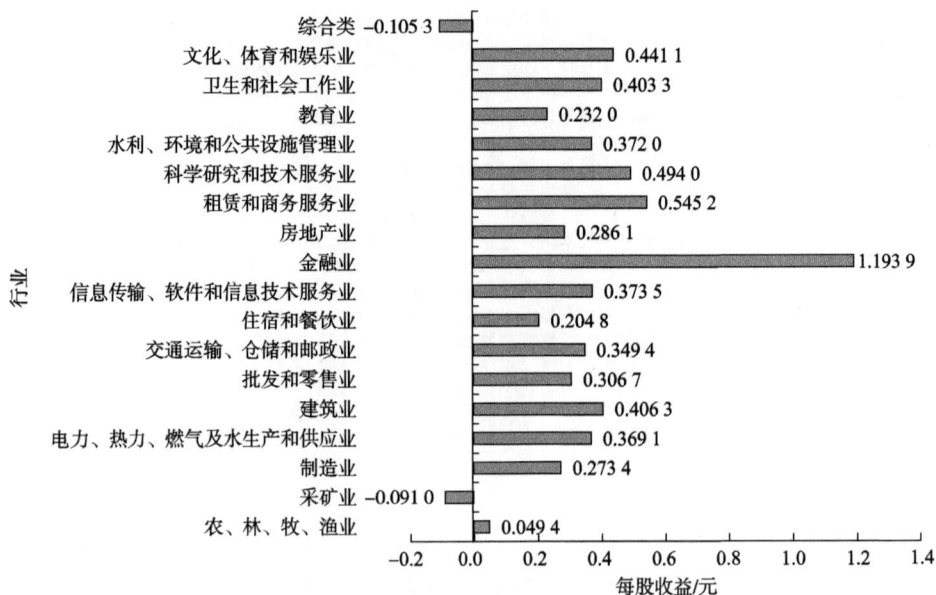

图 5-4　各行业的每股收益

由图 5-4 可以看出，每股收益最高的行业为金融业，为 1.193 9 元，远远超过其他行业的每股收益水平。采矿业和综合业的每股收益均为负，其中，采矿业的每股收益为 -0.091 0 元，综合类每股收益的亏损最为严重，为 -0.105 3 元。

5.2　不同行业上市公司盈余管理状况分析

5.2.1　数据来源

本章选取 2001~2015 年所有上市公司数据，剔除所有 ST、*ST 及 PT 上市公司，并剔除 B 股。考虑到数据的完整性，剔除了 2001~2015 年数据不完整的上市公司。有关公司治理和上市公司财务数据来自锐思数据库。

我们首先计算出各个上市公司的真实盈余管理和应计盈余管理水平，按照前文提到的行业分类标准将所有上市公司分类为 19 个行业，得到各个行业的真实盈余管理和应计盈余管理水平。为了更深入地了解每个行业盈余管理水平的发展趋势，按照 2001~2015 年的时间顺序，对各个行业的盈余管理水平进行排序，并加以比较。

5.2.2　各行业盈余管理状况分析

本节对盈余管理程度做重点研究，暂时不考虑方向，对各个企业的负向盈余管理值求绝对值，然后计算整个行业的平均水平。

1. 农、林、牧、渔业

由表 5-3 和图 5-5，我们可以看到农、林、牧、渔业 2001~2015 年应计盈余管理值和真实盈余管理值的水平。

表 5-3　农、林、牧、渔业 2001~2015 年盈余管理水平

年份	应计盈余管理值	真实盈余管理值
2001	0.079 9	0.101 4
2002	0.083 4	0.102 3
2003	0.087 0	0.126 7
2004	0.084 5	0.120 3
2005	0.077 5	0.114 3
2006	0.098 4	0.161 0
2007	0.116 4	0.176 3
2008	0.092 5	0.171 8
2009	0.092 0	0.175 7
2010	0.110 3	0.205 4
2011	0.109 4	0.169 3
2012	0.098 7	0.139 5
2013	0.099 6	0.142 0
2014	0.118 0	0.113 7
2015	0.066 1	0.145 2

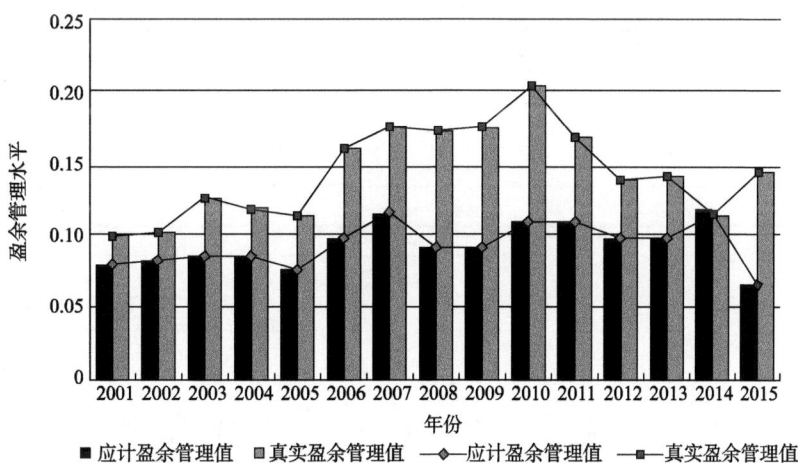

图 5-5　农、林、牧、渔业 2001~2015 年盈余管理水平

如表 5-3 和图 5-5 所示，2005~2014 年，农、林、牧、渔业的应计盈余管理程度变化幅度不大，最高点出现在 2014 年。但 2015 年农、林、牧、渔业的应计盈余管理程度出现了下滑，达到最低值。

而农、林、牧、渔业的真实盈余管理程度起伏较大。2010 年以前农、林、牧、渔业的真实盈余管理程度整体上呈上升的趋势，2010 年达到最高值。随后则呈现下降的趋势，

2014 年达到最低水平，而 2015 年的真实应计盈余管理程度有小幅度回升。

总体上看，农、林、牧、渔业的真实盈余管理程度基本高于应计盈余管理程度。2001~2010 年，两者的差距逐年增大，在 2010 年达到最大值。而后两者的差距开始减小，2014 年的应计盈余管理程度反而高于真实盈余管理程度。2015 年两者的差距再次拉大，几乎达到最大值。

2. 采矿业

由表 5-4 和图 5-6，我们可以看到采矿业 2001~2015 年应计盈余管理值和真实盈余管理值的水平。

表 5-4　采矿业 2001~2015 年盈余管理水平

年份	应计盈余管理值	真实盈余管理值
2001	0.082 5	0.106 4
2002	0.083 8	0.103 5
2003	0.089 6	0.126 9
2004	0.086 1	0.120 3
2005	0.077 7	0.115 5
2006	0.096 9	0.158 1
2007	0.119 5	0.174 6
2008	0.092 8	0.170 7
2009	0.092 4	0.173 6
2010	0.110 8	0.202 7
2011	0.108 4	0.168 2
2012	0.101 7	0.138 6
2013	0.080 1	0.219 4
2014	0.060 2	0.102 0
2015	0.126 8	0.220 5

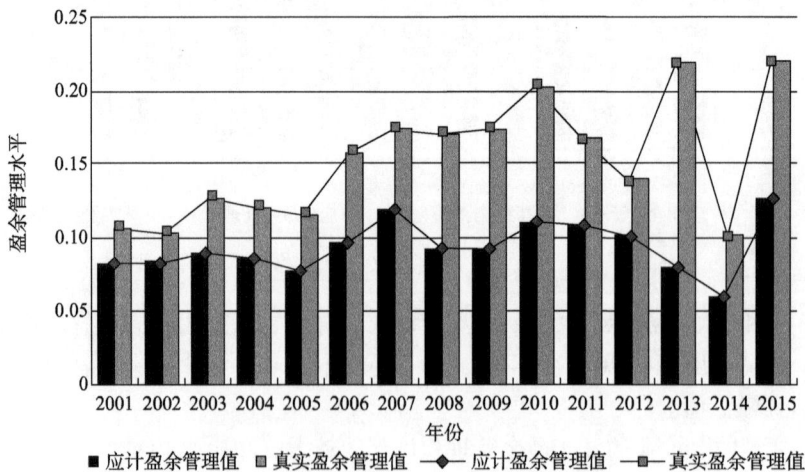

图 5-6　采矿业 2001~2015 年盈余管理水平

由表 5-4 和图 5-6 可以看出，采矿业的应计盈余管理程度从 2001~2015 年共经历了两次波动。第一次是 2005~2008 年，在 2007 年达到较高水平后又开始下降。第二次是 2010~2015 年，先是连续几年下降，并于 2014 年降到最低点，而后在 2015 年迅速上升，达到 15 年来的最高值。

采矿业的真实盈余管理程度起伏较大。2010 年之前，其真实盈余管理程度整体上呈现上升趋势。2010~2015 年出现两次较大波动。第一次波动是 2011 年、2012 年的连续下降和 2013 年的大幅度上升；第二次波动是 2014 年的大幅度下降和 2015 年的大幅度上升。其中，真实盈余管理程度的最低值出现在 2014 年，最高值出现在 2015 年。

此外，采矿业的真实盈余管理程度始终高于应计盈余管理程度，2007~2011 年两者的差距一直较大。但在 2012~2015 年，两者的差距先是在 2013 年增大到最大，而后在 2014 年减小，到了 2015 年再次增大。

3．制造业

由表 5-5 和图 5-7，我们可以看到制造业 2001~2015 年应计盈余管理值和真实盈余管理值的水平。

表 5-5　制造业 2001~2015 年盈余管理水平

年份	应计盈余管理值	真实盈余管理值
2001	0.085 3	0.110 0
2002	0.083 8	0.103 5
2003	0.089 3	0.126 7
2004	0.077 7	0.121 6
2005	0.077 7	0.115 8
2006	0.096 8	0.158 0
2007	0.118 7	0.173 2
2008	0.092 6	0.169 3
2009	0.093 9	0.174 2
2010	0.112 2	0.201 9
2011	0.108 8	0.167 4
2012	0.103 7	0.139 1
2013	0.126 9	0.185 4
2014	0.068 4	0.131 2
2015	0.081 6	0.151 5

由表 5-5 和图 5-7 可以看出，2001~2012 年，制造业应计盈余管理程度起伏不大，其中较高值出现在 2007 年。2012 年后波动较大，应计盈余管理程度的最大值出现在 2013 年，最小值出现在 2014 年。2015 年的应计盈余管理程度较 2014 年稍有上升。

2005 年及之前的真实盈余管理程度的水平比较低，2006 年开始逐渐上升，在 2010 年达到最大值。2010~2015 年的真实盈余管理程度波动剧烈，2012 年和 2014 年均达到较低值，2015 年则回升到了较高水平。

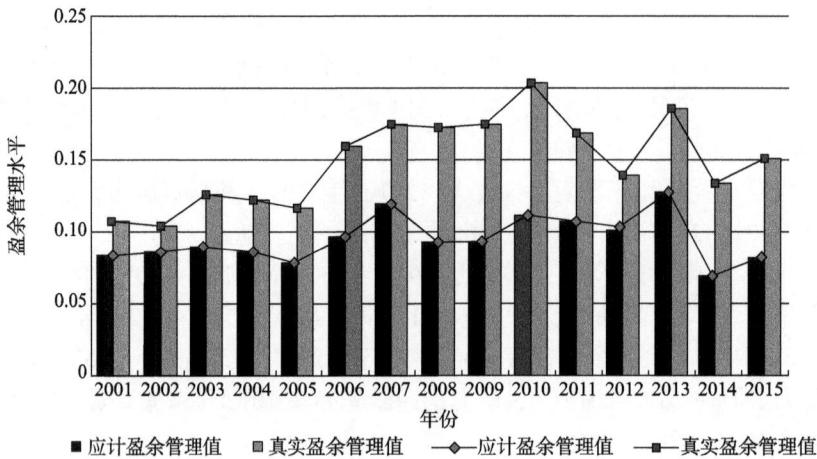

图 5-7　制造业 2001~2015 年盈余管理水平

　　总体上看，制造业的真实盈余管理程度始终高于应计盈余管理程度，且两者的差距保持稳定，即变化趋势基本一致。

　　4. 电力、热力、燃气及水生产和供应业

　　由表 5-6 和图 5-8，我们可以看到电力、热力、燃气及水生产和供应业 2001~2015 年应计盈余管理值和真实盈余管理值的水平。

表 5-6　电力、热力、燃气及水生产和供应业 2001~2015 年盈余管理水平

年份	应计盈余管理值	真实盈余管理值
2001	0.083 1	0.108 1
2002	0.084 7	0.104 1
2003	0.089 5	0.126 6
2004	0.087 2	0.120 8
2005	0.077 9	0.115 9
2006	0.096 9	0.158 0
2007	0.118 2	0.172 9
2008	0.092 7	0.169 5
2009	0.093 4	0.173 7
2010	0.112 5	0.201 9
2011	0.108 7	0.167 3
2012	0.103 0	0.138 6
2013	0.089 5	0.127 7
2014	0.054 9	0.117 2
2015	0.135 5	0.186 7

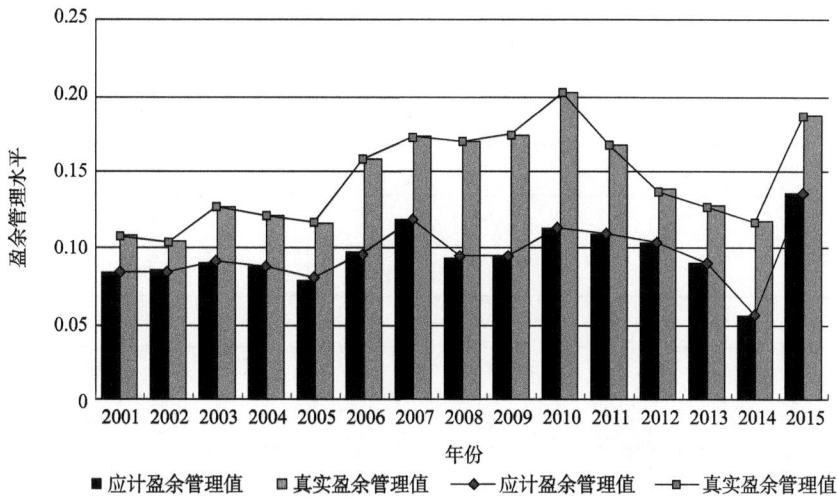

图 5-8　电力、热力、燃气及水生产和供应业 2001~2015 年盈余管理水平

由表 5-6 和图 5-8 可以看出，2001~2012 年，电力、热力、燃气及水生产和供应业的应计盈余管理变化幅度不大，2007 年达到峰值，随后数值略有下降，2010~2012 年则趋于稳定。而 2013~2015 年电力、热力、燃气及水生产和供应业的应计盈余管理程度则出现较大幅度的波动。2013 年开始出现下滑，并在 2014 年达到最低值，随后的 2015 年又再次实现大幅度上升。

与之相反，电力、热力、燃气及水生产和供应业的真实盈余管理程度的变化幅度始终较大，2010 年前呈现上升趋势，2010 年达到最大值。自 2010 年后开始下降，2014 年几乎达到了最低水平，而 2015 年又得到了大幅度的回升。

总体来看，电力、热力、燃气及水生产和供应业的应计盈余管理程度和真实盈余管理程度变化趋势一致。差距最大的为 2010 年，差距最小的为 2002 年。

5. 建筑业

由表 5-7 和图 5-9，我们可以看到建筑业 2001~2015 年应计盈余管理值和真实盈余管理值的水平。

表 5-7　建筑业 2001~2015 年盈余管理水平

年份	应计盈余管理值	真实盈余管理值
2001	0.084 0	0.107 8
2002	0.084 4	0.103 8
2003	0.090 2	0.127 3
2004	0.086 5	0.120 0
2005	0.077 6	0.114 0
2006	0.095 6	0.156 6

续表

年份	应计盈余管理值	真实盈余管理值
2007	0.118 3	0.173 5
2008	0.092 8	0.169 6
2009	0.092 8	0.173 8
2010	0.111 2	0.202 5
2011	0.108 4	0.168 1
2012	0.101 6	0.138 5
2013	0.088 8	0.216 4
2014	0.207 5	0.149 7
2015	0.112 8	0.136 8

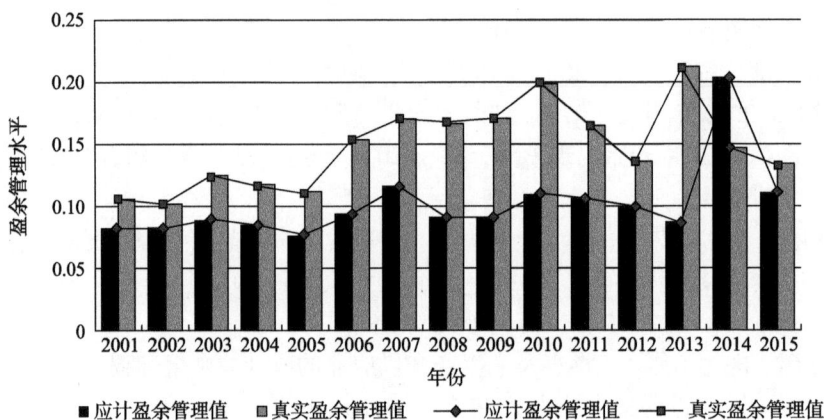

图 5-9 　建筑业 2001~2015 年盈余管理水平

由表 5-7 和图 5-9 可以看出，2001~2013 年，建筑业的应计盈余管理程度变化幅度不大。经过 2014 年的大幅度上升后达到最大值，几乎是其他年份的两倍。2015 年又回落到正常水平。

而建筑业的真实盈余管理程度在 2010 年前呈现缓慢上升的趋势，起伏不大。2010~2012 年开始持续下滑，2013 年实现回升并达到最大值，而后又再次出现下降。

2001~2010 年，建筑业的真实盈余管理程度始终高于应计盈余管理程度，并且两者的差距逐年增大。2011 年后，差距逐渐减小，但在 2013 年两者的差距达到了最大。2014 年，真实管理盈余程度反而低于应计盈余管理程度。而 2015 年，真实盈余管理程度又超过了应计盈余管理程度。

6. 批发和零售业

由表 5-8 和图 5-10，我们可以看到批发和零售业 2001~2015 年应计盈余管理值和真实盈余管理值的水平。

表 5-8　批发和零售业 2001~2015 年盈余管理水平

年份	应计盈余管理值	真实盈余管理值
2001	0.084 7	0.109 6
2002	0.084 0	0.103 8
2003	0.089 5	0.126 4
2004	0.087 1	0.120 5
2005	0.077 7	0.114 9
2006	0.097 0	0.158 3
2007	0.118 6	0.174 2
2008	0.093 6	0.169 7
2009	0.093 3	0.173 5
2010	0.112 3	0.201 8
2011	0.108 9	0.167 5
2012	0.103 0	0.138 5
2013	0.089 6	0.129 4
2014	0.098 1	0.205 8
2015	0.136 0	0.182 9

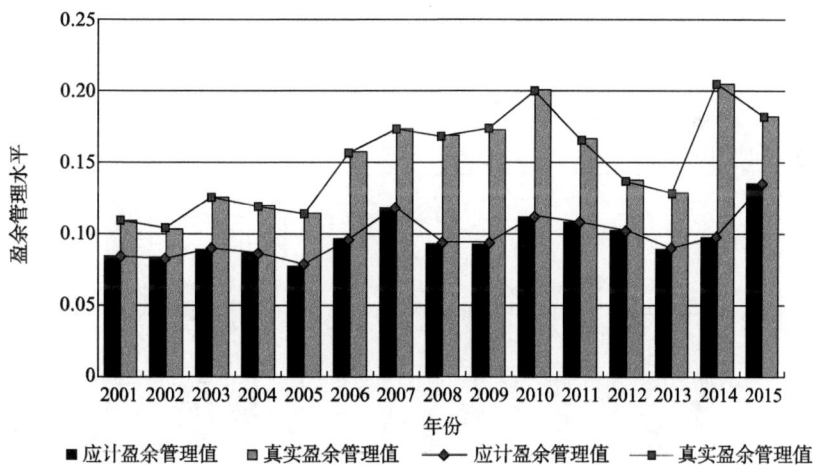

图 5-10　批发和零售业 2001~2015 年盈余管理水平

由表 5-8 和图 5-10 可以看出，批发和零售业应计盈余管理总体上变化幅度不大，其中峰值出现在 2015 年。

相反，批发和零售业的真实盈余管理程度变化比较剧烈。2005 年前基本保持平稳，2005 年开始呈上升趋势，在 2010 年达到较高水平后，出现急剧下降的变化趋势，2013 年时逼近最低值。2013 年后出现大幅度上升，并在 2014 年达到最大值，2015 年又有少许下降。

批发和零售业的真实盈余管理程度始终高于应计盈余管理程度，2002 年时差距最小，2014 年时的差距最大。

7. 交通运输、仓储和邮政业

由表 5-9 和图 5-11，我们可以看到交通运输、仓储和邮政业 2001~2015 年应计盈余管理值和真实盈余管理值的水平。

表 5-9　交通运输、仓储和邮政业 2001~2015 年盈余管理水平

年份	应计盈余管理值	真实盈余管理值
2001	0.083 1	0.108 3
2002	0.084 3	0.103 5
2003	0.090 0	0.126 3
2004	0.086 4	0.119 6
2005	0.078 2	0.115 9
2006	0.096 1	0.157 1
2007	0.118 2	0.174 0
2008	0.092 6	0.169 8
2009	0.092 3	0.173 1
2010	0.110 5	0.201 8
2011	0.108 0	0.167 8
2012	0.101 5	0.138 4
2013	0.070 0	0.188 7
2014	0.222 5	0.065 2
2015	0.122 6	0.155 0

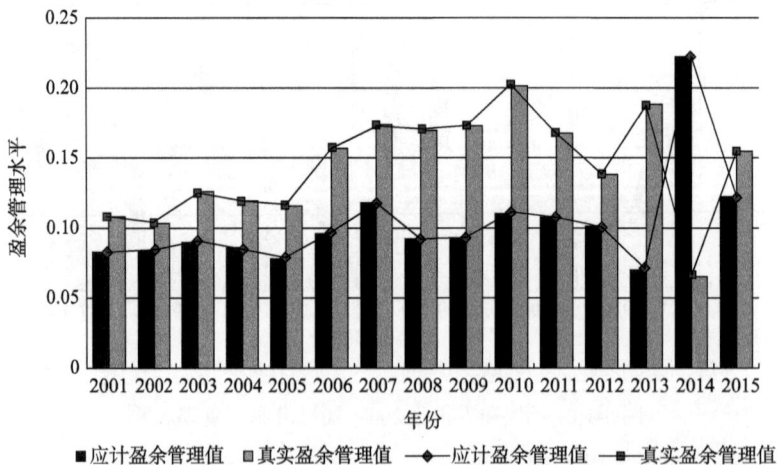

图 5-11　交通运输、仓储和邮政业 2001~2015 年盈余管理水平

由表 5-9 和图 5-11 可以看出，2012 年以前，交通运输、仓储和邮政业应计盈余管理程度的变化趋势不大。2013 年的应计盈余管理程度出现下降趋势并达到最低值，但 2014 年就迅速上升达到最大值。2015 年的应计盈余管理程度虽有下降但仍保持在一个较高水平。

而交通运输、仓储和邮政业的真实盈余管理程度变化比较剧烈。2005 年前基本保持稳定，而后开始呈现上升趋势，在 2010 年达到最大值。2011 年、2012 年连续下降后，到

2013 年实现了上升, 接近历史最高水平。但 2014 年其真实盈余管理程度急剧下降, 达到历史最小值。2015 年又再次回归到较高水平。

除 2014 年外, 交通运输、仓储和邮政业的真实盈余管理程度均高于应计盈余管理程度, 其中差距最大的年份是 2013 年, 差距最小的年份是 2002 年。

8. 住宿和餐饮业

由表 5-10 和图 5-12, 我们可以看到住宿和餐饮业 2001~2015 年应计盈余管理值和真实盈余管理值的水平。

表 5-10　住宿和餐饮业 2001~2015 年盈余管理水平

年份	应计盈余管理值	真实盈余管理值
2001	0.085 7	0.109 1
2002	0.083 6	0.103 1
2003	0.088 1	0.125 2
2004	0.086 2	0.120 0
2005	0.077 7	0.115 7
2006	0.097 1	0.157 9
2007	0.119 4	0.173 6
2008	0.093 5	0.169 6
2009	0.094 2	0.175 5
2010	0.116 5	0.203 2
2011	0.112 4	0.168 5
2012	0.106 7	0.140 0
2013	0.140 5	0.199 3
2014	0.145 8	0.240 2
2015	0.257 2	0.252 3

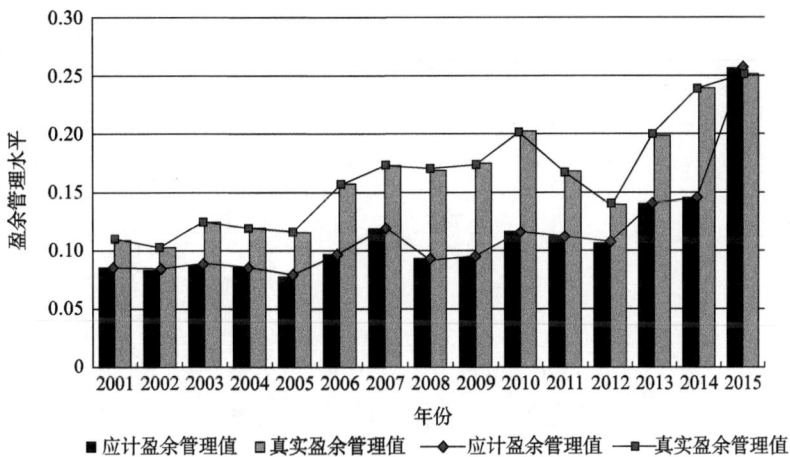

图 5-12　住宿和餐饮业 2001~2015 年盈余管理水平

由表 5-10 和图 5-12 可以看出, 2001~2012 年, 住宿和餐饮业的应计盈余管理程度变化幅度不大。2012 年后开始逐年上升，其中 2015 年的增幅最大，达到了历史最高点。

而真实盈余管理程度在 2010 年前基本呈现上升趋势，经历了 2011 年、2012 年的连续下降后，2013 年开始回升，并在 2015 年达到最大值。

整体上看，住宿和餐饮业的真实盈余管理程度基本高于应计盈余管理程度，差距最大的年份是 2014 年，差距最小的是 2002 年。但在 2015 年，其应计盈余管理程度超过了真实盈余管理程度。

9. 信息传输、软件和信息技术服务业

由表 5-11 和图 5-13，我们可以看到信息传输、软件和信息技术服务业 2001~2015 年应计盈余管理值和真实盈余管理值的水平。

表 5-11　信息传输、软件和信息技术服务业 2001~2015 年盈余管理水平

年份	应计盈余管理值	真实盈余管理值
2001	0.083 0	0.106 2
2002	0.084 2	0.103 2
2003	0.090 1	0.126 6
2004	0.086 4	0.119 2
2005	0.097 4	0.114 7
2006	0.097 4	0.159 6
2007	0.119 8	0.176 4
2008	0.094 2	0.172 3
2009	0.091 6	0.177 8
2010	0.112 7	0.205 4
2011	0.109 8	0.169 2
2012	0.099 4	0.140 6
2013	0.106 3	0.175 6
2014	0.093 0	0.174 3
2015	0.052 7	0.131 2

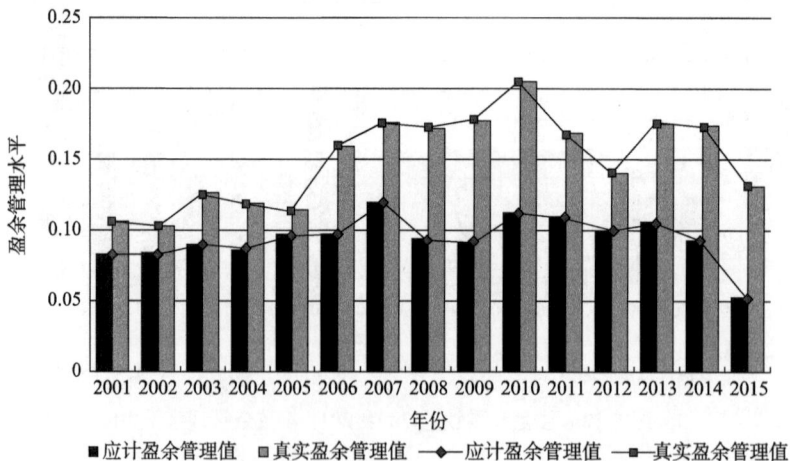

图 5-13　信息传输、软件和信息技术服务业 2001~2015 年盈余管理水平

由表 5-11 和图 5-13 可以看出，总体上来说，信息传输、软件和信息技术服务业的应计盈余管理程度变化幅度不大，2013 年后呈现下降的趋势，最大值出现在 2007 年，而最低值出现在 2015 年。

相反，信息传输、软件和信息技术服务业的真实盈余管理程度的波动幅度较大，最大值出现在 2010 年，随后的 2011 年、2012 年出现了下降，在 2012 年接近近十年的最低值。2013 年实现小幅度回升后，再次呈现下降的趋势。

信息传输、软件和信息技术服务业的真实盈余管理程度始终高于应计盈余管理程度，并且两者整体的变化趋势类似。

10. 金融业

同其他行业相比，金融业公司的经营特征和会计制度具有特殊性，与其他行业不具有可比性，所以本部分不对金融业的上市公司进行分析。

11. 房地产业

由表 5-12 和图 5-14，我们可以看到房地产业 2001~2015 年应计盈余管理值和真实盈余管理值的水平。

表 5-12　房地产业 2001~2015 年盈余管理

年份	应计盈余管理值	真实盈余管理值
2001	0.085 5	0.109 6
2002	0.083 7	0.103 2
2003	0.089 7	0.126 6
2004	0.087 0	0.120 7
2005	0.077 7	0.115 5
2006	0.096 9	0.157 8
2007	0.119 5	0.173 6
2008	0.093 2	0.169 7
2009	0.093 8	0.174 7
2010	0.112 5	0.202 8
2011	0.108 7	0.168 2
2012	0.103 4	0.139 6
2013	0.105 1	0.173 7
2014	0.160 6	0.225 4
2015	0.238 7	0.360 6

由表 5-12 和图 5-14 可以看出，房地产业的应计盈余管理程度，整体说来呈现上升的趋势，2013 年后的上升较为明显。最大值出现在 2015 年。

房地产业的真实盈余管理程度的变化可分为三个阶段。第一个阶段是 2001~2005 年，其真实盈余管理程度基本保持不变。第二个阶段是 2006~2012 年，整体水平高于第一阶

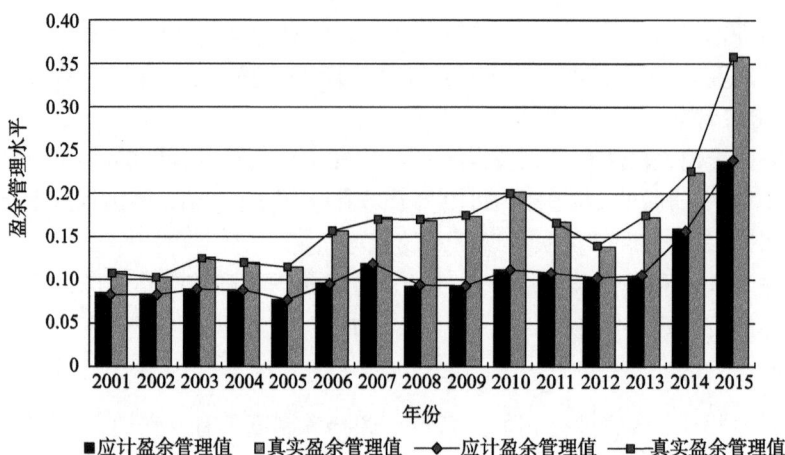

图 5-14　房地产业 2001~2015 年盈余管理水平

段，变化趋势同样比较平缓。2010 年后出现了小幅度下降，2012 年接近历史最低值。第三阶段是 2013 年以后，真实盈余管理程度呈现上升趋势，并且增幅逐年加大，在 2015 年达到最大值。

房地产业的真实盈余管理程度始终高于应计盈余管理程度，并且两者整体的变化趋势类似。差距最大的年份是 2015 年，差距最小的是 2002 年。

12. 租赁和商务服务业

由表 5-13 和图 5-15，我们可以看出租赁和商务服务业 2001~2015 年应计盈余管理值和真实盈余管理值的水平。

表 5-13　租赁和商务服务业 2001~2015 年盈余管理

年份	应计盈余管理值	真实盈余管理值
2001	0.083 5	0.107 5
2002	0.084 2	0.103 1
2003	0.088 4	0.124 1
2004	0.085 1	0.118 9
2005	0.079 4	0.114 5
2006	0.095 5	0.157 5
2007	0.119 6	0.176 6
2008	0.092 5	0.169 4
2009	0.092 8	0.173 5
2010	0.110 9	0.202 4
2011	0.108 8	0.168 0
2012	0.101 3	0.138 7
2013	0.104 1	0.099 0
2014	0.132 2	0.165 6
2015	0.100 2	0.174 2

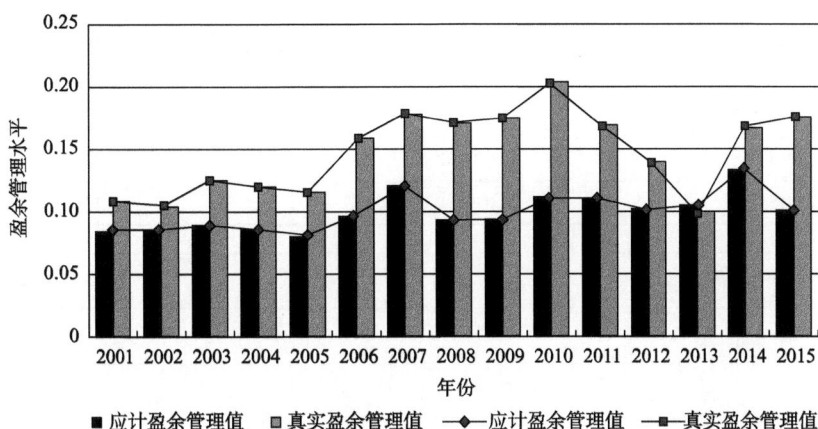

图 5-15　租赁和商务服务业 2001~2015 年盈余管理水平

由表 5-13 和图 5-15 可以看出，总体上来说，租赁和商务服务业的应计盈余管理变化幅度不大，两次较大值分别出现在 2007 年和 2014 年。

与之不同的是，租赁和商务服务业的真实盈余管理程度变化比较剧烈，最大值出现在 2010 年。自 2010 年之后呈现下降趋势，在 2013 年达到最低值，不足 2010 年真实盈余管理水平的二分之一。2014 年和 2015 年上升到较高水平。

除 2013 年外，租赁和商务服务业的真实盈余管理程度均高于应计盈余管理程度，差距最大的年份是 2010 年，差距最小的年份是 2002 年。

13. 科学研究和技术服务业

由表 5-14 和图 5-16，我们可以看出科学研究和技术服务业 2001~2015 年应计盈余管理值和真实盈余管理值的水平。

表 5-14　科学研究和技术服务业 2001~2015 年盈余管理

年份	应计盈余管理值	真实盈余管理值
2001	0.222 7	0.308 5
2002	0.054 2	0.146 0
2003	0.031 2	0.008 1
2004	0.180 0	0.076 4
2005	0.095 5	0.254 4
2006	0.100 6	0.169 4
2007	0.112 7	0.176 2
2008	0.092 3	0.174 7
2009	0.088 8	0.179 8
2010	0.117 9	0.204 8
2011	0.116 7	0.171 8
2012	0.106 7	0.141 3

续表

年份	应计盈余管理值	真实盈余管理值
2013	0.063 2	0.054 8
2014	0.104 2	0.205 6
2015	0.089 5	0.122 9

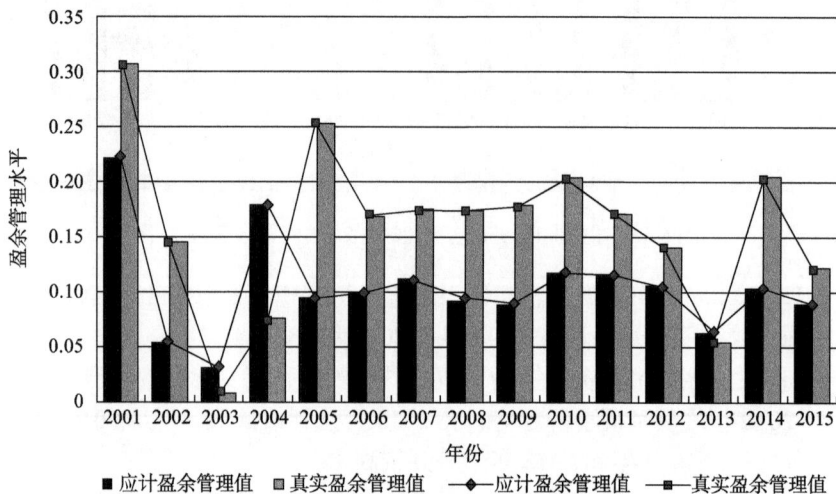

图 5-16　科学研究和技术服务业 2001~2015 年盈余管理水平

　　由表 5-14 和图 5-16 可以看出，与其他行业相比，科学研究和技术服务业的盈余管理程度变化趋势有明显不同。其中，应计盈余管理水平的最大值出现在 2001 年，随后急剧下降，2003 年达到最小值，而 2004 年涨幅巨大，之后又迅速回落趋向于稳定。2013 年再次下降后，回升至稳定水平。

　　真实盈余管理程度的峰值同样出现在 2001 年，但这一数值在 2003 年时几乎下降为零，由 2003 年开始，之后逐步上升，其中在 2005 年有较大的涨幅，在此之后便趋于稳定。与应计盈余管理程度类似，其在 2013 年同样出现下降。不同的是，其在 2014 年实现了急剧回升，于 2015 年回归到正常水平。

　　整体上看，科学研究和技术服务业的真实盈余管理程度高于应计盈余管理程度，但在 2003 年、2004 年和 2013 年，均出现了应计盈余管理程度高于真实盈余管理程度的现象。

　　14. 水利、环境和公共设施管理业

　　如表 5-15 和图 5-17，我们可以看到水利、环境和公共设施管理业 2001~2015 年应计盈余管理值和真实盈余管理值的水平。

表 5-15　水利、环境和公共设施管理业 2001~2015 年盈余管理水平

年份	应计盈余管理值	真实盈余管理值
2001	0.084 3	0.106 5
2002	0.086 3	0.101 9
2003	0.089 7	0.128 4

续表

年份	应计盈余管理值	真实盈余管理值
2004	0.086 8	0.121 9
2005	0.077 8	0.114 6
2006	0.096 9	0.161 3
2007	0.117 5	0.175 2
2008	0.092 3	0.171 7
2009	0.090 7	0.175 5
2010	0.110 7	0.207 4
2011	0.108 4	0.166 9
2012	0.100 6	0.140 2
2013	0.093 7	0.122 6
2014	0.099 5	0.127 0
2015	0.163 8	0.199 0

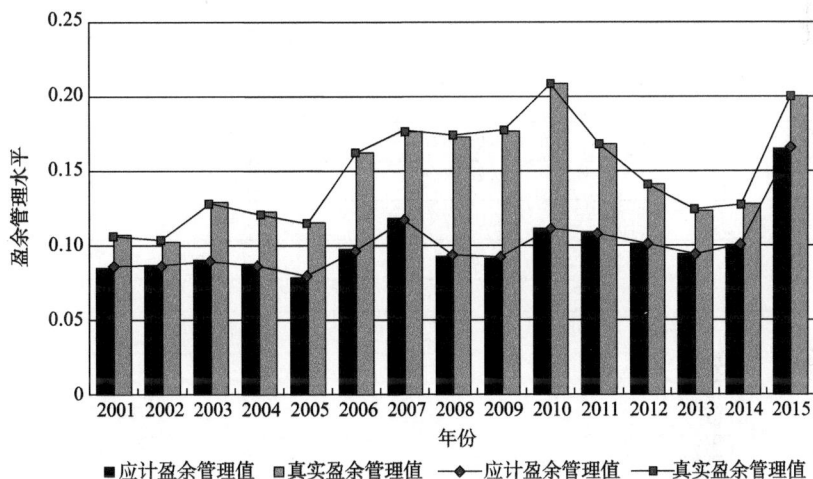

图 5-17　水利、环境和公共设施管理业 2001~2015 年盈余管理水平

由表 5-15 和图 5-17 可以看出，2014 年前，水利、环境和公共设施管理业应计盈余管理程度的变化幅度不大，波动不大，最低值出现在 2005 年。2015 年的应计盈余管理水平急剧上升，达到最大值。

而水利、环境和公共设施管理业真实盈余管理程度，在 2001~2005 年一直处于较低水平。2006 年开始逐年上升，在 2010 年达到最大值。随后又开始下降，在 2013 年接近最低水平后，再次上升，2015 年的真实盈余管理程度接近最大值。

水利、环境和公共设施管理业的真实盈余管理程度始终高于应计盈余管理程度，并且两者整体的变化趋势类似。差距最大的年份是 2010 年，差距最小的是 2002 年。

15. 居民服务、修理和其他服务业

根据 2012 年 10 月公布的《上市公司行业分类指引》（2012 年修订），上市公司行业分类划分为 19 个门类，数据库中没有"居民服务、修理和其他服务业"这个行业的数据，所以本部分不对其进行分析。

16. 教育业

教育类上市公司数量较少，截至 2015 年底，教育业在上交所交易的股票数量仅为 1，无法代表整个行业，所以本部分不对其进行分析。

17. 卫生和社会工作业

卫生和社会工作业上市公司数量在 2006 年以前较少，且数据处理过程中大部分被剔除，如表 5-16 和图 5-18 所示，本节重点分析 2007~2015 年应计盈余管理值和真实盈余管理值的水平。

表 5-16　卫生和社会工作业 2007~2015 年盈余管理水平

年份	应计盈余管理值	真实盈余管理值
2007	0.394 5	0.434 8
2008	0.092 0	0.170 8
2009	0.096 0	0.176 2
2010	0.130 3	0.214 5
2011	0.128 0	0.184 1
2012	0.066 0	0.149 3
2013	0.135 5	0.037 3
2014	0.058 7	0.225 4
2015	0.055 8	0.073 2

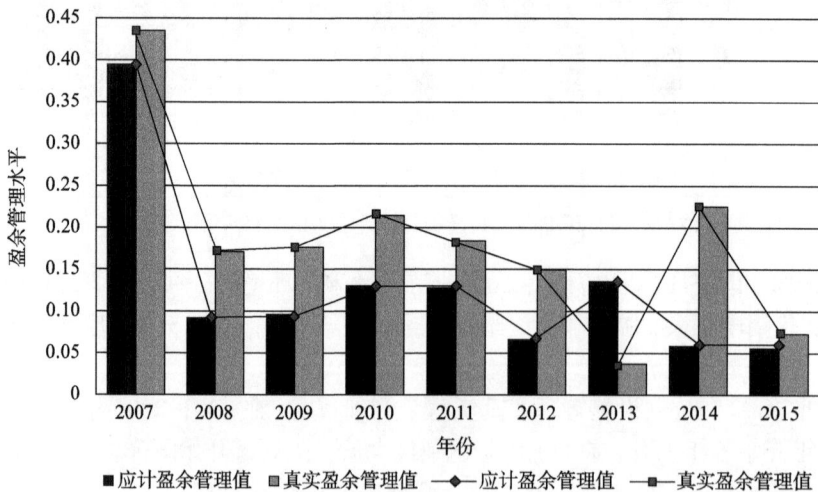

图 5-18　卫生和社会工作业 2007~2015 年盈余管理水平

由表 5-16 和图 5-18 可以看出，卫生和社会工作业应计盈余管理程度的最大值出现在 2007 年，且远远高于其他年份水平。2008 年以后，其应计盈余管理程度较低，起伏不大，变化较平稳。

与应计盈余管理程度类似，真实盈余管理程度的最大值也出现在 2007 年，同样远远高于其他年份的水平。2008 年开始急剧下降，2008~2010 年缓慢上升，随后继续呈下降趋势，最低值出现在 2013 年。2014 年出现一次急剧上升，但在 2015 年再次下降到较低水平。

总体上看，2007 年以来，卫生和社会工作业的真实盈余管理程度高于应计盈余管理程度，但 2013 年的应计盈余管理程度反而超过了真实盈余管理程度。

18. 文化、体育和娱乐业

由表 5-17 和图 5-19，我们可以看到文化、体育和娱乐业 2001~2015 年应计盈余管理值和真实盈余管理值的水平。

表 5-17　文化、体育和娱乐业 2001~2015 年盈余管理水平

年份	应计盈余管理值	真实盈余管理值
2001	0.083 1	0.107 8
2002	0.084 5	0.103 6
2003	0.090 4	0.127 9
2004	0.086 1	0.119 5
2005	0.078 6	0.114 7
2006	0.096 9	0.158 7
2007	0.120 6	0.177 9
2008	0.092 8	0.169 9
2009	0.092 6	0.173 3
2010	0.110 8	0.202 1
2011	0.109 3	0.167 8
2012	0.101 4	0.138 3
2013	0.080 8	0.328 4
2014	0.103 3	0.152 9
2015	0.102 6	0.169 1

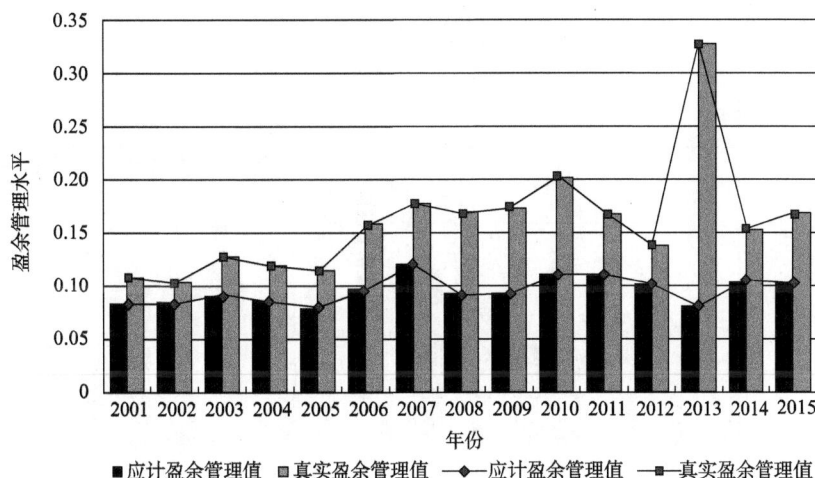

图 5-19　文化、体育和娱乐业 2001~2015 年盈余管理水平

从表 5-17 和图 5-19 可以看出，总体上，文化、体育和娱乐业应计盈余管理程度的变化幅度不大，2007 年达到最高值，随后略有下降，最低值出现在 2013 年。

相反，真实盈余管理程度变化比较剧烈。从总体上看，2010 年之前基本呈现上升的趋势，随后的 2011 年、2012 年逐步下降，而后 2013 年急剧上升，并达到最大值，几乎是 2002 年最低水平的三倍。2014 年和 2015 年的真实盈余管理程度恢复到正常水平。

文化、体育和娱乐业的真实盈余管理程度始终高于应计盈余管理程度，其中差距最大的年份是 2013 年，差距最小的年份是 2002 年。

19. 综合类

如表 5-18 和图 5-20 所示，我们可以看到综合类 2001~2015 年应计盈余管理值和真实盈余管理值的水平。

表 5-18　综合类 2001~2015 年盈余管理水平

年份	应计盈余管理值	真实盈余管理值
2001	0.085 6	0.110 1
2002	0.083 8	0.103 4
2003	0.089 5	0.126 4
2004	0.087 2	0.121 0
2005	0.077 8	0.115 5
2006	0.097 4	0.158 7
2007	0.119 2	0.175 2
2008	0.093 1	0.169 6
2009	0.093 9	0.174 8
2010	0.112 3	0.202 5
2011	0.108 8	0.168 2
2012	0.103 7	0.139 3
2013	0.111 0	0.233 3
2014	0.095 6	0.126 6
2015	0.113 4	0.142 7

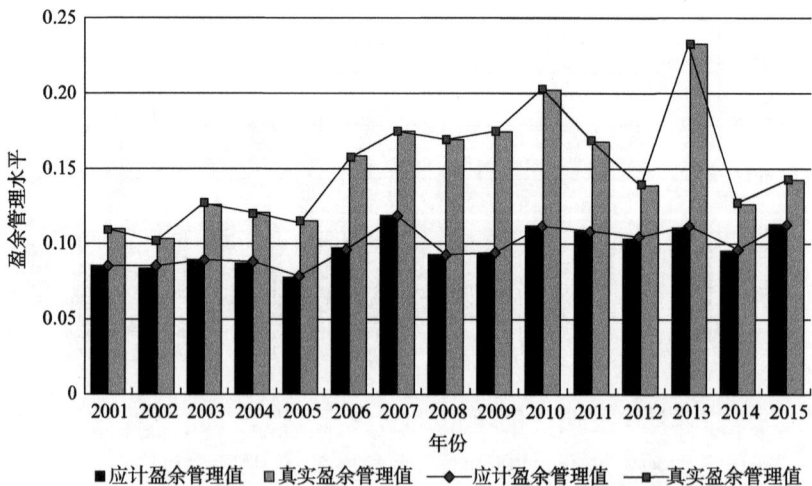

图 5-20　综合类 2001~2015 年盈余管理水平

由表 5-18 和图 5-20 可以看出，2001~2015 年，综合类的应计盈余管理程度变化幅度不大，在 2007 年达到峰值。

与此相反，真实盈余管理程度起伏较大，其中 2006~2011 年，真实盈余管理程度较大。2012 年稍有下降后又急剧上升，在 2013 年出现最大值。2014 年后又迅速回落到较低水平。

综合类的真实盈余管理程度始终高于应计盈余管理程度，其中，2006~2011 年的差距较大。但差距最大的年份是 2013 年。

5.2.3　各行业盈余管理状况比较

本节将各个行业每一年的应计盈余管理水平和真实盈余管理水平分别进行整理汇总，并用 2011~2015 年的数据绘制折线图，以便于观察其趋势，进行比较分析。各个行业各年份的应计盈余管理水平如表 5-19 所示，真实盈余管理水平如表 5-20 所示。

表 5-19　各个行业各年份的应计盈余管理水平

应计盈余管理值	2001 年	2002 年	2003 年	2004 年	2005 年	2006 年	2007 年	2008 年	2009 年	2010 年	2011 年	2012 年	2013 年	2014 年	2015 年
A	0.079 9	0.083 4	0.087 0	0.084 5	0.077 5	0.098 4	0.116 4	0.092 5	0.092 0	0.110 3	0.109 4	0.098 7	0.099 6	0.118 0	0.066 1
B	0.082 5	0.083 8	0.089 6	0.086 1	0.077 7	0.096 9	0.119 5	0.092 8	0.092 4	0.110 8	0.108 4	0.101 7	0.080 1	0.060 2	0.126 8
C	0.085 3	0.083 8	0.089 3	0.077 7	0.077 7	0.096 8	0.118 7	0.092 6	0.093 9	0.112 2	0.108 8	0.103 7	0.126 9	0.068 4	0.081 6
D	0.083 1	0.084 7	0.089 5	0.087 2	0.077 9	0.096 9	0.118 2	0.092 7	0.093 4	0.112 5	0.108 7	0.103 0	0.089 5	0.054 9	0.135 5
E	0.084 0	0.084 4	0.090 2	0.086 5	0.077 6	0.095 6	0.118 3	0.092 8	0.092 8	0.111 2	0.108 4	0.101 6	0.088 8	0.207 5	0.112 8
F	0.084 7	0.084 0	0.089 5	0.087 1	0.077 7	0.097 0	0.118 6	0.093 6	0.093 3	0.112 3	0.108 9	0.103 0	0.089 6	0.098 1	0.136 0
G	0.109 6	0.103 8	0.126 4	0.120 5	0.114 9	0.158 3	0.174 2	0.169 7	0.173 5	0.201 8	0.167 5	0.138 5	0.070 0	0.222 5	0.122 6
H	0.085 7	0.083 6	0.088 1	0.086 2	0.077 7	0.097 1	0.119 4	0.093 5	0.094 2	0.116 5	0.112 4	0.106 7	0.140 5	0.145 8	0.257 2
I	0.083 0	0.084 2	0.090 1	0.086 4	0.097 4	0.097 4	0.119 8	0.094 2	0.091 6	0.112 7	0.109 8	0.099 4	0.106 3	0.093 0	0.052 7
K	0.085 5	0.083 7	0.089 7	0.087 0	0.077 7	0.096 9	0.119 5	0.093 2	0.093 8	0.112 5	0.108 7	0.103 4	0.105 1	0.160 6	0.238 7
L	0.083 5	0.084 2	0.088 4	0.085 1	0.079 4	0.095 5	0.119 6	0.092 5	0.092 8	0.110 9	0.108 8	0.101 3	0.104 1	0.132 2	0.100 2
M	0.222 7	0.054 2	0.031 2	0.180 0	0.095 2	0.100 6	0.112 7	0.092 8	0.088 8	0.117 9	0.116 7	0.063 2	0.104 2	0.089 5	
N	0.084 3	0.086 3	0.089 7	0.086 8	0.077 8	0.096 9	0.117 5	0.092 3	0.090 7	0.110 7	0.108 4	0.100 6	0.093 7	0.099 5	0.163 8
Q	0.375 3	0.018 1					0.394 5	0.092 0	0.096 0	0.130 3	0.128 0	0.066 0	0.135 0	0.058 7	0.055 8
R	0.083 1	0.084 5	0.090 4	0.086 1	0.078 6	0.096 9	0.120 6	0.092 8	0.092 6	0.110 8	0.109 3	0.101 4	0.080 8	0.103 3	0.102 6
S	0.085 6	0.083 8	0.089 5	0.087 2	0.077 8	0.097 4	0.119 2	0.093 1	0.093 9	0.112 3	0.108 8	0.103 7	0.111 0	0.095 6	0.113 4

表 5-20　各个行业各年份的真实盈余管理水平

真实盈余管理值	2001 年	2002 年	2003 年	2004 年	2005 年	2006 年	2007 年	2008 年	2009 年	2010 年	2011 年	2012 年	2013 年	2014 年	2015 年
A	0.101 4	0.102 3	0.126 7	0.120 3	0.114 3	0.161 0	0.176 3	0.171 8	0.175 7	0.205 4	0.169 3	0.139 5	0.142 0	0.113 7	0.145 2
B	0.106 4	0.103 5	0.126 9	0.120 3	0.115 5	0.158 1	0.174 6	0.170 7	0.173 6	0.202 7	0.168 2	0.138 6	0.219 4	0.102 0	0.220 5
C	0.110 0	0.103 5	0.126 7	0.121 6	0.115 8	0.158 0	0.173 2	0.169 3	0.174 2	0.201 9	0.167 4	0.139 1	0.185 4	0.131 2	0.151 5
D	0.108 1	0.104 1	0.126 6	0.120 8	0.115 9	0.158 0	0.172 9	0.169 5	0.173 7	0.201 9	0.167 3	0.138 6	0.127 7	0.117 2	0.186 7

续表

真实盈余管理值	2001 年	2002 年	2003 年	2004 年	2005 年	2006 年	2007 年	2008 年	2009 年	2010 年	2011 年	2012 年	2013 年	2014 年	2015 年
E	0.107 8	0.103 8	0.127 3	0.120 0	0.114 0	0.156 6	0.173 5	0.169 6	0.173 8	0.202 5	0.168 1	0.138 5	0.216 4	0.149 7	0.136 8
F	0.109 6	0.103 8	0.126 4	0.120 5	0.114 9	0.158 3	0.174 2	0.169 7	0.173 5	0.201 8	0.167 5	0.138 5	0.129 4	0.205 8	0.182 9
G	0.108 3	0.103 5	0.126 3	0.119 6	0.115 9	0.157 1	0.174 0	0.169 8	0.173 1	0.201 8	0.167 8	0.138 4	0.188 7	0.065 2	0.155 0
H	0.109 1	0.103 1	0.125 2	0.120 0	0.115 7	0.157 9	0.173 6	0.169 6	0.175 5	0.203 2	0.168 5	0.140 0	0.199 3	0.240 2	0.252 3
I	0.106 2	0.103 2	0.126 6	0.119 2	0.114 7	0.159 6	0.176 4	0.172 3	0.177 8	0.205 4	0.169 2	0.140 6	0.175 6	0.174 3	0.131 2
K	0.109 6	0.103 2	0.126 6	0.120 7	0.115 5	0.157 8	0.173 6	0.169 7	0.174 7	0.202 8	0.168 2	0.139 6	0.173 7	0.225 4	0.360 6
L	0.107 5	0.103 1	0.124 1	0.118 9	0.114 5	0.157 5	0.176 6	0.169 4	0.173 5	0.202 4	0.168 0	0.138 7	0.099 0	0.165 6	0.174 2
M	0.308 5	0.146 0	0.008 1	0.076 4	0.254 4	0.169 4	0.176 2	0.174 7	0.179 8	0.204 8	0.171 8	0.141 3	0.054 8	0.205 6	0.122 9
N	0.106 5	0.101 9	0.128 4	0.121 9	0.114 6	0.161 3	0.175 2	0.171 7	0.175 5	0.207 4	0.166 9	0.140 2	0.122 6	0.127 0	0.199 0
Q	0.040 8	0.044 8					0.434 8	0.170 8	0.176 2	0.214 5	0.184 1	0.149 3	0.037 3	0.225 4	0.073 2
R	0.107 8	0.103 6	0.127 9	0.119 5	0.114 7	0.158 7	0.177 9	0.169 9	0.173 3	0.202 1	0.167 8	0.138 3	0.328 4	0.152 9	0.169 1
S	0.110 1	0.103 4	0.126 4	0.121 0	0.115 5	0.158 7	0.175 2	0.169 4	0.174 8	0.202 5	0.168 2	0.139 3	0.233 3	0.126 6	0.142 7

选取 2011~2015 年应计盈余管理数据，绘制各个行业这五年应计盈余管理水平趋势图，如图 5-21 所示。

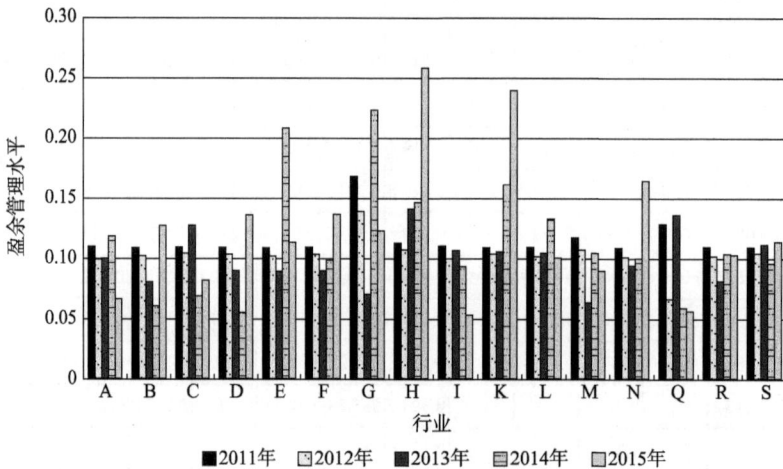

图 5-21　各个行业 2011~2015 年应计盈余管理水平

由图 5-21 可以看出，2011~2015 年各个行业应计盈余管理水平略有差异。总体上来说，各个行业都呈现了先下降后上升的变化趋势。2014 年和 2015 年个别行业的应计盈余管理水平偏高。

另外，选取 2011~2015 年真实盈余管理数据，绘制各个行业这五年真实盈余管理水平趋势图，如图 5-22 所示。

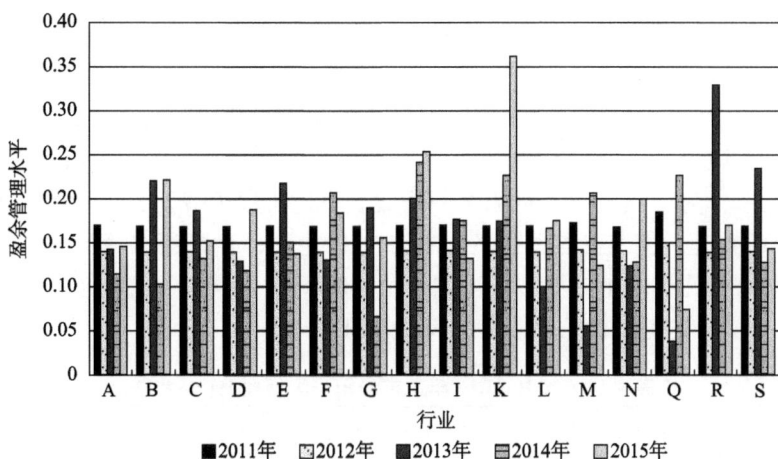

图 5-22　各个行业 2011~2015 年真实盈余管理水平

　　由图 5-22 可以看出，2011~2015 年各个行业真实盈余管理水平差距不大，而且都呈先下降后上升的变化趋势。

　　比较图 5-21 和图 5-22 可以看出，2011~2015 年，真实盈余管理水平的波动相对平稳，而应计盈余管理水平的变化更加剧烈。

5.3　行业集中度差异对盈余管理的影响

5.3.1　划分行业集中度差异

1. 数据来源

　　本节选取 2001~2015 年的上市公司为初选样本，剔除全部 ST、*ST 及 PT 上市公司；剔除 B 股。考虑到数据的完整性，在具体研究时，剔除 2001~2015 年数据不完整的上市公司。有关上市公司财务数据和公司治理数据来自锐思数据库。

2. 划分行业集中度差异

　　赫芬达尔-赫希曼指数（Herfindahl-Hirschman index，HHI）是某一市场上 50 家最大企业（如果少于 50 家就是所有企业），每家企业市场份额的平方和。研究中引入 HHI 指数用来分析每个行业的集中度差异。计算公式如下：

$$\text{HHI} = \sum_{i=1}^{n} \left(\frac{X_i}{X} \right)^2 = \sum_{i=1}^{n} \left(S_i \right)^2 \tag{5-1}$$

其中，X 为市场的总规模；X_i 为第 i 个企业的规模；$S_i = X_i/X$ 为第 i 个企业的市场占有率；n 为该产业内的企业数。

　　HHI 指数越大，表示市场集中程度越高，说明企业对市场的影响程度越高。当企业完全集中时，该指数等于 1；当所有企业规模相同时，该指数等于 $1/n$，故而这一指标在 $1/n$

与 1 之间变动，数值越大，表明企业规模分布的不均匀程度越高。

本节通过计算不同行业竞争主体所占行业总资产百分比的平方和，用来计量市场份额的变化，即市场中厂商规模的离散度，在研究中常将它用于表示行业的集中度。如果某一行业上市公司的数量少于 50 个，就计算每一个公司资产规模占所有公司总资产的比例，再将其求平方和作为 HHI 指数；如果某一行业上市公司数量多于 50 个，则取总资产规模排在前 50 位的企业，代表市场占有率排在前 50 的企业，计算这 50 家企业资产规模占所有公司资产总规模比例的平方和，代表这个企业的 HHI 指数。通过计算得到 2001~2015年中国上市公司不同行业的 HHI 指数，如表 5-21 所示。

表 5-21　2001~2015 年上市公司不同行业 HHI 指数

行业	2001 年	2002 年	2003 年	2004 年	2005 年	2006 年	2007 年	2008 年	2009 年	2010 年	2011 年	2012 年	2013 年	2014 年	2015 年
A	0.058 4	0.077 4	0.089 9	0.089 7	0.079 7	0.073 7	0.069 5	0.067 8	0.059 6	0.066 3	0.056 7	0.050 6	0.059 9	0.057 5	0.058 9
B	0.099 4	0.446 5	0.442 7	0.732 1	0.657 0	0.348 5	0.335 0	0.296 0	0.293 0	0.284 3	0.273 3	0.267 8	0.211 0	0.202 9	0.188 9
C	0.024 7	0.028 3	0.030 6	0.029 4	0.044 3	0.040 3	0.037 7	0.035 1	0.030 9	0.031 3	0.029 9	0.028 2	0.028 8	0.029 6	0.030 1
D	0.051 4	0.060 1	0.051 6	0.056 2	0.081 5	0.062 4	0.091 8	0.105 0	0.097 7	0.092 2	0.088 9	0.091 5	0.068 6	0.064 6	0.063 7
E	0.106 3	0.100 7	0.094 6	0.080 9	0.271 8	0.212 1	0.180 7	0.149 0	0.132 0	0.132 9	0.125 7	0.126 7	0.121 4	0.119 7	0.120 3
F	0.024 4	0.028 1	0.040 1	0.034 2	0.042 7	0.035 0	0.045 7	0.041 5	0.041 0	0.039 6	0.039 8	0.041 1	0.038 5	0.036 0	0.035 3
G	0.167 2	0.157 1	0.112 9	0.120 0	0.108 1	0.086 5	0.097 2	0.099 7	0.098 8	0.095 4	0.085 4	0.082 2	0.054 2	0.053 9	0.079 1
H	0.176 1	0.150 9	0.143 2	0.142 1	0.139 0	0.126 0	0.194 3	0.138 3	0.195 8	0.164 2	0.166 9	0.153 6	0.193 6	0.231 6	0.358 4
I	0.604 8	0.596 2	0.561 4	0.504 3	0.474 9	0.475 8	0.644 0	0.632 6	0.639 8	0.586 2	0.544 9	0.535 6	0.491 2	0.421 8	0.369 8
K	0.025 9	0.026 1	0.025 6	0.027 4	0.030 8	0.045 4	0.054 5	0.053 7	0.050 5	0.059 3	0.065 2	0.069 0	0.068 4	0.065 5	0.063 0
L	0.108 7	0.098 2	0.097 3	0.096 7	0.104 5	0.110 5	0.139 4	0.223 5	0.193 9	0.234 3	0.239 2	0.231 7	0.112 2	0.106 9	0.154 5
M	1.000 0	1.000 0	1.000 0	1.000 0	1.000 0	0.385 2	0.388 7	0.399 8	0.213 4	0.615 6	0.583 9	0.535 9	0.076 2	0.078 5	0.072 7
N	0.301 3	0.364 8	0.377 9	0.263 2	0.215 1	0.274 6	0.270 4	0.247 9	0.222 0	0.154 5	0.122 8	0.113 9	0.335 2	0.290 6	0.274 9
Q	1.000 0	1.000 0	1.000 0	1.000 0	1.000 0	1.000 0	1.000 0	0.543 0	0.750 7	0.594 4	0.468 9	0.468 9	0.256 0	0.233 9	0.239 6
R	0.168 1	0.167 8	0.155 7	0.175 1	0.182 4	0.169 5	0.144 8	0.124 8	0.119 4	0.096 1	0.076 3	0.070 5	0.053 7	0.049 2	0.045 6
S	0.036 8	0.038 6	0.038 0	0.040 6	0.042 8	0.042 2	0.044 3	0.051 3	0.051 1	0.057 5	0.061 3	0.067 4	0.076 5	0.079 3	0.078 8

整体上，考虑到我国的市场经济起步晚、发育缓、至今仍不成熟等因素，本节借鉴余灼萍[1]的研究，将不同行业划分为三个层次：HHI 值大于 0.15 的为高度集中，代表高度集中行业，划分为第一类；HHI 值在 0.05 和 0.15 之间的为适度集中，代表适度集中行业，划分为第二类；HHI 值低于 0.05 的为集中度过低，代表低度集中行业，划分为第三类。

通过观察 HHI 指数表可以发现，各个行业都是在不断变化的，有一些行业的 HHI 指数在不同年份里属于不同区间，即不同年份该行业的集中度也不尽相同。在划分此类行业时，本节结合目前该行业的市场形势，通过观察行业的变化趋势对其归类，形成的结论如表 5-22 所示。

表 5-22　各行业集中程度分析结果

行业	集中程度
A	适度集中
B	高度集中
C	低度集中
D	适度集中
E	适度集中
F	低度集中
G	适度集中
H	高度集中
I	高度集中
K	适度集中
L	适度集中
M	适度集中
N	高度集中
Q	高度集中
R	适度集中
S	适度集中

　　本节将高度集中行业定义为第 1 类行业，把适度集中行业定义为第 2 类行业，把低度集中行业定义为第 3 类行业，对各个行业的集中度分析结果如表 5-23 所示。

表 5-23　行业集中度分析结果汇总

类型	集中程度	包括的行业
1	高度集中	B、H、I、N、Q
2	适度集中	A、D、E、G、K、L、M、R、S
3	低度集中	C、F

5.3.2　各行业盈余管理的描述性统计分析

1. 高度集中行业盈余管理的描述性统计分析

　　我们划分行业集中度差异之后，确定的高度集中行业包括采矿业，住宿和餐饮业，信息传输、软件和信息技术服务业，水利、环境和公共管理设施业，卫生和社会工作业。

　　首先，本节将高度集中行业所有上市公司的应计盈余管理水平整理后进行分析，按照 2001~2015 年的时间顺序排列，对每一年高度集中行业的数量，包括其中进行正向盈余管理的企业数量及进行负向盈余管理的企业数量进行了统计，统计结果如表 5-24 和图 5-23 所示。

表 5-24　高度集中行业 2001~2015 年公司数量及不同盈余管理方向的公司数量（单位：家）

年份	公司总数量	正向盈余管理的公司数量	负向盈余管理的公司数量
2001	69	33	36
2002	77	29	48
2003	80	25	55
2004	85	45	40
2005	95	19	76
2006	101	31	70
2007	102	38	64
2008	116	62	54
2009	132	74	58
2010	141	82	59
2011	149	106	43
2012	159	126	33
2013	234	98	136
2014	236	125	111
2015	240	109	131

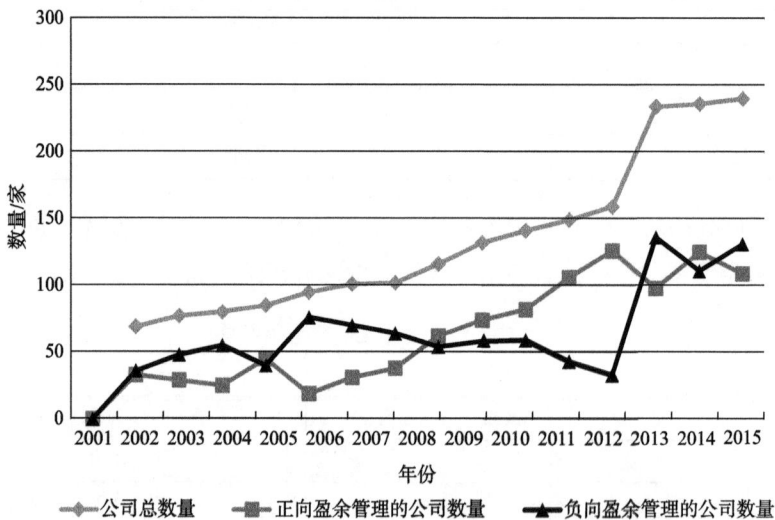

图 5-23　高度集中行业 2001~2015 年公司数量及不同盈余管理方向的公司数量

由表 5-24 和图 5-23 可以看出，高度集中行业的公司总数量逐年上升，其中，进行正向盈余管理的公司数量与总数量的变化趋势类似，都呈增长态势，2012 年后趋于平稳；而进行负向盈余管理的公司数量却与之相反，在经历了短暂上升阶段后开始持续缓慢地下降，2013 年实现上升后趋于平稳。大体上，在 2008 年之前，高度集中行业中进行正向盈余管理的公司数量少于进行负向盈余管理的公司数量；2008~2012 年，高度集中行业中进行正向盈余管理的公司数量多于进行负向盈余管理的公司数量，且二者之间的差距越来越大；2012 年以后，高度集中行业中进行正向盈余管理的公司数量与进行负向盈余管理的公司数量基本持平。

其次，将 2013~2015 年所有处于高度集中行业的公司数量整理到一起，对高度集中行业在这三年间的应计盈余管理水平的各个统计量进行分析。在分析过程中区分盈余管理方向，其中，负向盈余管理用 AEM1 表示，正向盈余管理用 AEM2 表示。统计结果如表 5-25所示。

表 5-25 高度集中行业 2013~2015 年应计盈余管理水平描述统计量

变量	全距	极小值	极大值	均值	方差	偏度	峰度
AEM1	1.458 782	− 1.458 94	− 0.000 16	− 0.129 88	0.024 353	− 3.675 37	22.050 36
AEM2	3.807 17	0.000 915	3.808 085	0.193 689	0.096 675	6.831 632	67.528 35

由表 5-25 可以看出，无论是负向盈余管理，还是正向盈余管理，其全距和方差较小，说明各企业进行盈余管理的幅度不大，并且程度很相近。

峰值是显示与正态分布相比较时，尖峰集中或平坦分布的程度。具体包括以下三种情况：峰度=3，此分布为正态峰；峰度>3，此分布为尖锐峰，分布较为尖峰集中；峰度<3，此分布为平坦峰，分布较为平坦。由表 5-26 可以看出，高度集中行业的负向盈余管理和正向盈余管理的峰度都较大，分别为 22.050 36 和 69.528 35，说明二者都为尖峰集中。

2. 适度集中行业盈余管理的描述性统计分析

划分行业集中度差异之后，确定了适度集中行业包括农、林、牧、渔业，电力、热力、燃气及水生产和供应业，建筑业，交通运输、仓储和邮政业，房地产业，租赁和商务服务业，科学研究和技术服务业，文化、体育和娱乐业，综合类。

首先，本节将所有适度集中行业的应计盈余管理水平整理到一起进行分析，按照 2001~2015 年的时间顺序排列，对每一年适度集中行业的数量，包括其中进行正向盈余管理的企业数量及进行负向盈余管理的企业数量进行了统计，统计结果如表 5-26 和图 5-24所示。

表 5-26 适度集中行业 2001~2015 年公司数量及不同盈余管理方向的公司数量（单位：家）

年份	公司总数量	正向盈余管理的公司数量	负向盈余管理的公司数量
2001	277	161	116
2002	289	151	138
2003	307	148	159
2004	322	152	170
2005	353	113	240
2006	351	150	201
2007	364	190	174
2008	394	226	168
2009	437	190	247
2010	467	271	196
2011	485	333	152

续表

年份	公司总数量	正向盈余管理的公司数量	负向盈余管理的公司数量
2012	497	273	224
2013	492	224	268
2014	437	179	258
2015	451	208	243

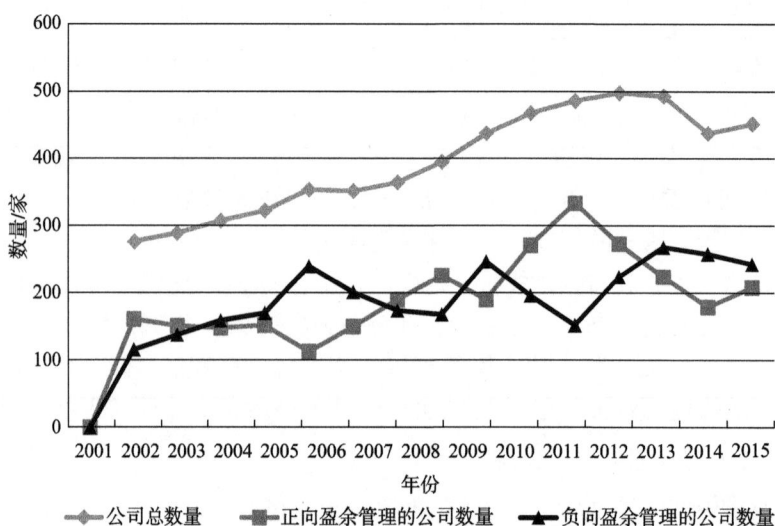

图 5-24　适度集中行业 2001~2015 年公司数量及不同盈余管理方向的公司数量

由图 5-24 可以看出，适度集中行业的公司总数量逐年上升，2012 年后稍有下降，其中，进行正向盈余管理和负向盈余管理的公司数量在总体上都呈增长态势，但二者之间的比较关系并不像高度集中行业那样明显。在这些年份中，进行正向盈余管理的公司数量与进行负向盈余管理的公司数量交替上涨。2005 年进行负向盈余管理的公司数量显著高于进行正向盈余管理的公司数量，但在 2011 年，进行正向盈余管理的公司数量又显著高于进行负向盈余管理的公司数量。2013~2015 年，进行负向盈余管理的公司数量较多。

其次，将 2013~2015 年所有处于适度集中行业的公司数量整理到一起，对适度集中行业在这三年间的应计盈余管理水平的各个统计量进行分析。在分析过程中区分盈余管理方向，其中，负向盈余管理用 AEM1 表示，正向盈余管理用 AEM2 表示。统计结果如表 5-27 所示。

表 5-27　适度集中行业 2013~2015 年应计盈余管理水平描述统计量

变量	全距	极小值	极大值	均值	方差	偏度	峰度
AEM1	13.883 83	− 13.884 2	− 0.000 4	− 0.177 49	0.302 026	− 20.750 1	508.784 6
AEM2	5.391 06	0.000 581	5.391 641	0.170 853	0.097 083	9.214 612	134.335 8

由表 5-27 可以看出，负向盈余管理和正向盈余管理的全距和方差较大，说明各企业进行盈余管理的差异较大。而适度集中行业的负向盈余管理和正向盈余管理的峰度都较

大，分别为 508.784 6 和 134.335 8，说明二者都为尖峰集中。

3. 低度集中行业盈余管理的描述性统计分析

我们确定的低度集中行业包括制造业、批发和零售业。

首先，本节将所有低度集中行业的应计盈余管理水平整理到一起进行分析，按照 2001~2015 年的时间顺序排列，对每一年低度集中行业的数量，包括其中进行正向盈余管理的企业数量及进行负向盈余管理的企业数量进行了统计，统计结果如表 5-28 和图 5-25 所示。

表 5-28　低度集中行业 2001~2015 年公司数量及不同盈余管理方向的公司数量（单位：家）

年份	公司总数量	正向盈余管理的公司数量	负向盈余管理的公司数量
2001	660	258	402
2002	716	199	517
2003	761	292	469
2004	825	288	537
2005	922	357	565
2006	1 003	542	461
2007	1 055	703	352
2008	1 229	669	560
2009	1 490	796	694
2010	1 683	1 097	586
2011	1 729	1 326	403
2012	1 756	1 112	644
2013	1 555	697	858
2014	1 596	704	892
2015	1 626	748	878

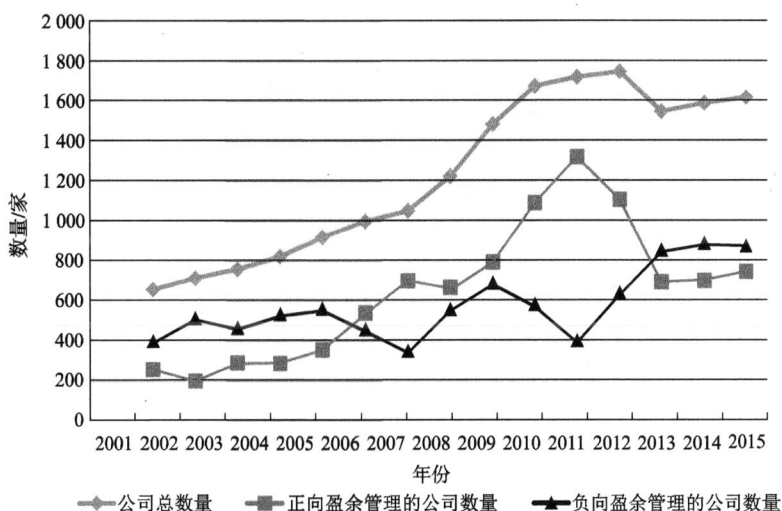

图 5-25　低度集中行业 2001~2015 年公司数量及不同盈余管理方向的公司数量

　　由图 5-25 可以看出，低度集中行业的公司总数量逐年上升，其中，进行正向盈余管理的公司数量与总数量的变化趋势相似，都呈增长态势；而进行负向盈余管理的公司数量趋势并不明显。在 2006 年之前，低度集中行业中进行正向盈余管理的公司数量少于进行负向盈余管理的公司数量；2006~2012 年，低度集中行业中进行正向盈余管理的公司数量多于进行负向盈余管理的公司数量，且二者之间的差距越来越大。2012 年以后，低度集中行业中进行负向盈余管理的公司数量超过进行正向盈余管理的公司数量，并保持平稳的变化趋势。

　　其次，将 2013~2015 年所有处于低度集中行业的公司数量进行整理，对低度集中行业在这三年间的应计盈余管理水平各个统计量进行分析。分析过程中区分盈余管理方向，负向盈余管理用 AEM1 表示，正向盈余管理用 AEM2 表示。统计结果如表 5-29 所示。

表 5-29　低度集中行业 2013~2015 年应计盈余管理水平描述统计量

变量	全距	极小值	极大值	均值	方差	偏度	峰度
AEM1	16.050 66	− 16.050 7	− 0.000 022	− 0.144 98	0.157 867	− 27.808 5	1 023.557 4
AEM2	34.583 87	0.000 002 8	34.583 88	0.172 039	0.592 513	41.734 97	1 862.081

　　由表 5-29 可以看出，无论是进行负向盈余管理，还是正向盈余管理，其全距和方差较大，说明各企业进行盈余管理的差异明显。低度集中行业的负向盈余管理和正向盈余管理的峰度分别为 1 023.557 4 和 1 862.081，说明二者呈现出更明显的尖峰集中现象。

5.3.3　各行业盈余管理的相关性分析

　　本章已经对各个行业进行了行业差异性分析，在不同的行业中，最显著不同的是股权结构。所以，接下来本章继续研究不同的股权结构是否对盈余管理行为产生显著影响。

　　1. 相关变量

　　1）股权集中度（CR1）与盈余管理

　　已经有很多国外学者的研究表明：股权集中度越高，就越有可能存在绝对控股股东。因为大股东在企业中拥有大量经济利益，所以他们有足够的动力来激励经营者、监督管理者，或者有权力直接派出、推荐代表进入董事会或管理层，这种情况下，经营者的利益与股东利益不会产生强烈冲突，而是趋于一致，这在一定程度上抑制了管理层的盈余管理行为。

　　目前我国市场上的上市公司普遍存在"一股独大"的现象，而且治理机制不完善，"搭便车"等现象普遍存在，上市公司往往由内部人控制，这使盈余管理的可能性大大增加[2]。

　　2）股权均衡度（TP）与盈余管理

　　目前的研究普遍将 HHI 作为衡量上市公司股权集中度的指标，它等于上市公司前十大股东的持股比例的平方和。如果一个企业少数几个大股东都拥有一定数量的投票权，那么这些股东在董事会的股权较为均衡，若其中某个股东要想控制董事会，就会比较难以达到[3]。

各个股东在董事会中都有着代表各自不同利益的管理层,一个股东进行盈余管理时可能会损害另一个股东的利益,这时被损害利益的股东就会利用其手中的表决权与这种行为进行对抗。然而当股权达到一定比例后,大股东的控制权利就会超过其在企业中拥有的股权比例,其可能会通过内部交易等其他行为侵害小股东的利益。

3）流通股比例与盈余管理

流通股是指上市公司股份中,可以在交易所流通的股份数量。流通股股东在企业中拥有多项权利,其中一项重要的权利便是选择权,可以参加股东大会,通过投票选举更换董事会成员。这是流通股股东对公司管理层实施监控的一种方式,有利于抑制盈余管理行为[4]。然而我国流通股所占比例较少,难以通过行使选择权在股东大会上影响管理层行为。而且我国市场上的普遍现状是,流通股股东购买股票的目的大部分是赚取红利或通过股票升值而获利,结果是大多数的流通股股东不太关心公司的实际运营状况[5]。而这对公司管理层几乎没有约束力。小股东追求短期价差和普遍的搭便车因素,导致我国市场上的外部监督功能很弱[6]。

4）经营成果与盈余管理

本节选取净资产收益率（ROE）、息税前经营利润（EBIT）、净利润（PROFIT）以及资产负债率（DEBT）来代表公司经营成果的变量,以此为代表考察经营成果与盈余管理的关系。

2. 高度集中行业盈余管理的相关性分析

我们将 2013~2015 年所有处在高度集中行业公司的应计盈余管理数据进行整理并进行相关分析,结果如表 5-30 所示。

表 5-30　高度集中行业相关性分析

相关性	AEM	ROE	PROFIT	EBIT	DEBT	CR1	H
AEM	1						
ROE	0.668 116*	1					
PROFIT	0.006 279	0.002 791	1				
EBIT	0.005 867	− 0.000 53	0.992 657**	1			
DEBT	− 0.083 65	− 0.072 94	0.046 514	0.062 662	1		
CR1	0.062 84	− 0.081 63	0.278 925	0.300 787	0.144 982	1	
H	0.010 116	0.000 466	0.007 607	0.006 592	0.046 56	− 0.047 9	1

***、**、*分别代表在 1%、5%、10%的水平上显著

由表 5-30 可以看出,在高度集中行业中,与应计盈余管理水平显著相关的变量有 ROE（净资产收益率）、EBIT（息税前经营利润）。

3. 适度集中行业盈余管理的相关性分析

将 2013~2015 年所有处在适度集中行业公司的应计盈余管理数据进行整理并进行相关分析,结果如表 5-31 所示。

表 5-31 适度集中行业相关性分析

相关性	AEM	ROE	PROFIT	EBIT	DEBT	CR1	H
AEM	1						
ROE	0.447 653	1					
PROFIT	− 0.018 71	0.017 891	1				
EBIT	− 0.087 54	0.035 582	0.963 773[**]	1			
DEBT	− 0.053 49	0.015 286	0.101 255	0.110 698	1		
CR1	0.051 937	− 0.025 46	0.054 121	0.170 169	0.040 867	1	
H	0.015 328	− 0.000 67	0.009 515	0.022 717	0.016 115	− 0.081 43	1

***、**、*分别代表在 1%、5%、10%的水平上显著

由表 5-31 可以看出,在适度集中行业中,与应计盈余管理显著相关的变量有 EBIT(息税前利润)。

4. 低度集中行业盈余管理的相关性分析

将 2013~2015 年所有处在低度集中行业公司的应计盈余管理数据进行整理并进行相关分析,结果如表 5-32 所示。

表 5-32 低度集中行业相关性分析

相关性	AEM	ROE	PROFIT	EBIT	DEBT	CR1	H
AEM	1						
ROE	0.522 809[*]	1					
PROFIT	0.070 188	0.058 523	1				
EBIT	0.064 541	0.043 843	0.965 269[**]	1			
DEBT	− 0.195 39	− 0.015 48	− 0.032 59	− 0.002 32	1		
CR1	0.029 348	− 0.01	0.084 436	0.110 909	− 0.023 74	1	
H	0.000 541	− 0.004 16	0.004 845	0.008 921	0.000 382	− 0.095 52	1

***、**、*分别代表在 1%、5%、10%的水平上显著

由表 5-32 可以看出,在低度集中行业中,与应计盈余管理水平显著相关的变量有 ROE(净资产收益率)、EBIT(息税前利润)。

参 考 文 献

[1] 余灼萍. 行业竞争差异,股权结构与盈余管理关系的实证研究[J]. 中外企业家,2011,(2):88-92.

[2] 徐莉萍,辛宇,陈工孟. 股权集中度和股权制衡及其对公司经营绩效的影响[J]. 经济研究,2006,(1):90-100.

[3] 陈庆. 中国国有企业董事会治理指南[M]. 北京：机械工业出版社，2007.

[4] 周昊. 股权分置改革成效研究——基于山东上市公司的实证分析[J]. 科技信息（科学教研），2008，（9）：151-153.

[5] 陈晓，江东. 股权多元化、公司业绩与行业竞争性[J]. 经济研究，2000，（8）：28-35.

[6] 曲扬. 后金融危机时代如何完善我国上市公司治理模式[J]. 中央财经大学学报，2010，（6）：61-64.

第6章 盈余信息披露典型案例分析

盈余管理会对上市公司的股票价格、公司价值产生影响，更会对资本市场的资源配置产生影响。盈余管理可能导致会计信息失真，损害投资者的利益。加强对盈余信息披露的监管是保证市场有效性的必然措施[1, 2]。

6.1 证监会和交易所对上市公司信息披露的监管情况

证监会发布的一系列信息披露法规规章，对于规范上市公司信息披露行为，防范信息披露虚假陈述、重大遗漏、延迟披露等行为发挥了重要作用，但不可否认的是，在市场经济的进程中，信息披露违规行为屡禁不止。

自2001年至2016年9月，证监会共下达行政处罚决定书902条，其中涉及上市公司盈余管理的行政处罚决定书176条，市场禁入决定书187条，其中，涉及盈余信息披露监管的市场禁入决定条数80条。可见，证监会重视盈余信息质量及其披露的监管，对于违法违规行为监管力度也很大，约有接近一半的盈余操纵案相关责任人被处以市场禁入。同时证监会在2013~2015年分别抽样上市公司年度报告，审阅上市公司执行会计准则、企业内部控制和财务信息披露规范的情况，针对信息披露中存在的问题提出监管工作方向。但杜绝造假、反对欺诈，坚决打击信息披露违法违规只有进行时没有完成时。

除了证监会的相关规范外，上交所和深交所也制定了信息披露的规则，加强对信息披露的监管。上交所发布的盈余信息披露监管方面相关规则规章如表6-1所示。

表6-1 上交所盈余信息披露监管相关规则规章一览

序号	监管规则	实施时间	监管内容
1	上海证券交易所上市公司信息披露事务管理制度指引	2007-04-04	指导上交所上市公司建立健全信息披露事务管理制度，包括信息披露事务管理制度的制定、实施与监督；信息披露事务管理制度的内容
2	上海证券交易所上市公司持续督导工作指引	2009-07-15	保荐人或财务顾问应建立健全并有效执行持续督导工作制度，规范上市公司运作
3	上海证券交易所上市公司信息披露直通车业务指引	2013-07-01	规范了上市公司信息披露直通车业务遵守规则、公告范围、流程、错误更正和监管等，提高上市公司信息披露质量和效率

续表

序号	监管规则	实施时间	监管内容
4	上海证券交易所股票上市规则（2014 年修订）	2014-11-16	规范上市行为及上市公司和相关信息披露义务人的信息披露行为；第十七章为日常监管及违反规则的惩戒措施
5	上海证券交易所上市公司信息披露工作评价办法（2015 年修订）	2015-04-27	对上市公司信息披露工作进行评价，并根据上市公司信息披露工作评价结果对上市公司进行监管分类，并实施分类监管
6	关于扩大上市公司信息披露直通车公告范围的通知	2015-05-11	扩大直通披露范围
7	关于发布上海证券交易所行业信息披露指引第一号至第七号的通知	2015-10-01	引导上市公司披露行业经营性信息，提高信息披露有效性，包括上市公司行业信息披露一般规定，房地产、煤炭、电力、零售、汽车制造、医药制造行业信息披露指引
8	关于发布上海证券交易所第八号至第十三号行业信息披露指引的通知	2016-01-01	包括石油和天然气开采、钢铁、电力、建筑、光伏、服装和新闻出版行业信息披露指引
9	上海证券交易所信息披露公告类别索引表（2016 年 1 月 21 日修订）	2016-01-21	帮助上市公司进一步理解信息披露公告类别设置的目的、一般原则和登记公告类别的基本要求，以便准确选择信息披露公告类别，防范信息披露相关的业务操作风险
10	关于发布上海证券交易所第十四号至第二十号行业信息披露指引的通知	2017-01-01	包括酒制造、广播电视传输服务、环保服务、水的生产与供应、化工、航空运输、农林牧渔行业信息披露指引

资料来源：根据上交所网站 http://www.sse.com.cn/ "规则" 栏目筛选整理而成

上交所在监管信息公开中针对不同违法违规事由分别提出不同的监管措施：监管关注、通报批评、公开谴责及公开认定、其他。2006~2014 年每年发布自律管理工作报告，对监管措施的效果进行评价和公开报告。同时，发布上市公司信息披露工作评价办法，评价信息披露质量；出台上市公司信息披露直通车业务指引，为上市公司规范披露提供可操作的指引。

深交所对上市公司信息披露质量进行监管，出台了相关规范，主要包括内容和格式准则以及编报规则，具体如表 6-2 所示。

表 6-2　深交所上市公司信息披露质量监管规范

序号	法律法规
1	公开发行证券的公司信息披露内容与格式准则第 39 号——公司债券半年度报告的内容与格式
2	关于公开发行公司债券的上市公司半年度报告披露的补充规定
3	公开发行证券的公司信息披露内容与格式准则第 1 号~第 37 号
4	深圳证券交易所创业板股票上市规则（2014 年修订）
5	公开发行证券的公司信息披露编报规则
6	关于规则上市公司信息披露及相关各方行为的通知

资料来源：根据深交所网站 http://www.szse.cn/ "法律/规则" 栏目筛选整理而成

深交所对上市公司信息披露质量进行年度考评，2001~2010 年按照优秀、良好、合格和不合格四个等级给出考评意见，2011 年开始按照 A、B、C、D 四个等级为上市公司信息披露质量评级。深交所 2015 年修订了《深圳证券交易所上市公司信息披露直通车业务指引（2015 年修订）》，强化上市公司的信息披露责任，规范上市公司信息披露直通车业务行为。

6.2 盈余信息披露质量规范的上市公司案例介绍

依据 2016 CCTV 中国十佳上市公司的评选结果，结合央视财经 50 指数样本上市公司、中国证券金紫荆奖 2014 年获奖名单、2013~2015 年深交所信息披露考评等级为 A 的上市公司，本节选择了中国神华能源股份有限公司（以下简称中国神华，A 股股票代码：601088）、上海汽车集团股份有限公司（以下简称上汽集团，股票代码：600104）、杭州海康威视数字技术股份有限公司（以下简称海康威视，股票代码：002415）和网宿科技股份有限公司（以下简称网宿科技，股票代码：300017）四家上市公司作为信息披露质量优秀公司的代表，分析其好的做法，为上市公司规范盈余信息披露提供借鉴。

6.2.1 中国神华盈余信息披露案例分析

1. 中国神华简介

中国神华由神华集团有限责任公司于 2004 年成立。中国神华是世界领先的以煤炭为基础的一体化能源公司，主营业务是煤炭、电力的生产与销售，煤炭的铁路、港口和船队运输，煤制烯烃等[①]。自 2004 年成立以来，按照"建设世界一流的清洁能源供应商"的战略目标，伴随着中国经济和煤炭能源行业的发展，中国神华致力于用"创新"提供源源不断的发展"驱动力"，坚持以人为本，协调、可持续和健康发展的理念，采用"煤电路港航一体化"的商业模式，资源共享、深度合作、协同效应和精细化管理的低成本运营模式，高效安全的管理体系，推进信息化和工业化深度融合，打造国际一流能源企业[②]。

中国神华以其优良的业绩和不断提升的管理体系为媒体和机构所称道，2006 年获得香港会计师公会评选的最佳公司管制披露金奖，被《亚洲金融》杂志评为最佳公司治理；2007 年被《福布斯》评为"福布斯亚洲最具长期价值公司"；2008 年位列福布斯全球企业 2 000 强第 235 位，位列中国社会科学院、国家行政学院等评选的上市公司治理百强第 5 位，获得《亚洲货币》杂志评选的大型公司最佳管理奖；2011 年被《中国证券报》评为金牛最强盈利公司；2012 年被《财富》评为最具创新力的中国公司，获得《亚洲周刊》评选的公司卓越管治企业大奖、最大市值企业大奖；2013 年中国神华获评上交所 2013 年度信息披露工作评价优秀类（A 类）单位；2014 年获得中国证券金紫荆奖最佳信息披露上市公司奖；董事会秘书黄清被评为 2015 年中国证券金紫荆奖最佳上市公司董事会秘书；2016 年被评为 2016CCTV 中国十佳上市公司，入选央视财经 50 系列指数样本股。一系列荣誉的获取是由其强劲的盈余业绩和科学先进的管理体系支撑的。

---

① 中国神华集团股份有限公司官网，http://www.shenhuachina.com/.
② 中国神华集团股份有限公司 2012~2015 年年报。

2. 中国神华盈余管理状况

受经济寒流的冲击，中国神华自 2012 年以来业绩连续下滑，但其盈利额仍然很可观[3]。在 79 家采矿业上市公司中，行业平均每股收益排名第一，行业平均市盈率排第 3 位。2012~2015 年盈余状况如表 6-3 所示。

表 6-3 中国神华 2012~2015 年盈余状况（单位：亿元）

项目	2012 年	2013 年	2014 年	2015 年
营业收入	2 545.75	2 837.97	2 530.81	1 770.69
其中：主营业务收入	2 465.72	2 563.63	2 185.25	1 629.05
营业成本	1 627.34	1 877.13	1 662.15	1 104.27
销售费用	8.81	10.31	7.94	5.84
管理费用	162.41	181.28	183.4	183.33
财务费用	24.22	21.01	38.26	46.69
利润总额	681.04	697.68	601.35	330.82
归属于本公司股东的净利润	485.06	456.78	374.19	161.44
影响本公司股东净利润的非经常性损益	9.78	7.81	8.22	10.35
扣除非经常性净损益后归属于本公司股东的净利润	475.28	448.97	365.97	151.09
经营活动产生的现金流量净额	746.11	542.88	690.69	554.06

资料来源：数据来自中国神华 2012~2015 年年报。表中 2012~2014 年数据用重述后的合并报表数据，2015 年为重述前年报数据

为了更直观地反映中国神华的业绩状况，计算各业绩指标占营业收入的比重，如表 6-4 所示。

表 6-4 中国神华 2012~2015 年各业绩指标占营业收入比重（单位：%）

项目	2012 年	2013 年	2014 年	2015 年
营业收入	100	100	100	100
其中：主营业务收入	96.86	90.33	86.35	92.00
营业成本	63.92	66.14	65.68	62.36
销售费用	0.35	0.36	0.31	0.33
管理费用	6.38	6.39	7.25	10.35
财务费用	0.95	0.74	1.51	2.64
利润总额	26.75	24.58	23.76	18.68
归属于本公司股东的净利润	19.05	16.10	14.79	9.12
影响本公司股东净利润的非经常性损益	0.38	0.28	0.32	0.58
扣除非经常性净损益后归属于本公司股东的净利润	18.67	15.82	14.46	8.53
经营活动产生的现金流量净额	29.31	19.13	27.29	31.29

资料来源：根据中国神华 2012~2015 年年报数据计算得到

中国神华大力控制成本费用，现金流量较为充足，保证了主营业务的健康发展。虽然
2015 年受煤炭销量和价格下降，以及人工成本的增加的影响，中国神华营业收入下降幅
度很大。但由于公司成本管控方面采取的措施，中国神华 2015 年保证了公司利润的实现。

从 2013~2015 年的盈余管理水平可以看出，中国神华的盈余信息质量很高，如表 6-5
所示。

表 6-5　中国神华 2013~2015 年盈余管理值与同行业对比

项目		2013 年	2014 年	2015 年
中国神华	AEM	0.089 1	0.009 4	0.183 3
	REM	− 0.044 4	− 0.181 9	0.121 5
采矿业	AEM	0.080 1	0.060 2	0.126 8
	REM	0.219 4	0.102 0	0.220 5

资料来源：基于国泰安数据库中的数据利用截面修正琼斯模型[4]计算应计盈余管理值，借鉴 Cohen 和 Zarowin[5]，Roychowd-
hury[6]的研究，分别计算操控性经营现金流量、操控性生产成本和操控性酌量费用，以便度量公司的销售操控、生产操控和酌
量性费用操控，进而得出真实活动盈余管理总额

从表 6-5 中可以看出，无论是应计盈余管理值，还是真实盈余管理值，中国神华的盈
余管理变动趋势和采矿业相同，波动幅度大，但总体而言，中国神华的盈余管理值低于采
矿业的行业水平。

3. 中国神华信息披露管理经验借鉴

中国神华的优良业绩与其科学的管理体系密不可分，被研究者作为典型案例研究[7, 8]。
同时中国神华提倡诚信经营，在不断提升业绩的同时，加强信息披露，满足投资者、客户
和供应商等各利益相关者的需求。

（1）利用一体化协同效应保障利润增长。中国神华的主要经营模式为煤炭生产→煤
炭运输（铁路、港口、航运）→煤炭利用（发电及煤化工）的一体化产业链，主要特点为：
深度合作、资源共享、协同效应、低成本运营，产、运、销一条龙经营，规模化、专业化
和集群化发展，充分发掘和获取煤基产业链上每一环节的经营利润。

（2）持续精细化管理实现效益最大化和成本最低化。实施精细化管理，持续加强预
算控制、成本控制和资金管理，适度控制总量增长，实现增量提质；合理调整生产布局，
增加吨煤毛利水平高的神东和准噶尔两矿区的煤炭产量，关注能源的清洁生产和利用，在
保证煤炭业务、发电业务和运输业务的基础上，确保煤化工业务效益稳定。

（3）全过程成本管理降本增效。中国神华严格落实成本和费用控制措施，完善成本
考核责任体系和激励机制，加强全过程、全业务链的成本管控。通过细化作业活动成本，
中国神华生产管理人员对每项生产作业的成本和收益有清晰的了解，从而通过成本预算设
定目标，在生产过程中对全业务链的成本加强控制。

（4）完善的预算管理体系。中国神华在 1998 年引入预算管理，经历了预算管理植入
阶段、预算管理与管理控制系统融合阶段、预算管理向业务纵深层扎根阶段，以及预算管
理成为战略支持工具阶段[8]。中国神华定期召开预算分析会和预算质询会，及时发现预算

制定和执行中存在的问题；在企业信息系统建设中引入全新的预算系统软件；开展预算管理优化项目，保证中国神华预算管理的标准化和规范化。

（5）提升公司治理水平规范信息披露。中国神华董事会下设的 5 个专门委员会，即战略委员会、审计委员会、薪酬委员会、提名委员会和安全、健康及环保委员会，它们各司其职，保障中国神华长期发展战略和重大投资决策的科学性；审阅财务报表，保障风险管理和内部控制的有效性；保障高管薪酬和奖惩方案的有效性；制定董事会成员多元化政策，保障高管人才质量；保障公司积极履行社会责任，公司安全平稳运行。公司董事会在出具内部控制自我评价报告的基础上，聘请德勤华永会计师事务所出具内部控制审计报告并予以公开披露，财务报告和非财务报告内部控制方面均不存在重大缺陷。中国神华按照企业会计准则的相关规定和《公开发行证券的公司信息披露编报规则第 15 号——财务报告的一般规定（2014 年修订）》披露有关财务信息，保证中国神华的经营效益和业绩信息披露的真实可靠。

6.2.2　上汽集团盈余信息披露案例分析

1. 上汽集团简介

上汽集团于 1997 年 11 月在 A 股市场发行上市，其主要业务涵盖整车（包括乘用车、商用车）、零部件（包括发动机、变速箱、动力传动、底盘、内外饰、电子电器等）的研发、生产、销售、物流、车载信息、二手车等汽车服务贸易业务，以及汽车金融业务。未来上汽集团将由以传统制造业为主的公司逐步转型为向消费者提供综合服务的综合型公司。上汽集团本着诚信、责任、合作、创新、进取和梦想的价值观，通过持续创新产品和服务，为相关各方创造价值。2014 年上汽集团在中国上市公司百强企业中排名第 22 位；入选央视财经 50 指数样本股及 2016 CCTV 中国十佳上市公司；2015 年，上汽集团整车销售量达到 590.2 万辆，同比增长 5.0%，合并销售收入 1 066.8 亿美元，位列《财富》杂志世界 500 强企业第 46 位。

2. 上汽集团盈余管理状况

在 105 家汽车制造企业中，上汽集团行业平均市盈率排名第三，行业平均每股收益和行业平均主营收入均排名第一。上汽集团 2012~2015 年盈余状况如表 6-6 所示。从表 6-6 中明显可以看出，上汽集团 2012~2015 年营业收入、主营业务收入、利润总额以及净利润逐年增长，经营活动产生的现金流量净额也逐年增加，表明上汽集团盈余状况良好。

表 6-6　上汽集团 2012~2015 年盈余状况（单位：亿元）

项目	2012 年	2013 年	2014 年	2015 年
营业收入	4 784.33	5 633.46	6 267.12	6 613.74
其中：主营业务收入	4 703.94	5 551.45	6 160.92	6 503.77
营业成本	4 005.64	4 909.88	5 492.36	5 882.25
销售费用	272.08	347.31	400.74	355.38
管理费用	185.35	183.45	193.09	242.75

续表

项目	2012 年	2013 年	2014 年	2015 年
财务费用	−1.15	−2.55	−1.65	−2.31
利润总额	401.56	414.93	426.89	458.1
归属于本公司股东的净利润	207.52	248.04	279.73	297.94
影响本公司股东净利润的非经常性损益	2.75	20.24	20.57	24.63
扣除非经常性净损益后归属于本公司股东的净利润	204.77	227.8	259.16	273.31
经营活动产生的现金流量净额	195.91	206.03	232.84	259.93

资料来源：数据来自上汽集团 2012~2015 年年报

　　进一步分析上汽集团盈余质量,将上汽集团 2013~2015 年的盈余管理值与同行业进行对比,如表 6-7 所示。相比制造业的盈余管理值,无论是应计盈余管理值还是真实盈余管理值,上汽集团普遍较小,表明上汽集团盈余质量较高。

表 6-7　上汽集团盈余管理值同行业对比情况

项目		2013 年	2014 年	2015 年
上汽集团	AEM	0.031 4	0.080 6	0.050 7
	REM	−0.027 7	0.065 0	0.083 6
制造业	AEM	0.126 9	0.068 4	0.081 6
	REM	0.185 4	0.131 2	0.151 5

资料来源：基于国泰安数据库中的数据利用截面修正琼斯模型[4]计算应计盈余管理值,借鉴 Cohen 和 Zarowin[5], Roychowd-hury[6]的研究,分别计算操控性经营现金流量、操控性生产成本和操控性酌量费用,以便度量公司的销售操控、生产操控和酌量性费用操控,进而得出真实活动盈余管理总额

3. 上汽集团信息披露管理经验借鉴

　　上汽集团不断增长的业绩以及良好的盈余质量与其业务体系的创新以及管理体系的完善密不可分。

　　（1）构建新式业务体系获取竞争优势。上汽集团在保持传统竞争优势的同时,着力探索构建汽车产业"新能源、智能、互联"的业务体系,从过去的闭环发展模式切换到跨界运营。上汽集团打造车享平台,推动产融结合；构建服务生态圈,依托产品和服务,为顾客提供全生命周期服务。上汽集团 2013 年在美国硅谷等地设立办事处,作为海外投资平台,以及时跟踪世界领先的新技术、新商业模式[9]。其将国际化视野和开放的心态贯彻于企业文化中,通过"集成全球资源"寻求自主发展[10]。

　　（2）完善的企业内部控制。上汽集团在数字化管理的背景下加强企业内部控制。其数字化管理是构建上汽数字神经系统和互通互动的信息平台,能贯通集团的信息流、资金流和物流,有效提高了集团的管理能力、开发能力、制造能力和营销能力[11]。2008年以来,上汽集团运用 IT 系统执行内部控制自我评估[12]。上汽集团根据《企业内部控制基本规范》规定的内部控制框架,委托微软公司开发了内部控制 IT 测评系统,由各部门对关键控制活动进行自评,并由内部审计部门进行审计测评,进而根据评估结果完善内部控制。

（3）持续提升创新能力以获取新优势。上汽集团构建起了自主品牌全球研发体系框架，提出了"超前开发、联合开发、自主开发"三个层面的技术开发发展战略；主要合资整车企业的本土研发能力不断提升；同时顺利推进新能源汽车产业化项目，提升产能，抓紧对现有产品进行升级并降低成本。上汽集团围绕产业链部署创新链，按照"重在向产业链两端加快延伸，加快创新、加快转型，着力提升产业链整体能级"的总体构思，通过持续提升创新能力为上汽集团业绩提升及可持续发展提供基础。

（4）独特的管理模式。上汽集团提出了"人人成为经营者"的管理思想，形成内部模拟市场，"把市场搬进企业，让每一个员工都当家"，从而提高企业的经济效益。上汽集团在精益管理的基础上形成自己独特的管理风格，精益管理贯穿于价值实现的全过程，并研究设计了"精益管理评价体系"。上汽集团将全面预算管理作为一种有效的日常管理工具[13]；并将合作文化作为公司的核心价值观[11]。

（5）严格履行信息披露制度。上汽集团按照《公司法》、《证券法》、《上市公司治理准则》和《上海汽车集团股份有限公司章程》，以及证监会、上海证监局、上交所有关规范性文件的规定和要求，持续修订、完善公司治理的各项制度，并按照《投资者关系管理制度》和《信息披露事务管理制度》的要求，积极主动开展投资者关系工作。公司董事会审计委员会审核定期报告财务信息，公司按时披露定期公告和临时公告，保证了信息的透明度。

6.2.3　海康威视盈余信息披露案例分析

1. 海康威视简介

海康威视的前身是杭州海康威视数字技术有限公司，于 2001 年 11 月 30 日在杭州市工商行政管理局登记注册。2008 年 6 月 25 日变更为杭州海康威视数字技术股份有限公司。海康威视是以视频为核心的物联网解决方案和数据运营服务提供商，云、应用、硬件一站式互联，打造"视频连接一切"的应用方案，面向全球提供领先的视频产品、专业的解决方案与内容服务。2010 年 5 月，海康威视在深交所中小企业板上市，长期位居中小企业板市值前 3 位。海康威视在通信设备行业 284 家上市公司中行业平均市盈率排名第 9 位，行业平均每股收益排名第 18 位，行业平均主营收入排名第 9 位。海康威视成立以来，秉承"专业、厚实、诚信"的经营理念，以"客户至上、以人为本、追求卓越"的核心价值观，通过不断技术创新、机制创新、模式创新和管理创新，为客户创造价值，连续13 年营业收入和净利润都获得了 20%以上的增长。

海康威视连年入选中国安防十大民族品牌，2015 第二届中国上市公司价值排行榜最佳上市公司；2016 CCTV 中国十佳上市公司；入选央视财经 50 指数样本股；2013~2015年深交所信息披露考评等级为 A。

2. 海康威视盈余管理状况

海康威视具有良好的业绩，2012~2015 年盈余状况如表 6-8 所示。海康威视营业收入、利润总额、归属于本公司股东的净利润，以及扣除非经常性净损益后归属于本公司股东的净利润均逐年增长，主营业务收入占营业收入的比重均在 98%以上，影响本公司股东净利润的非经常性损益占比最高为 4.50%。经营活动产生的现金流量净额总体趋势增加，但 2015 年相比 2014 年有所下降，在高速增长中现金流风险[14]必须引起重视。总体而言，海康威视的盈余状况良好，盈余质量较高。

表 6-8　海康威视 2012~2015 年盈余状况

项目	2012 年	2013 年	2014 年	2015 年
营业收入/亿元	72.14	107.46	172.33	252.71
营业收入增长率/%	37.88	48.96	60.37	46.64
其中：主营业务收入/亿元	71.06	106.05	169.96	249.05
营业成本/亿元	36.65	56.29	95.78	151.37
营业成本增长率/%	39.14	53.59	70.15	58.04
销售费用/亿元	7.32	9.27	15.33	21.79
管理费用/亿元	7.71	10.96	16.46	22.11
财务费用/亿元	− 0.72	− 0.87	− 0.82	− 1.53
利润总额/亿元	23.14	33.86	52.06	67.5
归属于本公司股东的净利润/亿元	21.37	30.67	46.65	58.69
影响本公司股东净利润的非经常性损益/亿元	0.28	0.89	1.9	2.64
扣除非经常性净损益后归属于本公司股东的净利润/亿元	21.09	29.78	44.75	56.05
经营活动产生的现金流量净额/亿元	14.37	18.63	37.06	32.17

资料来源：金额数据来自海康威视 2012~2015 年年报，比率数据基于海康威视 2012~2015 年数据计算得到

根据证监会行业分类结果，海康威视属于制造业下的计算机、通信和其他电子设备制造业。其盈余管理值与同行业对比情况如表 6-9 所示。

表 6-9　海康威视盈余管理值与同行业对比

项目		2013 年	2014 年	2015 年
海康威视	AEM	0.102 6	0.067 0	− 0.023 8
	REM	0.233 7	0.205 4	0.101 7
计算机、通信和其他电子设备制造业	AEM	0.126 9	0.068 4	0.081 6
	REM	0.185 4	0.131 2	0.151 5

资料来源：基于国泰安数据库中的数据利用截面修正琼斯模型[4]计算应计盈余管理值，借鉴 Cohen 和 Zarowin[5]，Roychowdhury[6]的研究，分别计算操控性经营现金流量、操控性生产成本和操控性酌量费用，以便度量公司的销售操控、生产操控和酌量性费用操控，进而得出真实活动盈余管理总额

从表 6-9 中可以看出，相比同行业盈余管理值，海康威视的应计盈余管理值低于同行业水平，且 2015 年为负向盈余管理，但绝对值很小；2013 年和 2014 年的真实盈余管理值高于同行业水平，但 2015 年该值低于同行业水平，说明海康威视盈余质量在不断提高。

3. 海康威视信息披露管理经验借鉴

（1）跟投创新机制保证企业可持续发展。海康威视将自己定位为技术主导型企业，其研发人员超过 7 000 人，研发投入占企业销售额的 7%~8%；海康威视是博士后科研工

作站单位，在全球设有五大研发机构。公司将人才驱动作为公司创新发展的核心推动力，构建三级培训制度，打造全方位立体化培训模式，建设网络学院，建立人才品鉴发展中心，为人才的培训和提升提供帮助。2015 年 9 月，公司出台《核心员工跟投创新业务管理办法》，将核心员工的事业梦想与公司创新业务发展融为一体，保持核心员工创新激情，将跟投创新机制作为促进公司业务创新发展的长效激励方式。

（2）利用规模化竞争优势保证业绩提升。海康威视利用其在安防行业的领先地位和规模制造优势，持续优化供应链体系，将市场需求、产品研发、生产制造、交付服务进行有机衔接，有效缩短产品生产供应周期，形成更强大的新产品迭代供应能力①。海康威视每年营业收入增长达到 40%左右，形成规模效应，利用规模化优势，使产品质量和成本控制更具有竞争力[15]。

（3）卓越绩效管理体系提升经营质量。海康威视关注客户的真正需求，以市场为导向调整战略。海康威视采取了矩阵式研发管理体系，通过对研发过程、评审点的掌控和研发人员的绩效，以及研发方向的，全面控制产品的质量[16]。海康威视遵循国内国际环保法律法规，实施"绿色产品"计划，从产品设计、材料采购及产品生产、服务的全过程，不断改进工艺技术，致力于绿色安全产品的开发、生产和服务。海康威视加强从采购到交付客户全过程的管理，建立供应链管理中心，推行供应商认证管理流程，与主要供应商建立紧密的合作伙伴关系，其总资产周转率和存货周转率均高于行业平均水平[17]，其运营能力逐渐增强[14]。海康威视推行全过程、全员质量管理，秉着"可靠性优先"的原则，将质量管理贯穿于产品开发设计、供应链生产管理和售后服务等方面，以确保产品品质[18]。

（4）优化公司治理体系保障信息披露质量。海康威视采取事业部制度能针对客户需求迅速做出反应[19]，保证公司价值创造。海康威视不断健全内部控制体系，内部控制活动涵盖采购与付款管理、销售与收款管理、生产与存货管理、资金管理、投资管理、固定资产管理、研发管理、法律事务管理、信息披露管理、财务报告编制、费用管理等所有营运环节。海康威视严格按照《公司法》《证券法》《上市公司治理准则》《深圳证券交易所股票上市规则》《深圳证券交易所中小企业板上市公司规范运作指引》等相关法律、法规的规定，不断完善公司法人治理结构，优化组织架构，建立健全内部控制体系。海康威视专门制订了《外部信息使用人管理制度》、《内幕知情人管理制度》、《内部审计制度》、《董事会审计委员会年报工作制度》、《独立董事年报工作规程》、《控股股东、实际控制人行为规范及信息问询制度》、《年报信息披露重大差错责任追究制度》和《投资者关系管理制度》等一系列制度，保证信息披露质量。

6.2.4 网宿科技盈余信息披露案例分析

1. 网宿科技简介

网宿科技成立于 2000 年 1 月，主营业务为向客户提供全球范围内的内容分发加速网络业务（content delivery network，CDN）、互联网数据中心（Internet Data Center，IDC）

---

① 海康威视 2015 年年度报告。

业务、服务器托管与租用及面向运营商的网络优化解决方案等服务，与三大运营商（移动、电信、联通）及两大专有网络（中国教育和科研计算机网、中国科技网）合作。2009年10月，网宿科技在深交所创业板市场上市。

网宿科技入选 2014 央视财经 50 指数回报维度样本股；2014 年被科学技术部授予国家火炬计划重点高新技术企业，被工业和信息化部授予国家技术创新示范企业；2015 年网宿科技董事长兼 CEO 刘成彦获福布斯中文版 2015 年中国上市公司最佳 CEO；2013~2015 年深交所信息披露考评等级为 A；被评为 2016 CCTV 中国十佳上市公司。网宿科技在信息技术行业 211 家上市公司中行业平均市盈率排名第 17 位，行业平均每股收益排名第 6 位，行业平均主营业务收入排名第 26 位。

2. 网宿科技盈余管理状况

网宿科技在 2009 年上市之前，业绩增长强劲，2007 年和 2008 年的营业收入分别增长了 73% 和 100%，净利润分别增长了 63.04% 和 43.74%；但上市后 2009 年营业总收入增长仅为 20.07%，净利润增幅仅为 4.78%[20]，曾经一度引发热议，有人猜测网宿科技存在造假嫌疑，并质疑其将 CDN 作为主营业务的增长性和竞争优势地位。但截止到 2016 年，CDN 行业仍然保持持续增长，且市场覆盖空间仍然很大，网宿科技作为 CDN 的龙头企业，已经形成了品牌优势。2012~2015 年其营业收入增长率均在 47% 以上，净利润增长率保持在 70% 以上，而且经营互动产生的现金流量相对充足。网宿科技 2012~2015 年业绩状况如表 6-10 所示。

表 6-10　网宿科技 2012~2015 年业绩状况

项目	2012 年	2013 年	2014 年	2015 年
营业收入/亿元	8.15	12.05	19.11	29.32
营业收入增长率/%	50.37	47.85	58.59	53.43
其中：主营业务收入/亿元	7.98	12.05	19.11	29.32
营业成本/亿元	5.39	6.95	10.78	16.19
销售费用/亿元	0.85	1.18	1.6	2
管理费用/亿元	0.67	1.17	1.93	3.23
财务费用/亿元	0.16	−0.18	−0.17	−0.15
利润总额/亿元	1.23	2.66	5.01	8.78
归属于本公司股东的净利润/亿元	1.04	2.37	4.84	8.31
归属于本公司股东的净利润增长率/%	89.09	127.88	104.22	71.69
影响本公司股东净利润的非经常性损益/亿元	0.1	0.13	0.36	0.81
扣除非经常性净损益后归属于本公司股东的净利润/亿元	0.94	2.24	4.48	7.5
经营活动产生的现金流量净额/亿元	1.85	2.76	5.22	7.18

资料来源：金额数据来自网宿科技 2012~2015 年年报，比率数据基于网宿科技 2012~2015 年数据计算得到

网宿科技属于信息传输、软件和信息技术服务业，与同行业相比，其多采用负向盈

余管理，2013 年真实盈余管理表现最为明显；但从 2013~2015 年的变动趋势来看，网宿科技盈余管理绝对值低于行业平均水平，表明网宿科技盈余信息披露质量逐年提高，如表 6-11 所示。

表 6-11　网宿科技盈余管理值与同行业对比

项目		2013 年	2014 年	2015 年
网宿科技	AEM	− 0.091 7	− 0.032 2	0.010 2
	REM	− 0.826 7	− 0.030 5	− 0.096 5
信息传输、软件和信息技术服务业	AEM	0.106 3	0.093 0	0.052 7
	REM	0.175 6	0.174 3	0.131 2

资料来源：基于国泰安数据库中的数据利用截面修正琼斯模型[4]计算应计盈余管理值，借鉴 Cohen 和 Zarowin[5]，Roychowdhury[6]的研究，分别计算操控性经营现金流量、操控性生产成本和操控性酌量费用，以便度量公司的销售操控、生产操控和酌量性费用操控，进而得出真实活动盈余管理总额

3. 网宿科技信息披露管理经验借鉴

（1）技术实力强劲，为企业提供发展后劲。网宿科技在科技研发上具有前瞻性，自主研发了智能负载均衡技术、自动路由技术、任务跟踪管理技术、流量管理技术、分布式海量文件储存技术、大批量文件快速分发技术等十大核心技术，其中七项属于原始创新，三项属于集成创新。网宿 CDN 平台软件 V 2.0 也被纳入国家火炬计划项目及重点新产品计划。

（2）资源优势助力网宿科技发展。网宿科技有国家政策的支持，互联网产业的推广发展，社区云、行业云的发展方向，为网宿科技从 CDN 到云计算的战略升级提供了支持。网宿科技员工总数超过 3 000 人，其中研发及技术人员占总人数的 60% 左右。网宿科技为员工提供宽松休闲的工作环境，并为员工提供名师培训；对经营管理骨干队伍和核心人员，实施股权激励计划，增强激励效果。网宿科技加强客户价值链管理，在大陆运行近 200 个数据中心，在海外运营 12 个高品质数据中心[21]，服务包括各类互联网门户网站、网络游戏运营商、电子商务网站、即时通信网站、音视频网站、博客/播客论坛类网站、政府及企业网站等近 2 000 家客户，拥有客户多，行业覆盖面广[22]。

（3）全面成本控制提高公司业绩。网宿科技全面加强成本管理，2012~2015 年，营业成本占营业收入的比重不断降低，分别为 66.13%、57.68%、56.41% 和 55.22%；同时，控制销售费用支出，根据合理的成本预算，进行营销和推广，2012~2015 年销售费用占销售收入的比重分别为 10.43%、9.79%、8.37% 和 6.82%。

（4）内部控制制度完善保障盈余质量。网宿科技的公司治理实际状况符合《上市公司治理准则》和《深圳证券交易所创业板上市公司规范运作指引》等相关要求，网宿科技还制定了《审计委员会年报工作制度》《独立董事年报工作制度》《高级管理人员薪酬及绩效考核管理制度》《内幕信息知情人登记制度》《内部审计制度》等制度，不断完善企业内部控制管理体系建设；同时，加强全面预算管理以及企业信息化管理，提升公司运作效率。

6.3　盈余信息披露质量被处罚的案例介绍

《证券法》第六十八条规定，上市公司董事、监事、高级管理人员（信息披露义务人）应当保证上市公司所披露的信息真实、准确、完整。《首次公开发行股票并在创业板上市管理办法》规定，发行人依法披露的信息，必须真实、准确、完整、及时，不得有虚假记载、误导性陈述或者重大遗漏。《信息披露违法行为行政责任认定规则》规定，信息披露义务人应当按照有关信息披露法律、行政法规、规章和规范性文件，以及证券交易所业务规则等规定，真实、准确、完整、及时、公平披露信息。《证券法》第六十九条、第一百一十五条和第一百九十三条规定，证券交易所对信息披露义务人披露信息进行监管，信息披露义务人信息披露有虚假记载、误导性陈述或者重大遗漏，致使投资者在证券交易中遭受损失的，要求责令改正，给予警告，并处以罚款，并要求承担赔偿责任。证监会针对违法违规的信息披露义务人的违法行为及其处罚结果及时下达行政处罚书。本书在证监会 2013~2015 年下达的行政处罚书中选择了有代表性的几个案例，即新大地盈余操纵案、万福生科盈余管理案、欣泰电器盈余管理案和莲花味精盈余管理案，这些包括了 IPO、创业板上市公司和沪市 A 股上市公司的处罚案例，能够警示各类信息披露主体规范信息披露行为，避免因信息披露违法违规被处罚。

6.3.1　新大地盈余操纵案例分析

1. 新大地案例背景资料

广东新大地生物科技股份有限公司（以下简称新大地），是国家级高新技术企业。其前身为广东新大地生物科技有限公司，始建于 2004 年。2008 年，公司变更为广东新大地生物科技股份有限公司，主营业务是油茶及其深加工产品的研发、生产和销售，公司的主导产品是精炼山茶油、茶皂素天然洗涤用品。2012 年 4 月 24 日，新大地通过证监会发行审核委员会审核，正式发布招股说明书，在创业板上市。但 2012 年 6 月，新大地被举报涉嫌造假上市的嫌疑。招股说明书显示，新大地公司 2009~2011 年的茶油毛利率，分别高达 60.66%、43.50% 和 36.19%，远远高于同行业标准；截止到 2011 年底，新大地公司的精炼茶油、茶粕有机肥、茶粕、洗涤品、茶皂素和油茶苗的产能分别为 1 500 吨/年、9 000 吨/年、2.67 万吨/年、600 吨/年、300 吨/年和 1 000 万株/年，其产能相比湖南金浩茶油股份有限公司、江西青龙高科油脂有限公司等行业龙头而言，差距很大。新大地造假手段高明，顺利通过了第 36 次创业板发审会审核，被称为"创业板造假上市第一股"。2012 年 7 月 3 日，新大地及其保荐机构南京证券向证监会提交终止发行上市申请，证监会于 2013 年 10 月 15 日发布了对新大地的处罚决定。

2. 新大地采取的盈余操纵方式

根据证监会行政处罚决定书，新大地主要通过虚构销售业务、资金循环、虚构固定资产等手段，在 2009~2011 年年度报告中进行盈余操纵。其造假手段更为隐蔽，具体手段如下。

（1）虚构销售业务虚增利润。新大地采用"掺水造假""化整为零"的手法虚构销售业务虚增利润。新大地在对客户真实销售的基础上虚增部分或少量销售收入，同时将虚增收入分散到众多客户中，使造假更具有迷惑性，更难以查处。2009~2011 年新大地虚构销售业务虚增收入情况如表 6-12 所示。

表 6-12　新大地虚构销售业务情况

年份	虚构销售业务	虚增利润情况
2009	多记向喜多多超市、梅州市林业局、平远金利和平远县财政局 4 家客户的销售业务	虚增 2009 年营业收入 405 310.92 元，虚增营业成本 194 131.97 元，虚增利润总额 211 178.95 元
2010	多记向喜多多超市、平远县农业局、梅州市林业局、飞龙超市、平远金利和平远县财政局 6 家客户的销售业务	虚增 2010 年营业收入 1 297 533.83 元，虚增营业成本 625 420.2 元，虚增利润总额 672 113.63 元
2010	多记向健记土特产、通汇自选商场 2 家客户的商品销售，多记部分的销售回款资金来源于新大地的关联方梅州绿康账户和凌某平账户	虚增 2010 年营业收入 55 574.18 元，虚增营业成本 29 180.21 元，虚增利润总额 26 393.97 元
2011	多记向梅州市喜多多超市、平远县农业局、梅州市林业局、深圳市铁汉生态环境股份有限公司、深圳致君药业有限公司、飞龙超市、平远县林业局、平远县金利、平远县财政局 9 家客户的商品销售	虚增 2011 年营业收入 2 246 928.38 元，虚增营业成本 1 169 434.58 元，虚增利润总额 1 077 493.8 元
2011	多记向梅州市梅江区风火综合商行、平远县健记土特产、平远县通汇自选商场、五华县春晖燃气发展有限公司县城总经销 4 家客户的商品销售，多记部分的销售回款资金来源于新大地或其控制使用的公司及个人银行账户	虚增 2011 年营业收入 850 544.3 元，虚增营业成本 529 016.74 元，虚增利润总额 321 527.56 元

注：喜多多超市为梅州市喜多多超市连锁有限公司的简称；飞龙超市为平远县飞龙实业有限公司飞龙超市的简称；平远金利为平远县金利贸易有限公司的简称；梅州绿康为梅州市绿康农副产品经营部的简称。2010 年和 2011 年虚增利润在合并计算时已予以剔除

资料来源：根据证监会行政处罚公告〔2013〕53 号整理得到

（2）通过资金循环虚增利润。2009~2011 年，新大地利用自有资金循环及通过多种手段获得外部资金视同销售回款，从而虚增收入和利润。新大地通过资金循环虚增利润情况如表 6-13 所示。

表 6-13　新大地 2009~2011 年通过资金循环虚增利润情况

年份	资金循环	虚增利润情况
2009	2009 年 5 月，鸿达装饰及梅州三鑫账户转款向梅州绿康，5 月、6 月、7 月梅州绿康分别向新大地转款 2.2 万元、15.93 万元、5.3 万元，新大地确认为销售回款	虚增 2009 年营业收入 207 345.12 元，虚增营业成本 76 713.01 元，虚增利润总额 130 632.11 元
2009	通过其控制的账户及曼陀神露转款至新大地账户	虚增 2009 年营业收入 2 929 538.99 元，虚增营业成本 952 265.95 元，虚增利润总额 1 977 273.04 元
2010	2010 年 5 月、8 月、11 月，新大地关联方陈某、梅州三鑫转款至新大地控制使用的银行账户，该账户最终分别转款 11 万元、8.2 万元和 19.9 万元至新大地账户，新大地确认为销售回款	虚增 2010 年营业收入 344 792.45 元，虚增营业成本 206 768.91 元，虚增利润总额 138 023.54
2010	2010 年 6 月，新大地经其他账户转款至其控制使用的绿丰农业账户、梅州绿康账户，最终从曼陀神露转款 25 万元回到新大地；2010 年，新大地关联方凌某平和鸿达装饰分 6 次转款合计 644 787 元至曼陀神露，曼陀神露随即转入新大地，合计转入 651 947 元。新大地将以上收到的资金确认为销售回款	虚增 2010 年营业收入 791 882.86 元，虚增营业成本 393 847.8 元，虚增利润总额 398 035.06 元
2010	2010 年 3 月至 12 月，新大地从凌梅兰、凌某平个人银行账户提取现金，并先于取现当日以 163 个客户销售回款的名义存入新大地。共	虚增 2010 年营业收入 2 251 792.90 元，虚增营业成本 1 491 888.25 元，虚增

续表

年份	资金循环	虚增利润情况
2010	有16天存在此类情形，合计确认销售回款2 557 900元	利润总额759 904.65元
	2010年6月至11月，新大地自有资金、新大地获取的专项资金或鸿达装饰账户的资金，通过往来款等名义转账至平远二轻建、梅州三鑫账户，再经绿丰农业、梅州绿康账户多次转账并取现后，以客户名义存入新大地。共有15天存在此类情形，合计确认销售回款2 919 000元	虚增2010年营业收入2 573 223.65元，虚增营业成本1 509 565.34元，虚增利润总额1 063 658.31元
2011	利用黄运江向吴某平的借款及其子黄某斌获得的贷款资金，从出借方账户直接转入新大地账户，或经新大地控制使用的账户转账至客户，并最终转入新大地，新大地据此确认销售回款917.94万元	虚增2011年营业收入8 001 161.81元，虚增营业成本3 828 530.1元，虚增利润总额4 172 631.71元
	2011年6月，新大地转款135.2万元至其他账户，其中部分资金再转入新大地控制使用的源源农副账户，源源农副账户随即分别转款至梅塘西路宏德建材经营部等5家单位，该5家单位于收款当日转出等额资金至新大地；12月，新大地转款40万元至新大地控制使用的账户，其中23.44万元再转入九州贸易，九州贸易于收款当日转出等额资金至新大地；12月，新大地向其董事黄鲜露邮政储蓄银行账户存入资金200 100元，黄鲜露于当日向嘉阳贸易转账200 050元（另付转账手续费50元），嘉阳贸易于收款当日转款20万元至新大地。上述最终划回新大地账户的资金被确认为销售回款	虚增2011年营业收入1 170 541.4元，虚增营业成本524 813.19元，虚增利润总额645 728.21元
	2011年11月，新大地将五华县财政局应拨付其的政府补贴款100万元，经新大地控制使用的维运新农业账户转款45万元至九州贸易，九州贸易于收款当日转出等额资金至新大地，新大地据此确认为销售回款	虚增2011年营业收入387 584.53元，虚增营业成本123 204.7元，虚增利润总额264 379.83元
	2011年12月，凌梅兰向天津久丰转让新大地股份应收的股权转让款300万元，经新大地控制使用的梅州志联账户，分别转款30万元、23.19万元和20.44万元至伟梅商行、梅州鸿隆和嘉阳贸易，以上3家公司于收款当日转出等额资金至新大地。新大地据此确认为销售回款	虚增2011年营业收入646 920.66元，虚增营业成本341 016.8元，虚增利润总额305 903.86元
	2011年，由新大地提供资金，经新大地的关联方曼陀神露、梅州志联账户等最终回到新大地	虚增2011年营业收入3 920 221.5元，虚增营业成本2 383 143.75元，虚增利润总额1 537 077.75元
	2011年3月至5月及11月、12月，2012年6月，由新大地提供资金，经梅州志联、新大地关联方梅州三鑫、源源农副账户转款至康之基账户，再转入新大地；此外以康之基名义向新大地存入现金，以上共转入或存入新大地资金2 919 500元，由新大地确认为销售回款	虚增2011年营业收入2 342 035.4元，虚增营业成本1 643 835.32元，虚增利润总额698 200.08元
	2011年3月，新大地从维运新农业账户转出资金，经维顺农工贸转入新大地；4月、5月和10月，新大地将其自有资金及平远县人民政府办公室拨付其的资金，通过维运新农业、梅州志联、梅州三鑫、源源农副等账户，经维顺农工贸转入新大地；12月，新大地将来源于黄运江向吴某平的借款资金，经维顺农工贸转入新大地。以上共转入新大地资金3 225 840元，新大地据此确认为销售回款	虚增2011年营业收入2 827 970.59元，虚增营业成本1 793 117.77元，虚增利润总额1 034 852.82元
	2011年11月、12月，新大地以采购货物、支付劳务费名义向其控制使用的个人账户转入资金，之后全额或部分取出，同时从源源农副等其他账户（资金最终来源为新大地获取的财政补贴款、黄运江、凌梅兰及其子黄某斌的借款或新大地股权转让款）取现，并先后于取现当日以178个客户销售回款的名义存入新大地银行账户。共有14天存在此类情形，合计确认销售回款9 112 794元	虚增2011年营业收入7 996 270.6元，虚增营业成本4 979 457.29元，虚增利润总额3 016 813.31元
	2011年2月、6月至8月，新大地将获取的财政补贴款等多项资金，转入新大地控制使用的账户后，以采购货物，支付差旅费、备用金名义取现，并先后于取现当日以52个客户销售回款的名义直接存入新大地。共有6天存在此类情形，合计确认销售回款2 557 495元	虚增2011年营业收入2 260 328.3元，虚增营业成本1 425 691.55元，虚增利润总额834 636.75元

年份	资金循环	虚增利润情况
2011	2011 年 1 月至 6 月及 9 月、11 月、12 月，新大地获取的财政补贴款等多项资金，转入梅州三鑫、梅州志联银行账户后，再转入源源农副账户或新大地关联方凌某平、黄某燕等个人账户后取现，并先后于取现当日以 129 个客户销售回款的名义直接存入新大地。共有 19 天存在此类情形，合计确认销售回款 10 150 723 元	虚增 2011 年营业收入 8 909 015.58 元，虚增营业成本 5 268 758.14 元，虚增利润总额 3 640 257.45 元
合计虚增利润		20 618 008.48 元

注：梅州三鑫为梅州市三鑫有限公司的简称；绿丰农业为平远县绿丰农业科技发展有限公司的简称；曼陀神露为梅州市曼陀神露山茶油专卖店的简称；鸿达装饰为梅州市鸿达装饰有限公司的简称；平远二轻建为平远县二轻建筑工程公司的简称；源源农副为平远县源源农副产品销售部的简称；九州贸易为梅州市九州贸易有限公司的简称；梅州鸿隆为梅州市鸿隆实业有限公司的简称；嘉阳贸易为广州市越秀区嘉阳贸易商行的简称；维运新农业为梅州维运新农业发展有限公司的简称（原名新大地油茶发展有限公司）；天津久丰为天津久丰股权投资基金合伙企业的简称；梅州志联为梅州志联实业有限公司的简称；维顺农工贸为维顺农工贸发展有限公司的简称。2010 年和 2011 年虚增利润在合并计算时已予以剔除

资料来源：根据证监会行政处罚公告〔2013〕53 号整理得到

（3）虚增固定资产。新大地通过虚构工程虚增固定资产，2009~2011 年以支付工程款的名义划款至平远二轻建，形成了在建工程，并最终计入固定资产项下，而平远二轻建并未为其实施工程建造，由此，新大地 2009 年虚增固定资产 227.68 万元，2010 年虚增固定资产 648.73 万元，2011 年虚增固定资产 264.5 万元。

（4）会计处理不当少计费用。2008 年，新大地与立信会计师事务所有限公司签订《业务约定书》，约定分期支付中介服务费用，新大地将已支付的 20 万元中介服务费用记录为预付账款，导致多计预付账款 20 万元，而少计 2009 年管理费用 20 万元，以此来虚增利润。

3. 证监会对新大地的处罚

针对新大地的盈余操纵行为，2013 年 10 月 15 日证监会以证监会行政处罚决定书〔2013〕53 号和 54 号对广东新大地生物科技股份有限公司、黄运江、凌梅兰等 16 名责任人，以及新大地首次公开发行股票并在 IPO 审计机构大华会计师事务所有限公司（以下简称大华所）、审计报告签字注册会计师王海滨、刘春奎进行行政处罚。

依据《证券法》的规定，对新大地给予警告，并处以 60 万元罚款；对黄运江、凌梅兰给予警告，并分别处以 30 万元罚款；对凌洪、黄鲜露、赵罡给予警告，并分别处以 20 万元罚款；对樊和平、邱礼鸿、支晓强、何日胜、奚如春、马建华、陈增湘、林明华、李明、何敏给予警告，并分别处以 15 万元罚款。鉴于大华所及其注册会计师在为新大地 IPO 提供审计鉴证服务过程中，未能勤勉尽责，出具的审计报告、核查意见等文件存在虚假记载，没收大华所业务收入 90 万元，并处以 90 万元的罚款；对王海滨给予警告，并处以 10 万元的罚款；对刘春奎给予警告，并处以 5 万元的罚款。同时证监会分别以市场禁入决定书〔2013〕16 号、17 号、18 号和 19 号对新大地董事黄运江和凌梅兰处以终身市场禁入的处罚，对新大地董事凌洪处以 10 年内不得从事证券业务或担任上市公司董事、监事、高级管理人员职务的处罚，对签字注册会计师王海滨和刘春奎处以 7 年市场禁入处罚，对签字律师刘军处以 5 年市场禁入处罚，对保荐代表人胡冰、廖建华处以终身市场禁入的处罚。

6.3.2　万福生科盈余管理案例分析

1. 万福生科造假案背景资料

万福生科（湖南）农业开发股份有限公司（以下简称万福生科，股票代码：300268）的前身是湖南省桃源县湘鲁万福有限责任公司，成立于 2003 年，2009 年以整体变更方式设立万福生科。万福生科是一家农业产业化企业，是采用大米结晶葡萄糖、大米高蛋白、高麦芽糖等淀粉糖系列进行深加工的循环经济企业。2011 年 9 月，经证监会核准，万福生科在深交所创业板上市。2012 年 8 月，湖南证监局对万福生科进行现场检查时，对其高达 3 亿元的预付账款产生了怀疑。2012 年 9 月 14 日，湖南证监局向万福生科下达了《立案稽查通知书》。2012 年 10 月 26 日，万福生科发布《万福生科（湖南）农业开发股份有限公司关于重要信息披露的补充和 2012 年中报更正的公告》，自查 2012 年中报虚增利润 40 231 595.41 元；2013 年 3 月 2 日万福生科披露《关于重大披露及股票复牌公告》，自查 2008~2011 年累计虚增收入 7.4 亿元左右，虚增营业利润 1.8 亿元左右，虚增净利润 1.6 亿元左右，被称为"创业板造假第一股"。2013 年 9 月 24 日，证监会向万福生科及龚永福、严平贵等 21 名责任人下达了行政处罚决定书。

2. 万福生科盈余管理状况

万福生科 2008~2011 年主要财务指标重述情况如表 6-14 所示。

表 6-14　万福生科 2008~2011 年盈余管理状况（单位：万元）

项目	2008 年			2009 年		
	调整前	调整后	虚增数	调整前	调整后	虚增数
营业收入	22 824	10 562	12 262	32 765	17 799	14 968
营业利润	3 265	414	2 851	4 200	343	3 857
净利润	2 566			3 956		
扣除非经常性净损益后的净利润		−332			−71	

项目	2010 年			2011 年		
	调整前	调整后	虚增数	调整前	调整后	虚增数
营业收入	43 359	24 285[1]	19 074	55 324	26 643[2]	28 681
营业利润	5 343	753	4 590	5 911	−631	6 542
净利润	5 555	1 299	4 256	6 027	114	5 913
扣除非经常性净损益后的净利润	4 975	383[3]	4 592	5 457	−456	5 913

1）万福生科 2012 年度报告中重述数据为 24 343 万元，但证监会行政处罚决定书〔2013〕47 号显示，2010 年其销售收入虚增数为 19 074 万元，表中按照中国证监会行政处罚决定书〔2013〕47 号的销售收入虚增数倒推 2010 年调整后的营业收入数

2）万福生科 2012 年度报告中重述数据为 27 324 万元，但证监会行政处罚决定书〔2013〕47 号显示，2011 年其销售收入虚增数为 28 681 万元，表中按照证监会行政处罚决定书〔2013〕47 号的销售收入虚增数倒推 2011 年调整后的营业收入数

3）万福生科 2012 年财务报告重述的主要财务指标显示该数字为 718 万元

资料来源：证监会行政处罚决定书〔2013〕47 号和万福生科 2011 年年度报告、万福生科 2012 年年度报告

从表 6-14 中可以看出，万福生科 2008~2011 年虚增营业收入 74 983 万元，虚增营业利润 17 840 万元。2012 年上半年虚报营业收入和利润情况如表 6-15 所示。

表 6-15 2012 年上半年虚假陈述情况（单位：万元）

项目	营业收入	营业利润	归属于上市公司股东的净利润	扣除非经常性损益的净利润
虚报数	26 991	2 555	2 655	2 382
实际数	8 217	− 1 437	− 1 369	− 1 641
虚构数	18 774[1]	3 992	4 024	4 023

1）18 774 是根据万福生科《关于重要信息披露的补充和 2012 年中报更正的公告》中营业总收入原文数和更正数计算得到的，但证监会行政处罚决定书〔2013〕47 号显示，2012 年上半年虚增销售收入 16 549 万元

资料来源：证监会行政处罚决定书〔2013〕47 号和万福生科《关于重要信息披露的补充和 2012 年中报更正的公告》

3. 万福生科盈余管理方式分析

万福生科的盈余管理方式包括：通过虚增预付账款虚增利润；通过操纵在建工程科目虚增利润；虚构银行账户、虚构销售回款；虚增主营业收入；对重大停产事项未予披露。

（1）通过虚增预付账款虚增利润。万福生科 2011 年年报显示，预付账款相比 2010 年增长 449.44%，年报解释主要原因是募集资金投资项目全面启动，增加了预付设备款项。从 2011 年年报披露预付款项的变动情况，可以得出，2010 年预付账款 2 173 万元，2011 年预付账款增加到了 11 938 万元，2011 年相比 2010 年增加了 9 765 万元。2011 年年报报告公司预付设备款 9 750 万元，但固定资产中机器设备 2011 年只增加了 163 万元，在现金流量表中购建固定资产、无形资产和其他长期资产支付的现金增加了 4 280 万元（14 593−10 313 = 4 280 万元），与预付款项增加额相比相差甚远。

（2）通过操纵在建工程科目虚增利润。万福生科通过随意确定供热车间改造工程和污水处理工程的工程进度虚增在建工程。万福生科《关于重要信息披露的补充和 2012 年中报更正的公告》显示，供热车间改造工程进度由 50%虚报为 90%，污水处理工程由 2%虚报为 50%，导致在建工程虚增 8 036 万元[①]。具体如表 6-16 所示。

表 6-16 万福生科在建工程虚增情况（单位：万元）

在建工程	调整前	调整后	虚增数
供热车间改造工程	7 369	6 001	1 368
淀粉糖改扩工程	2 809	677	2 132
污水处理工程	4 201	201	4 000
合计	14 379	6 879	7 500
更正公告合计	17 998	9 962	8 036

资料来源：万福生科《关于重要信息披露的补充和 2012 年中报更正的公告》

（3）虚构银行账户，虚构销售回款。万福生科虚构了一个桃源县农信社银行账户，2008 年利用该账户虚构资金发生额 2.86 亿元，其中包括虚构收入销售回款约 1 亿元，导

---

① 此处数据为万福生科《关于重要信息披露的补充和 2012 年中报更正的公告》中披露的合计数虚增额，但如果按照单个在建工程项目虚增额求合计，得到结果为 7 500 万元。

致 2008 年营业收入虚增。

（4）虚增主营业务收入。2012 年 1~6 月，万福生科分产品主营业务收入虚增 18 744 万元，前五名客户主营业务收入虚增 4 412 万元。具体情况如表 6-17 和表 6-18 所示。

表 6-17　万福生科 2012 年 1~6 月分产品主营业务收入虚增情况（单位：万元）

分产品主营业务收入	调整前	调整后	虚增数
糖浆	12 226	2 032	10 194
葡萄糖粉	1 402	43	1 359
麦芽糊精	1 124		1 124
蛋白粉	2 754	352	2 402
优质米	5 112	1 120	3 992
普米	3 206	4 211	− 1 005
油糠		195	− 195
谷壳	12		12
糠油	512	107	405
饼粕	628	107	521
其他		65	− 65
合计	26 976	8 232	18 744

资料来源：万福生科《关于重要信息披露的补充和 2012 年中报更正的公告》

表 6-18　万福生科 2012 年 1~6 月前五名客户主营业务收入虚增情况（单位：万元）

序号	调整前客户	调整前金额	调整后客户	调整后金额
1	东莞市常平湘盈粮油经营部	1 694	东莞市常平湘盈粮油经营部	1 694
2	湖南祁东佳美食品有限公司	1 416	佛山市南海亿德粮油贸易行	634
3	湖南省傻牛食品厂	1 380	湖南祁东佳美食品有限公司	223
4	津市市中意糖果有限公司	1 342	津市市中意糖果有限公司	119
5	怀化小丫丫食品有限公司	1 341	焦作市菲爱特农业发展有限公司	91
合计		7 173		2 761
虚增数	4 412			

资料来源：万福生科《关于重要信息披露的补充和 2012 年中报更正的公告》

（5）重大停产事项未予披露。2012 年上半年，万福生科循环经济型稻米精深加工生产线项目因技改停产，其中普米生产线于 2012 年 1 月 12 日至 6 月 30 日累计停产 123 天，精米生产线于 2012 年 1 月 1 日至 6 月 30 日累计停产 81 天，淀粉糖生产线于 2012 年 3 月 17 日至 5 月 23 日累计停产 68 天[①]。上述停产事项未在 2012 年中报中披露。

4. 证监会对万福生科造假案的处罚

针对万福生科造假案，根据《证券法》的相关规定，证监会对万福生科、保荐机构和主承销商、法律服务机构及审计机构进行了行政处罚。

---

① 万福生科《关于重要信息披露的补充和 2012 年中报更正的公告》。

证监会以〔2013〕47 号针对万福生科虚假陈述和重大遗漏下达了行政处罚决定书，责令万福生科改正违法行为，给予警告，并处以 30 万元罚款；对龚永福等相关责任人给予警告，并处以 5 万~30 万元不等的罚款。

针对平安证券有限责任公司（以下简称平安证券）在 IPO 中未能勤勉尽责，出具存在虚假记载的保荐书，证监会以〔2013〕48 号下达行政处罚决定，责令平安证券改正违法行为，给予警告，没收业务收入 2 555 万元，并处以 5 110 万元罚款，暂停保荐业务许可 3 个月；对吴文浩、何涛、薛荣年、曾年生、崔岭给予警告，并分别处以 30 万元罚款，撤销证券从业资格；对汤德智给予警告，并处以 10 万元罚款，撤销证券从业资格。

针对中磊会计师事务所有限责任公司（以下简称中磊所）及其注册会计师在审计万福生科 IPO 财务报表过程中，未能勤勉尽责，出具存在虚假记载的审计报告，证监会以〔2013〕49 号下达行政处罚决定，责令中磊所改正违法行为，没收业务收入 98 万元，并处以 196 万元罚款；对王越、黄国华给予警告，并分别处以 10 万元罚款。

针对湖南博鳌律师事务所（以下简称博鳌所）在为万福生科 IPO 提供相关法律服务时，未能勤勉尽责，出具存在虚假记载的法律意见书，证监会以〔2013〕50 号下达行政处罚决定，责令博鳌所改正违法行为，没收业务收入 70 万元，并处以 140 万元罚款；对刘彦、胡筠给予警告，并分别处以 10 万元罚款。

2013 年 9 月 24 日，证监会以〔2013〕12 号、13 号、14 号、15 号分别对万福生科龚永福、覃学军，平安证券吴文浩、何涛，中磊所王越、黄国华，以及博鳌所刘彦、胡筠下达了终身市场禁入决定书。

由于万福生科及主要责任人员龚永福、覃学军涉嫌欺诈发行股票，违反了深交所《股票上市规则》有关信息披露的规定，以欺诈发行股票罪判处万福生科罚金人民币 850 万元；以欺诈发行股票罪和违规披露重要信息罪判处龚永福有期徒刑三年零六个月，并处罚金人民币 10 万元；以欺诈发行股票罪判处湖南里程有限责任会计师事务所常德分所罚金人民币 66 万元，并追缴犯罪所得人民币 33 万元，予以没收上缴国库；以欺诈发行股票罪判处覃学军执行有期徒刑二年零二个月，并处罚金人民币 2 万元；以欺诈发行股票罪判处杨晓华、彭雪明、左光涛有期徒刑一年零六个月或一年，缓刑执行。

6.3.3　欣泰电气盈余管理案例分析

1. 欣泰电气案例背景资料

丹东欣泰电气股份有限公司（以下简称欣泰电气，股票代码：300372）是辽宁欣泰股份有限公司的控股子公司，其主营业务是节能型变压器等输变电设备和无功补偿装置等系列电网性能优化设备的研发、设计、生产和销售。2014 年 1 月 27 日，欣泰电气在深交所创业板成功发行上市。2015 年 5 月证监会对欣泰电气进行现场检查时发现欣泰电气虚假陈述和重大遗漏的违法行为。2016 年 7 月 5 日证监会对欣泰电气下达了行政处罚决定书。

2. 欣泰电气盈余管理状况

欣泰电气通过少计提坏账准备的手段进行盈余管理，导致利润虚增，表现为正向盈余管理。从欣泰电气盈余管理值中可以看出盈余管理的方向，与同行业制造业平均盈余管理值相比，2014 年欣泰电气盈余管理程度高，如表 6-19 所示。

表 6-19　欣泰电气 2014~2015 年盈余管理值

年份	欣泰电气		制造业	
	AEM	REM	AEM	REM
2014	0.242 8	0.222	0.068 4	0.131 2
2015	0.039 8	0.153 4	0.081 6	0.151 5

资料来源：基于国泰安数据库中的数据利用截面修正琼斯模型[4]计算应计盈余管理值，借鉴 Cohen 和 Zarowin[5]，Roychowd-hury[6]的研究，分别计算操控性经营现金流量、操控性生产成本和操控性酌量费用，以便度量公司的销售操控、生产操控和酌量性费用操控，进而得出真实活动盈余管理总额

3. 欣泰电气盈余管理手段分析

（1）虚构应收账款收回。欣泰电气为 IPO 上市，以银行汇票背书转让形式调整应收账款余额过大问题。2011 年到 2014 年 2 月，欣泰电气通过外部借款、使用自有资金或伪造银行单据的方式虚构应收账款的收回，即在年末、半年末等会计期末红字冲减应收账款（大部分在下一会计期期初冲回）①。虚构应收账款收回情况如表 6-20 所示。

表 6-20　欣泰电气 2011~2014 年虚构应收账款收回情况（单位：万元）

时间	虚减应收账款	虚减预付账款	虚减其他应收款	虚增应付账款	少计坏账准备	虚增经营活动产生的现金流量净额
2011 年	10 156				659	10 156
2012 年	12 062		3 384		726	5 290
2013 年 1~6 月	15 840	500	5 324	2 421	313	8 638
截至 IPO 合计	38 058	500	8 708	2 421	1 698	24 084
2013 年	19 940		6 224	1 521	1 240	12 238
2014 年	7 262		7 478		363	12 944
2011~2014 年合计	49 420		17 086	1 521	2 988	40 628

资料来源：根据《中国证监会行政处罚决定书（欣泰电气股份有限公司、温德乙、刘明胜等 18 名责任人员）》和欣泰电气《关于对以前年度重大会计差错更正与追溯调整的公告》整理而成

由于少计提坏账准备导致少计资产减值损失，对 2011~2014 年利润造成了影响。具体影响如表 6-21 所示。从表 6-21 中可以看出，2011~2014 年由于少计提坏账准备，净利润少计 1 977.44 万元。

表 6-21　欣泰电气少计提坏账准备对 2011~2014 年利润的影响（单位：万元）

年份	项目	更正前	更正	更正后
	资产减值损失	185.87	659.84	845.71
	营业利润	5 151.87	−659.84	4 492.03
2011	利润总额	6 321.82	−659.84	5 661.98
	所得税费用	715.19	−98.98	616.21
	净利润	5 606.63	−560.86	5 045.77

---

① 欣泰电气《关于对以前年度重大会计差错更正与追溯调整的公告》。

续表

年份	项目	更正前	更正	更正后
2012	资产减值损失	211.27	726.69	937.96
	营业利润	5 620.5	− 726.69	4 893.81
	利润总额	7 037.26	− 726.69	6 310.57
	所得税费用	835.24	− 109	726.24
	净利润	6 202.02	− 617.69	5 584.33
2013	资产减值损失	250.09	1 240.04	1 490.13
	营业利润	5 912.71	− 1 240.04	4 672.67
	利润总额	7 137.68	− 1 240.04	5 897.64
	所得税费用	845.2	− 186.01	659.19
	净利润	6 292.48	− 1 054.03	5 238.45
2014	资产减值损失	1 198.55	− 300.17	898.38
	营业利润	3 844.51	300.17	4 144.68
	利润总额	4 953.64	300.17	5 253.81
	所得税费用	543.66	45.03	588.69
	净利润	4 409.98	255.14	4 665.12
2011~2014 年净利润合计		22 511.11	− 1 977.44	20 533.67

资料来源：根据欣泰电气《关于对以前年度重大会计差错更正与追溯调整的公告》和《首次公开发行股票并在创业板上市招股说明书》的数据整理而成

（2）以关联方交易占用企业资金未予披露。欣泰电气实际控制人董事长温德乙以员工名义从公司借款供其个人使用，截止到 2014 年 12 月 31 日，占用欣泰电气 6 388 万元资金。该关联方交易未在 2014 年年度报告中披露，存在重大遗漏。

4. 证监会对欣泰电气的处罚

证监会以行政处罚决定书〔2016〕84 号对欣泰电气及温德乙、刘明胜等 18 名责任人进行行政处罚，按照《首次公开发行股票并在创业板上市管理暂行办法》、《证券法》和《中华人民共和国行政处罚法》的相关规定，对欣泰电气责令改正，给予警告，并处以 832 万元罚款；对主要责任人欣泰电气董事长温德乙给予警告，并处以 892 万元罚款；对主要责任人欣泰电气总会计师刘明胜给予警告，并处以 60 万元罚款；对其他主要责任人给予警告，并分别处以 3 万~20 万元不等的罚款。证监会以〔2016〕91 号对欣泰电气保荐机构兴业证券股份有限公司给予警告，没收保荐业务收入 1 200 万元，并处以 2 400 万元罚款；没收承销股票违法所得 2 078 万元，并处以 60 万元罚款。对保荐人兰翔和伍文祥给予警告，并分别处以 30 万元罚款，撤销证券从业资格。证监会以〔2016〕92 号责令审计机构北京兴华会计师事务所改正违法行为，没收业务收入 322.44 万元，并处以 967.32 万元罚款。对签字注册会计师王全洲、杨轶辉、王权生给予警告，并分别处以 10 万元罚款。

2016 年 7 月 5 日，证监会分别以〔2016〕5 号对欣泰电气董事长和总会计师温德乙、刘明胜做出了终身市场禁入的处罚决定；以〔2016〕9 号对保荐代表人兰翔、伍文祥做出了 10 年证券市场禁入的处罚决定；以〔2016〕10 号对签字注册会计师王全洲、杨轶辉、王权生分别处以 5 年、5 年和 3 年市场禁入处罚。

根据《深圳证券交易所创业板股票上市规则（2014 年修订）》和《关于改革完善并严格实施上市公司退市制度的若干意见》的相关规定，深交所对欣泰电气启动退市程序，欣泰电气自 2016 年 9 月 6 日起暂停上市[①]。

6.3.4　莲花味精盈余管理案例分析

1. 莲花味精案例背景资料

河南莲花味精股份有限公司（以下简称莲花味精，股票代码：600186）1998 年上市，主营业务为味精和调味品的生产与销售，曾经是国内味精行业的龙头企业。上市后业绩每况愈下，2004~2014 年，莲花味精因资金去向未履行审批程序或者信息披露失实被证监会或证券交易所通报处分多达 11 次[23]。2014 年 5 月 21 日，证监会向莲花味精下达行政处罚决定书，对其 2006~2010 年的虚假披露和重大遗漏进行行政处罚。2015 年 5 月 21 日，莲花味精发布重大事项停牌公告，2015 年 6 月 11 日进入重大资产重组程序；2015 年 9 月 12 日变更重大资产重组为实施非公开发行股票；2015 年 10 月 9 日莲花味精复牌；2015 年 11 月浙江睿康投资有限公司持股比例增加，莲花味精股权变更，公司更名为莲花健康产业集团股份有限公司，简称为莲花健康，致力于打造智慧大健康产业领先企业。

2. 莲花味精盈余管理状况

莲花味精 2006~2010 年盈余管理值的计算如表 6-22 所示。

表 6-22　莲花味精 2006~2010 年盈余管理状况

项目		2006 年	2007 年	2008 年	2009 年	2010 年
莲花味精	AEM	0.0101	0.0096	−0.0351	0.0943	−0.0361
	REM	0.1587	0.1855	0.1506	0.2018	0.2299
食品制造业	AEM	0.0363	0.0341	0.0869	0.0932	0.0903
	REM	0.1341	0.1171	0.1085	0.3109	0.2348

资料来源：基于国泰安数据库中的数据利用截面修正琼斯模型[4]计算应计盈余管理值，借鉴 Coheny 和 Zarowin[5]，Roychowdhury[6]的研究，分别计算操控性经营现金流量、操控性生产成本和操控性酌量费用，以便度量公司的销售操控、生产操控和酌量性费用操控，进而得出真实活动盈余管理总额

从表 6-22 中可以看出，总体而言，无论是应计盈余管理值，还是真实盈余管理值，莲花味精 2006~2010 年的盈余管理水平是提高的，这与食品制造业的变动趋势一致。莲花味精的应计盈余管理水平略低于食品制造业的盈余管理水平，但真实盈余管理水平高于食品制造业的盈余管理水平。

3. 莲花味精采取的盈余管理方式分析

（1）将未到位政府补助入账虚增利润。2007~2008 年莲花味精将未到位的政府补助提前入账，导致利润虚增，如表 6-23 所示。

---

① 欣泰电气《关于股票暂停上市的公告》。

表 6-23　莲花味精 2007~2008 年将未到位政府补助入账情况（单位：万元）

年份	政府补助事由	政府补助金额	更正前净利润	更正后净利润	净利润影响额
2007	原材料价格补偿	19 440	2 651	−16 789	19 440
2008	人工费用补助	30 000	1 241	−28 759	30 000
合计		49 440	3 892	−45 548	49 440

资料来源：根据莲花味精 2010 年 8 月 28 日发布的《河南莲花味精股份有限公司关于公司会计差错更正追溯调整事项的公告》整理而成

尽管 2007 年和 2008 年两笔政府补助均获得了政府批复，并得到政府承认，但因为信息披露时政府补助未实际到位，不应将原材料价格补助直接入账，也不应直接将人工费用补偿冲抵成本。通过将未到位政府补助入账，莲花味精 2007 年和 2008 年分别虚增净利润 19 440 万元和 30 000 万元。

（2）对政府补助的会计处理不当。2008 年和 2009 年莲花味精对实际收到的政府补助处理不当，如表 6-24 所示。2008 年 4 167 万元政府补贴应计入营业外收入，却冲减了生产成本[①]，对净利润没有影响，但对营业利润有影响，且会计处理不合规。2009 年 187.69 万元政府补助应计入营业外收入，却冲减了主营业务成本，对净利润没有影响，但对营业利润有影响，且会计处理不合规。

表 6-24　莲花味精 2008~2009 年政府补助会计处理不当的影响（单位：万元）

年份	政府补助事由	政府补助金额	更正前处理	更正后处理
2008	环保相关补贴资金	1 898	4 170 万元冲减生产成本	4 167 万元计入营业外收入
	淘汰落后产能补偿资金	2 272		
2009	企业发展促进资金	90	187.69 万元冲减主营业务成本	187.69 万元计入营业外收入
	外贸发展促进资金	17.69		
	黄淮四市发展促进资金	80		

资料来源：根据《中国证监会行政处罚决定书（河南莲花味精股份有限公司、郑献锋、高君等 20 名责任人）》和莲花味精 2010 年 8 月 28 日发布的《河南莲花味精股份有限公司关于公司会计差错更正追溯调整事项的公告》整理而成

（3）对长期股权投资的处理不当。2009 年莲花味精投资 1 000 万元成立宿迁莲花国际贸易有限公司，列入了其他应收款核算。该项资金应列入长期股权投资，纳入公司合并财务报表中。由于长期股权投资处理不当，2009 年净利润虚增 50 万元。

（4）未转移贷款未入账少计利息支出。2007 年莲花味精签署的中国建设银行贷款 19 800 万元债务转让协议未实际履行，其债务实际未转移，莲花味精未予披露。这导致债务虚减 19 800 万元，少计 2007 年财务费用 1 229 万元，少计 2008 年财务费用 1 504 万元。2008 年莲花味精签署中国工商银行贷款本息 32 200 万元实际未转移，莲花味精未予披露，导致银行贷款减少 32 200 万元。

（5）未按规定披露诉讼事项存在重大遗漏。2006 年项城市人民法院判决莲花味精按期偿付中国工商银行项城支行四笔逾期贷款，莲花味精未按照规定进行临时披露，也未在 2006 年年度报告中披露该诉讼事项。2008 年，上海浦东发展银行郑州城东路支行、

---

① 数据来源于《河南莲花味精股份有限公司关于公司会计差错更正追溯调整事项的公告》。

郑州分行诉莲花味精案,诉讼标的共计 272 278 921.96 元。广东粤财诉莲花味精债务纠纷,诉讼标的共计 108 334 299.11 元。法院对上述诉讼案做出了判决,但莲花味精既未进行临时披露,也没有在 2008 年年报和 2009 年中报中进行披露。莲花味精信息披露存在重大遗漏。

（6）诉讼费用和应计利息未计导致利润虚增。2007~2008 年,由于诉讼案件公司预计须承担诉讼费用及债务利息 1 655 万元,莲花味精少计 2007 年度管理费用 16 万元,少计 2007 年度营业外支出 784 万元;少计 2008 年度管理费用 242 万元,少计 2008 年度营业外支出 613 万元,需要调减 2009 年初未分配利润 1 655 万元。

4. 证监会处罚

证监会以〔2014〕51 号对莲花味精及郑献锋、高君等 20 名责任人进行了行政处罚,对莲花味精给予警告,并处以 50 万元罚款;对郑献锋、高君等相关责任人给予警告,并处以 5 万~30 万元不等的罚款。

证监会以〔2014〕52 号对莲花味精的审计服务机构亚太（集团）会计师事务所有限公司（以下简称亚太所）及审计报告签字注册会计师秦喜胜、赵强、张向红进行了行政处罚,对亚太所给予警告,没收亚太所关于莲花味精 2007 年、2008 年年报审计项目收入 132 万元,并处以 132 万元罚款;对秦喜胜给予警告,并处以 4 万元罚款;对赵强给予警告,并处以 3 万元罚款;对张向红给予警告。

6.4　盈余信息披露案例总结

从选择的四家盈余信息披露质量优秀的上市公司,即中国神华、上汽集团、海康威视和网宿科技来看,信息披露质量高低与公司自身业绩和管理水平有关。上市公司要提供高质量盈余信息,首先需要保证公司有获利的动力来源,其次要有科学合理的管理制度加以规范,两者缺一不可。从选择的四家被证监会处罚的公司来看,盈余管理都有其内在的动机,可能是为了发行上市,也可能为了维持业绩。所采取的盈余管理手段可能偏重应计盈余管理或者真实盈余管理,也可能两者兼用。

企业是一组契约的集合体,而盈余是企业的核心指标。由于企业的契约性质及盈余指标的核心地位,盈余管理普遍存在[24]。针对上市公司盈余管理行为,我国构建了上市公司监管框架,其中证监会对违规上市公司的处罚力度在不断加大。高利芳和盛明泉以 2001~2009 年因财务舞弊被证监会处罚的上市公司为样本,检验公司受罚前后的盈余管理行为变化,得出结论:违规公司受罚后的盈余管理行为不仅没有减少,反而更多地采用较为隐蔽的真实盈余管理活动规避证监会的处罚,即监管不当能诱发新的更为隐蔽的盈余管理行为,如"损失性"监管①。当管理者将某一恶性事件作为盈余管理的参考点

---

① 肖成民和吕长江将股票市场监管分为"损失性"监管和"收益性"监管,认为"损失性"监管更能诱发盈余管理行为提早启动。

时可能会认为自己的盈余管理行为是恰当的，从而继续进行盈余管理行为，而不是将恶性事件作为一种警示[25]。因此，要遏制上市公司盈余管理，从上市公司盈余管理的动机入手会更为有效[26]，此外还应更多地考虑采用能引起更大市场反应的监管手段[2]。例如，欣泰电气暂停上市以至终止上市的终极处罚引起了市场的普遍关注，能够对其他违规公司起到警诚作用。为更好地治理盈余管理，要保证外部监管的有效性，更要强化内部治理的效果。Badolato 等研究提出，企业审计委员会具有财务专长和较高地位时，其盈余管理水平较低[27]。

参 考 文 献

[1] 邓永勤. 证券市场盈余管理会计监管实证研究[D]. 中南大学博士学位论文，2008.

[2] 高利芳，盛明泉. 证监会处罚对公司盈余管理的影响后果及机制研究[J]. 财贸研究，2012，（1）：134-141.

[3] 董来孝康. 中国神华净利连降三年今年仍赚 117 亿[N]. 第一财经日报，2015-07-31.

[4] Dechow P M, Kothari S P, Watts R L. The relation between earnings and cash flows[J]. Journal of Accounting and Economics，1998，25（2）：133-168.

[5] Cohen D A, Zarowin P. Accrual-based and real earnings management activities around seasoned equity offerings[J]. Journal of Accounting and Economics，2010，50（1）：2-19.

[6] Roychowdhury S. Earnings management through real activities manipulation[J]. Journal of Accounting and Economics，2006，42（3）：335-370.

[7] 凌文. 央企控股上市公司九大热点问题研究[J]. 管理世界，2012，（1）：2-8.

[8] 刘凌冰，韩向东，杨飞. 集团企业预算管理的演进与意义建构——基于神华集团 1998~2004 年的纵向案例研究[J]. 会计研究，2015，（7）：42-48.

[9] 中研网. 上汽集团未来把汽车产业做到千亿规模[EB/OL]. http://www.chinairn.com/news/20140411/1130 47689.shtml. 2014-04-11.

[10] 蒋学伟. 集成国际资源，自主发展建设全球企业——上汽集团全球化进程简析[J]. 上海国资，2011，（4）：41-45.

[11] 李永钧. 解析上汽集团特色管理模式[J]. 重型汽车，2010，（6）：4-8.

[12] 上海市内部审计师协会课题组. 企业内部控制自我评估研究——基于上汽集团借助 IT 系统平台的 CSA 实践[J]. 审计研究，2009，（6）：21，34-40.

[13] 夏明涛. 企业集团全面预算管理案例研究——来自上汽集团实践[J]. 新会计，2015，（2）：33-36.

[14] 雪球财经. 海康威视：真正的危机是现金流[J]. 股市动态分析，2015，（11）：38-39.

[15] 杨芳旻. 从分析海康威视财务报表探析企业盈利状况[J]. 时代金融，2015，（2）：253-254.

[16] 庞国明. 坚持技术创新之路，致力于打造一流监控企业[J]. 中国安防，2009，（5）：10-14.

[17] 陈晓健. 海康威视公司财务分析探究[J]. 中国商贸，2015，（9）：36-37.

[18] 王鑫. 海康威视开拓国际市场的成功经验及启示[J]. 对外经贸实务，2015，（6）：73-76.

[19] 姜英兵，于雅萍. 海康威视业绩持续高增长动因分析[J]. 财务与会计，2015，（19）：52-54.

[20] 陈艳红. 网宿科技业绩"变脸"，涉嫌"包装"上市？[N]. 中国经济时报，2010-03-30.

[21] 网宿科技. 卓越的互联网业务平台提供商——网宿科技股份有限公司[J]. 软件产业与工程，2014，（3）：29-32.

[22] 董灿. 网宿科技的价值创造分析[J]. 财务与会计·理财版，2014，（9）：26-28.

[23] 王占锋，王伟宾. 莲花味精"远嫁"[J]. 企业观察家，2015，（2）：63-64.

[24] 肖成民，吕长江. 市场监管、盈余分布变化与盈余管理——退市监管与再融资监管的比较分析[J]. 南开管理评论，2011，14（1）：138-147.

[25] Brown T J. Advantageous comparison and rationalization of earnings management[J]. Journal of Accounting Research，2014，52（4）：849-876.

[26] 谢德仁. 会计准则、资本市场监管规则与盈余管理之遏制：来自上市公司债务重组的经验证据[J]. 会计研究，2011，（3）：19-26.

[27] Badolato P G，Donelson D C，Ege M. Audit committee financial expertise and earnings management: the role of status[J]. Journal of Accounting and Economics，2014，58（2~3）：208-230.

第7章 外部治理环境与盈余管理

外部治理环境是企业一切行为决策根植的基础,管理者会根据外部治理环境的变化相对应的调整自身的盈余管理的策略。目前我国各地区的外部治理环境的发展现状存在显著的不平衡现象,特别是西部地区的外部治理环境发展仍较为落后,薄弱的外部治理环境可能会诱使企业做出一些违规的行为。基于此,本章主要从外部治理环境的视角出发,揭示不同外部治理环境情况下上市公司盈余管理的特征规律,探讨外部治理环境与盈余管理的关系。

7.1 上市公司外部治理环境的地区差异分析

7.1.1 样本选取和数据来源

本章选取 2001~2015 年沪深两市 A 股上市公司为研究样本,通过以下原则进行筛选:①剔除被 ST 和*ST 的公司;②剔除财务信息和公司治理数据缺失的公司;③剔除金融类上市公司。经过样本的筛选和面板数据的平衡处理后,最终获得样本量为 23 813。有关上市公司财务数据和公司治理数据来自国泰安数据库,外部治理环境数据来自樊纲等在《中国市场化指数——各地区市场化相对进程 2011 年报告》一书中编制的中国各地区市场化指数[1]。由于该报告的数据更新较为缓慢,在一定程度上制约了外部治理环境数据的收集。本章现在拥有 2001~2010 年的外部治理环境数据,考虑到市场化程度、政府干预程度和法治水平在不同年度有所变化,但总体变化趋势较为一致,所以本章参考徐光伟和刘星的方法[2],采用一元线性回归的方法来预测①2011~2015 年的数据。

7.1.2 我国外部治理环境的发展趋势

1)市场化变化趋势

表 7-1 描述了我国各地区市场化程度。图 7-1 描述了我国各地区市场化程度变化趋势,从中可以看出,在统计数据的连续 13 年间,我国各地区市场化程度总体上呈现出匀

---

① 《中国市场化指数——各地区市场化相对进程 2011 年报告》中的数据仅列至 2010 年,目前学界均采用本书使用的方法预测 2011~2015 年的数据。

速上升的趋势。2001 年，我国各地区市场化程度呈最小状态，2001 年以后，我国各地区市场化程度逐年上升，到 2015 年，我国各地区市场化程度达到最大。总体来说，我国各地区市场化程度呈现出良好发展趋势，逐年稳步上升。

表 7-1　我国各地区市场化程度分析

年份	2001	2002	2003	2004	2005	2006	2007	2008	2009	2010	2011	2012	2013	2014	2015
安徽	4.270	4.850	5.370	5.990	6.560	7.150	7.480	7.640	7.880	8.196	8.515	8.837	9.162	9.491	9.823
北京	6.356	6.903	7.500	8.190	8.200	8.540	9.020	9.580	9.870	10.206	10.545	10.887	11.233	11.582	11.935
福建	6.673	7.163	7.970	8.330	7.940	8.420	5.590	8.780	9.020	9.347	9.678	10.011	10.349	10.689	11.033
甘肃	2.538	3.052	3.320	3.950	4.320	4.580	4.820	4.880	4.980	5.267	5.556	5.849	6.145	6.443	6.744
广东	7.673	8.230	8.990	9.360	9.040	9.720	10.100	10.250	10.420	10.761	11.106	11.454	11.805	12.160	12.519
广西	4.135	4.560	5.000	5.420	5.400	5.710	5.900	6.200	6.170	6.469	6.770	7.075	7.383	7.694	8.008
贵州	2.780	3.130	3.670	4.170	4.610	4.940	5.400	5.560	5.560	5.853	6.148	6.447	6.748	7.053	7.360
海南	4.280	4.670	5.030	5.410	5.360	5.660	6.360	6.440	6.400	6.701	7.005	7.312	7.622	7.935	8.252
河北	4.692	5.142	5.590	6.050	6.510	6.840	6.940	7.160	7.270	7.580	7.892	8.208	8.528	8.850	9.175
河南	3.850	4.352	4.890	5.640	6.580	7.110	7.380	7.780	8.040	8.357	8.678	9.002	9.329	9.659	9.993
黑龙江	3.500	4.032	4.450	5.050	5.330	5.610	5.760	6.070	6.110	6.408	6.709	7.013	7.320	7.631	7.944
湖北	4.276	4.860	5.470	6.110	6.420	6.850	7.050	7.330	7.650	7.964	8.280	8.600	8.923	9.249	9.579
湖南	3.890	4.436	5.030	6.110	6.250	6.740	6.860	7.180	7.390	7.701	8.015	8.332	8.652	8.976	9.303
吉林	3.663	4.167	4.690	5.490	5.760	6.200	6.550	6.990	7.090	7.398	7.709	8.023	8.340	8.661	8.984
江苏	6.650	7.455	7.970	8.630	8.600	9.390	10.140	10.580	11.540	11.892	12.248	12.608	12.971	13.338	13.708
江西	4.112	4.567	5.060	5.760	6.260	6.640	7.100	7.480	7.650	7.964	8.280	8.600	8.923	9.249	9.579
辽宁	5.230	5.970	6.610	7.360	6.970	7.560	7.970	8.310	8.760	9.085	9.412	9.744	10.078	10.416	10.757
内蒙古	3.268	3.780	4.390	5.120	5.260	5.890	5.910	6.172	6.270	6.570	6.872	7.178	7.487	7.799	8.114
宁夏	3.130	3.673	4.362	4.560	4.470	5.100	5.440	5.780	5.940	6.236	6.536	6.838	7.144	7.452	7.763
青海	2.153	2.356	2.600	2.735	2.926	3.090	3.132	3.191	3.250	3.520	3.792	4.067	4.344	4.625	4.908
山东	5.761	6.362	6.810	7.520	7.870	8.240	8.470	8.770	8.930	9.256	9.586	9.919	10.255	10.594	10.937
山西	3.573	4.173	4.630	5.130	5.060	5.560	5.910	6.180	6.110	6.408	6.709	7.013	7.320	7.631	7.944
陕西	3.170	3.560	4.110	4.460	4.370	4.710	4.820	5.660	5.650	5.944	6.240	6.539	6.842	7.147	7.456
上海	8.260	8.753	9.350	9.810	8.970	9.630	10.270	10.420	10.960	11.307	11.657	12.010	12.367	12.728	13.092
四川	4.860	5.353	5.850	6.380	6.630	6.950	7.300	7.230	7.560	7.873	8.188	8.507	8.829	9.155	9.483
天津	6.738	7.560	7.030	7.860	7.650	8.280	8.590	9.190	9.430	9.761	10.096	10.434	10.775	11.120	11.468
西藏	0.553	0.821	0.790	1.550	1.568	1.592	1.630	1.360	0.380	0.621	0.864	1.110	1.358	1.608	1.861
新疆	3.354	3.864	4.260	4.760	4.860	4.870	5.040	5.230	5.120	5.408	5.699	5.993	6.290	6.590	6.893
云南	3.263	3.568	4.230	4.810	4.880	5.570	5.820	6.040	6.060	6.358	6.658	6.962	7.268	7.578	7.891
浙江	7.970	8.360	9.100	9.770	9.570	10.370	10.920	11.160	11.800	12.155	12.514	12.876	13.241	13.611	13.984
重庆	5.457	6.145	6.470	7.200	6.640	7.260	7.400	7.870	8.140	8.458	8.780	9.105	9.433	9.764	10.099
均值	4.519	5.028	5.503	6.087	6.156	6.606	6.809	7.176	7.335	7.646	7.959	8.276	8.596	8.919	9.245

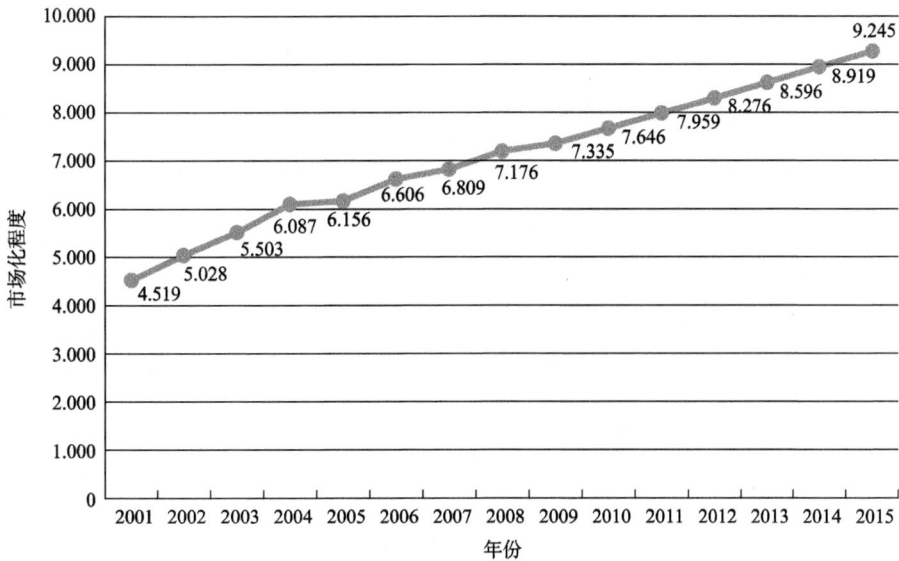

图 7-1 我国各地区市场化程度变化

2）政府干预变化趋势

表 7-2 描述了我国各地区政府干预程度。图 7-2 描述了我国各地区政府干预程度变化趋势，从中可以看出，在统计数据的连续 13 年间，由于政府干预程度是反向指标，我国各地区的政府干预程度总体上呈现出先下降后上升又下降的趋势。2001~2006 年，我国各地区的政府干预程度呈现出下降趋势，2006~2009 年，我国各地区的政府干预程度可能受到外部因素的影响开始上升，但从 2009 年开始，我国各地区的政府干预程度呈现出逐年下降的趋势，直到 2015 年，我国各地区的政府干预程度达到最小。

表 7-2 我国各地区政府干预程度分析

年份	2001	2002	2003	2004	2005	2006	2007	2008	2009	2010	2011	2012	2013	2014	2015
安徽	6.653	7.342	7.730	8.960	9.930	9.970	9.890	9.650	9.390	9.505	9.618	9.729	9.837	9.943	10.048
北京	6.749	7.543	7.920	8.820	9.310	9.310	9.240	9.140	8.950	9.074	9.196	9.315	9.431	9.546	9.658
福建	7.532	8.140	8.520	9.300	9.350	9.310	9.390	9.370	9.350	9.466	9.580	9.691	9.800	9.907	10.012
甘肃	4.463	5.154	5.800	6.580	7.350	7.320	6.660	6.380	5.910	6.095	6.276	6.453	6.627	6.798	6.965
广东	7.430	7.973	8.530	9.570	9.930	9.870	9.760	9.670	9.590	9.701	9.810	9.917	10.022	10.124	10.225
广西	7.235	7.630	8.120	8.620	8.850	8.840	8.770	8.750	8.490	8.623	8.754	8.882	9.007	9.130	9.250
贵州	5.132	5.564	6.020	6.590	6.890	6.870	6.650	6.670	6.400	6.575	6.747	6.915	7.079	7.241	7.399
海南	6.342	6.743	7.240	7.790	7.720	7.710	7.750	7.410	6.960	7.124	7.284	7.442	7.596	7.747	7.895
河北	6.543	7.152	7.520	8.530	8.400	8.470	8.380	8.400	8.230	8.368	8.504	8.637	8.767	8.895	9.020
河南	6.130	6.530	6.910	7.940	8.740	9.780	8.840	8.690	8.620	8.751	8.879	9.004	9.127	9.247	9.365
黑龙江	4.763	5.363	5.960	7.620	8.540	8.520	8.560	8.490	8.180	8.319	8.456	8.590	8.721	8.850	8.976
湖北	5.756	6.350	6.960	8.470	8.890	8.880	8.870	8.780	8.670	8.800	8.927	9.051	9.173	9.293	9.410

续表

年份	2001	2002	2003	2004	2005	2006	2007	2008	2009	2010	2011	2012	2013	2014	2015
湖南	5.760	6.346	6.700	7.500	8.360	8.390	8.270	8.130	7.930	8.074	8.216	8.355	8.491	8.624	8.754
吉林	4.570	5.150	5.630	7.020	7.600	7.730	7.810	7.870	7.730	7.878	8.024	8.166	8.306	8.443	8.577
江苏	7.574	8.253	8.780	9.850	10.480	10.530	10.420	10.300	10.150	10.250	10.348	10.444	10.538	10.630	10.721
江西	5.231	5.830	6.500	7.250	8.560	9.680	8.860	8.820	8.510	8.643	8.773	8.900	9.025	9.148	9.268
辽宁	5.673	6.243	6.690	7.750	8.540	8.530	8.500	8.430	8.200	8.339	8.475	8.609	8.740	8.868	8.993
内蒙古	4.243	4.870	5.490	6.280	6.560	6.790	6.760	6.692	6.390	6.565	6.737	6.905	7.070	7.232	7.390
宁夏	5.034	5.547	6.257	6.310	6.230	6.220	6.170	6.160	6.100	6.281	6.458	6.632	6.803	6.970	7.133
青海	3.063	3.473	3.970	4.241	4.672	6.140	5.686	5.713	5.040	5.242	5.440	5.635	5.825	6.011	6.194
山东	5.879	6.460	7.210	7.100	9.130	9.240	9.280	9.160	9.070	9.192	9.311	9.428	9.542	9.654	9.764
山西	4.930	5.363	5.850	6.680	6.720	6.720	6.810	6.720	6.540	6.712	6.881	7.046	7.208	7.367	7.523
陕西	5.789	6.360	6.900	7.680	7.000	6.790	6.680	6.710	6.600	6.771	6.939	7.103	7.264	7.421	7.576
上海	8.231	8.634	9.020	9.760	9.800	9.800	9.830	9.860	9.750	9.858	9.964	10.068	10.169	10.269	10.366
四川	6.034	6.464	7.330	8.510	9.600	9.600	9.440	9.040	8.660	8.790	8.917	9.042	9.164	9.284	9.401
天津	5.700	6.346	6.820	7.790	8.950	9.080	9.300	9.290	9.320	9.437	9.551	9.663	9.773	9.880	9.986
西藏	-0.670	-1.360	-1.140	-0.840	-1.782	-1.986	-2.850	-3.730	-4.660	-4.264	-3.876	-3.495	-3.122	-2.757	-2.399
新疆	4.140	4.570	5.030	5.930	5.730	5.840	5.840	5.440	5.440	5.634	5.825	6.011	6.194	6.373	6.548
云南	5.536	6.242	6.630	6.980	8.220	8.300	8.290	8.290	7.950	8.094	8.235	8.373	8.509	8.642	8.772
浙江	7.236	7.843	8.470	9.460	9.960	9.910	9.810	9.800	9.690	9.799	9.906	10.011	10.114	10.215	10.313
重庆	6.120	6.673	7.340	8.250	9.030	8.940	8.920	8.970	8.900	9.025	9.148	9.268	9.385	9.500	9.613
均值	5.639	6.155	6.668	7.493	7.976	8.100	7.954	7.841	7.615	7.765	7.913	8.058	8.200	8.339	8.475

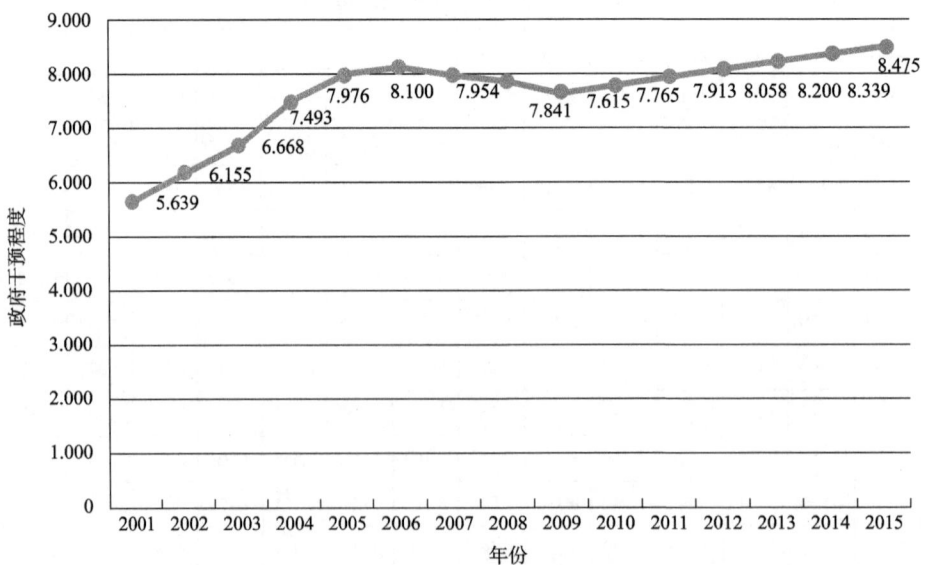

图 7-2　我国各地区政府干预程度变化

3）法治水平变化趋势

表 7-3 描述了我国各地区法治水平。图 7-3 描述了我国各地区法治水平变化趋势，从中可以看出，在统计数据的连续 13 年间，我国各地区法治水平总体上呈现出匀速上升的趋势。2001 年，我国各地区法治水平呈现最小状态，2001 年以后，我国各地区法治水平逐年上升，到 2015 年，我国各地区法治水平达到最大。总体来说，我国各地区法治水平呈现出良好发展趋势，逐年稳步上升。

表 7-3　我国各地区法治水平分析

年份	2001	2002	2003	2004	2005	2006	2007	2008	2009	2010	2011	2012	2013	2014	2015
安徽	1.731	2.173	2.630	3.150	4.870	5.360	5.750	6.300	7.320	8.111	8.987	9.957	11.030	12.218	13.534
北京	6.347	7.162	7.630	8.100	10.210	10.750	12.190	14.230	16.270	18.019	19.955	22.098	24.471	27.097	30.004
福建	3.980	4.352	5.230	5.300	6.320	6.590	6.890	7.210	8.300	9.196	10.188	11.286	12.502	13.848	15.337
甘肃	1.110	1.240	1.520	2.110	3.240	3.470	3.660	3.990	4.860	5.388	5.973	6.620	7.336	8.129	9.007
广东	7.235	7.892	8.450	8.860	10.180	11.030	12.090	12.390	13.990	15.495	17.161	19.005	21.047	23.307	25.808
广西	2.438	2.862	3.200	3.170	3.700	3.590	4.080	4.610	4.880	5.410	5.997	6.647	7.366	8.162	9.043
贵州	1.123	1.582	1.960	2.160	3.020	3.040	3.570	4.270	4.470	4.956	5.495	6.091	6.750	7.480	8.289
海南	2.738	3.242	3.640	3.570	3.610	3.680	3.780	3.910	5.250	5.820	6.450	7.149	7.922	8.777	9.724
河北	2.460	2.883	3.480	3.900	5.020	5.040	5.150	5.550	5.600	6.207	6.879	7.623	8.447	9.359	10.368
河南	2.140	2.553	3.070	3.380	4.430	4.530	4.820	5.500	6.070	6.727	7.455	8.261	9.153	10.140	11.233
黑龙江	3.243	3.789	4.440	4.560	5.170	5.000	5.280	5.810	5.960	6.606	7.321	8.112	8.988	9.957	11.031
湖北	3.130	3.426	3.740	3.810	4.780	4.960	5.650	6.420	7.150	7.923	8.779	9.726	10.775	11.936	13.221
湖南	2.100	2.530	3.130	3.750	4.040	3.860	3.970	4.700	6.020	6.672	7.394	8.193	9.078	10.057	11.141
吉林	2.771	3.390	3.830	3.890	4.650	4.660	5.140	5.690	6.000	6.650	7.370	8.166	9.048	10.024	11.105
江苏	4.782	5.350	6.180	6.610	7.920	8.910	11.330	13.560	18.720	20.731	22.957	25.422	28.150	31.170	34.513
江西	2.322	2.780	3.010	3.380	4.220	4.160	4.580	5.120	5.900	6.539	7.247	8.030	8.898	9.858	10.921
辽宁	4.023	4.654	5.150	5.460	6.200	6.330	7.040	7.470	8.460	9.373	10.384	11.503	12.742	14.114	15.632
内蒙古	2.730	3.123	3.560	3.960	4.450	4.380	4.430	4.657	5.320	5.897	6.536	7.244	8.027	8.894	9.853
宁夏	2.231	2.563	3.132	2.830	3.440	3.450	3.730	4.570	4.660	5.167	5.727	6.348	7.036	7.796	8.639
青海	1.142	1.154	1.490	1.634	1.768	2.040	2.542	2.963	3.510	3.894	4.318	4.788	5.309	5.885	6.522
山东	3.231	3.550	4.670	5.130	5.800	6.170	6.680	7.420	8.180	9.063	10.041	11.123	12.322	13.648	15.116
山西	2.342	2.780	3.200	3.610	4.340	4.440	4.700	5.230	5.550	6.152	6.818	7.556	8.372	9.276	10.276
陕西	1.632	2.012	2.470	2.880	4.010	4.280	4.930	5.630	5.880	6.517	7.222	8.003	8.868	9.824	10.884
上海	10.790	11.230	12.150	11.060	12.840	13.920	16.890	17.140	19.890	22.026	24.391	27.009	29.907	33.115	36.666
四川	3.232	3.560	4.030	4.110	4.890	5.020	5.660	6.380	7.390	8.189	9.073	10.052	11.135	12.335	13.663
天津	5.580	6.320	6.950	7.490	8.270	9.710	9.590	10.670	11.570	12.816	14.195	15.722	17.412	19.284	21.355

年份	2001	2002	2003	2004	2005	2006	2007	2008	2009	2010	2011	2012	2013	2014	2015
西藏	1.231	1.760	2.250	2.630	3.042	3.542	3.740	4.090	0.180	0.207	0.237	0.271	0.308	0.349	0.394
新疆	3.267	3.987	4.370	4.480	4.820	4.610	4.540	5.010	4.980	5.521	6.120	6.782	7.516	8.328	9.227
云南	1.563	2.032	2.410	2.750	3.800	4.030	4.510	4.990	5.440	6.030	6.683	7.406	8.207	9.093	10.074
浙江	7.132	7.673	8.090	8.390	10.530	12.070	14.020	16.250	19.850	21.982	24.342	26.955	29.847	33.048	36.593
重庆	2.132	2.720	3.290	3.950	4.800	5.030	5.560	6.110	7.600	8.421	9.330	10.337	11.451	12.684	14.049
均值	3.287	3.752	4.269	4.518	5.432	5.731	6.338	7.027	7.910	8.765	9.710	10.758	11.917	13.200	14.620

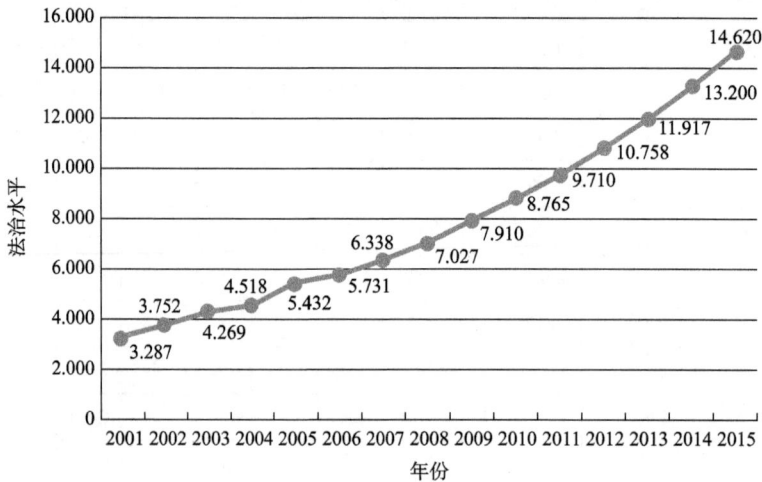

图 7-3　我国各地区法治水平变化

7.1.3　东部地区外部治理的现状分析

1）市场化的现状分析

表 7-4 描述了我国东部地区各省（直辖市）市场化情况。图 7-4 描述了我国东部地区各省（直辖市）市场化变化趋势，从中可以看出，在统计数据的连续 13 年间，东部地区的市场化水平总体上呈现出匀速上升的趋势，但其中也有所波动。2001~2004 年，东部地区的市场化水平有所上升，2004~2005 年，东部地区的市场化水平可能受到外部不利因素的影响开始下降，但从 2005 年开始，东部地区的市场化水平呈现出逐年上升的趋势，直到 2015 年东部地区的市场化水平达到最大。总体来说，东部地区的市场化水平呈现良好发展趋势。

表 7-4　东部地区各省（直辖市）市场化情况

年份	北京	福建	广东	江苏	辽宁	山东	上海	天津	浙江	重庆	均值
2001	6.356	6.673	7.673	6.650	5.230	5.761	8.260	6.738	7.970	5.457	6.677
2002	6.903	7.163	8.230	7.455	5.970	6.362	8.753	7.560	8.360	6.145	7.290
2003	7.500	7.970	8.990	7.970	6.610	6.810	9.350	7.030	9.100	6.470	7.780

年份	北京	福建	广东	江苏	辽宁	山东	上海	天津	浙江	重庆	均值
2004	8.190	8.330	9.360	8.630	7.360	7.520	9.810	7.860	9.770	7.200	8.403
2005	8.200	7.940	9.040	8.600	6.970	7.870	8.970	7.650	9.570	6.640	8.145
2006	8.540	8.420	9.720	9.390	7.560	8.240	9.630	8.280	10.370	7.260	8.741
2007	9.020	5.590	10.100	10.140	7.970	8.470	10.270	8.590	10.920	7.400	8.847
2008	9.580	8.780	10.250	10.580	8.310	8.770	10.420	9.190	11.160	7.870	9.491
2009	9.870	9.020	10.420	11.540	8.760	8.930	10.960	9.430	11.800	8.140	9.887
2010	10.206	9.347	10.761	11.892	9.085	9.256	11.307	9.761	12.155	8.458	10.223
2011	10.545	9.678	11.106	12.248	9.412	9.586	11.657	10.096	12.514	8.780	10.562
2012	10.887	10.011	11.454	12.608	9.744	9.919	12.010	10.434	12.876	9.105	10.905
2013	11.233	10.349	11.805	12.971	10.078	10.255	12.367	10.775	13.241	9.433	11.251
2014	11.582	10.689	12.160	13.338	10.416	10.594	12.728	11.120	13.611	9.764	11.600
2015	11.935	11.033	12.519	13.708	10.757	10.937	13.092	11.468	13.984	10.099	11.953

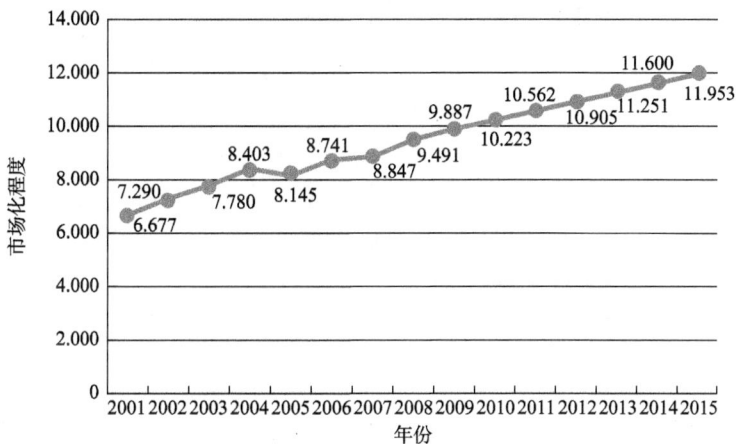

图 7-4　东部地区各省（直辖市）市场化变化趋势

2）政府干预的现状分析

表 7-5 描述了我国东部地区各省（直辖市）政府干预情况。图 7-5 描述了我国东部地区各省（直辖市）政府干预变化趋势，从中可以看出，由于政府干预程度是反向指标，在统计数据的连续 13 年间，东部地区的政府干预程度总体上呈现出先下降后上升又下降的趋势。2001~2006 年，东部地区的政府干预呈下降趋势，2006~2009 年，东部地区的政府干预程度可能受到外部因素的影响开始上升，但从 2009 年开始，东部地区的政府干预程度呈现出逐年下降的趋势，直到 2015 年东部地区的政府干预程度达到最小。

表 7-5　东部地区各省（直辖市）政府干预情况

年份	北京	福建	广东	江苏	辽宁	山东	上海	天津	浙江	重庆	均值
2001	6.749	7.532	7.430	7.574	5.673	5.879	8.231	5.700	7.236	6.120	6.812
2002	7.543	8.140	7.973	8.253	6.243	6.460	8.634	6.346	7.843	6.673	7.411

续表

年份	北京	福建	广东	江苏	辽宁	山东	上海	天津	浙江	重庆	均值
2003	7.920	8.520	8.530	8.780	6.690	7.210	9.020	6.820	8.470	7.340	7.930
2004	8.820	9.300	9.570	9.850	7.750	7.100	9.760	7.790	9.460	8.250	8.765
2005	9.310	9.350	9.930	10.480	8.540	9.130	9.800	8.950	9.960	9.030	9.448
2006	9.310	9.310	9.870	10.530	8.530	9.240	9.800	9.080	9.910	8.940	9.452
2007	9.240	9.390	9.760	10.420	8.500	9.280	9.830	9.300	9.810	8.920	9.445
2008	9.140	9.370	9.670	10.300	8.430	9.160	9.860	9.290	9.800	8.970	9.399
2009	8.950	9.350	9.590	10.150	8.200	9.070	9.750	9.320	9.690	8.900	9.297
2010	9.074	9.466	9.701	10.250	8.339	9.192	9.858	9.437	9.799	9.025	9.414
2011	9.196	9.580	9.810	10.348	8.475	9.311	9.964	9.551	9.906	9.148	9.529
2012	9.315	9.691	9.917	10.444	8.609	9.428	10.068	9.663	10.011	9.268	9.641
2013	9.431	9.800	10.022	10.538	8.740	9.542	10.169	9.773	10.114	9.385	9.751
2014	9.546	9.907	10.124	10.630	8.868	9.654	10.269	9.880	10.215	9.500	9.859
2015	9.658	10.012	10.225	10.721	8.993	9.764	10.366	9.986	10.313	9.613	9.965

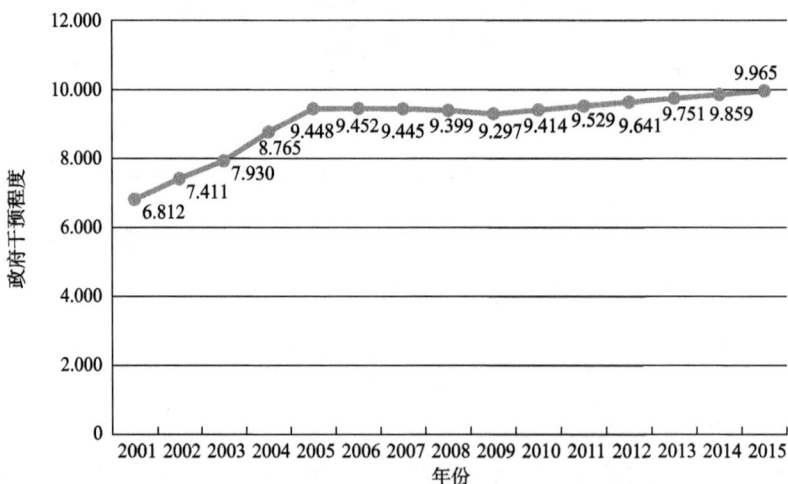

图 7-5　东部地区各省（直辖市）政府干预变化趋势

3）法治水平的现状分析

表 7-6 描述了我国东部地区各省（直辖市）法治情况。图 7-6 描述了我国东部地区各省（直辖市）法治水平变化趋势，从中可以看出，在统计数据的连续 13 年间，东部地区各省（直辖市）法治水平总体上呈现出匀速上升的趋势。2001 年，东部地区各省（直辖市）法治水平呈最小状态，2001 年以后，东部地区各省（直辖市）法治水平逐年上升，到 2015 年，东部地区各省市法治水平达到最大。总体来说，东部地区各省（直辖市）法治水平呈现出良好发展趋势，逐年稳步上升。

表 7-6 东部地区各省（直辖市）法治情况

年份	北京	福建	广东	江苏	辽宁	山东	上海	天津	浙江	重庆	均值
2001	6.347	3.980	7.235	4.782	4.023	3.231	10.790	5.580	7.132	2.132	5.523
2002	7.162	4.352	7.892	5.350	4.654	3.550	11.230	6.320	7.673	2.720	6.090
2003	7.630	5.230	8.450	6.180	5.150	4.670	12.150	6.950	8.090	3.290	6.779
2004	8.100	5.300	8.860	6.610	5.460	5.130	11.060	7.490	8.390	3.950	7.035
2005	10.210	6.320	10.180	7.920	6.200	5.800	12.840	8.270	10.530	4.800	8.307
2006	10.750	6.590	11.030	8.910	6.330	6.170	13.920	9.710	12.070	5.030	9.051
2007	12.190	6.890	12.090	11.330	7.040	6.680	16.890	9.590	14.020	5.560	10.228
2008	14.230	7.210	12.390	13.560	7.470	7.420	17.140	10.670	16.250	6.110	11.245
2009	16.270	8.300	13.990	18.720	8.460	8.180	19.890	11.570	19.850	7.600	13.283
2010	18.019	9.196	15.495	20.731	9.373	9.063	22.026	12.816	21.982	8.421	14.712
2011	19.955	10.188	17.161	22.957	10.384	10.041	24.391	14.195	24.342	9.330	16.294
2012	22.098	11.286	19.005	25.422	11.503	11.123	27.009	15.722	26.955	10.337	18.046
2013	24.471	12.502	21.047	28.150	12.742	12.322	29.907	17.412	29.847	11.451	19.985
2014	27.097	13.848	23.307	31.170	14.114	13.648	33.115	19.284	33.048	12.684	22.132
2015	30.004	15.337	25.808	34.513	15.632	15.116	36.666	21.355	36.593	14.049	24.507

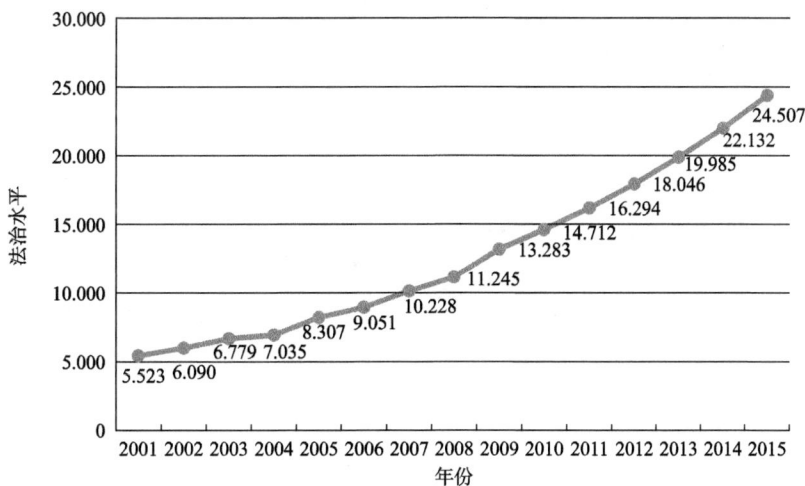

图 7-6 东部地区各省（直辖市）法治水平变化趋势

7.1.4 中部地区外部治理的现状分析

1）市场化的现状分析

表 7-7 描述了我国中部地区各省（自治区）市场化情况。图 7-7 描述了我国中部地区各省（自治区）市场化水平变化趋势，从中可以看出，在统计数据的连续 13 年间，中部

地区各省（自治区）市场化程度总体上呈现出匀速上升的趋势。2001 年，中部地区各省（自治区）市场化程度呈最小状态，2001 年以后，中部地区各省（自治区）市场化程度逐年上升，到 2015 年，中部地区各省（自治区）市场化程度达到最大。总体来说，中部地区各省（自治区）市场化程度呈现出良好发展趋势，逐年稳步上升。

表 7-7　中部地区各省（自治区）市场化情况

年份	河北	内蒙古	吉林	安徽	江西	河南	湖北	湖南	广西	海南	四川	均值
2001	4.692	3.268	3.663	4.270	4.112	3.850	4.276	3.890	4.135	4.280	4.860	4.118
2002	5.142	3.780	4.167	4.850	4.567	4.352	4.860	4.436	4.560	4.670	5.353	4.612
2003	5.590	4.390	4.690	5.370	5.060	4.890	5.470	5.030	5.000	5.030	5.850	5.125
2004	6.050	5.120	5.490	5.990	5.760	5.640	6.110	6.110	5.420	5.410	6.380	5.771
2005	6.510	5.260	5.760	6.560	6.260	6.580	6.420	6.250	5.400	5.360	6.630	6.090
2006	6.840	5.890	6.200	7.150	6.640	7.110	6.850	6.740	5.710	5.660	6.950	6.522
2007	6.940	5.910	6.550	7.480	7.100	7.380	7.050	6.860	5.900	6.360	7.300	6.803
2008	7.160	6.172	6.990	7.640	7.480	7.780	7.330	7.180	6.200	6.440	7.230	7.055
2009	7.270	6.270	7.090	7.880	7.650	8.040	7.650	7.390	6.170	6.400	7.560	7.215
2010	7.580	6.570	7.398	8.196	7.964	8.357	7.964	7.701	6.469	6.701	7.873	7.525
2011	7.892	6.872	7.709	8.515	8.280	8.678	8.280	8.015	6.770	7.005	8.188	7.837
2012	8.208	7.178	8.023	8.837	8.600	9.002	8.600	8.332	7.075	7.312	8.507	8.152
2013	8.528	7.487	8.340	9.162	8.923	9.329	8.923	8.652	7.383	7.622	8.829	8.471
2014	8.850	7.799	8.661	9.491	9.249	9.659	9.249	8.976	7.694	7.935	9.155	8.793
2015	9.175	8.114	8.984	9.823	9.579	9.993	9.579	9.303	8.008	8.252	9.483	9.118

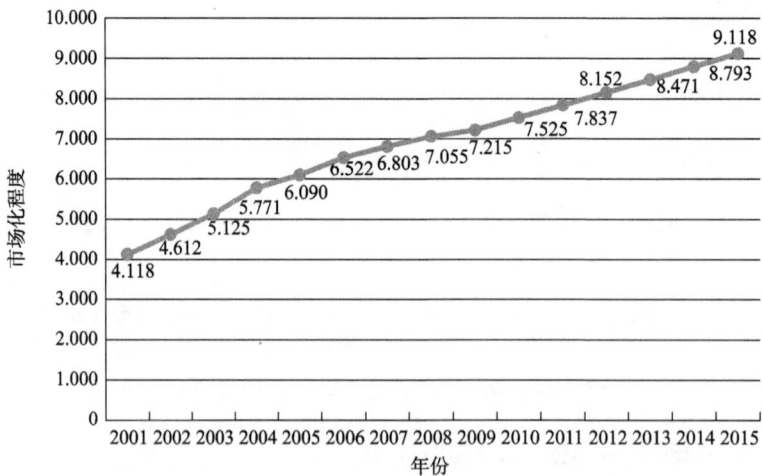

图 7-7　中部地区各省（自治区）市场化变化趋势

2）政府干预的现状分析

表 7-8 描述了我国中部地区各省（自治区）政府干预情况。图 7-8 描述了我国中部地

区各省（自治区）政府干预程度变化趋势，从中可以看出，由于政府干预程度是反向指标，在统计数据的连续 13 年间，中部地区各省（自治区）政府干预程度总体上呈现出先下降后上升又下降的趋势。2001~2006 年，中部地区各省（自治区）政府干预呈下降趋势，2006~2009 年，中部地区各省（自治区）政府干预程度可能受到外部因素的影响开始上升，但从 2009 年开始，中部地区各省（自治区）政府干预程度呈逐年下降的趋势，直到 2015 年中部地区各省区政府干预程度达到最小。

表 7-8　中部地区各省（自治区）政府干预情况

年份	河北	内蒙古	吉林	安徽	江西	河南	湖北	湖南	广西	海南	四川	均值
2001	6.543	4.243	4.570	6.653	5.231	6.130	5.756	5.760	7.235	6.342	6.034	5.863
2002	7.152	4.870	5.150	7.342	5.830	6.530	6.350	6.346	7.630	6.743	6.464	6.401
2003	7.520	5.490	5.630	7.730	6.500	6.910	6.960	6.700	8.120	7.240	7.330	6.921
2004	8.530	6.280	7.020	8.960	7.250	7.940	8.470	7.500	8.620	7.790	8.510	7.897
2005	8.400	6.560	7.600	9.930	8.560	8.740	8.890	8.360	8.850	7.720	9.600	8.474
2006	8.470	6.790	7.730	9.970	9.680	9.780	8.880	8.390	8.840	7.710	9.600	8.713
2007	8.380	6.760	7.810	9.890	8.860	8.840	8.870	8.270	8.770	7.750	9.440	8.513
2008	8.400	6.692	7.870	9.650	8.820	8.690	8.780	8.130	8.750	7.410	9.040	8.385
2009	8.230	6.390	7.730	9.390	8.510	8.620	8.670	7.930	8.490	6.960	8.660	8.144
2010	8.368	6.565	7.878	9.505	8.643	8.751	8.800	8.074	8.623	7.124	8.790	8.284
2011	8.504	6.737	8.024	9.618	8.773	8.879	8.927	8.216	8.754	7.284	8.917	8.421
2012	8.637	6.905	8.166	9.729	8.900	9.004	9.051	8.355	8.882	7.442	9.042	8.556
2013	8.767	7.070	8.306	9.837	9.025	9.127	9.173	8.491	9.007	7.596	9.164	8.688
2014	8.895	7.232	8.443	9.943	9.148	9.247	9.293	8.624	9.130	7.747	9.284	8.817
2015	9.020	7.390	8.577	10.048	9.268	9.365	9.410	8.754	9.250	7.895	9.401	8.943

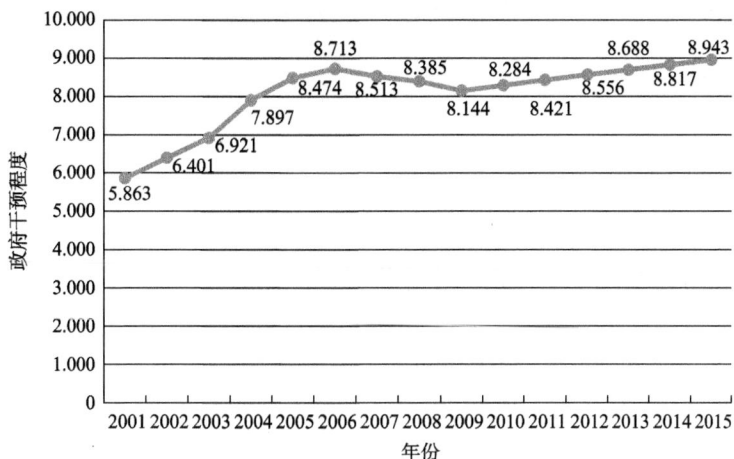

图 7-8　中部地区各省（自治区）政府干预变化趋势

3）法治水平的现状分析

表 7-9 描述了我国中部地区各省（自治区）法治情况。图 7-9 描述了我国中部地区各省（自治区）法治水平变化趋势，从中可以看出，在统计数据的连续 13 年间，中部地区各省（自治区）法治水平总体上呈现匀速上升的趋势。2001 年，中部地区各省（自治区）法治水平呈最小状态，2001 年以后，中部地区各省（自治区）法治水平逐年上升，到 2015 年，中部地区各省（自治区）法治水平达到最大。总体来说，中部地区各省（自治区）法治水平呈现出良好发展趋势，逐年稳步上升。

表 7-9　中部地区各省（自治区）法治情况

年份	河北	内蒙古	吉林	安徽	江西	河南	湖北	湖南	广西	海南	四川	均值
2001	2.460	2.730	2.771	1.731	2.322	2.140	3.130	2.100	2.438	2.738	3.232	2.527
2002	2.883	3.123	3.390	2.173	2.780	2.553	3.426	2.530	2.862	3.242	3.560	2.957
2003	3.480	3.560	3.830	2.630	3.010	3.070	3.740	3.130	3.200	3.640	4.030	3.393
2004	3.900	3.960	3.890	3.150	3.380	3.380	3.810	3.750	3.170	3.570	4.110	3.643
2005	5.020	4.450	4.650	4.870	4.220	4.430	4.780	4.040	3.700	3.610	4.890	4.424
2006	5.040	4.380	4.660	5.360	4.160	4.530	4.960	3.860	3.590	3.680	5.020	4.476
2007	5.150	4.430	5.140	5.750	4.580	4.820	5.650	3.970	4.080	3.780	5.660	4.819
2008	5.550	4.657	5.690	6.300	5.120	5.500	6.420	4.700	4.610	3.910	6.380	5.349
2009	5.600	5.320	6.000	7.320	5.900	6.070	7.150	6.020	4.880	5.250	7.390	6.082
2010	6.207	5.897	6.650	8.111	6.539	6.727	7.923	6.672	5.410	5.820	8.189	6.740
2011	6.879	6.536	7.370	8.987	7.247	7.455	8.779	7.394	5.997	6.450	9.073	7.470
2012	7.623	7.244	8.166	9.957	8.030	8.261	9.726	8.193	6.647	7.149	10.052	8.277
2013	8.447	8.027	9.048	11.030	8.898	9.153	10.775	9.078	7.366	7.922	11.135	9.171
2014	9.359	8.894	10.024	12.218	9.858	10.140	11.936	10.057	8.162	8.777	12.335	10.160
2015	10.368	9.853	11.105	13.534	10.921	11.233	13.221	11.141	9.043	9.724	13.663	11.255

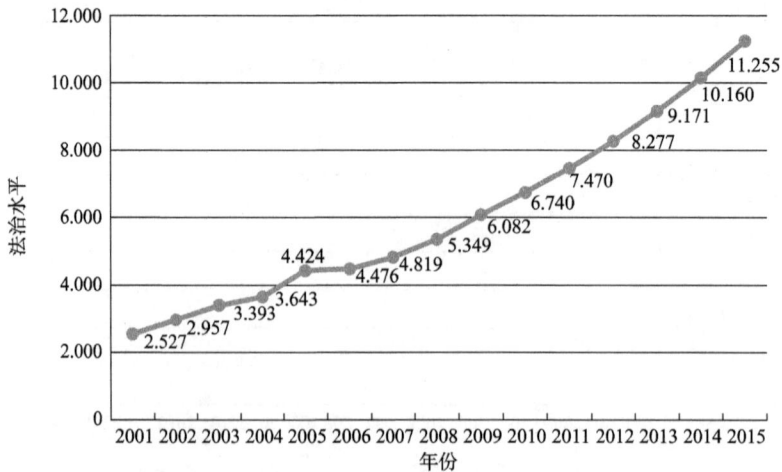

图 7-9　中部地区各省（自治区）法治变化趋势

7.1.5　西部地区外部治理的现状分析

1）市场化的现状分析

表 7-10 描述了我国西部地区各省（自治区）市场化情况。图 7-10 描述了我国西部地区各省（自治区）市场化变化趋势，从中可以看出，在统计数据的连续 13 年间，西部地区的市场化水平总体上呈现出匀速上升的趋势，但其中也有所波动。2001~2008 年，西部地区的市场化水平有所上升，2008~2009 年，西部地区的市场化水平可能受到外部不利因素的影响开始下降，但从 2009 年开始，西部地区的市场化水平又呈现出逐年上升的趋势，直到 2015 年西部地区的市场化水平达到最大。总体来说，西部地区的市场化水平呈现出良好发展趋势。

表 7-10　西部地区各省（自治区）市场化情况

年份	山西	黑龙江	贵州	云南	西藏	陕西	甘肃	青海	宁夏	新疆	均值
2001	3.573	3.500	2.780	3.263	0.553	3.170	2.538	2.153	3.130	3.354	2.801 4
2002	4.173	4.032	3.130	3.568	0.821	3.560	3.052	2.356	3.673	3.864	3.222 9
2003	4.630	4.450	3.670	4.230	0.790	4.110	3.320	2.600	4.362	4.260	3.642 2
2004	5.130	5.050	4.170	4.810	1.550	4.460	3.950	2.735	4.560	4.760	4.117 5
2005	5.060	5.330	4.610	4.880	1.568	4.370	4.320	2.926	4.470	4.860	4.239 4
2006	5.560	5.610	4.940	5.570	1.592	4.710	4.580	3.090	5.100	4.870	4.562 2
2007	5.910	5.760	5.400	5.820	1.630	4.820	4.820	3.132	5.440	5.040	4.777 2
2008	6.180	6.070	5.560	6.040	1.360	5.660	4.880	3.191	5.780	5.230	4.995 1
2009	6.110	6.110	5.560	6.060	0.380	5.650	4.980	3.250	5.940	5.120	4.916 0
2010	6.408	6.408	5.853	6.358	0.621	5.944	5.267	3.520	6.236	5.408	5.202 3
2011	6.709	6.709	6.148	6.658	0.864	6.240	5.556	3.792	6.536	5.699	5.491 1
2012	7.013	7.013	6.447	6.962	1.110	6.539	5.849	4.067	6.838	5.993	5.783 1
2013	7.320	7.320	6.748	7.268	1.358	6.842	6.145	4.344	7.144	6.290	6.077 9
2014	7.631	7.631	7.053	7.578	1.608	7.147	6.443	4.625	7.452	6.590	6.375 8
2015	7.944	7.944	7.360	7.891	1.861	7.456	6.744	4.908	7.763	6.893	6.676 4

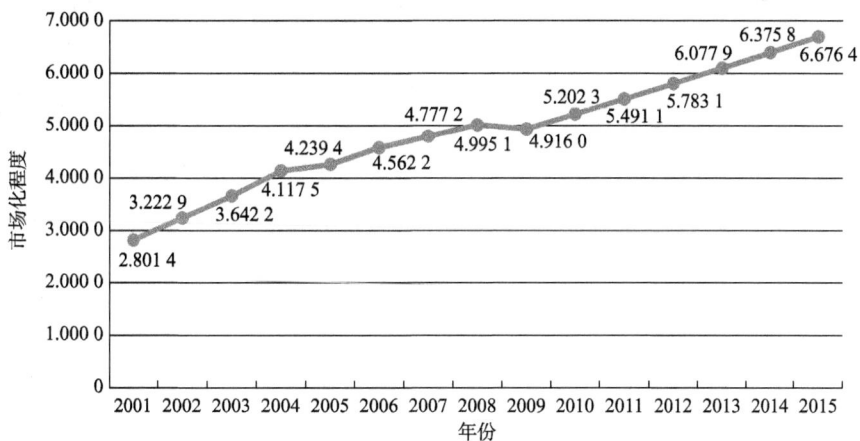

图 7-10　西部地区各省（自治区）市场化变化趋势

2）政府干预的现状分析

表 7-11 描述了我国西部地区各省（自治区）政府干预情况。图 7-11 描述了我国西部地区各省（自治区）政府干预程度变化趋势，从中可以看出，由于政府干预程度是反向指标，在统计数据的连续 13 年间，西部地区的政府干预程度总体上呈现出先下降后上升又下降的趋势。2001~2006 年，西部地区的政府干预呈现出下降趋势，2006~2009 年，西部地区的政府干预程度可能受到外部因素的影响开始上升，但从 2009 年开始，西部地区的政府干预程度又呈现出逐年下降的趋势，直到 2015 年西部地区的政府干预程度达到最小。

表 7-11　西部地区各省（自治区）政府干预情况

年份	山西	黑龙江	贵州	云南	西藏	陕西	甘肃	青海	宁夏	新疆	均值
2001	4.930	4.763	5.132	5.536	−0.670	5.789	4.463	3.063	5.034	4.140	4.218 0
2002	5.363	5.363	5.564	6.242	−1.360	6.360	5.154	3.473	5.547	4.570	4.627 6
2003	5.850	5.960	6.020	6.630	−1.140	6.900	5.800	3.970	6.257	5.030	5.127 7
2004	6.680	7.620	6.590	6.980	−0.840	7.680	6.580	4.241	6.310	5.930	5.777 1
2005	6.720	8.540	6.890	8.220	−1.782	7.000	7.350	4.672	6.230	5.730	5.957 0
2006	6.720	8.520	6.870	8.300	−1.986	6.790	7.320	6.140	6.220	5.840	6.073 4
2007	6.810	8.560	6.650	8.290	−2.850	6.680	6.660	5.686	6.170	5.840	5.849 6
2008	6.720	8.490	6.670	8.290	−3.730	6.710	6.380	5.713	6.160	5.440	5.684 3
2009	6.540	8.180	6.400	7.950	−4.660	6.600	5.910	5.040	6.100	5.440	5.350 0
2010	6.712	8.319	6.575	8.094	−4.264	6.771	6.095	5.242	6.281	5.634	5.545 9
2011	6.881	8.456	6.747	8.235	−3.876	6.939	6.276	5.440	6.458	5.825	5.738 1
2012	7.046	8.590	6.915	8.373	−3.495	7.103	6.453	5.635	6.632	6.011	5.926 3
2013	7.208	8.721	7.079	8.509	−3.122	7.264	6.627	5.825	6.803	6.194	6.110 8
2014	7.367	8.850	7.241	8.642	−2.757	7.421	6.798	6.011	6.970	6.373	6.291 6
2015	7.523	8.976	7.399	8.772	−2.399	7.576	6.965	6.194	7.133	6.548	6.468 7

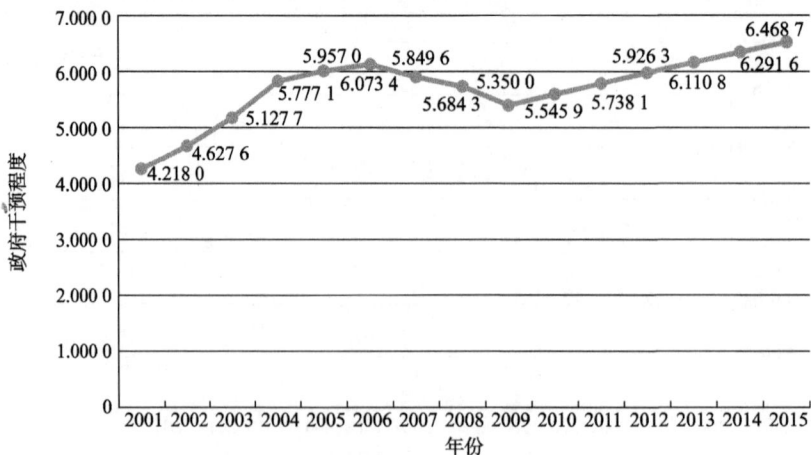

图 7-11　西部地区各省（自治区）政府干预变化趋势

3）法治水平的现状分析

表 7-12 描述了我国西部地区各省（自治区）法治情况。图 7-12 描述了我国西部地区各省（自治区）法治水平变化趋势，从中可以看出，在统计数据的连续 13 年间，西部地区的法治水平总体上呈现出匀速上升的趋势，但其中也有所波动。2001~2008 年，西部地区的法治水平有所上升，2008~2009 年，西部地区的法治水平可能受到外部不利因素的影响开始下降，但从 2009 年开始，西部地区的法治水平又呈现出逐年上升的趋势，直到 2015 年西部地区的法治水平达到最大。总体来说，西部地区的法治水平呈现出良好发展趋势。

表 7-12　西部地区各省（自治区）法治情况

年份	山西	黑龙江	贵州	云南	西藏	陕西	甘肃	青海	宁夏	新疆	均值
2001	2.342	3.243	1.123	1.563	1.231	1.632	1.110	1.142	2.231	3.267	1.888 4
2002	2.780	3.789	1.582	2.032	1.760	2.012	1.240	1.154	2.563	3.987	2.289 9
2003	3.200	4.440	1.960	2.410	2.250	2.470	1.520	1.490	3.132	4.370	2.724 2
2004	3.610	4.560	2.160	2.750	2.630	2.880	2.110	1.634	2.830	4.480	2.964 4
2005	4.340	5.170	3.020	3.800	3.042	4.010	3.240	1.768	3.440	4.820	3.665 0
2006	4.440	5.000	3.040	4.030	3.542	4.280	3.470	2.040	3.450	4.610	3.790 2
2007	4.700	5.280	3.570	4.510	3.740	4.930	3.660	2.542	3.730	4.540	4.120 2
2008	5.230	5.810	4.270	4.990	4.090	5.630	3.990	2.963	4.570	5.010	4.655 3
2009	5.550	5.960	4.470	5.440	0.180	5.880	4.860	3.510	4.660	4.980	4.549 0
2010	6.152	6.606	4.956	6.030	0.207	6.517	5.388	3.894	5.167	5.521	5.043 8
2011	6.818	7.321	5.495	6.683	0.237	7.222	5.973	4.318	5.727	6.120	5.591 4
2012	7.556	8.112	6.091	7.406	0.271	8.003	6.620	4.788	6.348	6.782	6.197 7
2013	8.372	8.988	6.750	8.207	0.308	8.868	7.336	5.309	7.036	7.516	6.869 0
2014	9.276	9.957	7.480	9.093	0.349	9.824	8.129	5.885	7.796	8.328	7.611 7
2015	10.276	11.031	8.289	10.074	0.394	10.884	9.007	6.522	8.639	9.227	8.434 3

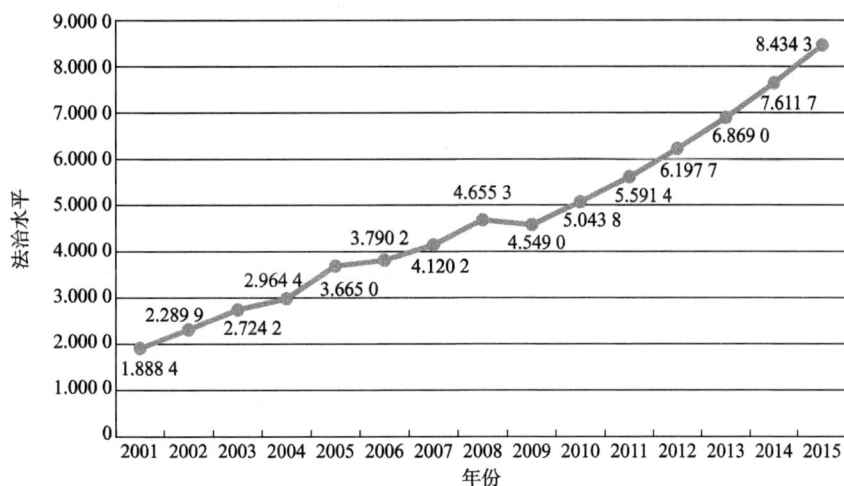

图 7-12　西部地区各省（自治区）法治变化趋势

7.2　不同外部治理环境情况下上市公司盈余管理的特征分析

7.2.1　不同市场化地区上市公司盈余管理的特征分析

表 7-13 描述了不同市场化程度下应计盈余管理情况。图 7-13 描述了不同市场化程度下应计盈余管理变化趋势，从中可以看出，2001~2015 年，在不同市场化程度下应计盈余管理呈来回波动的变化趋势。高市场化程度下的应计盈余管理处于最下层位置，中市场化程度下的应计盈余管理处于中层位置，低市场化程度下的应计盈余管理处于最上层位置。

表 7-13　不同市场化程度下应计盈余管理情况

年份	2001	2002	2003	2004	2005	2006	2007	2008	2009	2010	2011	2012	2013	2014	2015
高市场化	0.072	0.071	0.068	0.065	0.055	0.075	0.088	0.066	0.078	0.083	0.089	0.056	0.080	0.061	0.077
中市场化	0.075	0.078	0.083	0.075	0.076	0.082	0.110	0.090	0.088	0.114	0.105	0.087	0.096	0.084	0.066
低市场化	0.087	0.089	0.091	0.108	0.083	0.118	0.125	0.102	0.101	0.108	0.124	0.101	0.116	0.092	0.112

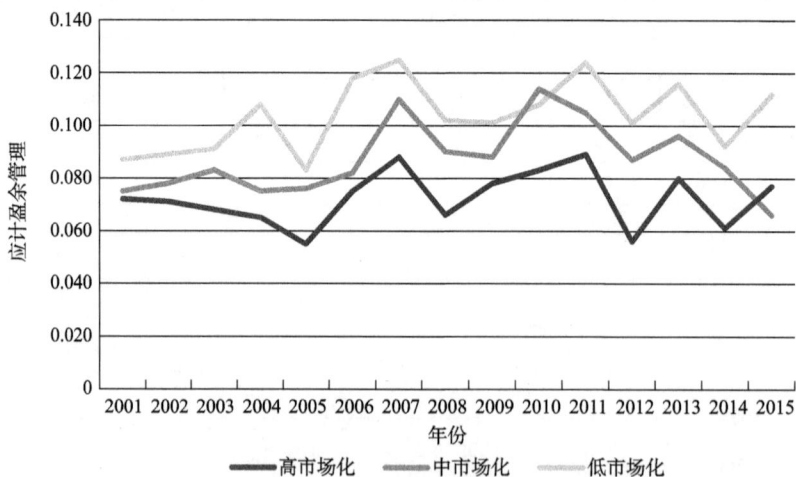

图 7-13　不同市场化程度下应计盈余管理

表 7-14 描述了不同市场化程度下真实盈余管理情况。图 7-14 描述了不同市场化程度下真实盈余管理变化趋势，从中可以看出，2001~2015 年，在不同市场化程度下，真实盈余管理呈现出来回波动但总体先上升后下降的状态。高市场化程度下的真实盈余管理处于最上层位置，中市场化程度下的真实盈余管理处于中层位置，低市场化程度下的真实盈余管理处于最下层位置。

表 7-14　不同市场化程度下真实盈余管理情况

年份	2001	2002	2003	2004	2005	2006	2007	2008	2009	2010	2011	2012	2013	2014	2015
高市场化	-0.051	-0.048	-0.045	-0.008	0.017	0.006	0.026	0.020	0.033	0.008	0.005	-0.017	0.007	0.010	-0.004
中市场化	-0.021	-0.018	-0.016	-0.011	-0.016	0.009	-0.007	0.001	0.001	0.001	-0.015	-0.009	0.025	0.026	0.007
低市场化	-0.015	-0.013	-0.011	-0.009	-0.022	-0.018	0.007	0.000	0.000	-0.006	-0.009	-0.017	-0.028	-0.028	-0.017

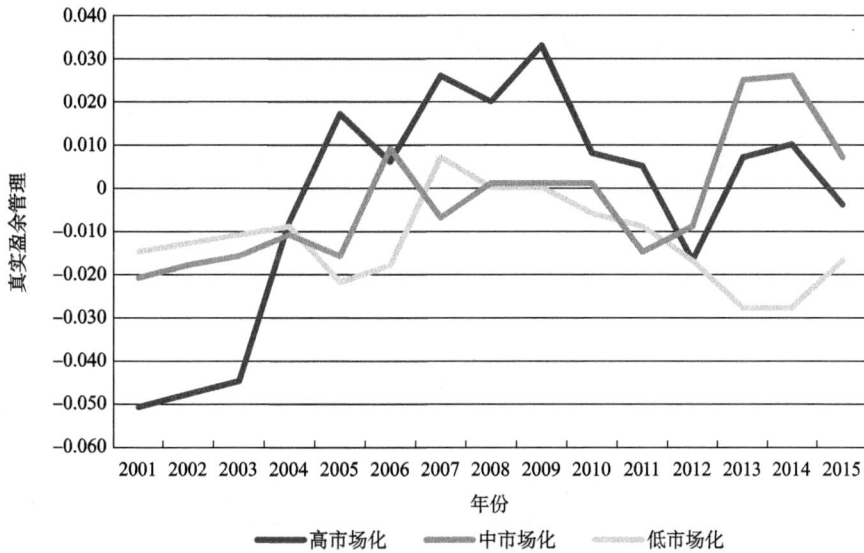

图 7-14　不同市场化程度下真实盈余管理

7.2.2　不同政府干预地区上市公司盈余管理的特征分析

表 7-15 描述了不同政府干预程度下应计盈余管理情况。图 7-15 描述了不同政府干预程度下应计盈余管理变化趋势，从中可以看出，由于政府干预程度是反向指标，2001~2015 年，不同政府干预程度下，应计盈余管理呈现出来回波动的状态。高政府干预程度下的应计盈余管理处于最下层位置，中政府干预程度下的应计盈余管理处于中层位置，低政府干预程度下的应计盈余管理处于最上层位置。

表 7-15　不同政府干预程度下应计盈余管理情况

年份	2001	2002	2003	2004	2005	2006	2007	2008	2009	2010	2011	2012	2013	2014	2015
高政府干预	0.066	0.067	0.069	0.070	0.051	0.064	0.080	0.066	0.077	0.083	0.089	0.056	0.081	0.061	0.077
中政府干预	0.078	0.080	0.081	0.072	0.077	0.098	0.115	0.091	0.088	0.111	0.110	0.085	0.095	0.081	0.062
低政府干预	0.084	0.089	0.090	0.105	0.085	0.113	0.128	0.100	0.102	0.110	0.118	0.102	0.117	0.096	0.116

表 7-16 描述了不同政府干预程度下真实盈余管理情况。图 7-16 描述了不同政府干预程度下真实盈余管理变化趋势，从中可以看出，由于政府干预程度是反向指标，2001~2015

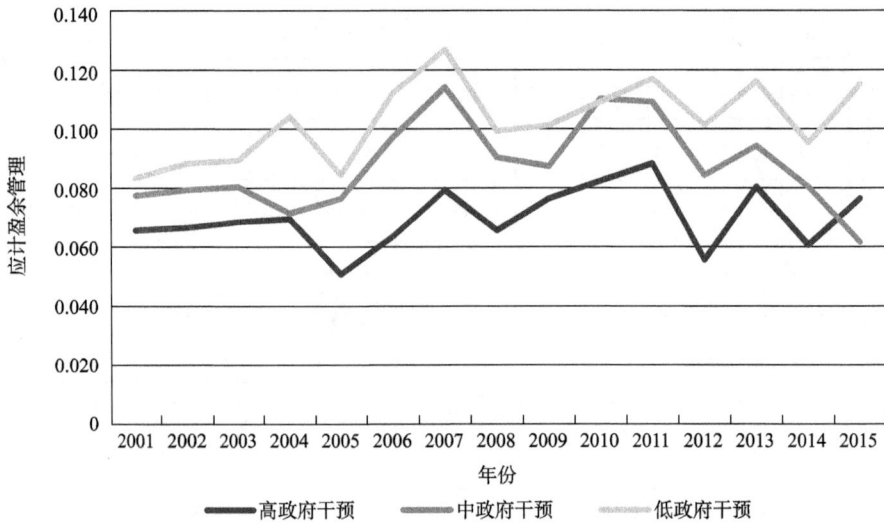

图 7-15　不同政府干预程度下应计盈余管理

年，不同政府干预程度下，真实盈余管理呈现出来回波动的状态。高政府干预程度下的真实盈余管理处于最上层位置，中政府干预程度下的真实盈余管理处于中层位置，低政府干预程度下的真实盈余管理处于最下层位置。

表 7-16　不同政府干预程度下真实盈余管理情况

年份	2001	2002	2003	2004	2005	2006	2007	2008	2009	2010	2011	2012	2013	2014	2015
高政府干预	−0.026	−0.027	−0.029	−0.003	0.012	0.012	0.028	0.020	0.034	0.008	0.005	−0.016	0.007	0.010	−0.003
中政府干预	−0.032	−0.025	−0.022	−0.001	−0.007	0.004	−0.003	0.008	0.004	0.001	−0.008	−0.013	0.027	0.024	0.001
低政府干预	−0.020	−0.018	−0.016	−0.025	−0.024	−0.017	0.001	−0.006	−0.004	−0.006	−0.016	−0.014	−0.030	−0.025	−0.012

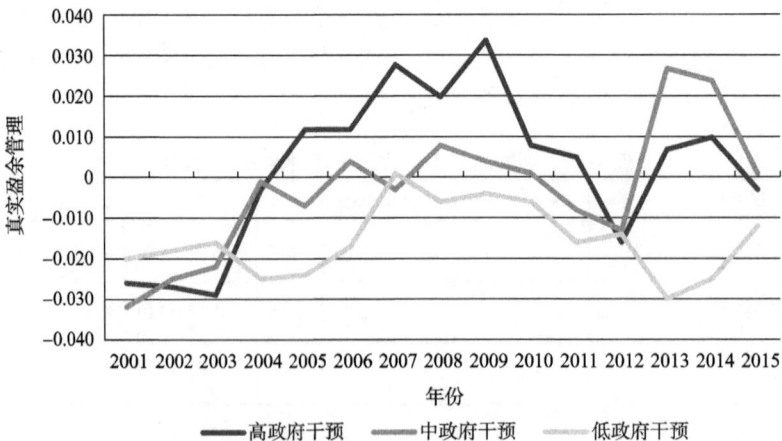

图 7-16　不同政府干预程度下真实盈余管理

7.2.3　不同法治水平地区上市公司盈余管理的特征分析

表 7-17 描述了不同法治水平下应计盈余管理情况。图 7-17 描述了不同法治水平下应计盈余管理变化趋势，从中可以看出，2001~2015 年，不同法治水平下，应计盈余管理呈现出来回波动的状态。高法治水平下的应计盈余管理处于最下层位置，中法治水平下的应计盈余管理处于中层位置，低法治水平下的应计盈余管理处于最上层位置。

表 7-17　不同法治水平下应计盈余管理情况

年份	2001	2002	2003	2004	2005	2006	2007	2008	2009	2010	2011	2012	2013	2014	2015
高法治水平	0.083	0.079	0.075	0.065	0.055	0.075	0.090	0.062	0.077	0.085	0.092	0.056	0.082	0.063	0.049
中法治水平	0.069	0.071	0.073	0.074	0.075	0.082	0.106	0.093	0.075	0.111	0.102	0.086	0.096	0.083	0.094
低法治水平	0.087	0.095	0.094	0.109	0.083	0.118	0.127	0.102	0.101	0.108	0.123	0.101	0.114	0.092	0.112

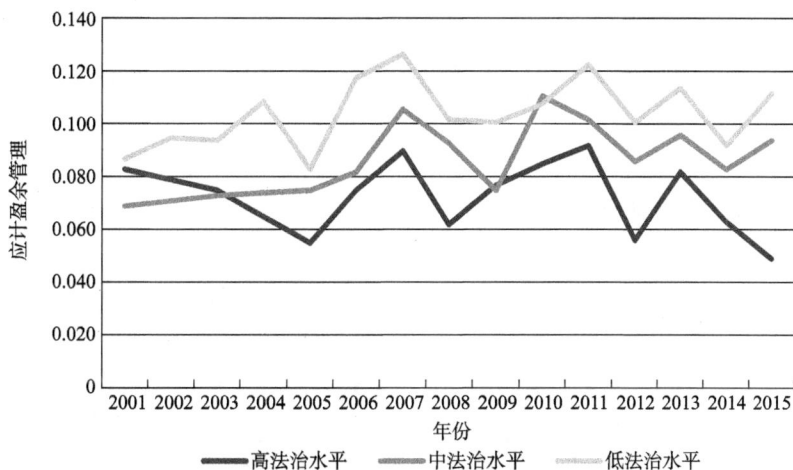

图 7-17　不同法治水平下应计盈余管理

表 7-18 描述了不同法治水平下真实盈余管理情况。图 7-18 描述了不同法治水平下真实盈余管理变化趋势，从中可以看出，2001~2015 年，不同法治水平下，真实盈余管理呈现出来回波动的状态。高法治水平下的真实盈余管理处于最上层位置，中法治水平下的真实盈余管理处于中层位置，低法治水平下的真实盈余管理处于最下层位置。

表 7-18　不同法治水平下真实盈余管理情况

年份	2001	2002	2003	2004	2005	2006	2007	2008	2009	2010	2011	2012	2013	2014	2015
高法治水平	−0.039	−0.031	−0.044	0.001	0.001	0.013	0.016	0.014	0.032	−0.007	−0.005	−0.019	0.023	0.017	0.018
中法治水平	−0.015	−0.012	−0.004	−0.028	0.002	0.005	0.009	0.006	0.022	0.018	−0.004	−0.006	0.007	0.020	−0.016
低法治水平	−0.016	−0.018	−0.022	0.000	−0.023	−0.020	0.002	0.001	−0.002	−0.008	−0.009	−0.018	−0.026	−0.028	−0.016

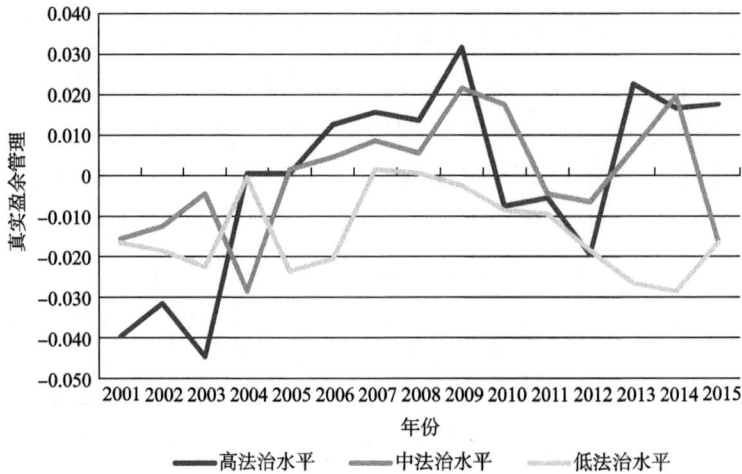

图 7-18　不同法治水平下真实盈余管理

7.3　外部治理环境与盈余管理关系的检验

7.3.1　检验模型设定

1）变量定义

被解释变量：盈余管理可以分为应计盈余管理和**真实盈余管理**，具体计量公式见本书第2章内容。

解释变量：本章中的外部治理环境主要由市场化程度、政府干预程度和法治水平三个变量组成。其中，市场化程度以《中国市场化指数——各地区市场化相对进程2011年报告》中"市场化"指数为代理变量，该指标为正向指标，即该报告中"市场化"指数越大，市场化程度越高；政府干预程度以该报告中"政府和市场关系"指数为代理变量，该指标为反向指标，即该报告中"政府和市场关系"指数越大，政府干预程度越低；法治水平以该报告中"市场中介组织发育和法律制度环境"指数为代理变量，该指标为正向指标，即该报告中"市场中介组织发育和法律制度环境"指数越大，法治水平越高。由于《中国市场化指数——各地区市场化相对进程2011年报告》的数据更新较为缓慢，在一定程度上制约了外部治理环境数据的收集，本章现在拥有2003~2010年的外部治理环境数据，考虑到市场化程度、政府干预程度和法治水平在不同年度有所变化，但总体变化趋势较为一致，所以本章参考徐光伟和刘星的方法[2]，采用一元线性回归的方法来预测2011~2015年的数据。

控制变量：McNichols[3]、Hazarika等[4]认为企业规模与盈余管理程度正相关。Klein[5]、陈武朝[6]认为负债率较高的企业更容易发生盈余操作。Degeorge等认为企业成长性与盈余管理程度正相关[7]；Chung等认为自由现金流量的高低直接影响企业的盈余管理行为[8]；Cornett等认为规模较小的董事会反而更能约束企业的盈余管理行为[9]。Benkel等[10]和Petra[11]发现独立董事能够对企业盈余管理产生抑制作用。Firth等认为监事会机制可以有效地抑制企业的过度盈余管理行为[12]；Miller 认为高管持股比例的提高能够促使企业产生盈余管理[13]；Chin 等指出股权集中度与盈余管理正相关[14]；Dyck 和 Zingales 认为企业盈余管理的高低直接受到代理成本的影响[15]。考虑各种因素对盈余管理的影响，本章控制了下列变量：企业规模、偿债能力、公司成长性、自由现金流、营利能力、董事会规模、独立董事比例、监事会规模、高管持股比例、股权集中度、代理成本，此外还控制了年度虚拟变量和行业虚拟变量。具体变量定义如表 7-19 所示。

表 7-19 变量定义

变量类型	变量名称	变量符号	变量计量
被解释变量	应计盈余管理	AEM	截面修正琼斯模型估计操控性应计利润的绝对值
	真实盈余管理	REM-PROXY	真实盈余管理总量模型计算的真实盈余管理
		REM-CFO	经营现金流量计量模型计算的销售操控真实盈余管理
		REM-PROD	生产成本计量模型计算的生产操控真实盈余管理
		REM-DISEXP	酌量性费用计量模型计算的费用操控真实盈余管理
解释变量	市场化程度	Mar	《中国市场化指数——各地区市场化相对进程 2011 年报告》中"市场化"指数，正向指标
	政府干预程度	Gov	《中国市场化指数——各地区市场化相对进程 2011 年报告》中"政府和市场关系"指数，反向指标
	法治水平	Law	《中国市场化指数——各地区市场化相对进程 2011 年报告》中"市场中介组织发育和法律制度环境"指数，正向指标
控制变量	企业规模	Size	年末资产总额的自然对数
	偿债能力	Lev	资产负债率
	公司成长性	Growth	主营业务收入增长率
	自由现金流	Fcf	自由现金流/总资产
	营利能力	Roe	净资产收益率
	董事会规模	Dsize	董事会总人数的自然对数
	独立董事比例	Dir	独立董事占董事会总人数的比例
	监事会规模	Ssize	监事会总人数的自然对数
	高管持股比例	Eas	高管持股与总股本之比
	股权集中度	H1	第一大股东持股比例
	代理成本	Age	其他应收款/总资产
	年度虚拟变量	Year	虚拟变量，参考 2011 年证监会行业分类标准
	行业虚拟变量	Industry	虚拟变量，样本取自第 i 年时设置为 1，否则为 0

2）模型设定

基于上述分析，本章构建了模型（7-1）~模型（7-3）。构建模型（7-1）用于考察外部治理环境对应计盈余管理的影响。考虑到模型（7-1）可能存在内生性问题，本章构建模型（7-2）来弱化内生性的影响，分别用市场化程度、政府干预程度、法治水平的滞后 1 期、滞后 2 期、滞后 3 期来弱化内生性的影响，式中 i=1,2,3。构建模型（7-3）用于考察外部治理环境对真实盈余管理的影响，REM_t 是真实盈余管理，具体包括 REM-PROXY、REM-CFO、REM-PROD 和 REM-DISEXP。

$$AEM_t = \alpha_0 + \alpha_1 Mar_t + \alpha_2 Gov_t + \alpha_3 Law_t + \alpha_4 Size_t + \alpha_5 Lev_t + \alpha_6 Growth_t$$
$$+ \alpha_7 Fcf_t + \alpha_8 Roe_t + \alpha_9 Dsize_t + \alpha_{10} Dir_t + \alpha_{11} Ssize_t + \alpha_{12} Eas_t + \alpha_{13} Hl_t \quad (7\text{-}1)$$
$$+ \alpha_{14} Age_t + \alpha_{15} \sum Year + \alpha_{16} \sum Industry + \varepsilon$$

$$AEM_t = \alpha_0 + \alpha_1 Mar_{t-i} + \alpha_2 Gov_{t-i} + \alpha_3 Law_{t-i} + \alpha_4 Size_t + \alpha_5 Lev_t + \alpha_6 Growth_t$$
$$+ \alpha_7 Fcf_t + \alpha_8 Roe_t + \alpha_9 Dsize_t + \alpha_{10} Dir_t + \alpha_{11} Ssize_t + \alpha_{12} Eas_t + \alpha_{13} Hl_t \quad (7\text{-}2)$$
$$+ \alpha_{14} Age_t + \alpha_{15} \sum Year + \alpha_{16} \sum Industry + \varepsilon$$

$$REM_t = \alpha_0 + \alpha_1 Mar_t + \alpha_2 Gov_t + \alpha_3 Law_t + \alpha_4 Size_t + \alpha_5 Lev_t + \alpha_6 Growth_t$$
$$+ \alpha_7 Fcf_t + \alpha_8 Roe_t + \alpha_9 Dsize_t + \alpha_{10} Dir_t + \alpha_{11} Ssize_t + \alpha_{12} Eas_t + \alpha_{13} Hl_t \quad (7\text{-}3)$$
$$+ \alpha_{14} Age_t + \alpha_{15} \sum Year + \alpha_{16} \sum Industry + \varepsilon$$

7.3.2　相关性分析

表 7-20 和表 7-21 分别列示了变量之间的 Pearson 相关系数矩阵和 Spearman 相关系数矩阵。模型中主要变量包括连续变量和离散变量，所以需要对该模型进行 Pearson 和 Spearman 相关检验。Pearson 相关系数和 Spearman 相关系数在 ±1 之间，当变量之间的相关系数大于 0.6 时则表明变量之间存在着多重共线性现象，反之则表明变量之间并不存在多重共线性现象。从表 7-20 可以看出，应计盈余管理和真实盈余管理之间的 Pearson 相关性系数为 0.132，并且在 1%的水平上显著，说明这两个变量之间不存在多重共线性问题。从表 7-21 可以看出，应计盈余管理和真实盈余管理之间的 Spearman 相关性系数为 0.095，并且在 1%的水平上显著，再次说明这两个变量之间不存在多重共线性问题。

从表 7-20 和表 7-21 可以看出，市场化程度、政府干预程度和法治水平三个变量之间的两两相关系数均大于 0.6，说明这三个变量之间可能存在多重共线性。所以在后面的回归分析时将市场化程度、政府干预程度和法治水平三个变量单独放入模型中进行检验，避免多重共线性的影响。从表 7-20 可以看出市场化程度、政府干预程度和法治水平三个变量与应计盈余管理之间的 Pearson 相关性系数分别为−0.019、−0.011、−0.008，并且均在 1%的水平上显著负相关，说明市场化程度越高、政府干预越弱、法治水平越高的地区，企业应计盈余管理程度越低。从表 7-21 可以看出市场化程度、政府干预程度和法治水平三个变量与应计盈余管理之间的 Spearman 相关性系数分别为−0.003、−0.007、−0.006，并且均在 1%的水平上显著负相关，说明市场化程度越高、政府干预越弱、法治水平越高的地区，企业应计盈余管理程度越低。从表 7-21 可以看出市场化程度、政府干预程度和法治水平三个变量与真实盈余管理之间的 Spearman 相关性系数分别为 0.031、0.022、0.035，并且均在 1%的水平上显著正相关，说明市场化程度越高、政府干预越弱、法治水平越高的地区，企业真实盈余管理程度越高。

7.3.3　外部治理环境与盈余管理关系的实证分析

1）外部治理环境与应计盈余管理

表 7-22 列出了外部治理环境对应计盈余管理的影响的实证结果。为了弱化市场化程

表 7-20　Pearson 相关性检验结果

变量	AEM	REM	Mar	Gov	Law	Size	Lev	Growth	Fcf	Roe	Dsize	Dir	Ssize	Eas	H1	Age
AEM	1.000	0.132***	-0.019***	-0.011***	-0.008***	-0.067***	0.075***	0.044***	-0.115***	-0.003	-0.060***	0.031***	-0.041***	0.028***	-0.027***	0.079***
REM	0.132***	1.000	0.017**	0.004	0.018***	-0.017**	0.137***	0.019***	-0.065***	-0.147***	-0.017**	0.013*	-0.012*	-0.009	-0.021***	0.045***
Mar	-0.019***	0.017**	1.000	0.795***	0.910***	0.138***	-0.164***	-0.041***	0.005	0.086***	-0.152***	0.122***	-0.211***	0.227***	-0.039***	-0.223***
Gov	-0.011***	0.004	0.795***	1.000	0.613***	0.073***	-0.099***	-0.033***	0.022***	0.066***	-0.093***	0.066***	-0.145***	0.145***	-0.013***	-0.152***
Law	-0.008***	0.018***	0.910***	0.613***	1.000	0.156***	-0.165***	-0.032***	0.069***	0.069***	-0.150***	0.123***	-0.198***	0.214***	-0.026***	-0.192***
Size	-0.067***	-0.017**	0.138***	0.073***	0.156***	1.000	0.320***	0.063***	0.017**	0.136***	0.220***	0.061***	0.210***	-0.184***	0.233***	-0.196***
Lev	0.075***	0.137***	-0.164***	-0.099***	-0.165***	0.320***	1.000	0.054***	0.011*	-0.160***	0.123***	-0.031***	0.167***	-0.307***	0.015**	0.262***
Growth	0.044***	0.019***	-0.041***	-0.033***	-0.032***	0.063***	0.054***	1.000	-0.055***	0.219***	0.013*	-0.003	-0.012*	0.004	0.053***	-0.042***
Fcf	-0.115***	-0.065***	0.005	0.022***	0.069***	0.017**	0.011*	-0.055***	1.000	0.029***	0.015**	-0.013*	0.028**	0.003	0.049***	-0.048***
Roe	-0.003	-0.147***	0.086***	0.066***	0.069***	0.136***	-0.160***	0.219***	0.029***	1.000	0.028***	0.010	-0.004	0.084***	0.101***	-0.219***
Dsize	-0.060***	-0.017**	-0.152***	-0.093***	-0.150***	0.220***	0.123***	0.013*	0.015**	0.028***	1.000	-0.423***	0.335***	-0.162***	0.027***	-0.009
Dir	0.031***	0.013*	0.122***	0.066***	0.123***	0.061***	-0.031***	-0.003	-0.013*	0.010	-0.423***	1.000	-0.129***	0.126***	0.014**	-0.065***
Ssize	-0.041***	-0.012*	-0.211***	-0.145***	-0.198***	0.210***	0.167***	-0.012*	0.028**	-0.004	0.335***	-0.129***	1.000	-0.212***	0.082***	0.013*
Eas	0.028***	-0.009	0.227***	0.145***	0.214***	-0.184***	-0.307***	0.004	0.003	0.084***	-0.162***	0.126***	-0.212***	1.000	-0.066***	-0.116***
H1	-0.027***	-0.021***	-0.039***	-0.013***	-0.026***	0.233***	0.015**	0.053***	0.049***	0.101***	0.027***	0.014**	0.082***	-0.066***	1.000	-0.083***
Age	0.079***	0.045***	-0.223***	-0.152***	-0.192***	-0.196***	0.262***	-0.042***	-0.048***	-0.219***	-0.009	-0.065***	0.013*	-0.116***	-0.083***	1.000

***、**、*分别代表在 1%、5%、10%的水平上显著

注：表中数据为各变量回归系数

表 7-21　Spearman 相关性检验结果

变量	AEM	REM	Mar	Gov	Law	Size	Lev	Growth	Fcf	Roe	Dsize	Dir	Ssize	Eas	H1	Age
AEM	1.000															
REM	0.095***	1.000														
Mar	-0.003	0.031	1.000													
Gov	-0.007*	0.022***	0.875***	1.000												
Law	-0.006***	0.035***	0.968***	0.815***	1.000											
Size	-0.043***	-0.024***	0.133***	0.071***	0.167***	1.000										
Lev	0.070***	0.137***	-0.166***	-0.122***	-0.169***	0.341***	1.000									
Growth	-0.013**	0.021***	-0.057***	-0.037***	-0.070***	0.096***	0.038***	1.000								
Fcf	-0.068***	-0.067***	0.010	0.026***	0.008	0.014***	-0.011*	-0.019***	1.000							
Roe	0.053***	-0.181***	0.093***	0.073***	0.083***	0.156***	-0.094***	0.304***	0.023***	1.000						
Dsize	-0.039***	-0.010	-0.160***	-0.129***	-0.162***	0.202***	0.129***	0.047***	0.012*	0.036***	1.000					
Dir	0.025***	0.005	0.114***	0.081***	0.130***	0.042***	-0.028***	-0.018***	-0.016***	0.008	-0.393***	1.000				
Ssize	-0.028***	-0.008	-0.219***	-0.201***	-0.216***	0.200***	0.176***	0.014***	0.020***	-0.019***	0.322***	-0.113***	1.000			
Eas	-0.023***	-0.022***	0.301***	0.242***	0.285***	-0.084***	-0.283***	0.039***	0.009	0.130***	-0.129***	0.058***	-0.191***	1.000		
H1	-0.016**	-0.018***	-0.031***	-0.026***	-0.025***	0.196***	0.017***	0.051***	0.048***	0.113***	0.016**	-0.003	0.076***	-0.192***	1.000	
Age	0.020***	0.080***	-0.210***	-0.153***	-0.211***	-0.127***	0.275***	0.000	-0.045***	-0.150***	0.018***	-0.041***	0.035***	-0.097***	-0.122***	1.000

注：***、**、*分别代表在 1%、5%、10%的水平上显著

表中数据为各变量回归系数

度、政府干预程度和法治水平三个变量之间存在的多重共线性问题,本章每次只将一个变量放入模型(7-1)中进行检验。从第一列可以看出,市场化程度与应计盈余管理的回归系数为 -0.027,在 1% 的水平下显著负相关。由于市场化程度是正向指标,说明在市场化程度越高的地区,上市公司的应计盈余管理程度越低。同时也验证了陈小林和林昕的观点,即市场化程度越高,法律干涉的力度和效度越强,公司的透明度越高,越有助于抑制盈余管理的发生[16]。从第二列可以看出,政府干预程度与应计盈余管理的回归系数为 -0.025,在 1% 的水平下显著负相关。由于政府干预程度是反向指标,说明在政府干预程度越强的地区,上市公司的应计盈余管理程度越高。同时也验证了 Chen 等的观点,即地方政府与该地区上市公司的基本利益是一致的,政府干预程度的增强往往能够提高企业应计盈余管理程度。从第三列可以看出,法治水平与应计盈余管理的回归系数为 -0.031,在 1% 的水平下显著负相关。由于法治水平是正向指标,说明在法治水平越高的地区,上市公司的应计盈余管理程度越低。Leuz 等研究指出,法治水平直接影响企业财务报告的质量,提高法律执行水平可以有效抑制企业的应计盈余管理[17]。

表 7-22　外部治理环境与应计盈余管理回归结果

变量	模型(7-1)		
	(1)	(2)	(3)
截距	0.248***	0.260***	0.270***
	(15.103)	(15.219)	(15.948)
Mar	-0.027***		
	(-3.732)		
Gov		-0.025***	
		(-3.576)	
Law			-0.031***
			(-4.336)
Size	-0.009***	-0.009***	-0.009***
	(-13.748)	(-12.306)	(-11.638)
Lev	0.045***	0.042***	0.041***
	(12.880)	(11.126)	(10.815)
Growth	0.006***	0.005***	0.005***
	(4.134)	(3.113)	(2.733)
Fcf	-0.087***	-0.079***	-0.079***
	(-15.089)	(-12.828)	(-12.486)
Roe	0.010**	0.001	0.003
	(1.979)	(0.253)	(0.578)
Dsize	-0.006*	-0.009**	-0.010**
	(-1.793)	(-2.225)	(-2.470)
Dir	0.014	0.004	0.003
	(1.044)	(0.258)	(0.199)

变量	模型（7-1）		
	（1）	（2）	（3）
Ssize	0.001	0.000	0.000
	（0.448）	（0.080）	（−0.128）
Eas	0.022***	0.028***	0.028***
	（3.885）	（4.967）	（4.940）
H1	0.013***	0.013***	0.012***
	（3.016）	（2.915）	（2.606）
Age	0.090***	0.093***	0.102***
	（6.358）	（5.835）	（6.352）
Industry	控制	控制	控制
Year	控制	控制	控制
F 值	31.233	30.545	30.790
Adj.R^2	0.064	0.063	0.063
N	23 813	23 813	23 813

***、**、*分别代表在 1%、5%、10%的水平上显著

注：括号中数字为 t 值

表 7-23 列出了弱化内生性之后的回归分析结果。外部治理环境因素可能会存在内生性问题，从而导致结果出现偏差，对研究结论产生重大影响。本章借鉴夏立军和陈信元的思想[18]，用滞后 1 期、滞后 2 期和滞后 3 期的外部治理环境变量代替当期的外部治理环境变量，带入模型（7-2）中进行回归，以此来弱化内生性的影响。滞后 1 期回归分析模型调整后 R^2 分别为 0.066、0.063 和 0.065，F 统计量分别为 31.034、30.375 和 30.795，并且均在 1%的显著性水平下显著，可以说明该滞后 1 期模型总体通过了显著性检验，模型设定有效。滞后 2 期回归分析模型调整后 R^2 分别为 0.065、0.064 和 0.066，F 统计量分别为 30.619、30.396 和 30.885，并且均在 1%的显著性水平下显著，可以说明该滞后 2 期模型总体通过了显著性检验，模型设定有效。滞后 3 期回归分析模型调整后 R^2 分别为 0.067、0.065 和 0.064，F 统计量分别为 31.157、30.748 和 30.613，并且均在 1%的显著性水平下显著，可以说明该滞后 3 期模型总体通过了显著性检验，模型设定有效。

表 7-23　弱化内生性之后外部治理环境与应计盈余管理回归结果

变量	模型（7-2）滞后 1 期			模型（7-2）滞后 2 期			模型（7-2）滞后 3 期		
	（4）	（5）	（6）	（7）	（8）	（9）	（10）	（11）	（12）
截距	0.276***	0.283***	0.287***	0.278***	0.285***	0.284***	0.269***	0.272***	0.276***
	（15.901）	（16.314）	（16.346）	（16.013）	（16.361）	（16.363）	（15.812）	（16.141）	（16.378）
Mar	−0.032***			−0.031***			−0.029***		
	（−4.552）			（−4.523）			（−4.457）		
Gov		−0.029***			−0.029***			−0.028***	
		（−4.387）			（−4.372）			（−4.375）	

续表

变量	模型（7-2）滞后 1 期			模型（7-2）滞后 2 期			模型（7-2）滞后 3 期		
	（4）	（5）	（6）	（7）	（8）	（9）	（10）	（11）	（12）
Law			−0.036***			−0.033***			−0.031***
			（−4.631）			（−4.652）			（−4.486）
Size	−0.009***	−0.009***	−0.008***	−0.010***	−0.010***	−0.010***	−0.009***	−.0009***	−0.008***
	（−12.220）	（−12.285）	（−12.173）	（−13.823）	（−13.849）	（−13.745）	（−11.333）	（−11.364）	（−11.176）
Lev	0.037***	0.037***	0.036***	0.049***	0.049***	0.048***	0.038***	0.038***	0.037***
	（9.287）	（9.356）	（9.231）	（12.613）	（12.645）	（12.481）	（9.571）	（9.574）	（9.400）
Growth	0.005***	0.006***	0.005***	0.009***	0.009***	0.009***	0.006***	0.006***	0.005***
	（2.767）	（2.792）	（2.773）	（5.295）	（5.310）	（5.262）	（3.231）	（3.239）	（3.196）
Fcf	−0.078***	−0.079***	−0.078***	−0.083***	−0.083***	−0.082***	−0.088***	−0.089***	−0.088***
	（−11.999）	（−12.011）	（−11.988）	（−12.896）	（−12.906）	（−12.874）	（−13.619）	（−13.626）	（−13.591）
Roe	0.006	0.006	0.007	0.014	0.014	0.014	0.013	0.013	0.014
	（1.083）	（1.056）	（1.095）	（2.560）	（2.549）	（2.600）	（2.347）	（2.346）	（2.459）
Dsize	−0.012***	−0.012***	−0.013***	−0.004*	−0.004*	−0.004*	−0.007*	−0.007*	−0.008*
	（−3.007）	（−2.982）	（−3.021）	（−0.945）	（−0.939）	（−0.963）	（−1.821）	（−1.814）	（−1.857）
Dir	−0.008	−0.008	−0.009	0.026*	0.026*	0.025*	0.013	0.013	0.012
	（−0.539）	（−0.521）	（−0.552）	（1.750）	（1.759）	（1.688）	（0.870）	（0.875）	（0.817）
Ssize	−0.002	−0.001	−0.002	−0.002	−0.002	−0.003	0.003	0.003	0.002
	（−0.625）	（−0.551）	（−0.666）	（−0.776）	（−0.751）	（−0.944）	（1.036）	（1.076）	（0.784）
Eas	0.034***	0.033***	0.034***	0.022***	0.022***	0.023***	0.028***	0.028***	0.030***
	（6.003）	（5.943）	（6.039）	（2.990）	（2.978）	（3.141）	（4.872）	（4.866）	（5.168）
H1	0.011**	0.010***	0.011**	0.013***	0.013***	0.014***	0.009*	0.009*	0.010**
	（2.371）	（2.365）	（2.399）	（2.728）	（2.714）	（2.781）	（1.906）	（1.906）	（1.999）
Age	0.094***	0.095***	0.095***	0.099***	0.010***	0.099***	0.085***	0.087***	0.085***
	（5.527）	（5.576）	（5.555）	（6.466）	（6.493）	（6.450）	（5.074）	（5.147）	（5.037）
Industry	控制	控制	控制	控制	控制	控制	控制	控制	控制
Year	控制	控制	控制	控制	控制	控制	控制	控制	控制
F 值	31.034	30.375	30.795	30.619	30.396	30.885	31.157	30.748	30.613
调整后 R^2	0.066	0.063	0.065	0.065	0.064	0.066	0.067	0.065	0.064
N	23 813	23 813	23 813	23 813	23 813	23 813	23 813	23 813	23 813

***、**、*分别代表在 1%、5%、10%的水平上显著

注：括号内数字为 t 值

2）外部治理环境与真实盈余管理

表 7-24 列出了外部治理环境对真实盈余管理的影响的实证结果。以真实盈余管理总体程度（REM-PROXY）为被解释变量的回归结果为例，为了弱化市场化程度、政府干预程度和法治水平三个变量之间存在的多重共线性问题，本章每次只将一个变量放入模型（7-3）中进行检验。从第一列可以看出，市场化程度与真实盈余管理的回归系数为

0.013，在 1%的水平下显著正相关。由于市场化程度是正向指标，说明在市场化程度越高的地区，上市公司的真实盈余管理程度越高。从第二列可以看出，政府干预程度与真实盈余管理的回归系数为 0.012，在 5%的水平下显著正相关。由于政府干预程度是反向指标，说明在政府干预程度越强的地区，上市公司的真实盈余管理程度越低。从第三列可以看出，法治水平与真实盈余管理的回归系数为 0.013，在 1%的水平下显著正相关。由于市场化程度是正向指标，说明在法治水平越高的地区，上市公司的真实盈余管理程度越高。这同时支持了 Chi 等的观点，即更为严格的会计标准能够增加真实盈余管理并为资本市场提供更多的相关信息，企业面临严格的外部审查和高诉讼风险时会增加自身真实盈余管理[19]。但是，以真实盈余管理三项分指标为被解释变量的回归结果并不完全支持上述论断：从第四列可以看出，市场化程度与销售操控真实盈余管理（REM-CFO）的回归系数为－0.013，在 1%的水平下显著负相关，并不完全支持上述假设。从第七列可以看出，市场化程度与生产操控真实盈余管理（REM-PROD）的回归系数为 0.009，在 10%的水平下显著正相关。从第十列可以看出，市场化程度与费用操控真实盈余管理（REM-DISEXP）的回归系数为－0.003，在 5%的水平下显著负相关，并不完全支持上述假设。从第五列可以看出，政府干预程度与销售操控真实盈余管理（REM-CFO）的回归系数为－0.007，在 1%的水平下显著负相关。从第八列可以看出，政府干预程度与生产操控真实盈余管理（REM-PROD）的回归系数为 0.006，但没有通过显著性检验。从第十一列可以看出，政府干预程度与费用操控真实盈余管理（REM-DISEXP）的回归系数为－0.003，在 10%的水平下显著负相关。从第六列可以看出，法治水平与销售操控真实盈余管理（REM-CFO）的回归系数为－0.008，在 1%的水平下显著负相关，并不完全支持上述假设。从第九列可以看出，法治水平与生产操控真实盈余管理（REM-PROD）的回归系数为 0.008，但没有通过显著性检验。从第十二列可以看出，法治水平与费用操控真实盈余管理（REM-DISEXP）的回归系数为－0.002，在 5%的水平下显著负相关，并不完全支持上述假设。从上述分析可以看出，以真实盈余管理三项分指标为被解释变量的回归结果与以真实盈余管理总体程度为被解释变量的回归结果之间还存在较大差异，这为后续研究真实盈余管理惯性特征提供了参考。

表 7-24 外部治理环境与真实盈余管理回归结果

变量	REM-PROXY			REM-CFO			REM-PROD			REM-DISEXP		
	（13）	（14）	（15）	（16）	（17）	（18）	（19）	（20）	（21）	（22）	（23）	（24）
截距	0.088**	0.076**	0.093***	－0.065***	－0.054**	－0.069***	0.035*	0.030*	0.044**	－0.012	－0.014	－0.006
	（2.522）	（2.131）	（2.699）	（－2.932）	（－2.444）	（－3.226）	（1.931）	（1.687）	（2.472）	（－0.825）	（－0.989）	（－0.419）
Mar	0.013***			－0.013***			0.009*			－0.003**		
	（2.707）			（－5.827）			（1.508）			（－1.947）		
Gov		0.012**			－0.007***			0.006			－0.003*	
		（2.241）			（－3.538）			（1.259）			（－1.895）	
Law			0.013***			－0.008***			0.008			－0.002**
			（2.813）			（－3.976）			（1.475）			（－1.763）

续表

变量	REM-PROXY			REM-CFO			REM-PROD			REM-DISEXP		
	（13）	（14）	（15）	（16）	（17）	（18）	（19）	（20）	（21）	（22）	（23）	（24）
Size	−0.007***	−0.007***	−0.007***	0.005***	0.005***	0.005***	−0.004***	−0.004***	−0.004***	0.000	0.000	0.000
	（−4.405）	（−4.540）	（−4.449）	（5.102）	（5.347）	（4.933）	（−4.856）	（−4.972）	（−5.641）	（−1.019）	（−0.848）	（−1.283）
Lev	0.142***	0.143***	0.143***	−0.048***	−0.048***	−0.047***	0.112***	0.111***	0.105***	0.009***	0.008**	0.007**
	（18.137）	（18.300）	（18.305）	（−9.783）	（−9.812）	（−9.747）	（27.629）	（27.706）	（26.406）	（2.825）	（2.436）	（2.159）
Growth	0.019***	0.020***	0.019***	0.000	−0.001	0.000	0.011***	0.011***	0.011***	−0.007***	−0.007***	−0.007***
	（5.722）	（5.789）	（5.726）	（−0.417）	（−0.574）	（−0.393）	（6.219）	（6.236）	（6.169）	（−5.175）	（−5.139）	（−5.247）
Fcf	−0.090***	−0.090***	−0.090***	0.060***	0.061***	0.060	−0.064***	−0.064***	−0.061***	−0.018***	−0.018***	−0.017***
	（−6.978）	（−7.015）	（−7.030）	（7.460）	（7.524）	（7.421）	（−9.622）	（−9.632）	（−9.098）	（−3.433）	（−3.349）	（−3.293）
Roe	−0.197***	−0.197***	−0.196***	0.120***	0.120***	0.119	−0.103***	−0.104***	−0.104***	−0.013***	−0.013***	−0.013***
	（−17.641）	（−17.668）	（−17.574）	（17.125）	（17.175）	（17.081）	（−18.426）	（−18.493）	（−18.554）	（−2.850）	（−2.880）	（−2.916）
Dsize	−0.009	−0.009	−0.009	0.000	−0.002	0.000	−0.003	−0.003	0.000	0.008**	0.008**	0.008**
	（−1.102）	（−1.078）	（−1.086）	（−0.177）	（−0.308）	（−0.131）	（−0.666）	（−0.646）	（−0.126）	（2.360）	（2.529）	（2.558）
Dir	−0.008	−0.007	−0.008	−0.017	−0.017	−0.016	0.020	0.019	0.020	0.022*	0.021*	0.022*
	（−0.275）	（−0.236）	（−0.288）	（−0.914）	（−0.953）	（−0.866）	（1.293）	（1.267）	（1.333）	（1.794）	（1.748）	（1.855）
Ssize	−0.002	−0.001	−0.003	0.000	0.000	−0.001	−0.007**	−0.007**	−0.006**	−0.003	−0.003	−0.003
	（−0.410）	（−0.271）	（−0.499）	（−0.095）	（−0.158）	（−0.231）	（−2.433）	（−2.446）	（−2.160）	（−1.327）	（−1.400）	（−1.145）
Eas	0.030***	0.029**	0.034***	−0.027***	−0.026***	−0.028***	0.009	0.009	0.013*	0.013**	0.008	0.007
	（2.599）	（2.476）	（2.672）	（−3.749）	（−3.562）	（−3.503）	（1.302）	（1.425）	（1.796）	（2.482）	（1.335）	（1.244）
H1	0.006	0.005	0.007	−0.006	−0.007	−0.007	−0.008	−0.007	−0.010**	−0.009**	−0.009**	−0.008**
	（0.643）	（0.564）	（0.745）	（−1.095）	（−1.245）	（−1.117）	（−1.586）	（−1.426）	（−1.977）	（−2.406）	（−2.230）	（−2.132）
Age	−0.060*	−0.054*	−0.061*	0.022	0.018	0.023	−0.008	−0.012	−0.007	0.054***	0.052***	0.052***
	（−1.843）	（−1.650）	（−1.851）	（1.073）	（0.871）	（1.111）	（−0.519）	（−0.707）	（−0.419）	（4.175）	（4.068）	（4.038）
Industry	控制	控制	控制	控制	控制	控制	控制	控制	控制	控制	控制	控制
Year	控制	控制	控制	控制	控制	控制	控制	控制	控制	控制	控制	控制
F 值	0.053***	0.052***	0.053***	0.072***	0.072***	0.075***	0.074***	0.072***	0.078***	0.086***	0.087***	0.089***
调整后 R^2	25.165	24.678	25.168	41.185	41.037	41.426	34.759	32.565	37.857	47.436	47.453	47.583
N	23 813	23 813	23 813	23 813	23 813	23 813	23 813	23 813	23 813	23 813	23 813	23 813

***、**、*分别代表在 1%、5%、10%的水平上显著

注：括号中数字为 t 值

参 考 文 献

[1] 樊纲，王小鲁，朱恒鹏. 中国市场化指数——各地区市场化相对进程 2011 年报告[M]. 北京：经济科学出版社，2011.

[2] 徐光伟，刘星. 制度环境对国有企业资本结构影响的实证研究[J]. 软科学，2010，24（5）：90-94.

[3] Mcnichols M F. Research design issues in earnings management studies[J]. Journal of Accounting and Public Policy，2000，19（4~5）：313-345.

[4] Hazarika S，Karpoff J M，Nahata R. Internal corporate governance，CEO turnover，and earnings management[J]. Journal of Financial Economics，2012，104（1）：44-69.

[5] Klein A. Audit committee，board of director characteristics，and earnings management[J]. Journal of Accounting and Economics，2002，33（3）：375-400.

[6] 陈武朝. 经济周期、行业周期性与盈余管理程度——来自中国上市公司的经验证据[J]. 南开管理评论，2013，16（3）：26-35.

[7] Degeorge F，Yuan D，Jeanjean T，et al. Analyst coverage，earnings management and financial development：an international study[J]. Journal of Accounting and Public Policy，2013，32（1）：1-25.

[8] Chung R，Firth M，Kim J B. Earnings management，surplus free cash flow，and external monitoring[J]. Journal of Business Research，2005，58（6）：766-776.

[9] Cornett M M，McNutt J J，Tehranian H. Corporate governance and earnings management at large US bank holding companies [J]. Journal of Corporate Finance，2009，15（4）：412-430.

[10] Benkel M，Mather P，Ramsay A. The association between corporate governance and earning management：the role of independent directors [J]. Corporate Ownership & Control，2006，3（4）：65-75.

[11] Petra S. The effects of corporate governance on the informativeness of earnings [J]. Economics of Governance，2007，8（2）：129-152.

[12] Firth M，Fung P M Y，Rui O M. Ownership，two-tier board structure，and the informativeness of earnings—evidence from China[J]. Journal of Accounting and Public Policy，2007，26（4）：463-496.

[13] Miller G S. The press as a watchdog for accounting fraud[J]. Journal of Accounting Research，2006，44（5）：1001-1033.

[14] Chin C，Chen Y，Hsieh T. International diversification，ownership structure，legal origin，and earnings management：evidence from Taiwan [J]. Journal of Accounting Auditing & Finance，2009，24（2）：233-262.

[15] Dyck A，Zingales L. Private benefits of control：an international comparison[J]. The Journal of Finance，2004，59（2）：537-600.

[16] 陈小林，林昕. 市场化进程、大股东侵占与信息透明度——来自中国证券市场的证据[J]. 金融与经济，2010，（7）：25-37.

[17] Leuz C，Nands D，Wysockj P. Earnings management and investor protection：an international compareson[J]. Journal of Financial Economics，2003，69（3）：505-527.

[18] 夏立军，陈信元. 市场化进程、国企改革策略与公司治理结构的内生决定[J]. 经济研究，2007，（7）：82-95.

[19] Chi W，Lisic L L，Pevzner M. Is enhanced audit quality associated with greater real earnings management? [J]. Accounting Horizons，2011，25（2）：315-335.

第8章　管理者行为与盈余管理

8.1　管理者行为特征综述

行为经济学注重管理者复杂的心理活动对相应企业经济行为的影响,这与以往以"理性经济人"为假设的"新古典经济学"的假设基础相反。美国经济学家 Simon[1]认为,个体"有限理性假设"是指个体在做决策和判断时会受到感情、外部环境、经验、价值观点的影响,最后的选择不是建立在理性基础上的"最优决策",而是"满意决策"。同时,姚伟等[2]、李心丹[3]等学者的大量研究成果表明:管理者的实际选择与理论上偏好一致性所推崇的"效用最大化"并非完全一致。在企业实际经营管理中,管理者的决策除了考虑"效用最大化",在很大程度上还会受外部环境和个体心理特征的影响。管理者复杂心理活动的度量,是心理学相关学科的快速发展与经济学行为理论逐渐融合的产物。管理者行为特征,是管理者复杂心理活动度量的量化变量,这已经成为经济学在企业管理和财务研究中的关键因素。

管理者行为特征,可以诠释为管理者自发的、有原因的、有目标的、持久性的和可改变的行为集合。管理者行为特征构成的相关因素是复杂的,包括管理者风险偏好、管理者过度自信和过度乐观、管理者声誉、管理者变更、管理者薪酬等。上述管理者行为特征构成的相关因素对盈余管理行为的影响也是复杂的。例如,Abdelkhalik[4]研究了管理者风险偏好对公司盈余波动的影响作用,发现管理者风险的偏好程度与公司盈余波动显著正相关。也就是说,管理层风险偏好越大,公司的盈余波动性越大。因此,研究结果表明,管理者风险偏好同时对公司投融资决策和企业治理方式产生影响。又如,Hribar 等的研究表明,过度乐观的盈余预测源于管理者过度自信。管理者为达到大众认可的企业财务预测,可能采用盈余管理达到相应标准。史永东和朱广印[5]、徐学锋[6]等学者的研究表明,管理者过度自信程度与企业的并购行为呈正相关关系。

目前,国内外主流研究领域备受关注的管理者行为特征主要有风险偏好、过度乐观、过度自信等。其中,管理者风险偏好,综合影响企业的多重行为,包括投融资行为、利润分配、盈余管理等。管理者过度乐观和过度自信,对企业盈余管理也会产生诸多影响。Bondt 和 Thaler[7]发现:管理者过度自信或许是心理学中最能经得住考验的研究结果,经济学家论述最多的认知偏差之一就是过度乐观。人们在对自我评价中产生认知偏差会造成过度自信，而对外部环境的认知偏差会使人产生过度乐观的情绪，这从内、外两个维度解释了行为人"有限理性"的心理源泉。

因此，本章对管理者风险偏好、管理者过度乐观和过度自信等行为特征及其对企业盈余管理的影响进行了讨论。

8.2　管理者风险偏好与盈余管理

8.2.1　管理者风险偏好的评价依据及其计量

1. 管理者风险偏好及其影响因素

管理者风险偏好是企业经营管理者在实现企业目标过程中愿意接受的风险程度。管理者风险偏好建立在管理者自身风险容忍度的基础之上，即企业管理者在管理者风险偏好的基础上设定的企业相关经营目标实现过程中所产生的差异的可容忍程度。

管理者风险偏好的影响因素很多，能够被广泛认可的包括管理者的资产情况、年龄、性别和受教育程度等。

管理者的资产情况是管理者风险偏好的重要因素之一。Hartog 等[8]研究发现，管理者的个人资产与风险偏好程度呈负相关关系，即管理者的个人资产越多时，该管理者的风险偏好程度越弱。同时，也有学者支持个人资产与风险偏好程度正相关。例如，Friend 和 Blume[9]、Cohn 等[10]学者的研究结果表明，管理者的资产越多，风险资产的配置比率越高。

管理者年龄影响企业风险偏好。普遍认为，管理者年龄越大，其风险偏好程度水平越低，即企业经营风险偏好与管理者年龄存在显著负相关关系。Morin 和 Suarez[11]、Riley 和 Chow[12]等的研究成果就对此进行了认定。

管理者性别影响企业风险偏好。一般认为，男性比女性更富有冒险精神和较高的风险偏好。Byrnes 等[13]、Barber 和 Odean[14]的研究都认为女性偏好于风险较低的个人行为，男性则更可能发生非理性投资。

管理者受教育程度同样影响管理者风险偏好程度。Thomson 等[15]、Gardner 和 Steinberg[16]、Allen 和 Evans[17]的研究认为，管理者受到该领域专业知识培训和教育越多，其风险偏好程度越大。具体表现在，管理者非理性决策行为同相关决策经验呈负相关关系。

2. 管理者风险偏好的计量和实证检验

管理者风险偏好的计量，是由对管理者风险偏好程度产生影响的管理者个人特征集合和计算而得出的。具体来讲，管理者的资产情况、年龄、性别、受教育程度、在位期限等特征都可能影响其风险偏好程度。那么，与管理者行为特征显著相关的因素均应视为管理者风险偏好的计量基础。

关于管理者风险偏好的计量方式包括：von Neumann 和 Morgenstern[18]构建的 VN-M 预期效用函数，Arrow[19]在效用函数基础上提出的绝对风险厌恶系数，Friend 和 Blume[9]

创造的风险资产占比法，等等。本书采用李延喜等[20]的观点，认定企业管理者风险偏好程度可以用管理者"相对安全"资产同"相对风险"资产的占比数值表达。具体计算公式如下：

$$RC_{j,t} = \frac{C_{j,t}}{TP_{j,t}} = \frac{C_{j,t}}{\Delta VP_{j,t} + C_{j,t}} = \frac{C_{j,t}}{(VP_{j,t} - VP_{j,t-1}) + C_{j,t}} \qquad (8\text{-}1)$$

其中，$RC_{j,t}$ 表示第 t 期样本为 j 的管理者的安全资产比；$TP_{j,t}$ 表示第 t 期样本为 j 的管理者从上市公司中取得的收入；$C_{j,t}$ 表示第 t 期样本为 j 的管理者的工资、薪酬；$\Delta VP_{j,t}$ 表示第 t 期样本为 j 的管理者因为其持有所任职公司的股票而获取收益的增加值，即其第 t 期持有股票市值与第 $t-1$ 期持有股票市值的差额。

其理论思想同 Moers 等相似，即管理者的收益主要由薪酬和股权构成，并且是可以通过公开数据查询和计量的。一方面，管理者薪酬包括固定薪酬和浮动薪酬，浮动薪酬主要与企业业绩正相关。企业业绩和管理者浮动薪酬越好越多，管理者风险偏好程度越高，越有盈余管理动机支撑高额回报。另一方面，股价反映资本市场对企业前景的预期。管理者风险偏好强，极可能通过盈余管理行为提升自身持有公司股票的市值，继而推动企业股价上涨。因此，管理者薪酬和权变报酬（股价市值）与管理者企业治理行为最相关。那么，管理者薪酬受公司价值（股价市值）变化较小，即为"相对安全"资产；权变报酬（股价市值）受公司价值（股价市值）变化较大，即为"相对风险"资产。

根据前文对管理者风险偏好及其影响因素的分析，本书还认为管理者全部财富总额和收入构成、年龄、任职期限、学历程度、性别五个特征因素是可以诠释管理者风险偏好的特征因素。据此，管理者风险偏好指数（latent risk preference idex，LRPI 指数）的回归模型为

$$RC_{j,t} = \alpha_{0,t} + \alpha_{1,t} \ln mw_{j,t} + \alpha_{2,t} A_{j,t} + \alpha_{3,t} T_{j,t} + \alpha_{4,t} EB_{j,t} + \alpha_{5,t} G_{j,t} + \varepsilon_{j,t} = \lambda_{j,t} + \varepsilon_{j,t} \quad (8\text{-}2)$$

其中，$\lambda_{j,t}$ 代表样本为 j 的管理者第 t 期的潜在风险指数 LRPI；$mw_{j,t}$ 代表 j 企业的管理者在第 t 期所获得的财富总额（mw=薪酬+当期期末持股的价值）；$A_{j,t}$、$T_{j,t}$ 分别代表 j 企业管理者在第 t 期的年龄和任职期限（以月为单位）；$EB_{j,t}$ 代表 j 企业管理者在第 t 期的平均学历；$G_{j,t}$ 代表 j 企业管理者在第 t 期的平均性别（当管理者男性赋值 1，女性赋值 0 时，求管理者性别的平均值）；$\alpha_1, \alpha_2, \cdots, \alpha_5$ 为有待估计的个人特征参数；α_0 为常数项。

本章选用我国 A 股上市公司 2001~2015 年的年度数据作为管理者行为特征的数据分析基础，并对其中的一些数据进行了整理：①剔除金融保险行业的 A 股上市公司样本，其原因是该类上市公司的财务报表具有特殊结构；②剔除 S①、ST、*ST 和 PT 类别的 A 股上市公司样本；③剔除新上市且不满一年的 A 股上市公司样本；④剔除管理者行为特征方面数据残缺的 A 股上市公司样本。

经过数据整理，本章最终选取得到沪深 A 股上市公司共计 10 306 个样本。本章的数据来源是国泰安数据库、万德数据库、巨潮资讯和沪深证交所网站，采用 Excel、SPSS 18 统计软件进行分析。特别需要说明的是，本章数据选取所使用的"管理者"定义，是狭义的"管理者"定义，具体为企业的财务总监。

---

① S 指未股改的公司。

依照式（8-1），本章运用上述筛选数据对 RC$_{j,t}$ 进行了计算，并运用 Excel 和 SPSS 18 统计软件对模型（8-2）进行回归，得到表 8-1 所示的结果。根据表 8-1 的实证结果，可以得出以下内容。

表 8-1　模型（8-2）回归结果及敏感性分析结果表

解释变量/被解释变量	RC	RC$^{\Delta}$
α	-1.421^{***} （-25.764）	-1.501^{***} （-42.578）
lnmv	0.119^{***} （105.781）	0.127^{***} （110.287）
A	-0.004^{***} （3.812）	-0.003^{***} （3.637）
T	0.003^{**} （2.173）	0.004^{**} （2.217）
EB	0.007^{**} （2.389）	0.007^{**} （2.452）
G	0.006^{**} （2.211）	0.007^{**} （2.261）
Durbin-Watson	2.014	2.027
R^2	0.558	0.661
F	$5\,014.453^{***}$	$5\,028.776^{***}$
Obs	10 306	4 045

***、**、*分别代表在 1%、5%、10%的水平上显著

注：括号中数字为 t 值

第一，企业的管理者获得的财富总额变量 lnmv 同企业管理者风险偏好占比数值 RC 之间显著相关，并且相关性明显；企业管理者的年龄 A 同企业管理者风险偏好占比数值 RC 在 1%水平上显著相关；企业管理者任职期限 T、企业管理者学历 EB、企业管理者平均性别同企业管理者风险偏好占比数值 RC 在 5%水平上显著相关。

第二，模型中 Durbin-Watson 为 2.014，拟合优度 R^2 为 0.558，模型 F 值为 5 014.453。以上检验结果证明模型可信。

为了验证模型（8-2）检验结论的敏感性，本章还通过改变样本量的方式对其敏感性予以测试。本章运用 2013~2015 年的年度数据选取得到的 4 045 家 A 股上市公司样本，对其进行敏感性测试。测试结果于表 8-1 的 RC$^{\Delta}$ 列所示。

通过 RC$^{\Delta}$ 列所示的结果可以得到，在改变了样本量选取年份区间以至于减少了样本量后，各变量 T 值、常数项、Durbin-Watson 值，拟合优度 R^2 和模型 F 值等指标，其显著程度和方向基本稳定。因此，通过敏感性分析可以得出，样本量的改变不会对模型（8-2）的稳定性产生影响。

由此，我们可以估计管理者风险偏好指数 LRPI 的计算公式为

$$\text{LRPI}_{j,t} = -1.421 + 0.119\ln \text{mw}_{j,t} - 0.004A_{j,t} + 0.003T_{j,t} + 0.007\text{EB}_{j,t} + 0.006G_{j,t} \quad (8-3)$$

8.2.2　管理者风险偏好与盈余管理描述性统计分析

本章依照管理者风险偏好指数 LRPI 的计算方法，确定了 2001~2015 年上市公司管理

者风险偏好的具体数值，并结合同期应计盈余管理和真实盈余管理的数值进行统计分析，具体如表 8-2 所示。其中，LRPI 为管理者风险偏好指数，YYGL 为应计盈余管理的绝对值，PRO 为真实盈余管理的绝对值，具体计算方法请参考本书第 2 章公式。

表 8-2 管理者风险偏好与盈余管理描述性统计分析表

时间	变量	样本量	极小值	极大值	均值	标准差
2001~2015 年	LRPI	10 306	−0.514	3.215	0.436	0.362
	YYGL	10 306	0.000	7.763	0.100	0.173
	PRO	10 306	0.000	35.918	0.078	0.260
2013~2015 年	LRPI	4 045	−0.451	2.863	0.519	0.412
	YYGL	4 045	0.000	7.609	0.108	0.224
	PRO	4 045	0.000	35.918	0.072	0.361

由表 8-2 可知，2001~2015 年，管理者风险偏好指数 LRPI 的极小值为 −0.514，极大值为 3.215，均值为 0.436，标准差为 0.362；2013~2015 年，管理者风险偏好指数 LRPI 的均值有所增大。图 8-1 则是展示了 2001~2015 年，管理者风险偏好指数 LRPI 的变动情况。在大部分年份内，管理者风险偏好指数处于温和及可控的状态。即使在中国证券市场最为低迷的 2005 年，中国 A 股上证综合指数为 998 点，市场交易低迷，然而管理者的风险偏好行为依然接近于 0.36；这说明在中国证券市场环境中，管理者的风险偏好常常处于均值状态上下，管理者即使有意识地控制了自己的风险投资行为，但总体而言从未缩手缩脚，管理者总是处于风险偏好的常态或微热状态。值得注意的是：①2006~2008 年，中国 A 股上证综合指数从接近 1 000 点，上升至中国证券市场有史以来的最高点 6 124，管理者的风险偏好在这一时期也最为强烈。②2013~2015 年，中国 A 股上证综合指数从 2013 年最低时的 1 850 点，上升至 2015 年的最高时的 5 178 点，管理者的风险偏好行为可能因市场的活跃和其他企业的风险获利再次被激发。但是，经历了 2006~2008 年三年的疯狂期和经验教训，2013~2015 年，仅从管理者风险偏好指数 LRPI 的均值看，这种上涨并没有跳跃式地暴涨。管理者风险偏好指数 LRPI 的极大值暴增，很可能只是个别企业管理者的冒险行为。当然，这种现象的出现应该对企业管理者风险偏好起到警示作用。

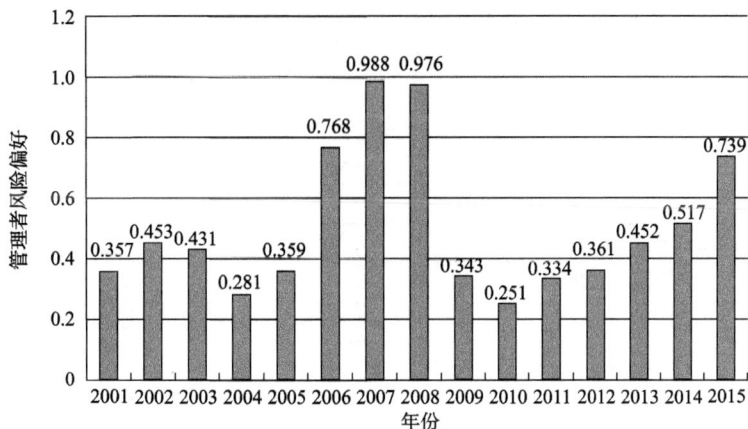

图 8-1 2001~2015 年管理者风险偏好描述性统计图

8.2.3　管理者风险偏好与盈余管理关系的实证分析

1. 研究假设

Abdel[4]的研究已经证实管理者风险偏好同公司盈余波动的显著正相关性，即管理者风险偏好越大，公司的盈余波动性越大。李延喜等[21]发现管理者与股东之间的博弈结果会对公司治理，尤其是盈余管理治理效果产生重要影响。本书将盈余管理区分为应计盈余管理 YYGL 和真实盈余管理 PRO,本章仍然运用前述章节关于中国 A 股上市公司 2001~2015年的年度数据计算的盈余管理程度的结果，得出各上市公司年度应计盈余管理 YYGL 的值和真实盈余管理 PRO 的值，具体计算方法请参考本书第 2 章公式。

因此，综合上述计量管理者风险偏好程度 LRPI 指数，可以检验管理者的风险偏好程度与公司盈余管理程度的关系。我们假设：

H_1：管理者风险偏好程度同企业应计盈余管理程度正相关。

H_2：管理者风险偏好程度同企业真实盈余管理程度正相关。

具体而言，管理者风险偏好程度越高，则可以预期上市公司的盈余管理程度越大，即企业管理者风险偏好程度 LRPI 指数越高,应计盈余管理 YYGL 的值和真实盈余管理 PRO的值则可能越大。

2. 研究设计

本章研究参考李延喜等[20]的设计方式，设定了检验管理者风险偏好程度的若干控制变量，主要包括公司特征变量以及公司治理变量：①企业规模（Size），上市公司年末总资产的自然对数即为企业的规模。②自由现金流（CFO），其公式为自由现金流量=［息税前营业利润×（1－所得税税率）+折旧与摊销－营运资本净增加－资本支出］/总资产。③资产收益率（ROA），其公式为资产收益率=归属于母公司的净利润×2/（上一报告期期末资产总计+本报告期期末资产总计）×100%。④成长性（Growth），营业收入增长率，其公式为营业收入增长率=（本期报告期末营业收入－上期报告期末营业收入）/上期报告期末营业收入×100%。⑤董事会规模（DSH），其计算方法为董事会总人数的自然对数。⑥监事会规模（JSH），其计算方法为监事会总人数的自然对数。⑦独立董事比率（DLDS），其计算方法为独立董事人数占董事会总人数的比率。⑧股权集中度（Herf）：Herf 指数即 Herfindahl 指数，指第一大股东持股比例的平方。具体的计算方法和应用变量见表 8-3。

表 8-3　管理者风险偏好同企业盈余管理程度检验变量表

变量	名称	计算方法
LRPI	管理者风险偏好指数	依照式（8-3）计算
YYGL	应计盈余管理	具体计算方法请参考本书第 2 章公式，本处取其绝对值
PRO	真实盈余管理	具体计算方法请参考本书第 2 章公式，本处取其绝对值
Size	企业规模	企业总资产的自然对数
CFO	自由现金流	自由现金流量=［息税前营业利润×（1－所得税税率）+折旧与摊销－营运资本净增加－资本支出］/总资产

续表

变量	名称	计算方法
ROA	资产收益率	资产收益率＝归属于母公司的净利润×2/（上一报告期期末资产总计＋本报告期期末资产总计）×100%
Growth	成长性	用营业收入增长率表示：营业收入增长率＝（本期报告期末营业收入－上期报告期末营业收入）/上期报告期营业收入×100%
DSH	董事会规模	董事会总人数的自然对数
JSH	监事会规模	监事会总人数的自然对数
DLDS	独立董事比例	独立董事人数占董事会总人数的比率
Herf	股权集中度指数	Herf 指数即 Herfindah1 指数，指第一大股东持股比例的平方

根据研究变量和控制变量设定，本章依据假设 H_1 和假设 H_2，构建了以下两个回归模型进行检验分析：

$$YYGL_{j,t} = \alpha_0 + \alpha_1 LRPI_{j,t} + \alpha_2 Size_{j,t} + \alpha_3 CFO_{j,t} + \alpha_4 ROA_{j,t} + \alpha_5 Growth_{j,t}$$
$$+ \alpha_6 DSH_{j,t} + \alpha_7 JSH_{j,t} + \alpha_8 DLDS_{j,t} + \alpha_9 Herf_{j,t} + \varepsilon_{j,t} \qquad (8\text{-}4)$$

$$PRO_{j,t} = \beta_0 + \beta_1 LRPI_{j,t} + \beta_2 Size_{j,t} + \beta_3 CFO_{j,t} + \beta_4 ROA_{j,t} + \beta_5 Growth_{j,t}$$
$$+ \beta_6 DSH_{j,t} + \beta_7 JSH_{j,t} + \beta_8 DLDS_{j,t} + \beta_9 Herf_{j,t} + \varepsilon_{j,t} \qquad (8\text{-}5)$$

其中，应计盈余管理值 YYGL 和真实盈余管理值 PRO 为上市公司的盈余管理程度；$\alpha_1, \alpha_2, \cdots, \alpha_9$ 及 $\beta_1, \beta_2, \cdots, \beta_9$ 代表有待估计的回归系数；α_0、β_0 代表常数项；ε 代表残差项。

3. 检验结果与分析

对式（8-4）和式（8-5）进行线性回归，得到表 8-4 所示的结果。根据实证结果，可以得到如下结论。

表 8-4　模型（8-4）和模型（8-5）回归结果表

解释变量/被解释变量	YYGL	PRO
α/β	0.259*** （3.891）	0.245*** （3.766）
LRPI	0.063** （2.226）	0.060* （2.002）
Size	－0.014*** （－3.325）	－0.013*** （－3.051）
CFO	－0.131*** （－7.142）	－0.135*** （－7.459）
ROA	0.871*** （9.453）	0.789*** （8.721）
Growth	0.001 （1.321）	0.000 （1.279）
DSH	0.004 （1.131）	0.003 （1.218）
JSH	0.055** （2.328）	0.049** （2.314）
DLDS	0.064* （1.761）	0.067* （1.791）

续表

解释变量/被解释变量	YYGL	PRO
Herf	-0.189^{***} (-4.563)	-0.196^{***} (-4.989)
Durbin-Watson	2.163	2.138
R^2	0.153	0.142
F	120.167^{***}	120.013^{***}
Obs	10 306	10 306

***、**、*分别代表在 1%、5%、10%的水平上显著

注：括号中数字为 t 值

第一，企业管理者风险偏好指数 LRPI 同因变量企业应计盈余管理 YYGL，在 5%水平上显著相关；企业管理者风险偏好指数 LRPI 同因变量企业真实盈余管理值 PRO，在 10%水平上显著相关。这说明，管理者的风险偏好程度越高，企业应计盈余管理 YYGL 的值和真实盈余管理 PRO 的值越高，支持了本章的假设 H_1 和假设 H_2。

第二，模型（8-4）的控制变量中，企业规模 Size、自由现金流 CFO 和股权集中度 Herf 指数均与因变量企业应计盈余管理 YYGL 呈负相关关系，且均在 1%的水平下显著相关。资产收益率 ROA 与因变量盈余管理程度 YYGL 呈正相关关系，且在 1%的水平下显著。监事会规模 JSH 和独立董事比例 DLDS 均与盈余管理程度 YYGL 呈正相关关系，监事会规模 JSH 在 5%的水平下显著，独立董事比例 DLDS 在 10%的水平下显著。显而易见，大部分控制变量能够起到对模型（8-4）的控制作用。

第三，模型（8-5）的控制变量中，企业规模 Size、自由现金流 CFO 和股权集中度 Herf 指数均与因变量企业应计盈余管理 YYGL 呈负相关关系，且均在 1%的水平下显著相关。资产收益率 ROA 与因变量盈余管理程度 YYGL 呈正相关关系，在 1%的水平下显著。监事会规模 JSH 和独立董事比例 DLDS 均与盈余管理程度 YYGL 呈正相关关系，监事会规模 JSH 在 5%的水平下显著，独立董事比例 DLDS 在 10%的水平下显著。因此，大部分控制变量同样能够起到对模型（8-5）的控制作用。

第四，模型（8-4）中 Durbin-Watson 为 2.163，拟合优度 R^2 为 0.153，模型 F 值为 120.167。模型（8-5）中 Durbin-Watson 为 2.138，拟合优度 R^2 为 0.142，模型 F 值为 120.013。以上检验结果证明模型（8-4）和模型（8-5）可信。

基于上述检验结果，可以得出：企业管理者以自身风险偏好为基础，在获取个人利益最大化的驱使下会进行盈余管理。具体而言，管理者风险偏好程度越高，该上市公司的盈余管理程度越大。

此外，通过多元回归检验管理者的风险偏好程度与公司盈余管理程度的关系，可以进一步发现：管理者依据自身风险偏好程度，在 2001~2015 年的年度区间，更倾向于利用企业应计盈余管理作为管理者行为进行盈余管理。这是企业管理者风险偏好指数 LRPI 同企业应计盈余管理 YYGL 和真实盈余管理 PRO 分别在 5%水平上和 10%水平上显著相关的区别。

8.3　管理者过度乐观与盈余管理

管理者认知偏差会对管理者行为产生相应影响。所谓管理者认知偏差，是管理者根据企业出现的现象或虚假的信息对企业经营状况做出判断，从而出现判断失误或判断本身与判断对象的真实情况不相符合的情况。管理者认知偏差的主要表现形式是过度乐观和过度自信。本节讨论管理者过度乐观及其对盈余管理的影响。管理者过度自信与盈余管理在8.4 节讨论。

8.3.1　管理者过度乐观的评价依据及其计量

1. 管理者乐观程度和过度乐观的评价依据

管理者行为主体对于外部境况的预期所表现出的积极性以及正面性即乐观（optimism）；管理者行为主体对于外部境况的预期所表现出的积极性程度及正面性程度即乐观程度（optimism degree，OD）。

管理者行为主体的正面积极性程度有两层含义。第一层，行为主体对于外部境况的预期所表现出的正面积极性的概率超过负面消极性的概率，即在乐观的情况下，行为主体主观上判断好结果发生的概率在 50%以上，正面程度积极的符号为正。反之，则为负。第二层，相对于中立的理性行为主体而言，乐观行为主体在反应行为上所表现出的时点选择和行为强度与前者是存在一定距离的，该距离的概念体现了正面积极程度的绝对值。因此，正面积极性程度是一个从消极负面到积极正面的态度变化的数列。正面积极性程度越小，消极负面程度越强；正面积极性程度越大，积极正面程度越强。

按照乐观程度的定义，管理者行为主体的乐观程度高低在外部事物或环境的未来状况与之相对应的情况下，并不会降低行为主体的理性程度，即对行为主体自身的自信程度不会产生干扰。因此，在外部事物和环境的未来状况得到非乐观状态下的结果之前，行为主体的乐观程度不会对其理性程度产生显著影响。

李延喜等[20]将过度乐观定义为管理者行为主体对外部境况的预期出现积极正面的过度估计情况，同时将过度乐观程度（over optimism degree）定义为管理者行为主体对于外部境况的预期出现积极正面的过度估计程度。本书也沿用此定义。

按照其定义的乐观程度概念，本书把管理者行为主体在同一外部事物或环境中的正面积极预期发生概率与负面消极预期发生概率的差值作为乐观程度的评价依据。在管理者行为主体对外部事物或环境未来状况的预期良好情况下，即正面乐观程度符号为正时，行为主体会增加投资行为；当管理者行为主体对外部境况的预期较差时，即正面乐观的程度符号为负时，行为主体会减少投资行为。而对于中立的理性行为主体而言，外部事物或环境的未来状况属于等概率随机事件，其增量和减量投资行为的强度之间没有差别。由此，乐观程度的评价依据为：在一时期内，管理者行为主体的增量与减量投资行为的强度差值。

与乐观程度指标的评价依据类似,本书以实际投资行为强度与最优投资行为强度的偏差导致行为主体降低理性程度作为过度乐观程度的评价依据。当管理者行为主体提高增量投资行为或降低减量投资行为从而导致行为主体理性程度降低时,过度乐观程度符号为正;当管理者行为主体减少增量投资行为或提高减量投资行为从而导致行为主体理性程度降低时,过度乐观程度符号为负。

由于增量和减量投资行为可以认为是平均发生时点与最优发生时点之间的距离差异,两点间的距离可以置空,即在平均发生时点增量或减量投资行为一次性发生。这样做可以使增量或减量投资行为强度在平均发生时点有所增加,在最优发生时点有所减少。因此,如果把最优投资行为发生时点的行为强度作为参考标识记为 0,则在最优时点行为主体的理性程度偏差等于 1。

本书认为,管理者行为主体的过度乐观是其理性强度降低的根本原因,具体表现为趋势开始阶段过度乐观导致的逆势决策,以及趋势结束阶段由现实结果导致的顺势决策,具体介绍如下。

1)趋势开始阶段的逆势决策及其影响

在趋势开始阶段,管理者行为主体主观判断市场上相关资源的供求关系在短时间内将发生逆向变化,因此不按照正常的顺势决策思路进行运作,而是反其道而行之。在下降半周期内,管理者行为主体主观判断价格的下降是暂时的,并且将会止降转升,因此做出买入而不是卖出的决策;在上升半周期内,管理者行为主体主观判断价格的上升是暂时的,并且将会止升转降,因此做出卖出而不是买入的决策。这种逆势选择通常的结果是明显降低了行为主体的理性行为程度。

需说明的是,不同的时间点进行逆势决策所代表的乐观程度是不同的。通常,在趋势开始阶段为过度乐观或过度悲观;在趋势结束阶段为适度乐观。

2)趋势结束阶段的顺势决策及其影响

在趋势结束阶段,管理者行为主体主观判断市场上相关资源的供求关系在短时间内将不会发生大的变化,因此不按照正常的逆势决策思路进行运作,而是反其道而行之。在下降半周期内,管理者行为主体主观判断价格的下降将在一段时间内一直持续下去,因此做出卖出而不是买入的决策;在上升半周期内,管理者行为主体主观判断价格的上升将在一段时间内一直持续下去,因此做出买入而不是卖出的决策。这种顺势选择通常的结果仍然是明显降低管理者行为主体的理性行为程度。

需说明的是,不同的时间点进行顺势决策所代表的乐观程度是不同的。通常,在趋势结束阶段为过度乐观或过度悲观;在趋势开始阶段为适度乐观。

因此,上述评价依据可归纳为图 8-2 所示的内容。

2. 管理者过度乐观的计量

1)乐观程度评价模型

遵循乐观程度评价的依据,本书构建如式(8-6)所示的乐观程度评价模型,其数值上等于管理者行为主体的增量投资行为强度与减量投资行为强度的差值。具体表达式如下:

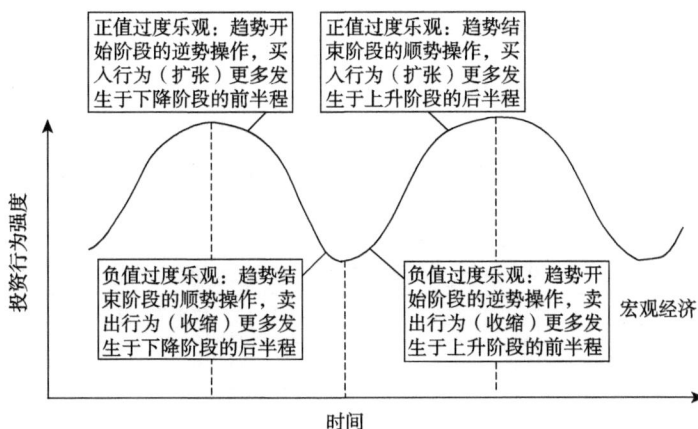

图 8-2　过度乐观的评价依据图

$$\text{OD}_{T_{\text{half}}} = \frac{\sum_{t \in T_{\text{half}}} \left(\text{II}_t - \text{DI}_t \right)}{\sum_{t \in T_{\text{half}}} \text{IBS}_t} \tag{8-6}$$

其中，$\text{OD}_{T_{\text{half}}}$ 为半周期乐观程度；t 为时间；II_t 为 t 时刻增量投资额；DI_t 为 t 时刻减量投资额；IBS_t 为 t 时刻投资行为总强度。$\text{OD}_{T_{\text{half}}}$ 的取值范围在 -1 和 1 之间。当 $\text{OD}_{T_{\text{half}}} > 0$ 时，表示行为主体对外部事物和环境的未来状况预期是"乐观"的；当 $\text{OD}_{T_{\text{half}}} < 0$ 时，表示行为主体对外部事物和环境的未来状况预期相对"悲观"。

2）过度乐观程度评价模型

遵循过度乐观程度指标评价的依据，本书构建如式（8-7）所示的过度乐观程度指标评价的模型，其取值范围介于两个差额之间：第一个差额 = 增量投资行为下理性程度的降低额 -1；第二个差额 $= 1-$ 减量投资行为下理性程度的降低额，其后，以行为主体投资行为强度的比重进行加权平均后的结果。具体表达式如下：

$$\text{OOD}_{T_{\text{half}}} = \frac{\sum_{t \in T_{\text{half}}} \text{II}_t}{\sum_{t \in T_{\text{half}}} \text{IBS}_t} \left[\left(1 - \text{RDII}_{T_{\text{half}}} \right) - 1 \right] + \frac{\sum_{t \in T_{\text{half}}} \text{DI}_t}{\sum_{t \in T_{\text{half}}} \text{IBS}_t} \left[1 - \left(1 - \text{RDDI}_{T_{\text{half}}} \right) \right]$$

$$= - \frac{\sum_{t \in T_{\text{half}}} \text{II}_t}{\sum_{t \in T_{\text{half}}} \text{IBS}_t} \text{RDII}_{T_{\text{half}}} + \frac{\sum_{t \in T_{\text{half}}} \text{DI}_t}{\sum_{t \in T_{\text{half}}} \text{IBS}_t} \text{RDDI}_{T_{\text{half}}} \tag{8-7}$$

其中，$\text{OOD}_{T_{\text{half}}}$ 为半周期过度乐观程度；$\text{RDII}_{T_{\text{half}}}$ 为半周期增量投资行为理性程度；$\text{RDDI}_{T_{\text{half}}}$ 为半周期减量投资行为理性程度。$\text{OOD}_{T_{\text{half}}}$ 的取值范围在 -1 和 1 之间。当 $\text{OOD}_{T_{\text{half}}} > 0$ 时，表示行为主体对外部事物和环境的未来状况预期是"过度乐观"的；当 $\text{OOD}_{T_{\text{half}}} < 0$ 时，表示行为主体对外部事物和环境的未来状况预期是"过度悲观"的。

8.3.2 管理者过度乐观与盈余管理描述性统计分析

本节依照管理者过度乐观程度指数 OOD 的计算方法，确定了 2001~2015 年上市公司管理者过度乐观程度的具体数值，并结合同期应计盈余管理和真实盈余管理的数值进行统计分析，具体如表 8-5 所示。其中，OOD 为管理者过度乐观程度指数；YYGL 为应计盈余管理的绝对值；PRO 为真实盈余管理的绝对值。

表 8-5　管理者过度乐观程度与盈余管理描述性统计分析表

时间	变量	样本量	极小值	极大值	均值	标准差
2001~2015 年	OOD	10 306	− 0.884	0.892	0.025	0.219
	YYGL	10 306	0.000	7.763	0.100	0.173
	PRO	10 306	0.000	35.918	0.078	0.260
2013~2015 年	OOD	4 045	− 0.821	0.779	− 0.307	0.265
	YYGL	4 045	0.000	7.609	0.108	0.224
	PRO	4 045	0.000	35.918	0.072	0.361

由表 8-5 可知，2001~2015 年，管理者过度乐观程度指数 OOD 的极小值为− 0.884，极大值为 0.892，均值为 0.025，标准差为 0.219；2013~2015 年，管理者过度乐观程度指数 OOD 的均值较低。在 2001~2015 年，管理者过度乐观程度指数 OOD 可能与中国 A 股的大盘趋势和投资活跃程度相关，如图 8-3 所示。2001~2005 年，管理者的乐观程度的均值一直为负值。2006~2008 年，中国 A 股上证综合指数从接近 1 000 点上升至最高点 6 124，管理者的过度乐观行为最为明显，其指数的均值最高。2008 年以后，管理者的乐观程度也逐渐低迷，2013~2015 年，中国 A 股上证综合指数从 2013 年最低时的 1 850 点，上升至 2015 年的最高时的 5 178 点，管理者的乐观程度和过度乐观并没有显著爆棚。

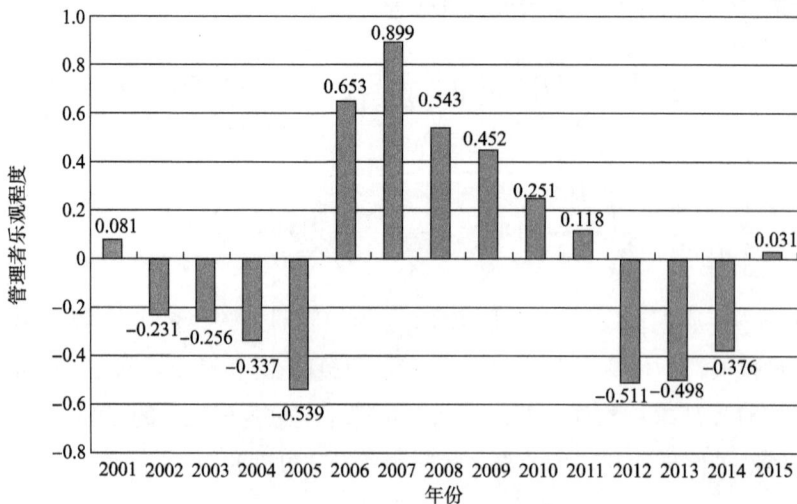

图 8-3　管理者过度乐观描述性统计图

8.3.3 管理者过度乐观与盈余管理关系的实证分析

1. 研究假设

虽然从行为经济学的角度而言,管理者行为主体普遍存在着一定程度的理性行为,但企业管理者并不是总能保持理性。目前对管理者行为和认知偏差研究中最多的是过度乐观。崔巍[22]认为管理者通常会高估市场的经济水平、证券市场前景及未来投资收益,并期待好事能够更多地发生在自己身上。例如,股市中的投资者就对股市前景和预期投资收益高估。Heaton[23]认为,过度乐观的管理者大多会高估现金流。同理,对盈余管理产生的回报进行高估的管理者也往往是过度乐观的。

可以假设,过度乐观的管理者会加强盈余管理行为,同时,过度乐观的管理者对企业经营高估,并乐观估计当前经济状况。因此,当出现企业无力到达预期经营目标时,过度乐观的管理者为了掩饰真实业绩,就倾向于采取盈余管理的方式。基于以上分析,本节提出如下假设:

H_3:企业管理者过度乐观行为程度同企业应计盈余管理程度正相关。

H_4:企业管理者过度乐观行为程度同企业真实盈余管理程度正相关。

2. 研究模型与变量设计

根据假设 H_3 和假设 H_4,并结合 8.3.1 小节管理者过度乐观的计量方式,管理者过度乐观程度同企业盈余管理关系的回归模型设计如下:

$$YYGL_{i,t}=a_1+a_2OOD_{i,t}+a_3Herf_{i,t}+a_4DSH_{i,t}+a_5DLDS_{i,t} \tag{8-8}$$
$$+a_6Size_{i,t}+a_7Growth_{i,t}+a_8Lev_{i,t}+\varepsilon_{i,t}$$

$$PRO_{i,t}=b_1+b_2OOD_{i,t}+b_3Herf_{i,t}+b_4DSH_{i,t}+b_5DLDS_{i,t} \tag{8-9}$$
$$+b_6Size_{i,t}+b_7Growth_{i,t}+b_8Lev_{i,t}+\varepsilon_{i,t}$$

其中,YYGL 为企业应计盈余管理;PRO 为企业真实盈余管理;OOD 为管理者的过度乐观程度。增量投资指标(Ⅱ)用科目"无形资产、购建固定资产和其他长期资产所支付的现金"的季度值来表示,减量投资指标选科目"无形资产、处置固定资产和其他长期资产所得到的现金净额"的季度值来表示,而宏观经济指标(ME)则用 GDP 季度增速来表达。

本节利用逐步回归法,选取了表 8-6 所列示的控制变量。控制变量的选取主要分为公司治理和公司特征两方面,其中,公司治理方面的控制变量包括股权集中度指数(Herf)、董事会规模(DSH)、独立董事比例(DLDS)等;企业特征方面的控制变量包括企业成长性(Growth)、财务杠杆(Lev)和企业规模(Size)等。

表 8-6 管理者过度乐观同企业盈余管理程度检验变量表

变量	名称	计算方法
OOD	管理者过度乐观程度指数	依照式(8-7)计算
YYGL	应计盈余管理	具体计算方法请参考本书第 2 章公式,本处取其绝对值
PRO	真实盈余管理	具体计算方法请参考本书第 2 章公式,本处取其绝对值
Herf	股权集中度指数	Herf 指数即 Herfindahl 指数,指第一大股东持股比例的平方
DSH	董事会规模	董事会总人数的自然对数

续表

变量	名称	计算方法
DLDS	独立董事比例	独立董事的人数/董事会的总人数
Size	企业规模	企业总资产的自然对数
Growth	成长性	用营业收入增长率表示：营业收入增长率=（本期报告期末营业收入－上期报告期末营业收入）/上期报告期末营业收入×100%
Lev	财务杠杆	财务杠杆＝总负债/总资产

3. 回归检验与稳定性测试

对模型（8-8）和模型（8-9）进行线性回归，得到表 8-7 所示的结果。

表 8-7　模型（8-8）和模型（8-9）检验结果表

解释变量/被解释变量	YYGL	PRO
a/b	0.137*	0.136*
	（1.814）	（1.811）
OOD	0.061**	0.058**
	（2.263）	（2.195）
Herf	－0.172***	－0.164***
	（－3.678）	（－3.431）
DSH	0.003*	0.002*
	（1.718）	（1.709）
DLDS	0.033	0.036
	（0.889）	（0.903）
Size	－0.014**	－0.011**
	（－2.166）	（－2.101）
Growth	0.002*	0.001*
	（1.702）	（1.681）
Lev	－0.041***	－0.037***
	（－3.673）	（－3.422）
Durbin-Watson	2.101	2.078
R^2	0.132	0.121
F	109.877***	108.211***
Obs	10 306	10 306

***、**、*分别代表在 1%、5%、10%的水平上显著

注：括号中数字为 t 值

根据表 8-7 的实证检验结果得出以下几点。

第一，企业管理者过度乐观行为程度指数 OOD 同企业应计盈余管理 YYGL，以及 OOD 同企业真实盈余管理 PRO，均在 5%水平上显著相关。这说明，管理者的行为过度乐观程度越高，企业的应计盈余管理程度和真实盈余程度均越高，支持了本节的假设 H_3 和假设 H_4。

第二，模型（8-8）和模型（8-9）的控制变量中，无论是公司治理方面的控制变量股权集中度指数 Herf、董事会规模 DSH、独立董事比例 DLDS，还是企业特征方面的控制变量成长性 Growth、财务杠杆 Lev 和企业规模 Size，大部分在 1%、5%、10%不同水平上

显著，大部分控制变量能够起到对模型（8-8）和模型（8-9）的控制作用。

第三，模型（8-8）和模型（8-9）中 Durbin-Watson、拟合优度 R^2、模型 F 值，均在合理区间，表明模型（8-8）和模型（8-9）可信。

本节通过以下方法来测试回归结果的稳定性。

（1）通过改变样本量的方式对模型稳定性予以测试。本节运用 2013~2015 年的年度数据，共计 4 045 个观测值，进行稳定性测试。测试结果显示：自变量和各控制变量的 T 值、常数项、Durbin-Watson 值，拟合优度 R^2 和模型 F 值等指标，其显著程度和方向基本稳定。

（2）通过应用变量替代的方式对模型稳定性予以测试，具体是指应用企业财务报告中的主营业务收入增长率代替营业收入增长率来表示公司成长性 Growth。在进行了 1% 的 Winsorization 缩尾处理，以此来消除数据中存在异常值的影响后，测试结果显示：自变量和各控制变量的最终回归结果不仅基本相同，而且提升了原模型的拟合优度。

通过上述稳定性测试的结果可以得出：时间区间和样本量的改变、个别控制变量使用替代变量，均不会对模型（8-8）和模型（8-9）的稳定性产生影响。

4. 检验结果分析

综上所述，可以认为，管理者过度乐观程度越高，该上市公司的盈余管理程度越大。也就是说企业管理者的过度乐观行为，会增加进行盈余管理操作的可能性。其中，通过对比应计盈余管理 YYGL 和真实盈余管理 PRO 两个变量的回归结果，发现企业管理者的过度乐观行为应用于应计盈余管理更显著。因此，管理者由于过度乐观而进行的盈余管理行为，更倾向于通过应计盈余管理而不是真实盈余管理来实现。

8.4　管理者过度自信与盈余管理

心理学研究发现，过度自信来源于人类强烈的自我归因偏差，具体表现在人们通常会过高估计自身所掌握信息的准确性或自身的能力水平。这一认知偏差在管理者人群中的表现尤为突出。

姜付秀等[24]、于富生等[25]的研究发现，过度自信的管理者，如果选择采取内部扩张战略，将会增加公司产生财务风险的概率。因此，管理者的过度自信行为会对公司绩效产生负面的影响，同时增加公司的筹资成本，进而迫使过度自信的管理者出于尽快缓解资金压力与摆脱财务困境的考虑，助长更为严重的激进盈余管理行为。

8.4.1　管理者过度自信的评价依据及其计量

20 世纪 90 年代开始，各国学者对管理者过度自信的衡量进行了广泛的研究，分析和设计了诸多代理变量，如公司景气指数、公司盈利预测偏差、管理者持股、管理者相对薪酬、管理者媒体评价及公司历年业绩等。在心理学中，如果人的判断远离标准，即实际情况远低于预期，那么此种倾向表现为过度自信；相反，如果实际情况与预期基本相符，那么此种行为则表现为适度自信。

本书参考心理学评判标准，同时引入和修正学者 Malmendier 和 Tate[26]、郝颖等[27]的研究方法，定义管理者是否有过度自信倾向，即在既定的研究年份内，如果公司的成长性较前期有所下滑，但是管理者持有的股票数量保持不变或增加，那么在这种情况下，管理者对公司发展的估计就在股票交易行为中得到了很好的体现，即过度自信。因此，我们得到判定管理者是否过度自信的标准公式为

$$HOLD_t - HOLD_{t-1} \geqslant 0 \qquad （8\text{-}10）$$

$$IOS_t - IOS_{t-1} < 0 \qquad （8\text{-}11）$$

式（8-10）中，$Hold_{t-1}$ 表示前一期管理者持有公司的股票总额，$Hold_t$ 表示当期管理者持有公司的股票总额；式（8-11）中，IOS_{t-1} 表示前一期公司的成长机会，IOS_t 表示当前公司的成长机会。本章假设，式（8-10）和式（8-11）可以同时满足，即并集成立，则认为管理者过度自信，那么相应的二元变量 Con 取值为 1；反之，管理者非过度自信，二元变量 Con 取值为 0。因此，管理者过度自信可以表示为

$$\begin{cases} Con = 1, HOLD_t - HOLD_{t-1} \geqslant 0 \bigcup IOS_t - IOS_{t-1} \prec 0 \\ Con = 0, others \end{cases} \qquad （8\text{-}12）$$

8.4.2 管理者过度自信与盈余管理描述性统计分析

本节依照管理者过度自信程度指数 Con 的计算方法，确定了 2001~2015 年上市公司管理者过度自信的具体数值，并结合同期应计盈余管理和真实盈余管理的数值统计分析，具体如表 8-8 所示。其中，Con 为管理者过度自信程度指数；YYGL 为应计盈余管理的绝对值；PRO 为真实盈余管理的绝对值。

表 8-8 管理者过度自信程度与盈余管理描述性统计分析表

时间	变量	样本量	极小值	极大值	均值	标准差
2001~2015 年	Con	10 306	0.000	1.000	0.367	0.421
	YYGL	10 306	0.000	7.763	0.100	0.173
	PRO	10 306	0.000	35.918	0.078	0.260
2013~2015 年	Con	4 045	0.000	1.000	0.419	0.402
	YYGL	4 045	0.000	7.609	0.108	0.224
	PRO	4 045	0.000	35.918	0.072	0.361

由表 8-8 可知，2001~2015 年，管理者过度自信程度指数 Con 的极小值为 0.000，极大值为 1.000，均值为 0.367，标准差为 0.421。

管理者过度自信程度指数 Con 在 2001~2015 年方差较大，各个企业各年度存在差异。2013~2015 年，管理者过度自信程度指数 Con 的均值随着证券市场的回暖有所提升。造成上述现象的原因可能同样是 2001~2015 年，中国 A 股的大盘普遍的成长趋势，是两阶段峰值。在两个峰值阶段，对于投资者而言，管理者的过度自信表现在股权持有意愿增强，但企业成长机会并没有高于投资活跃程度；相反，大部分企业成长由稳健增长转为投机获利，其企业成长机会减弱了。因此，管理者过度自信程度总体而言，并不是那么强烈，具体可在图 8-4 中发现这些趋势。

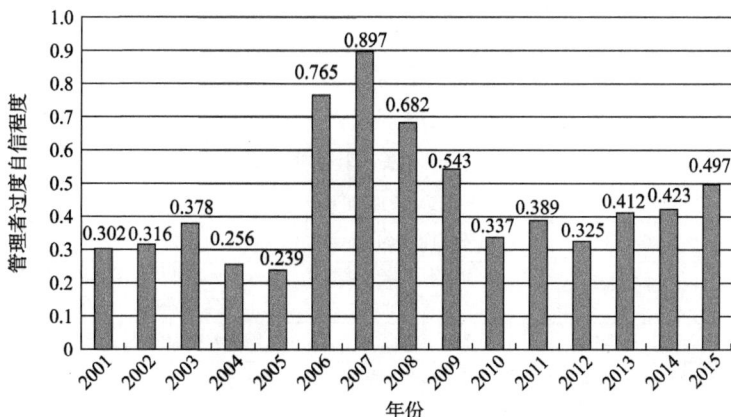

图 8-4 管理者过度自信与盈余管理描述性统计图

8.4.3 管理者过度自信与盈余管理关系的实证分析

1. 研究假设

管理者由于能够主导公司的日常经营活动，同时能对公司的重大事项起到决定性作用，因此其决策效率会对公司绩效产生比较直接的影响。由于管理者会对自我能力水平过分高估或是对持有信息过度信任，这一认知偏差很有可能出现在对经营投资活动的收益风险评估中，从而对管理者的合理性决策产生一定的影响。当公司未来业绩出现下滑时，管理者不愿承认经营失败，往往更多地把错误归因于不利的外部环境或者说坏运气等不可控制的因素，相信这只是暂时的。为了保护自己言行一致的形象，管理者就有可能利用盈余管理来达到预期的盈利目标，以此掩盖自己所犯的经营失误。因此，我们可以提出这样的假设，管理者过度自信越强烈，企业越倾向于进行盈余管理。具体如下：

H_5：企业管理者过度自信行为程度同企业应计盈余管理程度正相关。

H_6：企业管理者过度自信行为程度同企业真实盈余管理程度正相关。

2. 研究设计

依据假设 H_5 和假设 H_6 的观点，结合管理者过度自信程度 Con 的计量方法，管理者过度自信程度同企业盈余管理关系的回归模型设计如下：

$$\text{YYGL}_{i,t} = \alpha_1 + \alpha_2 \text{Con}_{i,t} + \alpha_3 \text{Size}_{i,t} + \alpha_4 \text{Lev}_{i,t} + \alpha_5 \text{Growth}_{i,t} \\ + \alpha_6 \text{Control}_{i,t} + \alpha_7 \text{DLDS}_{i,t} + \alpha_8 \text{Herf}_{i,t} + \varepsilon_{i,t} \tag{8-13}$$

$$\text{PRO}_{i,t} = \beta_1 + \beta_2 \text{Con}_{i,t} + \beta_3 \text{Size}_{i,t} + \beta_4 \text{Lev}_{i,t} + \beta_5 \text{Growth}_{i,t} \\ + \beta_6 \text{Control}_{i,t} + \beta_7 \text{DLDS}_{i,t} + \beta_8 \text{Herf}_{i,t} + \varepsilon_{i,t} \tag{8-14}$$

其中，YYGL 为企业应计盈余管理；PRO 为企业真实盈余管理；Con 为管理者的过度自信程度指标。本节利用逐步回归法，选取了表 8-9 所列示的控制变量。控制变量包括企业规模（Size）、财务杠杆（Lev）、企业成长性（Growth）、国有控股指标（Control）、独立董事比例（DLDS）和股权集中度指数（Herf）。

表 8-9　管理者过度自信同企业盈余管理程度检验变量表

变量	名称	计算方法
Con	管理者过度自信程度指数	依照式（8-10）、式（8-11）和式（8-12）计算
YYGL	应计盈余管理	具体计算方法请参考本书第 2 章公式，本处取其绝对值
PRO	真实盈余管理	具体计算方法请参考本书第 2 章公式，本处取其绝对值
Size	企业规模	企业总资产的自然对数
Lev	财务杠杆	财务杠杆＝企业总负债/总资产
Growth	企业成长性	由营业收入增长率替代，营业收入增长率＝（本期报告期末营业收入－上期报告期末营业收入）/上期报告期末营业收入×100%
Control	国有控股指标	是否国有控股的虚拟变量，国有控股赋值 1，否则为 0
DLDS	独立董事比例	独立董事的人数/董事会的总人数
Herf	股权集中度指数	Herf 指数即 Herfindahl 指数，指第一大股东持股比例的平方

3．回归检验结果

根据表 8-10 的实证检验结果，可以得到如下结论。

表 8-10　模型（8-13）和模型（8-14）检验结果表

解释变量/被解释变量	YYGL	PRO
α / β	0.378** （2.339）	0.354** （2.324）
Con	0.001** （2.464）	0.000** （2.437）
Size	-0.014*** （-3.641）	-0.012*** （-3.349）
Lev	-0.056*** （-3.576）	-0.050*** （-3.241）
Growth	0.002 （0.658）	0.001 （0.340）
Control	-0.042 （-1.421）	-0.037 （-1.128）
DLDS	0.031 （0.887）	0.036 （0.901）
Herf	-0.270*** （-4.879）	-0.209*** （-3.981）
Durbin-Watson	2.056	2.046
R^2	0.112	0.108
F	110.432***	108.341***
Obs	10 306	10 306

***、**、*分别代表在 1%、5%、10%的水平上显著

第一，企业管理者过度自信行为程度指数 Con 同企业应计盈余管理 YYGL，以及 Con 同企业真实盈余管理 PRO，均在 5%水平上显著相关。这说明，管理者的行为过度自信程度越高，企业的应计盈余管理 YYGL 的值和真实盈余管理值 PRO 的值越高，支持了本节的假设 H5 和假设 H6。

第二，模型（8-13）和模型（8-14）的控制变量中，企业规模 Size、财务杠杆 Lev、

企业成长性 Growth、国有控股指标 Control、独立董事比例 DLDS 和股权集中度指数 Herf，大部分在 1%水平上显著，说明大部分控制变量能够起到对模型（8-13）和模型（8-14）的控制作用。

第三，模型（8-13）和模型（8-14）中 Durbin-Watson、拟合优度 R^2、模型 F 值，均在合理区间，表明模型（8-13）和模型（8-14）可信。

4. 稳定性测试与检验结果分析

本节通过以下方法来测试回归结果的稳定性。

（1）通过改变样本量的方式对模型稳定性予以测试。本节运用 2013~2015 年的年度数据，共计 4 045 个观测值进行稳定性测试。测试结果显示：自变量和各控制变量的 T 值、常数项、Durbin-Watson 值，拟合优度 R^2 和模型 F 值等指标，其显著程度和方向基本稳定。

（2）通过应用变量替代的方式对模型稳定性予以测试。具体指应用企业财务报告中的主营业务收入增长率代替营业收入增长率来表示公司企业成长性 Growth。在进行了 1% 的 Winsorization 缩尾处理，以此来消除数据中存在异常值的影响后，测试结果显示：自变量和各控制变量的回归最终结果基本稳定。

通过上述稳定性测试的结果可以得出：时间区间和样本量的改变、个别控制变量使用替代变量，均不会对模型（8-13）和模型（8-14）的稳定性产生影响。

通过上述检验，我们可以认为：管理者过度自信程度越高，该上市公司的盈余管理程度越大。也就是说企业管理者的过度自信行为，会增加进行盈余管理操作的可能性。

通过进一步研究，对比应计盈余管理 YYGL 和真实盈余管理 PRO 两个变量的回归结果，发现企业管理者的过度自信行为对应计盈余管理更显著。因此可以得出，上市公司管理者由于过度自信而产生盈余管理行为，其进行应计盈余管理的可能性大于真实盈余管理的可能性。

参 考 文 献

[1] Simon H. 现代决策理论的基石[M]. 杨砾，徐立译. 北京：北京经济学院出版社，1989.

[2] 姚伟，黄卓，郭磊. 公司治理理论前沿综述[J]. 经济研究，2003，（5）：83-90，94.

[3] 李心丹. 行为金融理论：研究体系及展望[J]. 金融研究，2005，（1）：175-190.

[4] Abdelkhalik A R. An empirical analysis of managers risk aversion and the propensity to smooth earnings volatility[J]. Social Science Electronic Publishing，2006，22（2）：201-235.

[5] 史永东，朱广印. 管理者过度自信与企业并购行为的实证研究[J]. 金融评论，2010，（2）：73-85.

[6] 徐学锋. 行为金融视角下金融机构管理者非理性决策行为分析[J]. 企业经济，2010，（4）：164-166.

[7] Bondt W F M D, Thaler R. Does the stock market overreact?[J]. Journal of Finance，1985，40（3）：793-808.

[8] Hartog J, Jonker N, Ferrer-I-Carbonell A, et al. Linking measured risk aversion to individual characteristics[J]. Kyklos，2002，55：3-26.

[9] Friend I, Blume M E. The demand for risky assets[J]. The American Economist Review, 1975, 65: 900-922.

[10] Cohn R A, Richard A, Wilbur G, et al. Individual investor risk aversion and investment portfolio composition[J]. The Journal of Finance, 1975, 30（2）: 605-620.

[11] Morin R A, Suarez A F. Risk aversion revisited[J]. The Journal of Finance, 1983, 38: 1201-1216.

[12] Riley W B, Chow K V. Asset allocation and individual risk aversion[J]. Financial Analysis Journal, 1992, 48: 32-37.

[13] Byrnes J P, Miller D C, Shafer W D. Gender differences in risk taking: a meta-analysis[J]. Psychological Bulletin, 1999, 125: 367-383.

[14] Barber B M, Odean T. Boys will be boys: gender, overconfidence, and common stock investment[J]. Quarterly Journal of Economics, 2001, 116（1）: 261-292.

[15] Thomson M E, Atayb D O, Pollock A C, et al. The influence of trend strength on directional probabi- listic currency predictions[J]. Psychological Review, 2003, 19: 241-256.

[16] Gardner M, Steinberg L. Peer influence on risk taking, risk preference, and risky decision making in adolescence and adulthood: an experimental study[J]. Developmental Psychology, 2005, 41（4）: 625.

[17] Allen W D, Evans D A. Bidding and overconfidence in experimental financial markets[J]. Journal of Behavioral Finance, 2005, 6: 108-128.

[18] von Neumann J, Morgenstern O. The Theory of Games and Economic Behavior[M]. Princeton: Princeton University Press, 1944.

[19] Arrow K J. Essays in the Theory of Risk Bearing[M]. Chicago: Markham, 1971.

[20] 李延喜, 王阳, 陈克兢. 管理者行为特征与上市公司盈余管理[M]. 北京: 高等教育出版社, 2015.

[21] 李延喜, 李生滨, 徐硕彤. 考虑管理者风险偏好的盈余管理博弈分析[J]. 当代经济管理, 2012, 8: 27-32.

[22] 崔巍. 行为金融学[M]. 北京: 中国发展出版社, 2008.

[23] Heaton J B. Managerial optimism and corporate finance[J]. Financial Management, 2002, 31（2）: 33-45.

[24] 姜付秀, 张敏, 陆正飞, 等. 管理者过度自信、企业扩张与财务困境[J]. 经济研究, 2009,（1）: 131-143.

[25] 于富生, 张胜, 李岩. 管理者过度自信与权益资本成本[J]. 审计与经济研究, 2011,（1）: 72-80.

[26] Malmendier U, Tate G. CEO overconfidence and corporate investment[J]. Journal of Finance, 2005,（6）: 2661-2700.

[27] 郝颖, 刘星, 林朝南. 我国上市公司高管人员过度自信与投资决策的实证研究[J]. 中国管理科学, 2005,（5）: 142-148.